多水平模型应用

Practical Multilevel Modelling

郭伯良 著

高级心理统计学丛书

刘红云 丛书主编

北京师范大学出版集团
BEIJING NORMAL UNIVERSITY PUBLISHING GROUP
北京师范大学出版社

图书在版编目(CIP)数据

多水平模型应用/郭伯良著. —北京：北京师范大学出版社，
2020.1
（高级心理统计学丛书/刘红云主编）
ISBN 978-7-303-25279-4

Ⅰ. ①多… Ⅱ. ①郭… Ⅲ. ①统计模型－线性模型－应
用－心理统计－研究 Ⅳ. ①B841.2

中国版本图书馆 CIP 数据核字(2019)第 256952 号

营 销 中 心 电 话 010-57654738 57654736
北师大出版社高等教育与学术著作分社 http://xueda.bnup.com

DUOSHUIPING MOXING YINGYONG
出版发行：北京师范大学出版社 www.bnup.com
　　　　　北京市西城区新街口外大街 12－3 号
　　　　　邮政编码：100088
印　　刷：北京京师印务有限公司
经　　销：全国新华书店
开　　本：787 mm×1092 mm 1/16
印　　张：22.5
字　　数：477 千字
版　　次：2020 年 1 月第 1 版
印　　次：2020 年 1 月第 1 次印刷
定　　价：89.00 元

策划编辑：何 琳　　　　责任编辑：马力敏
美术编辑：李向昕　　　　装帧设计：李向昕
责任校对：康 悦　　　　责任印制：马 洁

总　序

　　对于社会科学而言，研究方法的发展在一定程度上起到了推动整个学科发展的作用。近年来，随着量化研究方法的深入和发展，随着统计分析软件的开发和应用，研究者越来越重视社会学科领域的实证研究。许多多元统计分析技术在社会学科实证研究中被普遍应用，许多专业易用的操作软件的开发大大促进了这些方法在各个学科分支的应用和普及。然而，对于社会科学领域的应用研究者而言，想要紧跟研究方法发展的趋势，在研究中正确选用合适的方法，绝非简单的掌握统计软件操作那么容易。现阶段，系统介绍社会科学量化研究方法的新进展和应用的著作很少，这一现状毫无疑问严重阻碍了新技术和新方法在实际研究中的应用，在一定程度上也限制了有关学科领域研究的不断深入和发展。因此，我们编辑一套社会科学领域量化研究方法的丛书，以供应用研究者学习和参考。

　　随着社会科学领域实证研究的不断深入，社会科学研究方法同时也经历着一场空前的革新和发展，计算机技术的发展使得许多复杂的算法得以实现。技术的可行性促使研究者不断思考社会科学实际问题的复杂性，不断审视各种量化研究方法在解决实际问题时假设条件的合理性，从而快速推动了量化研究方法本身的发展和实际研究问题的深入。新的量化研究的方法虽然看起来深奥不易掌握，但却给社会科学的研究带来了新的契机。一方面，社会科学不同领域理论的发展不断对量化分析方法提出新的要求，从而促进方法的发展和完善；另一方面，量化研究方法的发展也不断促进社会科学理论的验证和拓展。同时，新的方法对变量间关系的分析更加精确，对测验工具的发展和跨文化研究的适用性也提供了更好的验证方法，对复杂情境数据的处理提供了更加合理的解决方案，同时方法的发展也为研究者从变量和从个体的不同视角综合分析问题提供了可能。本套丛书试图从量化研究方法的视角，比较系统地介绍近年来统计技术的前沿，从应用研究者的角度为社会科学的实证研究提供新方法选择和使用的参考。

　　综合 20 世纪社会科学领域普遍采用的统计分析方法，以及在研究文献中出现的顺序，回归分析、相关分析、卡方检验、方差分析、t 检验、协方差分析、因素分析、聚类分析以及非参数分析，这些常用的统计分析技术占了所有量化分析方法的四分之三，这些方法目前依然是许多社会科学领域本科生和研究生课程的主要内容。近年来，统计方法的应用呈现不断整合的趋势。从广义线性模型的视角来看，t 检验、方差分析和回归分析是其特例；从结构方程模型的视角来看，回归分析、典型相关分析、因素分析等也是其特例。这一不断整合的趋势也在一定程度上体现了方法的进展。

自20世纪90年代以来，统计学家发展出了多种分析方法，其中处于主流地位的当属结构方程模型，原因之一是由于结构方程模型适用范围特别广，许多传统的方法都是其特例；另一主要原因是由于其提供了非常灵活的框架来处理潜变量和观测变量之间的关系，使得分析的结果更加精确。同时，结构方程模型还有极大的拓展性，如对于变量之间影响机制的探讨、测验工具的信效度以及等价性都在其框架下给出了更加合理的估计和解释。

很多新的统计分析方法的发展都是来源于实际研究中存在的理论和应用问题，多水平模型的发展可以说就是这一模式下统计方法发展的典型代表。多层和嵌套数据分析的思想由来已久，传统回归分析方差齐性和独立性的假设被违背带来的参数估计和假设检验的偏差被普遍关注，多水平分析技术系统地解决了长期困扰社会科学研究的生态谬误的问题。同时，这一技术的出现，也使得社会科学关注的不同层次变量的影响以及交互影响得到了很好的解决，使得研究问题不断深入。

随着信息技术的发展和研究问题的不断深入，收集数据的方式近年来也发生了很大的变化，大规模测试数据的获得，不仅使研究者关注变量之间的关系，而且逐渐关注从个体差异的角度分析可能存在的不同质群体以及群体的特征。近年来，潜类别模型和混合模型的发展促使研究者从个体的视角探讨多变量之间可能存在的类别特征，以及不同类别变量之间关系的特点。

同时，新一代统计技术的发展还体现在不同专题领域方法的不断深入和融合。例如，关于追踪数据的分析和发展、有关中介和调节的相关议题等，这些进展主要是借助和延伸已有的方法（如结构方程模型和多水平模型），将其用于特殊的研究数据或研究问题，这些专题方法的发展，通过结合具体的实际研究问题和数据特点，巧妙运用已有的统计分析技术，各自形成一套相对独立和有特色的分析系统。

本套丛书将陆续介绍近年来量化研究方法的进展，旨在让读者了解这一领域的发展和各种方法的应用，以推动我国社会科学领域研究方法的发展和普及。本套丛书不仅包括作为量化研究基础的回归分析和因素分析的内容，更重要的是从应用者的视角介绍近年来发展的一些统计分析技术的原理和应用，并通过实例结合软件应用演示其在实际研究中的应用。每一本专著的作者都是长期从事该领域理论研究和实际应用研究的学者，在写作风格上尽量采用通俗易懂的实例，介绍各种方法的原理和应用。因此，强调方法的实用性是本套丛书的出发点和主要特色。

本套丛书可以作为社会科学领域各个专业本科生高年级、研究生的教材，也可以作为研究人员的参考资料。我们希望这套丛书的出版能够对社会科学领域的实证研究起到积极的推动作用。

刘红云
于北京师范大学心理学部

序

　　北京师范大学教授刘红云博士于 2016 年夏，建议我把多年来工作中用到的处理多水平数据的统计方法汇总成一个册子，以便与同行交流并向大家请教。我非数理统计背景，多年来因工作生活需要确实一直在从事应用统计的支持工作，也正想能有机会得到同行们的帮助，以便在未来的工作中少犯错误，于是便抽时间把我所从事过的多水平统计分析工作系统地梳理成一本所谓统计参考书，供同行们斧正。

　　我最早接触的多水平模型教科书是 1999 年时由四川科技出版社出版的、由华西医科大学卫生统计学教研室的杨珉老师翻译、由英国原伦敦大学教育学院哈维·戈德斯坦(Harvey Goldstein)教授撰写的《多水平统计模型》。杨珉老师 1999 年夏天从伦敦大学 MLwiN 开发组来北京访问时还留给了我一本 MLwiN 软件 1.0 版本的使用手册，那时算是我第一次正式接触多水平统计模型。1999 年秋天，香港中文大学的侯杰泰老师在北京面试我时，看到我拿着那本红皮 MLwiN 软件手册并得知我要到伦敦大学进修时，便鼓励我一定要趁机好好学习多水平统计方法。在伦敦大学进修期间，除了生活上得到杨珉老师无微不至的关怀外，在统计方法上也从杨老师那里得到了手把手的指导，这是我个人职业生涯中很幸运的一环。后来到香港读书时，在导师张雷教授的指导下，开始接触美国人斯蒂芬·W. 劳登布什(Stephen W. Raudenbush)教授团队的 HLM 软件，并且根据张老师正进行的研究工作，通过编书和举办培训班的形式在内地不同的高校介绍基础的 HLM 模型的运用。因工作需要，我本人在随后多年的工作中也便大量地使用了多水平统计模型。

　　在 2010 年之前，分析多水平数据的软件还不太多或者仅仅具备有限的多水平模型功能，但最近几年，很多常用的统计软件，如 SPSS、STATA、Mplus、SAS、R 等均开发了处理复杂多水平模型的命令模块，多水平模型也相应地变成了一个科学研究中常用的统计分析方法。随着计算机技术的发展和软件的研发，多水平模型已经为多数研究者所熟悉，如我一样数理背景不强的研究者也能很容易地把多水平模型应用到自己的研究中了。但作为一个新兴的、快速发展的学科领域，书中的很多统计术语，我暂且还得中英文对照，希望这样能对读者的理解有所帮助。因为我的计算机及软件都是英文系统的，在准备有关软件的命令文件时，如果使用汉字往往导致命令不能正常工作，因此，本书所附的命令文件基本都是以英语标注，希望读者们谅解。书中所演示的构建每种模型的步骤和命令使用的各个软件及版本为 SPSS25、ML-wiN3.02、Mplus8.1、STATA15.1。相信这些软件的新版本会很快出现，使用过程中如有需要，请读者参考各个软件最新版本的使用指南做相应的调整。

作为一个统计方法的系统汇报材料，本书在安排上从一般回归模型开始，逐步引入不同种类的多水平模型。除了基本的多水平线性、多水平非线性模型外，本书还介绍了就目前来说尚算复杂的模型诸如多水平生存分析模型、几种特定的元分析模型、多水平缺失值插补以及多水平研究中的样本量估计。因为广州的温忠麟教授等已经出版了多水平结构方程的书，本书就不再介绍多水平潜变量模型、多水平 IRT 以及多水平路径分析了。多水平模型是比较高级的统计方法，本书是多水平模型介绍不是基础统计介绍，因此建议有一定统计基础的读者参考指正，同时也要求读者对书中所介绍的相关软件能初步运用。书中汇报的内容先后给中南大学湘雅二医院（原湖南医科大学附属第二医院）、中国西部高等教育评估中心、西北师范大学教育学院、河南大学教育科学学院、北京教育考试院、北京师范大学原心理学院、华南师范大学心理学院的老师和同学们汇报过；相关内容也给英国诺丁汉大学医学院的研究生讲课使用，并举办过几次多水平模型培训。本书中所有的模型都是本人多年来工作中使用过的模型，但书中很多核心的统计公式还是取材于不同教材和相关的研究法文章，请希望深入了解多水平模型统计方法的读者参考相应的参考文献。书中各个模型演示所用的数据基本都是本书所涉及的几个软件自带的演示数据或本人模拟的数据；书中的命令都是本人自己编写，如有需要，敬请各位读者自由改编使用。

从 2016 年夏天动笔开始，本书写作历时两年。在汇总各章节的统计背景知识时，引用了很多统计方法学研究作者们的工作；当然在整理本书的过程中也参考了我在伦敦卫校（The London School of Hygiene & Tropical Medicine）和布里斯托大学（University of Bristol）进修时的学习材料以及在莱斯特大学（University of Leicester）学习时的讲义；同时就有关特定软件包或命令的使用也得到了软件作者们及时无私的帮助。在此一并感谢他们的帮助并同时感谢北京师范大学出版社和审稿人把我的汇报材料编辑出版。真心希望能通过演示我的工作而为广大的应用统计工作者推开一扇应用统计模型方面的窗户。作者本人的数理统计背景知识较弱、文字功夫欠佳，作为一个工作汇报，我坚信书中还有很多有待改进的地方，敬请各位读者能及时指正、帮助。我的联系邮件地址是 guobl@hotmail.com。

郭伯良

2019 年 12 月

目 录
CONTENTS

扫码获得本书配套数据资源

第一章　多水平模型基础

回归技术被广泛地用于心理、教育等社会科学研究以及医药、卫生等自然科学研究中，普通线性回归更是很多本科专业的必修课；全国各地每年也有很多培训回归技术的讲座、研讨班等，有关回归理论和应用的讲义、幻灯片、网络教材、教科书、在线培训讲座更是不计其数，网络上也有专门的网站对回归技术进行讲解、讨论和答疑。这些措施客观上极大地推动了学者、学生们对回归技术的了解和应用。很多应用者都可以在短时间内借助统计软件如 SPSS、STATA 等运行基本的回归模型，甚至能对模型进行初步的诊断。然而在实际应用中研究者很少关注使用回归模型所需要的前提假定条件，实际研究中有很多数据其实是不能满足普通回归模型所需的前提假定的，譬如全国范围的大规模抽样调查数据、重复测量的数据等的各个数据点就不是相互独立的。使用普通回归方法对这些数据直接进行分析实际上是忽视了回归模型所要求的统计假定条件。科学技术的发展使得带有层次结构（clustered data）的大数据在获取和存储上更为容易，普通研究人员包括研究生也很容易地在自己的研究中使用、分析带有层次结构的大型数据。因此，使用针对带有层次结构的数据进行分析的统计方法就显得很有必要。本章就针对普通回归模型在处理带有层次结构数据方面的不足，介绍一种能够有效分析带有层次结构数据的统计分析方法——多水平模型（multilevel modelling）。

1.1　一般线性回归模型和多水平数据

研究中通常要考察某两个变量间的关系，例如，中考成绩对高考成绩的影响，焦虑水平对生活质量的影响，某新药对血糖水平的影响等。如果某研究要考察 200 个被试的两个变量 x 和 y 之间是否有线性关系，那么 x 和 y 之间的关系就可以通过如下的回归方程来表达。

$$y = a + bx + e \qquad\qquad 1.1$$

在公式 1.1 中，a 通常被称为回归方程的截距，a 的估计值可被理解为当 $x=0$ 时 y 的平均数。b 通常被称为回归系数，表示 x 和 y 之间的关联程度，b 的估计值可被理解为当 x 增加一个单位时，y 增加 b 个单位。e 通常被称作残差（residual），表示每个研究个体的 y 值中未能由方程 1.1 解释的部分。如果我们在公式中带上每个人的编号，那么公式 1.1 可进一步写成公式 1.2。

$$y_i = a + bx_i + e_i \qquad 1.2$$

在公式 1.2 中，$i(i=1 \sim 200)$ 是每个研究个体的编号，y_i 是第 i 个研究个体的 y 值，x_i 是第 i 个研究个体的 x 值，e_i 是第 i 个研究个体的 y 值中未能由方程 1.1 解释的部分。统计中假定 e_i 服从平均数是 0、方差为 σ_e^2 的正态分布，并且方差恒定和相互独立（i.i.d：independent and identical normally distributed），可写成 $e_i \sim N(0, \sigma_e^2)$。变量 x 和 y 之间的关系一般也可以通过图 1-1-1 直观显示。

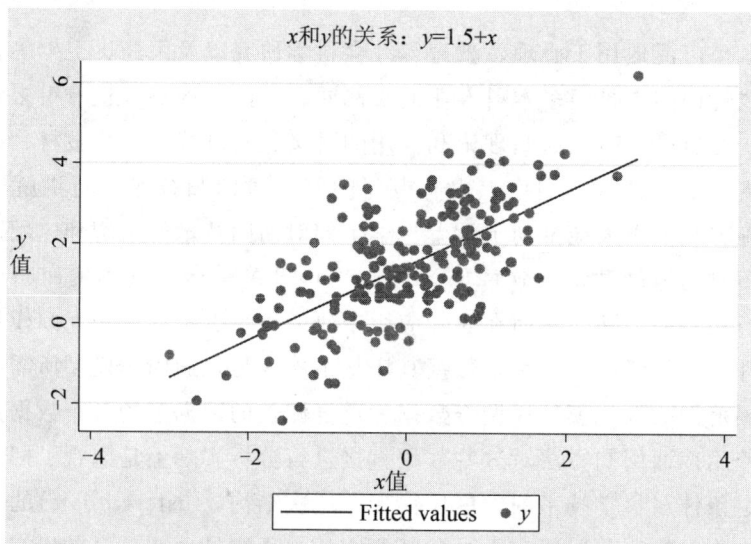

图 1-1-1　x 和 y 之间的线性关系

公式 1.1 和公式 1.2 可以在很多应用统计教材中看到，为了便于读者理解本书后面章节中的公式，我们可进一步把公式 1.2 写成

$$y_i = \beta_0 + \beta_1 x_i + e_i \qquad 1.3$$

在公式 1.3 中，β_0 对应于公式 1.2 中的 a，β_1 对应于公式 1.2 中的 b，本书后面章节中就把 β_0 和 β_1 统一叫作回归系数，但 β_0 一般专指截距系数。有关普通线性回归的系数估计方法，例如，最小二乘法不是本书的重点，请读者自行参考有关数理统计教科书。

针对普通线性回归需要的前提条件，研究者在进行回归诊断中最容易忽视的就是对残差 e_i 的 i.i.d 分布要求进行检验。残差的正态性（normality）检验相对于方差恒定（identical variance）和数据独立性（independence）的检验较为研究者所熟悉，其实这些检验都是在运行回归模型后应该进行的常规性检验。本章首先简单演示如何使用 STATA 和 SPSS 进行这三种检验。

1.1.1　使用 STATA 对线性回归残差进行检验

线性回归残差的正态性要求，就是要求残差 e_i 服从正态分布。使用 STATA，通常在运行完回归模型后，进一步估计模型残差，然后通过绘图（图 1-1-2 和图 1-1-3）或者数字统计检验对残差是否服从正态分布进行检查。

```
reg y x
predict r, resid /*估计标准化残差*/
hist r, norm title(残差的直方图) /*绘制残差的直方图*/
qnorm r, title(残差的Q-Q图)
```

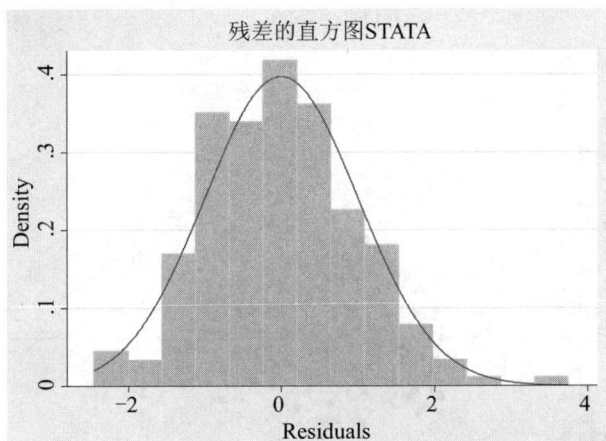

图 1-1-2　使用直方图对残差进行正态性检验(STATA)

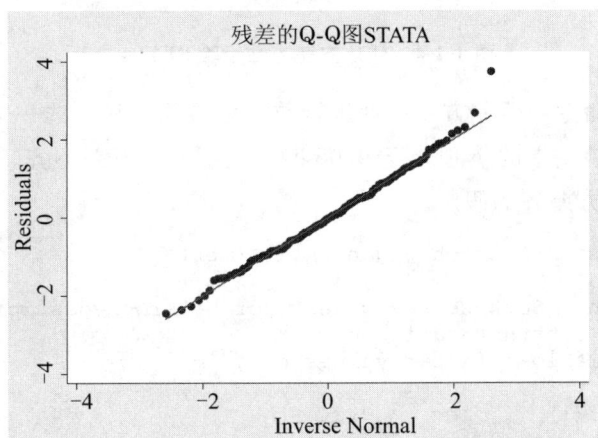

图 1-1-3　使用 Q-Q 图对残差进行正态性检验(STATA)

图 1-1-2 和图 1-1-3 显示残差服从正态分布，下面使用 Shapiro-Wilk 正态性检验的数字化测试结果也支持残差正态分布的结论($p=0.39411$)。

```
swilk r /*numerical normality test*/
                Shapiro-Wilk W test for normal data

    Variable |     Obs       W        V       z    Prob>z
-------------+--------------------------------------------
           r |     200   0.99247   1.124   0.269  0.39411
```

线性回归中方差恒定的要求，即残差方差齐性检验(homoscedasticity)，就是说残差 e_i 的方差在所有 y 值上都是恒定的。如果方差恒定，即残差方差齐性的假定成立，那么在模型拟合后的残差和 y 估计值的散点图上就看不出任何模式。如果散点图显示有明显的模式，例如，随 y 估计值逐渐散开或收缩，则说明残差方差不齐（heteroscedastic）。使用 STATA 的 rvfplot 命令可以很方便地进行残差方差齐性检验（图 1-1-4）。

```
rvfplot，yline(0) title(残差方差齐性检验 STATA)
```

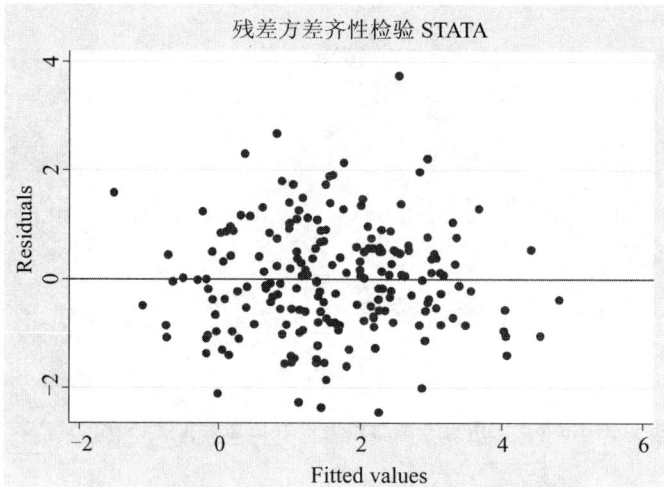

图 1-1-4 残差方差齐性经验 STATA

STATA 也有命令对残差方差齐性进行数字化检验，其中的一个命令叫 Breusch-Pagan 检验，当检验结果的 p 值小于 0.05 时，说明残差方差不齐。本例 $p=0.6252$，因此可以接受残差方差齐的假定。

```
estat hettest /*Breusch-Pagan 方差齐性 test*/

Breusch-Pagan / Cook-Weisberg test for heteroskedasticity
        Ho: Constant variance
        Variables: fitted values of y

        chi2(1)      =       0.24
        Prob > chi2  =     0.6252
```

数据独立性就是说数据中每个个体的残差间互相独立没有关联。通常使用 Durbin-Watson 测试进行检验。Durbin-Watson 检验的零假设（null hypothesis）是数据中没有一阶自相关（first-order autocorrelation）。Durbin-Watson 检验的 d 统计量取值范围为 0～4，中间值是 2，$d<2$ 显示有正相关，$d>2$ 显示负相关。针对本例数据，我们假定数据的当前排序就是数据的收集顺序，并且指定数据收集顺序的变量名是 time。运行 Durbin-Watson 检验的结果如下。

```
gen time=_n
tsset time /*假定 time 是数据收集的顺序*/
estat dwatson
Durbin-Watson d-statistic(  2,   200) = 1.955406
```

此处的 d 统计量接近中间值 2，因此我们可以假定基于当前数据中的回归残差间不相关。有关如何对 d 统计量的大小进行判断，需要考虑样本量和回归方程自变量的个数（Savin & White，1977）。

1.1.2 使用 SPSS 对线性回归残差进行检验

此处我们使用同样的数据演示如何用 SPSS 检验线性回归残差的正态性、独立性和方差齐性。运行菜单命令 Analyze＞Regression＞Linear…，在弹出窗口中设定回归模型的因变量为 y、自变量为 x；在 Statisics 页面 Residuals 选项中选中 Durbin-Watson；在 Save 页面 Residuals 选项中选择 Standardized；在 Plots 页面选项中选择残差的直方图（histogram）和正态 PP 图（normal probability plot）以及残差和 y 估计的散点图对残差的正态性和方差齐性进行检验（图 1-1-5）。

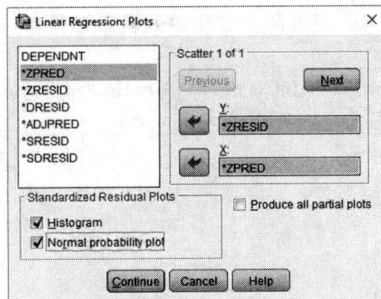

图 1-1-5 SPSS 线性回归过程残差绘图设定

相关的 SPSS 命令如下。

```
REGRESSION
  /MISSING LISTWISE
  /STATISTICS COEFF OUTS R ANOVA
  /CRITERIA=PIN(.05) POUT(.10)
  /NOORIGIN
  /DEPENDENT y
  /METHOD=ENTER x
  /SCATTERPLOT=(*ZRESID, *ZPRED)
  /RESIDUALS DURBIN HISTOGRAM(ZRESID) NORMPROB(ZRESID)
  /SAVE ZRESID.
```

SPSS 上述回归过程结果输出中有关残差检验的结果如下。

Durbin-Watson 的 d 统计量估计值是 1.955，接近中间值 2。

Model Summary[b]

Model	R	R Square	Adjusted R Square	Std. Error of the Estimate	Durbin-Watson
1	0.759[a]	0.576	0.573	1.007	1.955

a. Predictors：(Constant)，x.

b. Dependent Variable：y.

残差的直方图（图 1-1-6）和正态 PP 图（图 1-1-7）显示残差分布图有很好的对称形状。

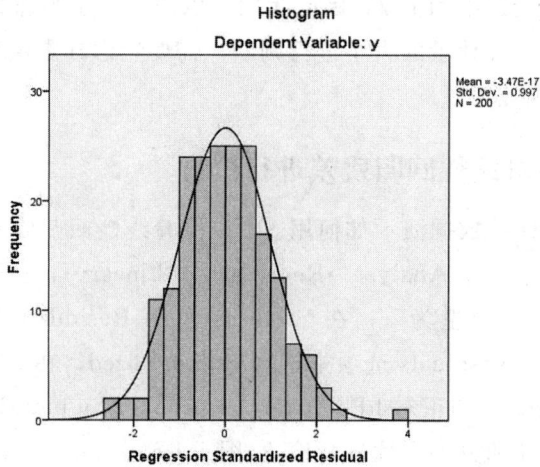

图 1-1-6　SPSS 线性回归过程中残差正态性检验的直方图

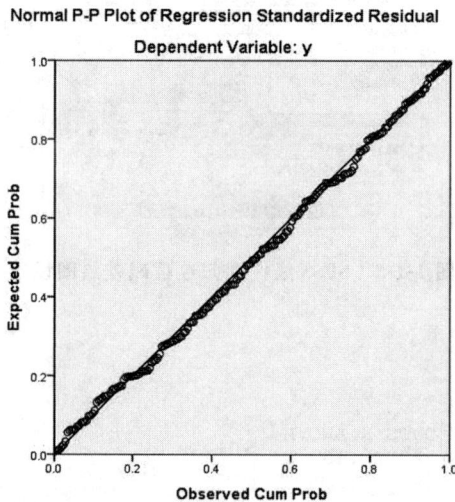

图 1-1-7　SPSS 线性回归过程中残差正态性检验的 Q-Q 图

　　如果希望也对残差的正态性进行数字化检验，请读者自行使用统计分析中常用的数据正态性检验方法对所保存的标准化残差进行检验。

　　下面的残差(y轴)和y估计值(x轴)的散点图(图 1-1-8)没有显示明显的模式，提示残差方差在不同y值水平上比较恒定。目前 SPSS 还没有自带的程序可运行 Breusch-Pagan test 对残差是否齐性进行检验，感兴趣的读者可自行搜索有关在 SPSS 中运行 Breusch-Pagan test 的宏命令。

　　有兴趣的读者也可以对残差和估计值的散点图(图 1-1-8)进行编辑，加上$y=0$的一条水平参照线来帮助视图。首先用鼠标双击进入编辑状态，并点击 option 菜单并选择 Y Axis Reference Line 命令，则图 1-1-8 中间就出现了$y=1$的参照线。

　　尽管回归模型经常被用于数据分析，但研究实践所分析数据中个体间的数据往往

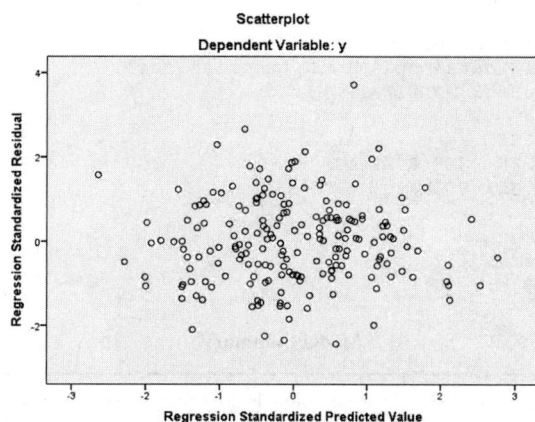

图 1-1-8　SPSS 线性回归过程中检查残差方差齐性的散点图

并不独立。例如，某大型教育实验要考查学生中考成绩对学生会考成绩的影响，数据中包括 65 所学校 4059 名学生的考试分数（Rasbash et al.，2016）。因为各个学校的教学质量不同，来自同一个学校的学生分数通常会比来自不同学校的学生分数更加相关。如果我们忽视这种数据间的非独立性而继续运行线性回归，这就违背了线性回归对数据独立性的要求。下面是使用 STATA 在运行会考成绩（变量名：normexam）对中考成绩（变量名：standlrt）进行回归过程后的 Durbin-Watson 检验的输出结果。

```
use "C:\Users\mczbg\Google Drive\mlm_book2016\data\chp1\MLwiN_tutorial"
sort school student/*数据按school和student大小排序*/
gen time=_n
tsset time /*假定time是数据收集的顺序*/
reg normexam standlrt
estat dwatson

. reg normexam standlrt

      Source |       SS           df       MS      Number of obs   =     4,059
-------------+----------------------------------   F(1, 4057)      =   2185.01
       Model |  1417.50091         1  1417.50091   Prob > F        =    0.0000
    Residual |  2631.93206     4,057  .648738492   R-squared       =    0.3500
-------------+----------------------------------   Adj R-squared   =    0.3499
       Total |  4049.43297     4,058  .997888855   Root MSE        =    .80544


    normexam |      Coef.   Std. Err.      t    P>|t|     [95% Conf. Interval]
-------------+----------------------------------------------------------------
    standlrt |   .5950568   .0127301    46.74   0.000     .5700988    .6200147
       _cons |  -.0011911   .0126423    -0.09   0.925    -.025977    .0235947


. estat dwatson

Durbin-Watson d-statistic(  2,  4059) =  1.680142
```

Durbin-Watson 的 d 统计量小于中间值 2。从前面对数据的描述中，我们可以了解这里的残差非独立现象是因为学生来自不同的学校所致。有兴趣的读者请在 SPSS 中运行如下的命令，并在 SPSS 线性回归输出结果中查看 Durbin-Watson 的 d 统计量估计值。

```
GET
  FILE='C:\Users\mczbg\Google
Drive\mlm_book2016\data\chp1\MLwiN_tutorial.sav'.
DATASET NAME DataSet2 WINDOW=FRONT.
REGRESSION
  /MISSING LISTWISE
  /STATISTICS COEFF OUTS R ANOVA
  /CRITERIA=PIN(.05) POUT(.10)
  /NOORIGIN
  /DEPENDENT normexam
  /METHOD=ENTER standlrt
  /RESIDUALS DURBIN.
```

Model Summary[b]

Model	R	R Square	Adjusted R Square	Std. Error of the Estimate	Durbin-Watson
1	0.592[a]	0.350	0.350	0.805	1.680

a. Predictors：(Constant)，Age 11 exam score(standardised).

b. Dependent Variable：Age 16 exam score(normalised).

针对这样的数据，我们就需要使用一种能够处理数据内因层次结构而导致非独立性的统计方法：多水平模型(Goldstein，2011a)。

1.2　多水平模型基础

假定我们从 3 个医院收集了 n 个病人的资料用线性回归考察变量 x 和变量 y 之间的关系，如果我们把所有的数据放到一起进行分析，我们可能得到如图 1-2-1 所示的回归结果。

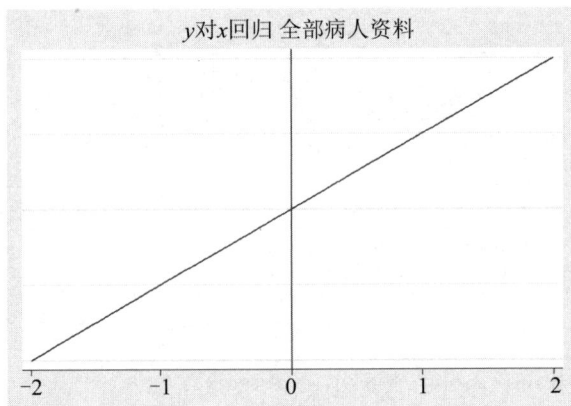

图 1-2-1　使用全部病人资料的 OLS 线性回归结果

但实际情况可能是因为医院间的差异，使用不同医院的数据可能得到如图 1-2-2、图 1-2-3 和图 1-2-4 的回归结果。如果我们忽视医院间的实际差异而继续使用普通线性回归对所有数据进行分析，所得的回归分析结果很显然是不能反映实际情况的。通常来说，忽视数据中的层次结构会有如下的影响(Rasbash et al.，2016)。

（1）使用不同的分析单位所得到的结果很难解释。例如，本章1.1节最后的例子中，如果使用学生个体为分析单位，就忽视了学校间实际存在的变异，所得结果很难用来解释学校层面上的影响；如果通过哑变量编码把每个学校的影响包括进回归方程，这种做法很显然非常低效，因为每个学校都得有一个回归系数；同时因为学校不是被当作随机样本来处理，这种方法所得结果也无法被推广到研究总体中去。如果使用学校为分析单位，则所得结果也根本无法解释学生个体水平上变量之间的关系。

（2）忽视数据中的层次结构也会导致回归系数的标准误被错误地低估，这样研究者就不能进行有效的统计推断。

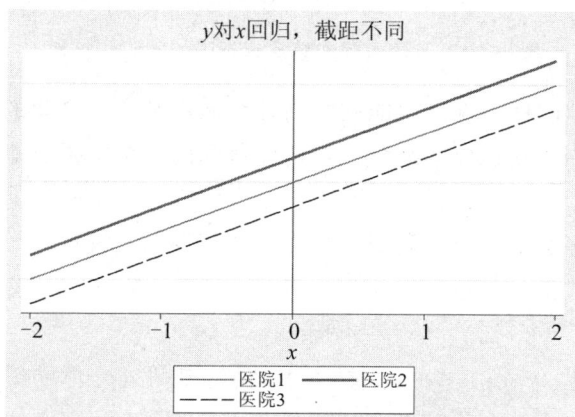

图 1-2-2　不同医院的数据有不同的截距

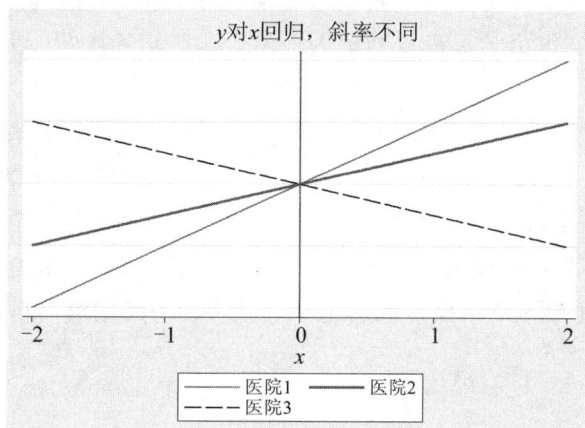

图 1-2-3　不同医院的数据有不同的斜率

实际研究中我们可能会有如下的研究问题：①性别差异在不同学校是否不同？②学生的进步在不同学校是否不同？③医院的病床数量是否影响病人的住院时间等？诸如此类的研究中的数据很显然带有明显的层次结构，研究中的变量也有不同的测量单位。只有使用多水平模型才可以兼顾数据中不同层次间的变异，从而有效、正确地

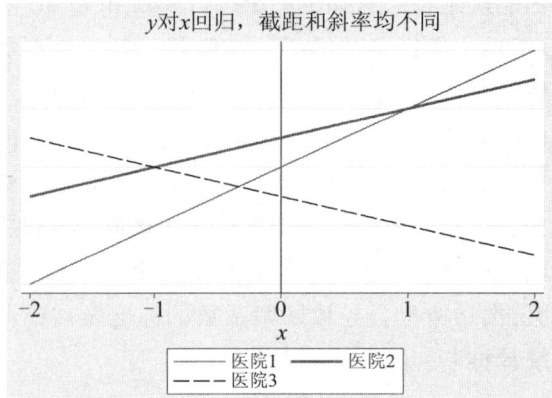

图 1-2-4　不同医院的数据有不同的截距和斜率

估计回归中各个参数的标准误，也能同时估计不同水平变量之间的关系；同时因为数据中的高级单位被当作随机样本来分析，这样得到的分析结果也能进一步被推广到总体样本中去。

　　为了帮助了解多水平模型，我们先从简单的线性回归模型开始。假定变量 x 和 y 之间的关系可用公式 1.3 表示。

$$y_i = \beta_0 + \beta_1 x_i + e_i$$

　　在公式 1.3 中，$i(i=1\sim n$，n 为样本数)是每个研究个体的编号。y_i 是第 i 个研究个体的 y 值，x_i 是第 i 个研究个体的 x 值，e_i 是第 i 个研究个体的 y 值中未能由方程 1.3 解释的部分，并且假定 e_i 服从平均数是 0、方差为 σ^2 的正态分布。如果所用数据来自 m 个单位，为了便于理解，我们假定研究个体是来自不同学校的学生，这样我们就有 m 个学校，每个学校有 n 个学生。公式 1.3 就可被进一步写成公式 1.4。

$$y_{ij} = \beta_0 + \beta_1 x_{ij} + e_{ij} \tag{1.4}$$

　　公式 1.4 中各个参数的含义和公式 1.3 中一样，只是在方程的表达上我们进一步包括了每个研究个体 i 所来自的单位 j 的信息($j=1\sim m$)。公式 1.4 中的 j 只是单位信息编号。y_{ij} 是第 j 个学校中第 i 个学生的 y 值，x_{ij} 是第 j 个学校中第 i 个学生的 x 值。公式 1.4 中我们假定对全部 m 个学校中的每 j 个学校的数据来说，β_0 和 β_1 都是相同的。

　　如果实际研究中第 j 个学校有如图 1-2-2 所示的不同截距，则公式 1.4 可写成公式 1.5。

$$y_{ij} = \beta_{0j} + \beta_1 x_{ij} + e_{ij} \tag{1.5}$$

　　公式 1.5 中 β_{0j} 表示第 j 个学校的截距。β_{0j} 也可以进一步被表达成

$$\beta_{0j} = \beta_0 + u_{0j} \tag{1.6}$$

　　公式 1.6 中 β_0 是全部 m 个学校截距的平均数，u_{0j} 是第 j 个学校截距和 β_0 的差别并且有

$$u_{0j} \sim N(0,\ \sigma_{u0}^2) \tag{1.7}$$

　　此处 σ_{u0}^2 是变量 y_{ij} 在学校间的变异。公式 1.5 中，$e_{ij} \sim N(0,\ \sigma_e^2)$ 的假定保持不

变，并且我们进一步假定 $cov[u_{0j}, e_{ij}]=0$，也就是说学生个体水平上的残差和学校水平上的残差间没有关联关系。合并公式 1.5 和公式 1.6，我们得到公式 1.8。

$$y_{ij}=\beta_0+\beta_1 x_{ij}+(u_{0j}+e_{ij}) \qquad 1.8$$

在公式 1.8 中，$\beta_0+\beta_1$ 是固定统计量即对所有学生和学校来说都是固定值，是公式 1.8 中的固定参数；截距参数 u_{0j} 在学校间不同，是学校水平上的随机参数；每个学生残差 e_{ij} 是不同的，是学生个体水平上的随机参数。

如果实际研究中第 j 个学校有如图 1-2-4 所示不仅截距不同，斜率估计值也不同，则公式 1.5 可被进一步写成公式 1.9。

$$y_{ij}=\beta_{0j}+\beta_{1j} x_{ij}+e_{ij} \qquad 1.9$$

公式 1.9 中 β_{1j} 表示第 j 个学校的斜率，其他参数含义和公式 1.5 中相同。公式 1.9 中的 β_{0j} 可继续被表达成 $\beta_{0j}=\beta_0+u_{0j}$（公式 1.6），$\beta_{1j}$ 也可以被表达成公式 1.10。

$$\beta_{1j}=\beta_1+u_{1j} \qquad 1.10$$

公式 1.10 中 β_1 是全部 m 个学校斜率的平均数，u_{1j} 是第 j 个学校的斜率和 β_1 的差别并且有

$$u_{1j} \sim N(0, \sigma_{u1}^2) \qquad 1.11$$

公式 1.9 中对 u_{0j} 和 e_{ij} 的假定等同于公式 1.5 中的参数假定。合并公式 1.9 和公式 1.10 以及公式 1.6，我们可以得到公式 1.12。

$$y_{ij}=\beta_0 x_{0ij}+\beta_1 x_{ij}+(u_{0j}+u_{1j} x_{ij}+e_{ij}) \qquad 1.12$$

在公式 1.12 中，$\beta_0+\beta_1$ 是固定统计量即对所有学生和学校都是固定值，是公式 1.12 中的固定参数；截距参数 u_{0j} 在学校间不同，是学校水平上的随机参数，不同学校也有不同斜率参数 u_{1j}，这样 u_{1j} 也是学校水平上的随机参数；每个学生残差 e_{ij} 也是不同的，是学生个体水平上的随机参数。针对公式 1.12 中的随机参数，我们还有 $e_{ij} \sim N(0, \sigma_e^2)$，并且进一步假定公式 1.13。

$$\begin{bmatrix} u_{0j} \\ u_{1j} \end{bmatrix} \sim N(0, \begin{bmatrix} \sigma_{u0}^2 & \\ \sigma_{u0u1} & \sigma_{u1}^2 \end{bmatrix}) \qquad 1.13$$

公式 1.13 中 σ_{u0}^2 是 m 个截距在学校间的变异，σ_{u1}^2 是 m 个斜率在学校间的变异，σ_{u0u1} 是截距和斜率参数的协方差，表示学校间斜率和截距估计值的关联程度。

公式 1.5 到公式 1.13 是基本的两水平线性回归模型的回归方程。公式 1.5 到公式 1.13 也可以很容易地被延伸到更多水平的回归模型方程。后面章节中针对每个具体模型，再进一步展示更多的模型方程细节。此处我们简单表达一下三水平的线性回归模型。假定某健康研究从 k 个地区的 m 个医院中收集了 n 个病人的资料 x 和 y，那么如公式 1.5 的 y 和 x 间的线性回归就可以写成如公式 1.14 所示的方程。

$$y_{ijk}=\beta_{0jk}+\beta_1 x_{ijk}+e_{ijk} \qquad 1.14$$

公式 1.14 中 i 是病人编号（$i=1 \sim n$）；j 是医院编号（$j=1 \sim m$）；k 是地区编号，（$k=1 \sim k$）。β_{0jk} 是来自 k 地区 j 医院的截距。β_{0jk} 可被进一步写成如公式 1.15 所示的方程。

$$\beta_{0j} = \beta_0 + \nu_{0k} + u_{0jk} \qquad 1.15$$

公式 1.15 中 β_0 是所有地区所有医院截距的总体平均数，ν_{0k} 是第 k 个地区的截距和总平均截距 β_0 的差别，u_{0jk} 是来自 k 地区第 j 个医院的截距和 k 地区所有医院平均截距的差别并且有公式 1.16。

$$\nu_{0k} \sim N(0,\ \sigma_{\nu 0}^2),\ \ u_{0jk} \sim N(0,\ \sigma_{u0}^2) \qquad 1.16$$

此处 $\sigma_{\nu 0}^2$ 是变量 y_{ijk} 在 k 地区间的变异，σ_{u0}^2 是变量 y_{ijk} 在 m 个医院间的变异。公式 1.14 中，$e_{ijk} \sim N(0,\ \sigma_e^2)$ 的假定保持不变，并且我们进一步假定 $\text{cov}[u_{0jk},\ e_{ijk}] = 0$，$\text{cov}[\nu_{0k},\ e_{ijk}] = 0$ 以及 $\text{cov}[\nu_{0k},\ u_{0jk}] = 0$，即方程 1.14 中不同水平上的变异相互间不相关。

1.3　多水平模型估计方法和参数检验简介

对于普通线性回归 $y_i = \beta_0 + \beta_1 x_i + e$ 来说，如果数据量不大，研究者可通过最小二乘法手工计算出回归方程中的各个参数的估计值，很多基础统计教科书中都有普通最小二乘法的计算公式(温忠麟，2016)。但对于多水平模型，其模型中各个参数的估计值则只有通过计算机使用特定的估计方法才能得到。目前的多水平模型分析软件中，模型参数的估计值一般通过极大似然(maximize likelihood，ML)或限制性极大似然(restricted maximize likelihood，REML)估计方法进行(Goldstein，2011a)。MLwiN 软件中的参数估计所用的方法叫迭代广义最小二乘法(iterative generalised least square，IGLS)或限制性迭代广义最小二乘法(restricted iterative generalised least square，RIGLS)(Goldstein，2011a)；IGLS 和 RIGLS 估计方法被证明等价于相应的 ML 和 REML 估计结果。下面就通过简述有关 IGLS 的估计过程来说明多水平模型的参数估计方法。

1.3.1　多水平模型的方差结构

一般来说，一个有 p 个自变量的两水模型可用矩阵形式写为：

$$\boldsymbol{Y} = \boldsymbol{X}\beta + \boldsymbol{E} \qquad 1.17$$

公式 1.17 中的 i 是第一水平单位编码，j 是第二水平单位编码。列向量 $\boldsymbol{Y} = \{y_{ij}\}$ 是因变量；矩阵 $\boldsymbol{X} = \{\boldsymbol{X}_{ij}\}$ 是自变量设计矩阵(design matrix)，并且 $\boldsymbol{X}$ 中的元素 $\boldsymbol{X}_{ij} = \{1,\ x_{1ij},\ x_{2ij},\ \cdots,\ x_{pij}\}$；矩阵 $\boldsymbol{E} = \boldsymbol{E}_1 + \boldsymbol{E}_2 = \{e_{ij}\}$ 是残差，并且 $\boldsymbol{E}$ 中的元素 $e_{ij} = e_{ij}^{(1)} + e_j^{(2)}$，其中 $e_{ij}^{(1)}$ 是来自第 j 个第二水平单位的第 i 个第一水平单位的残差，也可以简单记作 e_{ij}；$e_j^{(2)}$ 是第 j 个第二水平单位的残差，也可以简单记作 μ_j。如果模型中有 q_2 个自变量系数在水平二随机，则有 $e_j^{(2)} = \sum_{h=0}^{q_2} z_{hij}^{(2)} e_{hj}^{(2)}$，其中 $z_{hij}^{(2)}$ 是第二水平设计矩阵向量 $\boldsymbol{Z}^{(2)}$ 中的元素并且 $\boldsymbol{Z}^{(2)} = \{z_{0ij},\ z_{1ij},\ z_{2ij},\ \cdots,\ z_{q_2 ij}\} = \{1,\ x_{1ij},\ x_{2ij},\ \cdots,\ x_{q_2 ij}\}$；在复杂的多水平模型中，第一水平的残差也可能是 q_1 个自变量的函数，因此第一水平的

残差 $e_{ij}^{(1)}$ 可被广义地表达为 $e_{ij}^{(1)} = \sum_{h=0}^{q_1} z_{hij}^{(1)} e_{hij}^{(1)}$ ，其中 $z_{hij}^{(1)}$ 是第一水平设计矩阵向量 $\boldsymbol{Z}^{(1)}$ 中的元素并且 $\boldsymbol{Z}^{(1)} = \{z_{0ij}, z_{1ij}, z_{2ij}, \cdots, z_{q_1 ij}\} = \{1, x_{1ij}, x_{2ij}, \cdots, x_{q_1 ij}\}$。通常情况下，公式 1.17 可被简化写为公式 1.18。

$$\boldsymbol{Y} = \boldsymbol{X}\beta + \boldsymbol{Z}^{(2)}\mu + \boldsymbol{Z}^{(1)}e \qquad\qquad 1.18$$

公式 1.17 中的残差矩阵 $\boldsymbol{E}_1$ 和 $\boldsymbol{E}_2$ 的期望值都为 0，并且记 $E(\boldsymbol{E}_1\boldsymbol{E}_1^T) = \boldsymbol{V}_{2(1)}$ 为因变量 $\boldsymbol{Y}$ 的总方差 $\boldsymbol{V}_2$ 中来自第一水平的变异，$E(\boldsymbol{E}_2\boldsymbol{E}_2^T) = \boldsymbol{V}_{2(2)}$ 为总方差 $\boldsymbol{V}_2$ 中来自第二水平的变异并且 $E(\boldsymbol{E}_1\boldsymbol{E}_2^T) = 0$。这样自变量 $\boldsymbol{Y}$ 的总方差 $\boldsymbol{V}_2$ 就可写为 $\boldsymbol{V}_2 = \boldsymbol{V}_{2(1)} + \boldsymbol{V}_{2(2)}$。注意 $E(\boldsymbol{E}_1\boldsymbol{E}_1^T)$ 中的符号 $E()$ 是期望值符号，$\boldsymbol{E}_1^T$ 为矩阵 $\boldsymbol{E}_1$ 的转置矩阵，其中上标 T 为矩阵转置符号。

模型中第一水平的残差通常在第一水平单位间是互相独立的，因此 $\boldsymbol{V}_{2(1)}$ 是一个对角矩阵并且第 ij 个元素为 $\mathrm{var}(e_{ij}) = \sigma_{e_{ij}}^2 = \boldsymbol{Z}_{ij}^{(1)T}\boldsymbol{\Omega}_e\boldsymbol{Z}_{ij}^{(1)}$，$\boldsymbol{\Omega}_e$ 是一个 $q_1 \times q_1$ 维的第一水平残差的方差协方差矩阵。模型中第二水平的残差通常在第二水平单位间是互相独立的，因此 $\boldsymbol{V}_{2(2)}$ 是一个分块对角矩阵并且第 j 个块为 $\boldsymbol{V}_{2(2)j} = \boldsymbol{Z}_j^{(2)T}\boldsymbol{\Omega}_\mu\boldsymbol{Z}_j^{(2)}$，$\boldsymbol{\Omega}_\mu$ 是一个 $q_2 \times q_2$ 维的第二水平残差的方差协方差矩阵。多水平结构数据中，来自同一水平二单位的两个水平一的个体相关，但来自不同水平二单位的两个水平一的个体不相关，因此不同第二水平的水平一单位间的协方差为 0，这样因变量的总方差 $\boldsymbol{V}_2$ 也是一个分块对角矩阵，矩阵 $\boldsymbol{V}_2$ 的第 j 个块被表达为 $\boldsymbol{V}_{2j} = \bigoplus_i \sigma_{eij}^2 + \boldsymbol{V}_{2(2)j}$。其中 $\bigoplus_i$ 是矩阵的直和（direct sum）运算，其运算规则为公式 1.19。

$$\bigoplus_{i=1}^{k}\boldsymbol{A}_i = \mathrm{diag}(\boldsymbol{A}_1, \boldsymbol{A}_2, \cdots, \boldsymbol{A}_k) = \begin{bmatrix} \boldsymbol{A}_1 & & & \\ & \boldsymbol{A}_2 & & \\ & & \ddots & \\ & & & \boldsymbol{A}_k \end{bmatrix} \qquad 1.19$$

对于该抽象的两水平模型的方差结构，我们可通过一个简单方差分解模型来直观显示其总方差的分块结构。假定我们建立一个只有一个自变量的随机截距模型 $y_{ij} = \beta_0 + \beta_1 x_{ij} + (u_{0j} + e_{ij})$，则有 $\mathrm{var}(y_{ij} \mid \beta_0, \beta_1, x_{ij}) = \mathrm{var}(u_{0j} + e_{ij}) = \sigma_{u0}^2 + \sigma_e^2$，即因变量的 $\boldsymbol{Y}$ 的总方差 $\boldsymbol{V}_2 = \boldsymbol{V}_{2(2)} + \boldsymbol{V}_{2(1)} = \sigma_{u0}^2 + \sigma_e^2$，对于任何来自同一水平二单位 j 的两个水平一单位的个体（i_1 和 i_2）来说，因为总方差对每个第一水平单位都是一样的，因此二者之间的协方差 $\mathrm{cov}(\mu_{0j} + e_{i_1 j}, \mu_{0j} + e_{i_2 j}) = \mathrm{cov}(\mu_{0j} + \mu_{0j}) = \sigma_{u0}^2$，这样对三个来自相同第二水平单位的水平一个体来说，其方差协方差矩阵就为 $\begin{bmatrix} \sigma_{u0}^2 + \sigma_e^2 & \sigma_{u0}^2 & \sigma_{u0}^2 \\ \sigma_{u0}^2 & \sigma_{u0}^2 + \sigma_e^2 & \sigma_{u0}^2 \\ \sigma_{u0}^2 & \sigma_{u0}^2 & \sigma_{u0}^2 + \sigma_e^2 \end{bmatrix}$；同样的，来自另一个水平二单位的两个第一水平个体的方差协方差矩阵可被写成 $\begin{bmatrix} \sigma_{u0}^2 + \sigma_e^2 & \sigma_{u0}^2 \\ \sigma_{u0}^2 & \sigma_{u0}^2 + \sigma_e^2 \end{bmatrix}$。这样来自两个水平二单位的六个第一水平个体的总方差 $\boldsymbol{V}_2$ 就是一个分块对角矩阵（公式 1.20）。

$$\begin{pmatrix} \begin{pmatrix} \sigma_{u0}^2+\sigma_e^2 & \sigma_{u0}^2 & \sigma_{u0}^2 \\ \sigma_{u0}^2 & \sigma_{u0}^2+\sigma_e^2 & \sigma_{u0}^2 \\ \sigma_{u0}^2 & \sigma_{u0}^2 & \sigma_{u0}^2+\sigma_e^2 \end{pmatrix} & 0 \\ 0 & \begin{pmatrix} \sigma_{u0}^2+\sigma_e^2 & \sigma_{u0}^2 \\ \sigma_{u0}^2 & \sigma_{u0}^2+\sigma_e^2 \end{pmatrix} \end{pmatrix} \qquad 1.20$$

如果记单位矩阵 $\boldsymbol{I}_{(n)}$ 是 $n\times n$ 主对角线上元素都为 1 的对角矩阵，即 $\boldsymbol{I}=$

$$\begin{pmatrix} 1 & & & \\ & 1 & & \\ & & \ddots & \\ & & & 1 \end{pmatrix}$$，$\boldsymbol{J}_{(n)}$ 是 $n\times n$ 维所有元素都为 1 的矩阵，n 是第 j 个水平二单位中的

第一水平个体的数量。则公式 1.20 可被写作更加一般的格式（公式 1.21）。

$$\boldsymbol{V}_2=\begin{pmatrix} \sigma_{u0}^2\boldsymbol{J}_{(3)}+\sigma_e^2\boldsymbol{I}_{(3)} & 0 \\ 0 & \sigma_{u0}^2\boldsymbol{J}_{(2)}+\sigma_e^2\boldsymbol{I}_{(2)} \end{pmatrix} \qquad 1.21$$

公式 1.21 可扩展到有更多水平二单位的情况，当第二水平的变异为 0 时，公式 1.21 就是有 n 个个体并且残差方差为 σ_e^2 的普通线性回归的残差方差矩阵 $\sigma_e^2\boldsymbol{I}_{(n)}$。针对一个三水平以上的多水平模型，公式 1.18 可被扩展成公式 1.22。

$$\boldsymbol{Y}=\boldsymbol{X}\beta+\boldsymbol{Z}^{(s)}e^{(s)}+\cdots+\boldsymbol{Z}^{(2)}e^{(2)}+\boldsymbol{Z}^{(1)}e^{(1)} \qquad 1.22$$

相应地，其因变量的总方差就可被表达为 $\boldsymbol{V}_s=\boldsymbol{V}_{s(1)}+\boldsymbol{V}_{s(2)}+\cdots+\boldsymbol{V}_{s(s)}$，$\boldsymbol{V}_{s(k)}$ 是总方差 $\boldsymbol{V}_s$ 中来自第 $k(k=1,2,\cdots,s)$ 水平的变异，$e^{(k)}$ 是第 k 水平的残差。

1.3.2 IGLS(ML)的估计过程

对于一个普通的两水平随机截距模型，因变量的总方差可被简单地记作 $\mathrm{var}(\boldsymbol{Y})=\boldsymbol{V}$，根据广义线性模型（generalized linear model）的系数估计公式，则模型固定部分参数的估计公式为

$$\hat{\beta}=(\boldsymbol{X}^T\boldsymbol{V}^{-1}\boldsymbol{X})^{-1}\boldsymbol{X}^T\boldsymbol{V}^{-1}\boldsymbol{Y} \qquad 1.23$$

并且 $\hat{\beta}$ 参数的协方差矩阵为 $\mathrm{cov}(\hat{\beta})=(\boldsymbol{X}^T\boldsymbol{V}^{-1}\boldsymbol{X})^{-1}$。

模型估计过程的第一步通常是通过普通单水平方程估计出各个 $\hat{\beta}$ 的参数值 $\hat{\beta}_{OLS}$，并用 $\hat{\beta}_{OLS}$ 计算出因变量 $\boldsymbol{Y}$ 的残差 $\tilde{y}_{ij}$。记残差向量 $\tilde{\boldsymbol{Y}}=\{\tilde{y}_{ij}\}$，如果 $\hat{\beta}_{OLS}$ 是 $\hat{\beta}$ 无偏估计，则 $E(\boldsymbol{Y}^*=\tilde{\boldsymbol{Y}}\tilde{\boldsymbol{Y}}^T)=\boldsymbol{V}$。通过矩阵的列拉直运算（vec()），我们建立如下的线性关系（公式 1.24）。

$$E(\boldsymbol{Y}^{**}=\mathrm{vec}(\tilde{\boldsymbol{Y}}\tilde{\boldsymbol{Y}}^T))=\boldsymbol{Z}^*\theta \qquad 1.24$$

公式 1.24 中矩阵的拉直运算 vec() 就是把矩阵的每一列依次叠到一起成为一个列

向量，如果矩阵 $\boldsymbol{A}=(a_1\quad a_2\quad \cdots \quad a_n)$ 的第 i 列为 a_i，则 $\mathrm{vec}(\boldsymbol{A})=\begin{bmatrix} a_1 \\ a_2 \\ \cdots \\ a_n \end{bmatrix}$；公式 1.24 中的 $\boldsymbol{Z}^*$ 是模型随机参数的自变量设计矩阵，θ 是待估计的随机参数，即 $\boldsymbol{\Omega}_\mu$ 和 $\boldsymbol{\Omega}_e$ 中的元素。根据广义线性模型对参数的估计过程，θ 可通过下述公式估计出来（公式 1.25）。

$$\hat{\theta}=(\boldsymbol{Z}^{*T}\boldsymbol{V}^{*-1}\boldsymbol{Z}^*)^{-1}\boldsymbol{Z}^{*T}\boldsymbol{V}^{*-1}\boldsymbol{Y}^{**} \qquad 1.25$$

公式 1.25 中的 $\boldsymbol{V}^*=\boldsymbol{V}\otimes\boldsymbol{V}$，$\otimes$ 是矩阵的 Kronecker 乘积运算，其具体运算法则为：给定 $n\times p$ 维矩阵 $\boldsymbol{A}$ 和 $m\times q$ 维矩阵 $\boldsymbol{B}$，则矩阵 $\boldsymbol{A}$ 和矩阵 $\boldsymbol{B}$ 的 Kronecker 乘积记为 $\boldsymbol{A}\otimes\boldsymbol{B}=\begin{bmatrix} a_{1,1}\boldsymbol{B} & a_{1,2}\boldsymbol{B} & \cdots & a_{1,p}\boldsymbol{B} \\ a_{2,1}\boldsymbol{B} & a_{2,2}\boldsymbol{B} & \cdots & a_{2,p}\boldsymbol{B} \\ \cdots & \cdots & \cdots & \cdots \\ a_{n,1}\boldsymbol{B} & a_{n,2}\boldsymbol{B} & \cdots & a_{n,p}\boldsymbol{B} \end{bmatrix}$；$\hat{\theta}$ 估计值的协方差矩阵为 $\mathrm{cov}(\hat{\theta})=2(\boldsymbol{Z}^{*T}\boldsymbol{V}^{*-1}\boldsymbol{Z}^*)^{-1}$。根据公式 1.25 对模型随机参数的估计结果，估计程序便回到公式 1.23 重新对模型中的固定参数进行估计。这样的估计过程就在公式 2.23 和和公式 2.25 之间交替进行，直到模型收敛，即模型各个参数的估计值在前后两次计算步骤中的差值小于预先规定的水平。

使用 IGLS(ML) 程序对模型随机系数的估计实际上不是无偏估计，因为该算法在估计随机系数时并没有把固定参数的抽样变异考虑进去。因此在第二水平单位数不多的情况下，需要使用 RIGLS(REML) 对参数进行估计。RIGLS 算法在估计模型随机参数时迭代每一步都在 $\boldsymbol{V}$ 中减 $\boldsymbol{X}(\boldsymbol{X}^T\boldsymbol{V}^{-1}\boldsymbol{X})^{-1}\boldsymbol{X}^T$。从理论上来说，通过 RIGLS 算法估计的模型参数通常比 IGLS 更少偏倚，但在实际运算中，二者的估计值差异可忽略不计，因此很多统计软件如 MLwiN 和 STATA 14 的缺省估计算法是 IGLS(ML)，使用者通常可在模型构建过程中选择使用 RIGLS(REML) 或者 IGLS(ML) 算法。使用 IGLS(ML) 算法，研究者可通过基于似然比的 χ^2 检验比较固定部分参数不同的两个模型，但如果使用 RIGLS(REML) 算法，则只能对随机参数不同的两个模型通过基于似然比的 χ^2 检验进行比较。如果使用极大似然估计（ML）方法，则两水平的对数似然值方程可被写为（公式 1.26）(Goldstein, 2011a)。

$$L(\beta,\theta,\sigma_e^2)=-0.5\{n\log(2\pi)+\log(\boldsymbol{V})-(\boldsymbol{Y}-\boldsymbol{X}\beta)^T\boldsymbol{V}^{-1}(\boldsymbol{Y}-\boldsymbol{X}\beta)\} \qquad 1.26$$

公式 1.26 是 STATA、SPSS 等软件的极大似然估计方法的对数似然值函数，限制性极大似然（REML）估计的对数似然函数方程可被写成为公式 1.27。

$$L_R(\beta,\theta,\sigma_e^2)=-\frac{1}{2}\{n\log(2\pi)+\log(\boldsymbol{V})-(\boldsymbol{Y}-\boldsymbol{X}\beta)^T\boldsymbol{V}^{-1}(\boldsymbol{Y}-\boldsymbol{X}\beta)\}-\frac{1}{2}\log(\boldsymbol{X}^T\boldsymbol{V}^{-1}\boldsymbol{X})$$

$$1.27$$

在多水平模型的估计方法中，还有一种参数估计方法叫广义估计方程（generalised

estimating equations，GEE)算法。该算法仅仅对模型固定部分参数进行估计，尽管模型固定部分参数的估计值在方差协方差的结构构建不恰当也比较稳健(robust)，但在实际应用中使用 GEE 算法不能有效地对部分研究问题进行回答(Goldstein，2011a)。如果要研究的问题之一就是要考察某斜率系数在不同群体中的变异，例如，生长曲线在不同背景儿童中的变异程度，则生长曲线变异的估计值就是非常关键的量化研究指标，GEE 模型就无法估计该变异参数。但研究实际中所构建的多水平模型不能收敛时，使用 GEE 算法得到的模型固定部分参数的估计值对进一步改进多水平模型的构建有很大的参考作用(Hox，2010)。

随着计算机技术的发展，目前使用基于马尔可夫链蒙特卡罗(Markov Chain Monte Carlo，MCMC)算法的贝叶斯(Bayesian)估计方法已经被应用于处理复杂的多水平模型(Browne，2016；Browne & Draper，2006；Spiegelhalter et al.，2003)。贝叶斯算法的基本理论就是用数据对参数的先验(prior)分布进行修正，得到参数的后验(posterior)分布，即 $p(\theta \mid y) \propto L(y, \theta) p(\theta)$。其中 θ 是模型中的未知参数，y 是因变量观测值，$L(y, \theta)$ 是模型的似然值，$p(\theta)$ 是有关参数 θ 的先验分布，$p(\theta \mid y)$ 是参数 θ 的后验分布。MCMC 程序使用模拟算法，通常把简单模型如普通回归模型的运算结果当作当前模型各个参数的初始值，然后从模型中各个参数的初始值开始，根据模型中各个参数的联合条件分布(joint conditional distribution)依次对模型中每个参数进行随机抽样；然后再根据每个参数的随机抽样结果和联合条件分布再依次对模型中的每个参数进行抽样。该过程一直持续到预先设定的标准为止。对所有参数的每次的抽样过程被称作一次迭代(iterative)过程。马尔可夫链蒙特卡罗中的"马尔可夫链"指每次迭代的抽样过程仅仅基于前面一次的参数估计结果，"蒙特卡罗"指每次迭代每个参数的抽样都是随机进行的。

经过一定次数的迭代后，即 MCMC 过程的预烧(burn in)阶段，参数的抽样结果就不再依赖于其初始值的大小了。预烧阶段结束后，每次迭代过程的抽样结果就被保存下来，例如，预烧过程后 MLwiN 软件的缺省迭代次数是 5000。这 5000 次的抽样结果就组成了模型中每个参数的后验抽样分布(posterior distribution)。根据模型中每个参数的后验分布就可得到该参数的平均数、中位数等统计结果。贝叶斯估计的具体技术细节不是本书的重点，请感兴趣的读者参考 MLwiN 的 MCMC 手册等书籍(Browne，2016；Thompson，2012；Spiegelhalter et al.，2003)。本书将在后面演示如何使用 MCMC 方法对复杂的多水平模型进行估计。

1.3.3 多水平模型的参数检验

对于多水平模型中固定部分参数的显著性检验一般可通过对估计值和其标准误的相对大小进行检验，即 Z 检验或者 Wald 检验(Hox，2010)。软件 STATA、SPSS 和 Mplus 都在结果输出中直接给出每个固定部分参数的估计值，置信间距和相应的显著性水平，MLwiN 则可通过菜单命令对固定部分的参数的显著性通过 χ^2 检验得到精确的检验结果。但对随机部分参数的显著性进行检验则应该通过对模型进行比较的似然比检验来进行。常用的似然比检验指标包括偏差统计量（Deviance），AIC（akaike information criterion）（Akaike，1987）和 BIC（bayesian information criterion）（Schwarz，1978）。根据两个嵌套的模型－2 倍的对数似然值（－2LL），我们可计算出这两模型间的－2LL 之差，该差值服从 χ^2 分布并且其自由度等于两模型中的参数个数之差。这样我们就可以检验当模型中增加一个随机参数时，譬如随机斜率，我们就比较该模型和其前一个模型的－2LL 差值并进行 χ^2 检验。注意如果使用 REML 估计方法，我们虽然可以比较固定部分系数相同但随机部分系数不同的两个模型，但不能比较固定部分不同的两个模型。因此在对不同的多水平模型进行比较检验时，最好使用 IGLS(ML)进行。等模型固定后根据需要再运行 RIGLS(REML)得到模型各个参数的估计结果。对于非嵌套模型，一般建议使用 AIC 或者 BIC 来对模型进行比较。AIC 和 BIC 的计算公式如公式 1.28 所示。

$$AIC＝－2LL＋2p$$
$$BIC＝－2LL＋plog(N) \qquad 1.28$$

公式 1.28 中的－2LL 就是每个模型的－2 倍对数似然值，p 是模型中被估计的参数个数，N 是样本量。两个模型比较时，如果 AIC 或者 BIC 的值变小，则说明模型有改善。两个模型的 AIC 或 BIC 之差值服从 χ^2 分布并且其自由度等于两模型中的参数个数之差。当使用基于似然值的指标进行模型比较时，所比较的两个模型必须是从同样的数据中估计出来的。如果模型使用贝叶斯估计方法，则对模型比较时应使用基于贝叶斯估计方法的模型拟合指数（Browne，2016）。

1.4　多水平模型软件简介

随着计算机技术的快速发展，目前能够在个人微机上进行多水平模型分析的软件相当多。常用的商用软件诸如 STATA、SPSS 和 SAS，也都发展了多水平分析的模块。本章先对几个常用多水平分析的软件进行初步介绍，在随后介绍不同多水平模型时，主要演示如何使用 MLwiN(Rasbash et al.，2016)，STATA 14 和 SPSS 25 拟合各种不同的多水平模型。尽管各种软件都在加快多水平模型分析功能开发，有的软件如 Mplus(Muthén & Muthén，2017)还可以拟合多水平潜变量模型（温忠麟等，2012），但作为一个应用统计人员，就本人个人经验来说，迄今为止（2018 年），MLwiN 还是功能最强大的多水平统计分析软件。

1. MLwiN

MLwiN 是由英国哈维·戈德斯坦（Harvey Goldstein）教授的团队开发的多水平专用软件（Goldstein，2011a）。MLwiN 软件对英国本地学术系统使用者免费，对非英国使用者收费，但该软件有供初学者学习使用的练习版免费下载。开发组有很好的技术支持，每年还不定期举办不同水平的多水平模型培训班。该软件能通过窗口菜单和命令两种途径拟合多水平模型。通过菜单选项能拟合的多水平模型包括：多水平线性模型，多水平 logistic 模型，多水平 multinomial logistic 模型，多水平 ordered logistic 模型，多水平泊松（Poisson）模型，多水平交叉分类（multilevel cross classification）模型，多元多水平（multivariate multilevel，MVML）模型，多水平多重身份（multilevel multiple membership）模型，多水平因子分析（multilevel factor analysis）。通过对数据进行一定的整理，MLwiN 还能拟合多水平生存分析模型（multilevel survival analysis）。该软件自带有自助抽样（bootstrap）算法和马尔可夫链蒙特卡罗（MCMC）算法，并且能把所建模型自动翻译输出到贝叶斯分析专用软件 WinBUGS(Spiegelhalter et al.，2003)里面进行分析（Browne，2016）。通过 MCMC 算法，MLwiN 还能通过 MVML 模型使用 MCMC 算法对多水平数据中的缺失值进行多重插补（multiple imputation）(Browne，2016；Carpenter et al.，2011)，使用 MLwiN 也可以很容易地进行多水平路径分析。该软件网站上有大量的免费学习材料，软件开发组核心成员杨珉教授也著有 MLwiN 多水平模型的中文参考书（杨珉，李晓松，2007）。该软件能拟合多达 5 个水平的数据。该软件的界面输出也是很好地学习多水平模型的资料，非常有助于初学者理解模型结果输出中每个参数的具体含义。该软件和其他常用软件如 STATA，R，WinBUGS 有很好的接口。该软件唯一的缺陷是数据管理功能不强，但目前其团队开发出的 STATA 命令可以从 STATA 中直接调用 MLwiN 的各项功能并将结果输出到 STATA 并显示出来，从而大大加快了拟合各种复杂模型的速度。有关 MLwiN 的更多信息，请访问其网站 http://www.bristol.ac.uk/cmm/software/mlwin/浏览相关内容。

2. STATA

STATA 是一款在卫生健康、经济、教育、心理及很多社会科学领域被广泛应用的综合统计分析软件（STATA，2017）。其多水平分析功能只是在最近版本才开始提供。目前使用 STATA 能拟合常用的多水平线性模型和多水平非线性模型，也能拟合交叉分类模型。但拟合多元多水平线性模型需要一点编程。如果加挂 GLLAMM 程序(Rabe-Hesketh et al.，2004)，则可以拟合更多的多水平模型，美中不足的是 GLLAMM 运行速度较慢，因此最新版本的 STATA 正逐步开发出越来越多的多水平统计分析功能(Rabe-Hesketh，Skrondal，2012a；Rabe-Hesketh，Skrondal，2012c；Rabe-Hesketh，Skrondal，2012b)。如果使用命令从 STATA 里面直接调用 MLwiN 软件，则可以很方便地整理数据并运行各种多水平模型。目前临床试验中的缺失值处理尤其是对多水平数据中的缺失值处理，使用 STATA 非常方便(Carpenter et al.，2011)，使用该软件也可以很方便地进行各种元分析（meta-analysis）(Sterne et al.，2016)研究。该软件能通过菜单和命令两种方式运行多水平模型，但运行一个复杂的模型或者需要对数据进行整理和模型结果再利用时，只有通过编程才能完成。该软件为商用软件，对学生有优惠而且还有试用版供初学者使用。有关信息请访问 http://www.stata.com/。

3. SPSS

SPSS 应该是在国内应用最广泛的、被最多研究生所熟悉的综合统计软件了，但该软件也是最近的版本才有多水平统计分析功能（Heck et al.，2014；Heck et al.，2012）。类似于 SPSS 的常用分析功能，该软件能通过菜单和命令两种方式运行多水平模型，但最好能够编程处理一些复杂的模型或者需要对数据进行整理。使用 SPSS 能拟合常用的多水平线性和非线性模型，但迄今为止该软件的多水平分析功能还在进一步加强，相信未来版本的 SPSS 能有更多的多水平分析功能。国内目前也尚未有使用 SPSS 进行多水平统计分析的参考书，杨珉老师也仅仅在她的多水平书中演示了使用 SPSS 如何拟合基本的多水平线性模型（杨珉 & 李晓松，2007）。

4. HLM

HLM（Hierarchical Linear and Nonlinear Modeling）是基于原美国芝加哥大学的斯蒂芬・W. 劳登布什（Stephen W. Raudenbush）教授的理论开发的多水平模型专用软件（Raudenbush & Bryk，2002）。该软件在国内被翻译成多层线性（非线性）模型。该软件能够拟合常用的各种多水平线性和非线性模型，但最多只能处理多达三水平的数据。该软件能通过菜单和命令两种方式拟合多水平模型，其界面模型输出是很好地学习多水平模型的资料。但该软件需要把不同水平的数据保存到不同的文件中并通过软件创建多水平分析专用数据；在该软件中没有常用的数据管理功能。目前国内已有几本介绍使用 HLM 的中文参考书（张雷，等，2005）。该软件在美国相对流行，但欧洲地区很少有人使用 HLM 软件。HLM 的学生版可免费从其网站上下载，有关该软的其他信息请访问 http://www.ssicentral.com/hlm/index.html。

5. Mplus

Mplus 是近年来发展很快的一个高级统计模型分析软件（Muthén & Muthén，2017），其主要功能在于潜变量模型分析。该软件的多水平模型分析功能处于发展阶段，目前仅能处理多达三水平的数据，对于重复测量的数据可以运行多达四水平的模型。该软件的一个独到之处就是其把多水平分析和结构方程（multilevel structure equational modelling，ML-SEM）以及多水平模型和潜分类变量模型（multilevel latent class analysis，ML-LCA）结合起来。使用者只需写一些简单的命令就能运行这些非常复杂的模型。该软件的一个不足之处就是数据管理功能欠佳，目前版本的软件还不能像 SPSS、STATA 等直接读取其他统计软件的数据，而且也仅仅有几个有限的数据转换操作功能。该软件有强大的研究支持团队，有学生版本供免费下载学习，其网站上也有很多统计模型供读者直接参考使用。有关该软件的详细信息请访问 https://www.statmodel.com/。

6. SAS

SAS 是一款功能强大的、一般供专业统计人员使用的商用综合统计软件，在工业界应用得比较多。尽管该软件也有菜单选项运行一些常用的统计分析模型，但该软件主要通过编程进行统计数据处理。该软件一般供高级统计人员使用。就多水平模型来说，该软件的功能还有待发展，而且其对编程的要求也超过了一般研究人员尤其是初学者的既有能力。国内已有使用 SAS 运行多水平模型的中文参考书（王济川，等，2008），但因为该软件的价格不菲并且对使用者要求较高，因此对初学者来说并不是很受欢迎。有兴趣的读者可下载杨珉老师写的 SAS 多水平分析综述 http://www.bristol. ac. uk/media-library/sites/cmm/migrated/documents/rev－sas. pdf，该文档中有很好地使用 SAS 运行各种多水平模型的命令供参考使用。杨珉老师在她的书中也演示了用 SAS 拟合基本多水平线性模型和如何使用多水平模型进行元分析。

7. R

R 是一款近年来逐渐被大家重视的综合统计软件，该软件的最大亮点就是免费试用，而且全世界范围内的很多热心的 R 软件用户开发出了常用或特定统计分析 R 命令免费分享给使用者。该软件几乎可以运行几乎所有的统计模型。使用该软件也能很方便地运行多水平线性和非线性模型（Gelman & Hill，2007），目前使用 R 可以直接调用 MLwiN 的各项命令，这就大大增加了 R 软件的多水平模型分析功能。R 的不足之处就是需要使用者完全编程，这对初学者来说尚有一定的挑战性。有关 R 软件的更多信息请访问网站 https://www. r-project. org/。

本节只是对几个能够运行多水平分析的软件进行了非常简要的介绍，MLwiN 团队有一个针对不同多水平分析软件的总结，详情请访问 http://www. bristol. ac. uk/cmm/learning/mmsoftware/。该网站上针对每个统计软件多水平分析功能的介绍和模型拟合演示均由多水平模型研究开发的领军人物撰写。针对每个软件的综述既是学习多水平的宝贵材料，也是使用各个有关软件拟合常用多水平模型的免费参考资料。后面章节中本书会演示如何使用有关软件拟合各种常用的多水平模型，但具体各个软件的使用细节本书将不再涉及。而且随着软件快速地更新换代，相信有关软件会有更多拟合特定多水平的功能出现。但总体来说，读者只要能够拟合常用的多水平模型，进一步掌握使用有关软件拟合复杂模型就相对容易很多。网络技术的发展也为应用统计工作者提供了及时有效的帮助，当今的研究者可以很容易地从网络上获得所需要的统计技术和构建拟合模型所需技巧的帮助。

本章小结

多水平回归模型能够有效处理数据中的非独立性问题。常用的多水平模型使用基于迭代过程的似然估计方法对模型中的参数进行估计。目前应用统计领域常用的统计软件基本都有构建拟合多水平模型的功能，一般研究只需调用软件中的多水平分析功能即可运行相应的多水平模型。未来更多版本的软件将会有更多的多水平模型分析功能。

第二章　普通多水平线性模型

对于绝大多数应用研究者来说，如何熟练使用多水平技术分析自己研究中的数据比理解模型参数的估计方法更加有实际价值，因此本章将通过演示如何拟合基本的两水平线性模型介绍拟合常用多水平模型的基本步骤。考虑到不同行业的研究者使用不同的统计软件，本章将演示如何使用几个研究者比较熟悉的统计软件拟合多水平模型。

2.1　普通多水平模型实例

本章所用的数据来自 MLwiN 软件自带的数据。该数据是一个模拟的、关于英国伦敦地区中学考试的研究资料。该研究收集了来自伦敦地区 65 所学校的 4059 名学生的中考成绩、中学会考成绩、学生背景变量和学校背景变量。研究目的是考查学生的中考成绩对会考成绩的影响，同时也考查学生背景变量和学校背景变量对学生会考成绩的影响。数据中包括以下变量（表 2-1-1）。

表 2-1-1　MLwiN 软件自带教育数据中的变量

变量名	变量说明
school	学校编号，从 1 到 65
student	学生编号，每个学校单独编号，从 1 开始
normexam	标准化的会考成绩
cons	常量，取值为 1
standlrt	标准化的中考成绩
girl	学生是否是女生，是编码为 1，否编码为 0
schgend	学校类别：混合校＝1、男校＝2、女校＝3
avslrt	学校评价中考成绩
schav	学校评价中考成绩等级分类：1＝低、2＝中、3＝高
vrband	小学毕业时言语推理水平：1＝高、2＝中、3＝低

由于该研究从 65 所学校收集资料，因此该研究中的数据结构便有了如图 2-1-1 所示的层次结构。

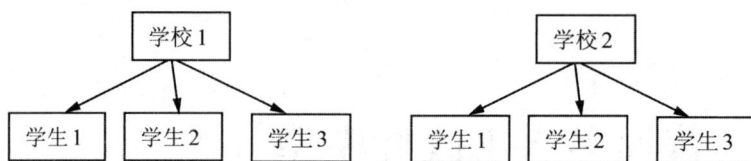

图 2-1-1 学生嵌套于学校示意图

数据中的学生来自不同的学校，这样的数据结构可以被认为是有两个水平的数据，学生是第一水平的单位，学校是第二水平的单位。水平一单位的变量取值在不同学生间是不同的，学校背景变量在各个学校间是不同的，但对于来自同一个学校的所有学生来说，学校变量的取值则是相同的。如果我们从前 4 个学校的每个学校中选取前 3 个学生，则有关数据如表 2-1-2 所示。同一个学校的学生具有相同的学校编号，来自同一个学校学生的学校背景变量如 schgend 和 schav 取值相同。数据中还有一个变量名字为 cons，取值为 1，是个常量，该变量为 MLwiN 软件拟合各种回归模型必须使用的变量。因为该软件把回归方程中的截距系数和斜率系数统称为回归系数，cons 是对应于回归方程中截距系数的自变量，其目的只是让回归方程中的每个回归系数都有一个对应的自变量，本身并无特殊意义。其他软件在拟合回归方程时并不要求该常量。

表 2-1-2 MLwiN 自带教育数据中的部分资料

school	student	normexam	cons	girl	schgend	schav
1	1	0.261325	1	1	mixedsch	mid
1	2	0.134067	1	1	mixedsch	mid
1	3	−1.72388	1	0	mixedsch	mid
2	1	1.57922	1	1	girlsch	high
2	2	1.240533	1	1	girlsch	high
2	3	0.610729	1	1	girlsch	high
3	1	−0.19761	1	1	mixedsch	high
3	2	2.924667	1	1	mixedsch	high
3	3	−0.69951	1	1	mixedsch	high
4	1	0.678759	1	1	mixedsch	mid
4	2	0.478194	1	0	mixedsch	mid
4	3	0.261325	1	0	mixedsch	mid

如果要使用线性回归考查学生的中考成绩对会考成绩的影响，我们首先建立一个不带任何自变量的模型 $y_{ij} = \beta_0 + e_{ij}$，其中因变量 y_{ij} 是来自第 j 个学校第 i 个学生的会考成绩，β_0 是总体平均数，e_{ij} 是第 j 个学校第 i 个学生的会考成绩和会考成本总平均

数的差值，i 和 j 分别是学生和学校编码。有兴趣的读者可以使用任何一个非 MLwiN 软件如 SPSS 或 STATA 做一下 y_{ij} 对 cons 的回归以及不带任何自变量的回归，就会发现二者的结果是一样的。考虑到数据来自 65 所学校，我们有理由认为这 65 所学校有不同的会考成绩平均数，这样我们就可以建立一个能够同时拟合各个学校平均会考成绩的回归模型（公式 2.1），该模型通常被称作纯截距模型（intercept only model）或零模型（null model）。

$$y_{ij} = \beta_{0j} + e_{ij} \qquad\qquad 2.1$$

公式 2.1 中 β_{0j} 表示第 j 个学校的截距，即第 j 个学校的会考成绩平均数。参数 β_{0j} 也可以进一步被表达成公式 1.6。

$$\beta_{0j} = \beta_0 + u_{0j}$$

公式 1.6 中 β_0 是所有 65 个学校截距的平均数，即使用学校的会考成绩总平均数，u_{0j} 是第 j 个学校会考成绩平均数 β_{0j} 和总平均数 β_0 的差别。读者可能想到其实我们可以把该数据中的变量 school 当作分类变量并包括在回归方程 2.1 中，这样也能够估计出每个学校的平均会考成绩。如果研究的目的不仅仅是数据中包括的学校，而是对总体中所有学校进行统计推断，我们通常要把数据中包括的学校当作总体中随机抽取的一个样本，分析的目的是通过样本推断总体特征，这样一来，该样本将会提供学校总体参数变异的程度。如果把学校当作分类变量包括进方程，方程中需要估计的参数会很多，特别是对学生数较少的学校，其参数估计将会有很大的波动范围而缺乏精确性。如果我们把有关学校当作总体中的样本，则可以有效地使用总体均数和变异程度对有关具体学校的统计量进行比较精确的推断（Goldstein，2011a）。这一点，我们在第一章已经简单提过了。

合并公式 2.1 和公式 1.6 我们就会有

$$y_{ij} = \beta_0 + u_{0j} + e_{ij} \qquad\qquad 2.2$$

并且假定公式 2.2 中 $u_{0j} \sim N(0, \sigma_{u0}^2)$ 和 $e_{ij} \sim N(0, \sigma_e^2)$，且 u_{0j} 和 e_{ij} 互不相关，这样因变量 y_{ij} 的总方差就可以写成如下的方差分解方程。

$$\mathrm{var}(y_{ij}) = \sigma_{u0}^2 + \sigma_e^2 \qquad\qquad 2.3$$

公式 2.3 中 σ_{u0}^2 是因变量 y_{ij} 在学校水平上的方差，σ_e^2 是因变量 y_{ij} 在学生水平上的方差，即因变量 y_{ij} 的总方差是学校水平上的方差 σ_{u0}^2 和学生水平上的方差 σ_e^2 的和。学校水平上的方差占总方差的比例 ρ 可以写成公式 2.4。

$$\rho = \frac{\sigma_{u0}^2}{\sigma_{u0}^2 + \sigma_e^2} \qquad\qquad 2.4$$

公式 2.4 中的 ρ 表示了来自同一个学校的学生比来自不同学校学生的相似程度，也被称作跨级相关（intra class correlation coefficient，ICC）。公式 2.4 中的 ρ 其实是第二水平的方差分解系数（variance partition coefficient，VPC），此时的方程中不包括任何自变量。当方程中包括有随机系数的自变量时，方差分解就不能仅仅使用公式 2.4 来计算了（Goldstein，2011a）。

如果数据有三个水平并且开始第三水平单位编码，则公式 2.2 就可以被写成公式 2.5。

$$y_{ijk} = \beta_0 + \nu_{0k} + u_{0jk} + e_{ijk} \qquad 2.5$$

并且假定公式 2.5 中 $\nu_{0k} \sim N(0, \sigma_{\nu 0}^2)$，$u_{0jk} \sim N(0, \sigma_{u 0}^2)$ 和 $e_{ijk} \sim N(0, \sigma_e^2)$，且 ν_{0k}、u_{0jk} 和 e_{ijk} 互不相关，这样因变量 y_{ij} 的总方差就可以写成如下的反差分解方程。

$$\mathrm{var}(y_{ij}) = \sigma_{\nu 0}^2 + \sigma_{u 0}^2 + \sigma_e^2 \qquad 2.6$$

此时第三水平的方差分解系数的 ρ 可由公式 2.7 计算得出。

$$\rho_3 = \frac{\sigma_{\nu 0}^2}{\sigma_{\nu 0}^2 + \sigma_{u 0}^2 + \sigma_e^2} \qquad 2.7$$

此时第二水平的方差分解系数的 ρ 可由公式 2.8 计算得出。

$$\rho_2 = \frac{\sigma_{u 0}^2}{\sigma_{\nu 0}^2 + \sigma_{u 0}^2 + \sigma_e^2} \qquad 2.8$$

但也有研究指出对三水平模型，第三水平的 ICC 的计算公式应当如公式 2.9 所示（Siddiqui et al.，1996）。

$$\rho_3 = \frac{\sigma_{\nu 0}^2 + \sigma_{u 0}^2}{\sigma_{\nu 0}^2 + \sigma_{u 0}^2 + \sigma_e^2} \qquad 2.9$$

这是因为 ICC 是表达随机选取的两个来自相同第二水平单位个体的总体相关参数的期望值。STATA 软件的 ICC 输出就是公式 2.9 所示的结果。Hox 说二者都对，因为公式 2.9 和公式 2.8 表达的是不同的统计量。此处仅建议研究者根据自己的研究问题选取报告 ICC 值，但不管报告哪一种结果，建议都说明所报告的结果是根据哪一种公式得到的。总体来说，ICC 是反映因变量在不同水平单位间的变异程度的简单参数，在多水平分析和使用多水平分析技术的研究设计中有非常重要的地位。有关 ICC 在实验设计中的作用将会在后面章节中介绍。对公式 2.3 来说，如果第二水平间的变异不显著，则公式 2.3 就变成了 $\mathrm{var}(y_{ij}) = \sigma_e^2$，此时研究者可考虑使用普通回归方程分析数据（Merlo et al.，2005）。

如果如公式 2.2 所示的模型显示因变量在第二水平单位间有比较明显的变异，我们则可以在公式 2.2 模型中增加一个自变量并且把自变量的系数限制为固定的，即随机截距模型（random intercept model）（公式 1.8）。

$$y_{ij} = \beta_0 + \beta_1 x_{ij} + (u_{0j} + e_{ij})$$

在公式 1.8 所示的随机截距模型的基础上，我们可进一步设定固定参数 β_1 在各个水平二单位间是随机的，即 β_{1j}。在设定随机的斜率参数 β_{1j} 后，我们通常要对 β_{1j} 在水平二的方差进行检验，如果 β_{1j} 的方差不显著，就说明各个水平二单位的斜率相同，我们就在模型中恢复固定 β_1 参数设置。根据研究的问题，我们可进一步在方程中包括更多的自变量以及随机参数。一般来说，在拟合多水平模型时一般先拟合一个零模型，检查因变量是否在高水平单位间有显著的变异，如果因变量的高水平单位间变异显著，就继续使用多水平模型分析数据并把自变量逐步包括进方程。自变量的斜率系数也是先被设置为固定的，然后再被设置成随机参数并进行检验，根据检验结果决定是否有必要保留随机斜率系数。如果需要，研究者可在公示 1.8 中包括更过的自变量。例如，如果要考查学校平均中考成绩对学生会考分数的影响，我们就需要把该学校水平的变量包括进方程(公式 2.10)。注意在公式 2.10 中我们使用了各个自变量的实际名字。因为学校平均中考成绩是学校水平的变量，也就是说每个学校所有学生的 avslrt 分数都是一样的，因此该变量的下标仅仅为 j。后面的章节中将会具体演示更加复杂的多水平模型建构。

$$y_{ij} = \beta_0 + \beta_1\, standlrt_{ij} + \beta_2\, avslrt_j + (u_{0j} + e_{ij}) \qquad 2.10$$

有些研究者把公式 2.10 分开写成如下水平一的方程和水平二的方程。

$$y_{ij} = \beta_{0j} + \beta_1\, standlrt_{ij} + e_{ij}$$

$$\beta_{0j} = \beta_0 + \beta_2\, avslrt_j + u_{0j}$$

合并这两个方程就得到如公式 2.10 的联合方程。注意此处我们仅仅考查第二水平的变量对第一水平截距的作用。如果研究实际中第二水平变量 z_j 对第一水平变量 x_{ij} 的斜率系数 β_{1j} 也有影响，则可以有如下的方程组(公式 2.11)。

$$\begin{cases} y_{ij} = \beta_{0j} + \beta_{1j} x_{ij} + e_{ij} \\ \beta_{0j} = \beta_0 + \beta_2 z_j + u_{0j} \\ \beta_{1j} = \beta_1 + \beta_3 z_j + u_{1j} \end{cases} \qquad 2.11$$

合并方程组 2.11 我们就得到

$$y_{ij} = \beta_0 + \beta_2 z_j + u_{0j} + (\beta_1 + \beta_3 z_j + u_{1j}) x_{ij} + e_{ij} \qquad 2.12$$

进一步合并整理公式 2.12 就得到公式 2.13。

$$y_{ij} = \beta_0 + \beta_1 x_{ij} + \beta_2 z_j + \beta_3 z_j x_{ij} + u_{1j} x_{ij} + u_{0j} + e_{ij} \qquad 2.13$$

公式 2.13 中的 β_3 就是第二水平变量 z_j 对第一水平变量 x_{ij} 对因变量 y_{ij} 影响作用的影响作用，也可以理解为第二水平变量 z_j 对第一水平变量 x_{ij} 作用的调节(moderating)作用。这种分层写方程的方式是 HLM 软件多水平模型方程的基本风格，Mplus 的多水平模型命令也是分层撰写的。公式 2.13 中的 β_3 也叫跨级交互作用，$z_j x_{ij}$ 是第二水平变量 z_j 和第一水平变量 x_{ij} 的交互项。

2.2　使用 MLwiN 构建拟合两水平线性模型

使用 MLwiN 软件拟合多水平模型基本上是通过其菜单命令来进行。构建拟合本章演示的两水平模型的具体步骤如下。

(1)通过 MLwiN 的菜单 File 中的 Open Worksheet 命令读取 MLwiN 自带的数据 tutorial. ws 后，单击菜单 Model 中的 Equations 命令，一个基本的模型方程框架便展现在 MLwiN 窗口内。

(2)点击模型中的红色 y，在弹出的窗口中选取因变量名字 normexam，在 N level 后面的下拉框中选择 $2-ij$，然后在展开的对话框中选取 school 为 level 2(j)的标识变量，student 为 level 1(i)的标识变量并单击 done 按钮。此时窗口中的方程变成如图 2-2-1 所示的结构。

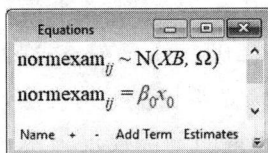

图 2-2-1　选取了因变量的模型框架

图 2-2-1 说明因变量 normexam 有两个水平，第一水平（本书以后简称"水平一"）单位是 i，第二水平（本书以后简称"水平二"）单位是 j，并且该变量服从正态分布 $N(XB, \Omega)$。

（3）继续点击方程中的 $\beta_0 x_0$，在新弹出的窗口中选取常量 cons，并且单击 j（school）和 i（student）的前面的方框选中这两项，再单击 done 按钮后，继续点击模型方程窗口左下部的 ＋ 按钮两次，窗口中的纯截距模型就会出现一个零模型的方程（图 2-2-2），此时窗口中显示的模型就是公式 2.2。

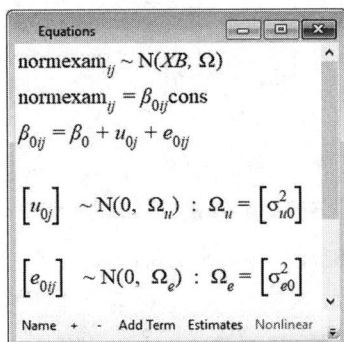

图 2-2-2　纯截距模型方程

（4）点击窗口左上角的 start 按钮，模型很快就运行完毕，连续单击模型方程窗口底部的 Estimates 按钮两次，就会得到如图 2-2-3 所示的结果。

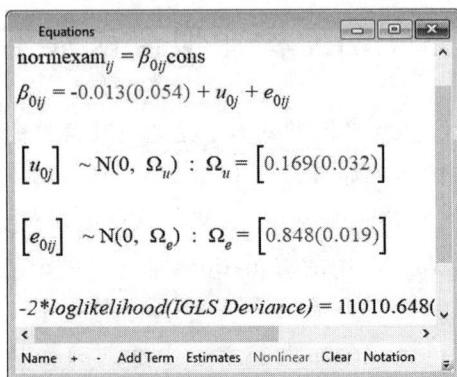

图 2-2-3　纯截距模型参数估计结果

输出结果中－0.013(0.054)是总体平均数估计值 β_0 及其标准误，0.169(0.032)是学校水平方差 σ_{u0}^2 的估计值及其标准误，0.848(0.019)是学生水平方差 σ_e^2 及其标准误；模型拟合的偏差统计量－2LL 为 11010.648。使用偏差统计量可进一步对不同模型进行比较，也可对随机参数的显著性进行似然比检验。使用 MLwiN 不能直接输出对每个参数显著性进行检验的结果，我们一般可使用参数估计值不低于其 2 倍标准误的法则粗略判断每个参数的显著性。根据纯截距模型的输出结果，我们可计算出学校水平的 ICC＝0.169/(0.169＋0.848)≈0.166。如果需对每个参数进行精确检验，则需要运行菜单 Model 中的 Interval and tests 命令。该命令会弹出如图 2-2-4 所示的窗口。

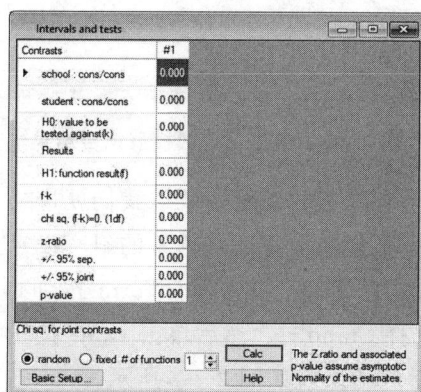

图 2-2-4　参数显著性检验窗口

研究者可在图 2-2-4 所示的窗口中对模型中的每个参数进行检验和对多个参数的显著性进行联合检验。如果我们要检验学校水平方差 σ_{u0}^2 估计值的显著性。我们需在参数检验窗口中选定底部的 random 选项，同时把 school：cons/cons 后面的 0.000 改成 1，并点击该弹出窗右下角的 Calc 按钮，检验结果就在该弹出窗的底部出现(图 2-2-5)。此处检验结果显示学校水平方差估计值显著地不为 0($\chi^2＝27.009$，$df＝1$，$p＝0.000$)。

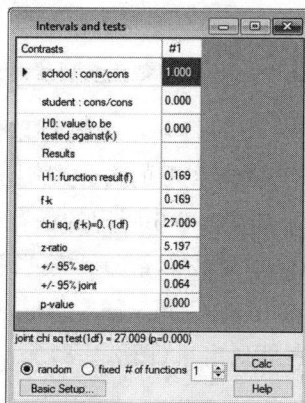

图 2-2-5　检验学校水平方差显著性的结果

使用该窗口我们也可以对固定参数 β_0 的显著性进行精确检验，首先选择窗口下部的 fixed 选项，然后把 fixed：cons 后面的 0.000 改成 1 并单击 Calc 按钮，在该弹出窗的底部出现的结果显示考试成绩平均数 β_0 的估计值和 0 值差异不显著（$\chi^2 = 0.060$，$df=1$，$p=0.806$）。

在拟合更加复杂的模型之前，我们可以保存该模型的拟合结果以便未来和其他模型进行比较。点击 MLwiN 窗口底部的 Store 按钮，在弹出的对话框中把该模型命名为 m0（图 2-2-6）并点击 OK 按钮。

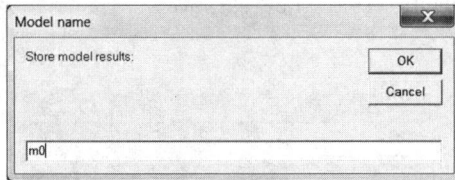

图 2-2-6　保存平均数模型拟合结果

因为因变量在学校水平有显著的变异，所以我们就进一步拟合更加复杂的多水平模型。首先在模型中包括一个自变量并把自变量的斜率设定为固定值，即随机截距模型（公式 1.8）。在模型窗口的下部点击 Add Term 按钮，并在弹出的对话框中从 variable 下面的下拉框中选择 Standlrt，然后单击 Done 按钮，并继续点击窗口左上角的 More 按钮，模型收敛后的结果就如图 2-2-7 所示。

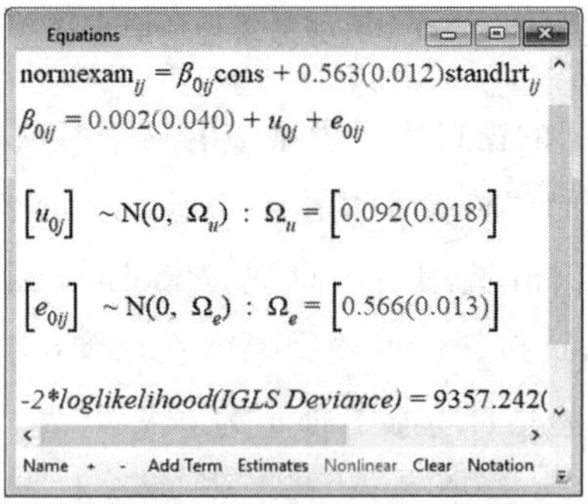

图 2-2-7　随机截距模型结果

从图 2-2-7 所示的随机截距模型的结果，我们可以看到自变量 standlrt 的斜率估计值（标准误）是 0.563（0.012），学校水平的方差估计值（标准误）是 0.092（0.018），$-2LL$ 估计值是 9357.242。使用如图 2-2-6 所示的保存模型结果的步骤，我们保存该随机截距模型的拟合结果为 m1。如果我们希望比较当前模型和前述的纯截距模型的拟合情况，只需运行菜单 Model 中的 Compare stored models 命令，MLwiN 就会自动把所保存的模型拟合结果列表呈现出来（图 2-2-8）。

Results Table

Copy

	m0	S.E.	Corr	m1	S.E.	Corr
Response	normexam			normexam		
Fixed Part						
cons	-0.013	0.054		0.002	0.040	
standlrt				0.563	0.012	
Random Pe						
Level: schoi						
cons/cons	0.169	0.033	1.000	0.092	0.018	1.000
Level: stude						
cons/cons	0.848	0.019		0.566	0.013	
Units: schoc	65			65		
Units: stude	4059			4059		
Estimation:	IGLS			IGLS		
glikelihood:	11010.648			9357.242		

图 2-2-8　模型 m0 和 m1 的拟合结果比较

目前版本的 MLwiN 不能自动输出模型比较的结果，研究者可根据图 2-2-8 中的参数计算出每个模型的 AIC 或 BIC 值并对两个模型进行比较。在随机截距模型的基础上，我们可进一步检验自变量 standlrt 的斜率系数是否在不同学校间随机。点击模型中的 standlrt 并在弹出框中进一步选中 j(school)，然后点击 Done 按钮，并继续点击模型窗口右上角的 More 按钮，模型收敛后的结果如图 2-2-9 所示。

Equations

$$\beta_{0ij} = -0.012(0.040) + u_{0j} + e_{0ij}$$

$$\beta_{1j} = 0.557(0.020) + u_{1j}$$

$$\begin{bmatrix} u_{0j} \\ u_{1j} \end{bmatrix} \sim \mathrm{N}(0,\ \Omega_u) : \Omega_u = \begin{bmatrix} 0.090(0.018) & \\ 0.018(0.007) & 0.015(0.004) \end{bmatrix}$$

$$\begin{bmatrix} e_{0ij} \end{bmatrix} \sim \mathrm{N}(0,\ \Omega_e) : \Omega_e = \begin{bmatrix} 0.554(0.012) \end{bmatrix}$$

*-2*loglikelihood(IGLS Deviance)* = 9316.870(4059 of 4

Name + - Add Term Estimates Nonlinear Clear Notation Responses

图 2-2-9　随机截距随机斜率模型输出结果

根据研究目的，使用者可通过点击模型窗口下面的 Add Term 按钮把更多的自变量添加到方程中去。MLwiN 也有程序命令供高级用户使用，初学者可保存软件自动生成的命令供未来重复模型输出结果或编程使用。在开始运行 MLwiN 软件后，直接运行菜单 Data Manipulation 中的 Command interface 命令便得到如图 2-2-10 所示的弹出窗，点击该弹出窗左上角的 Output 按钮，并在弹出的 Output 窗口的底部选中 Include output from system generated commands(图 2-2-11)，然后通过菜单操作的每一个模型构建命令都被自动记录下来。我们重新开始读入数据 tutorial. ws，然后建立前述的零模型并运行该模型，图 2-2-11 所示的结果输出窗口中就自动记录了当前所有的 MLwiN 命令步骤和结果输出。结果输出的前面几行就是读入数据、建立并运行该模型的命令。

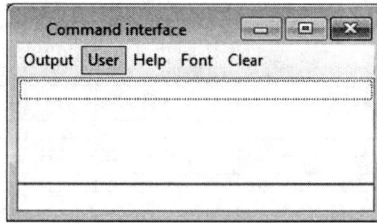

图 2-2-10　命令弹出窗

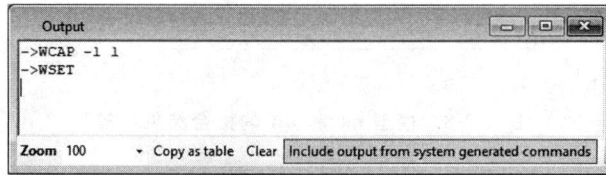

图 2-2-11　结果输出窗口

```
->LOAD "C:\Program Files (x86)\MLwiN v2.36\samples\tutorial.ws"
->RESP c3
->IDEN 2 c1
->IDEN 1 c2
->ADDT c4
->SETV 2 c4
->SETV 1 c4
->EXPA 1
->EXPA 2
->set b13 0
->ESTM 1
->EXPA 2
->ESTM 2
->EXPA 2
->PREF 0
```

　　复制这些命令行到一个文本文件并且去掉文本中所有的－＞符号，再运行菜单 File 下面的 Open Macro 命令打开该文本文件，则弹出如图 2-2-12 所示的 MLwiN 命令窗口。

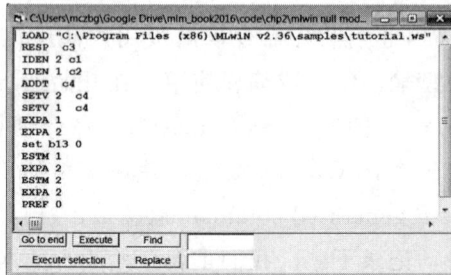

图 2-2-12　零模型命令

选择所有命令行并单击命令窗口中的 Execute 按钮，回到模型窗口就可以查看零模型的输出结果了。此处仅仅演示如何使用 MLwiN 自身功能创建并保存构建模型的命令，有兴趣的读者请直接阅读 MLwiN 软件的命令手册。

2.3　使用 STATA 构建拟合两水平线性模型

使用 STATA 拟合多水平模型可通过菜单或者命令两种方式进行。我们首先演示如何使用 STATA 的菜单构建一个基本的两水平线性模型。读入 tutorial. dta 后首先查看一下数据中的变量。

```
. des

Contains data from http://www.bristol.ac.uk/cmm/media/runmlwin/tutorial.dta
  obs:         4,059
  vars:           10                          21 Oct 2011 12:19
  size:       81,180
-------------------------------------------------------------------------------
              storage   display    value
variable name   type    format     label      variable label
-------------------------------------------------------------------------------
school        byte      %9.0g                 School ID
student       int       %9.0g                 Student ID
normexam      float     %9.0g                 Age 16 exam score  (normalised)
cons          byte      %9.0g                 Constant
standlrt      float     %9.0g                 Age 11 exam score  (standardised)
girl          byte      %9.0g                 Girl
schgend       byte      %9.0g     schgend     School gender
avslrt        float     %9.0g                 School average LRT score
schav         byte      %9.0g     schav       School average LRT score  (3 categories)
vrband        byte      %9.0g     vrband      Age 11 verbal reasoning level
-------------------------------------------------------------------------------
Sorted by:
```

依次运行菜单中的 Statistics＞Multilevel mixed-effects models＞Linear regression 命令，弹出的窗口就是设定多水平线性模型的对话框(图 2-3-1)。

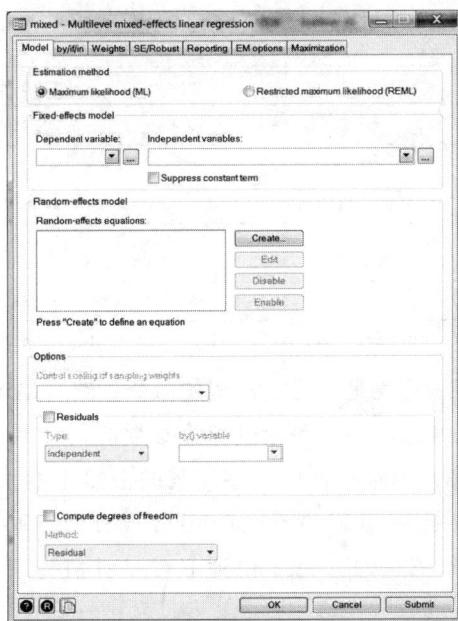

图 2-3-1　设定多水平线性模型的弹出窗

在 Dependent variable 下拉框中选择 normexam 后单击 Random-effects equations 部分的 Create 按钮，在弹出窗口的 Level variable for equation 下拉框中选择 school 并单击 OK 按钮(图 2-3-2)。

图 2-3-2　设定学校水平对话框

此时我们已经完成了零模型设定并可运行查看当前设定的如下输出结果。

```
. mixed normexam || school:

此处省去迭代输出信息
Computing standard errors:

Mixed-effects ML regression                  Number of obs    =       4,059
Group variable: school                       Number of groups =          65

                                             Obs per group:
                                                          min =           2
                                                          avg =        62.4
                                                          max =         198

                                             Wald chi2 (0)    =           .
Log likelihood = -5505.324                   Prob > chi2      =           .

-------------------------------------------------------------------------------
   normexam |     Coef.    Std. Err.      z     P>|z|    [95% Conf. Interval]
------------+------------------------------------------------------------------
      _cons | -.0131672    .0536274    -0.25    0.806    -.118275    .0919406
-------------------------------------------------------------------------------


-------------------------------------------------------------------------------
 Random-effects Parameters  |   Estimate   Std. Err.    [95% Conf. Interval]
----------------------------+--------------------------------------------------
school: Identity            |
                 var (_cons)|  .1686392   .0328458     .1151251    .2470284
----------------------------+--------------------------------------------------
               var (Residual)|  .8477603   .0189712     .811381     .8857707
-------------------------------------------------------------------------------
LR test vs. linear model: chibar2 (01) = 498.72       Prob >= chibar2 = 0.0000
```

该输出结果的最上面一行就是运行零模型的命令。然后是运行该模型的一般估计信息和数据信息，中间是模型固定部分和随机部分参数的估计结果和 95% 置信间距。最下面一行是当前模型和普通单水平回归模型比较的似然比检验结果，此处结果显示该模型和普通单水平回归相比有显著的不同(chibar2(01)＝498.72 Prob＞＝chibar2＝0.0000)。我们此时可运行 STATA 命令得到 ICC 估计值。

```
. estat icc

Intraclass correlation

-------------------------------------------------------------------------
                       Level |     ICC     Std. Err.   [95% Conf. Interval]
-----------------------------+-------------------------------------------
                      school | .1659182    .027171     .1192396    .2261775
-------------------------------------------------------------------------
```

STATA 使用 Delta 方法计算 ICC 的标准误并且给出 ICC 的 95％置信间距，具体公式可参考 STATA 的多水平模型手册和有关技术细节的文章（Demetrashvili & Van den Heuvel，2015；Demetrashvili et al.，2014）。此时我们最好把当前模型的拟合信息保存下来以备未来对不同的模型进行比较。

```
estimates store m0
```

在零模型设置的基础上，我们从自变量（Independent variables）下拉框中把自变量 standlrt 选入方程并单击 OK 按钮，结果输出的格式和零模型基本类似。中间部分输出结果包括有自变量的斜率系数和显著性检验结果。我们保存该模型拟合信息为 m1，然后可通过 lrtest 命令对零模型和随机截距模型进行似然比检验。

```
estimates store m1
estimates stats m0 m1
lrtest m0 m1
```

```
. mixed normexam standlrt || school:
```

此处省去迭代输出信息和数据信息

```
                                          Wald chi2 (1)      =     2042.57
Log likelihood = -4678.6211               Prob > chi2        =      0.0000

-------------------------------------------------------------------------
    normexam |    Coef.    Std. Err.      z     P>|z|    [95% Conf. Interval]
-------------+-----------------------------------------------------------
    standlrt |  .5633711   .0124654    45.19    0.000    .5389394    .5878029
       _cons |  .0023907   .0400227     0.06    0.952   -.0760524    .0808338
-------------------------------------------------------------------------


-------------------------------------------------------------------------
Random-effects Parameters |   Estimate    Std. Err.   [95% Conf. Interval]
--------------------------+----------------------------------------------
school: Identity          |
              var (_cons) |  .0921294    .0185306    .0621141    .1366488
--------------------------+----------------------------------------------
           var (Residual) |  .5657309    .0126626    .5414491    .5911016
-------------------------------------------------------------------------
LR test vs. linear model: chibar2 (01) = 403.27       Prob >= chibar2 = 0.0000
```

下面的输出是零模型和随机截距模型的拟合结果和似然比检验结果。STATA 自动计算出 AIC 以及 BIC 的值并通过似然比检验比较两个模型的拟合情况。

```
. estimates stats m0 m1

Akaike's information criterion and Bayesian information criterion

-------------------------------------------------------------------------
   Model |      Obs    ll (null)   ll (model)    df       AIC         BIC
---------+---------------------------------------------------------------
      m0 |     4,059         .     -5505.324      3    11016.65    11035.57
      m1 |     4,059         .     -4678.621      4     9365.242    9390.477
-------------------------------------------------------------------------
          Note: N=Obs used in calculating BIC; see [R] BIC note.
```

```
. lrtest m0 m1
Likelihood-ratio test                              LR chi2 (1) =    1653.41
 (Assumption: m0 nested in m1)                     Prob > chi2 =     0.0000
```

在随机截距模型的基础上设定随机截距随机斜率模型的操作也相当简单，在随机截距模型设定的基础上，点击模型设定窗口中间部分 random-effect equations 右侧的 edit 按钮，在弹出窗中 Factor variable for equation 下面的下拉框中选择 standlrt；然后在 variance-covariance structure of the random equation 下面的下拉框中选择 unstructured 并点击 OK 按钮，回到模型设定窗口后，进一步点击 OK 按钮并查看如下主要输出结果。

```
. mixed normexam standlrt || school: standlrt, covariance (unstructured)

                                              Wald chi2 (1)    =    779.79
Log likelihood = -4658.435                    Prob > chi2      =    0.0000

------------------------------------------------------------------------------
  normexam |     Coef.   Std. Err.      z    P>|z|     [95% Conf. Interval]
-----------+------------------------------------------------------------------
  standlrt |  .5567303   .0199369    27.92   0.000     .5176548    .5958059
     _cons | -.0115049   .0397836    -0.29   0.772    -.0894793    .0664694
------------------------------------------------------------------------------

------------------------------------------------------------------------------
  Random-effects Parameters |   Estimate   Std. Err.    [95% Conf. Interval]
----------------------------+-------------------------------------------------
school: Unstructured        |
              var (standlrt) |   .0145358   .0045773    .0078415    .0269452
                 var (_cons) |   .0904477   .0183103    .0608246    .134498
         cov (standlrt,_cons) |   .0180407   .0069153    .0044869    .0315944
----------------------------+-------------------------------------------------
              var (Residual) |   .5536572   .0124929    .5297051    .5786924
------------------------------------------------------------------------------
LR test vs. linear model: chi2 (3) = 443.64              Prob > chi2 = 0.0000
```

随机截距随机斜率模型的输出结果格式同前述随机截距模型输出，在输出结果的底部包括了 var(standlrt) 和协方差 cov(standlrt,_cons) 的估计值和 95% 置信区间。运行随机截距随机斜率模型后，我们可以保存模型拟合信息并和随机截距模型进行比较。比较似然比的结果显示随机截距随机斜率模型(m2)相对随机截距模型(m1)有很大的改进，随机截距随机斜率模型的 AIC 和 BIC 显著减少并且和 m1 的拟合比较检验结果显著：

```
LR chi2 (2)  =40.37, Prob > chi2=0.0000。
. estimates stats m0 m1 m2

Akaike's information criterion and Bayesian information criterion

-----------------------------------------------------------------------------
     Model |      Obs   ll (null)  ll (model)     df        AIC        BIC
-----------+-----------------------------------------------------------------
        m0 |    4,059          .   -5505.324       3    11016.65   11035.57
        m1 |    4,059          .   -4678.621       4    9365.242   9390.477
        m2 |    4,059          .   -4658.435       6    9328.87    9366.722
-----------------------------------------------------------------------------
           Note: N=Obs used in calculating BIC; see [R] BIC note.

. lrtest m1 m2 /*compare m1 and m2*/

Likelihood-ratio test                              LR chi2 (2) =      40.37
 (Assumption: m1 nested in m2)                     Prob > chi2 =     0.0000
```

如果需要包括更多的自变量，则从自变量下拉框中把有关自变量选择到方程中去即可。

STATA 用户其实可以更方便地通过命令来运行各种多水平模型。读者已经看到了尽管我们使用 STATA 菜单建立模型，但每个模型结果输出的第一行就是运行该模型的 STATA 命令。使用者可以保存这些命令供以后重复分析结果使用。就常用的两水平线性模型来说，STATA 的基本命令格式为：

mixed　Y　X | | level 2_ID：

其中 Y 是因变量名字，X 是一个或多个自变量的名字，level 2 _ ID 就是第二水平单位的编码变量。如果某个自变量的系数随机，则只需把该自变量的名字也包括在 level 2 _ ID：后面。例如，上述的随机截距模型就可以写成：

```
mixed normexam standlrt || school:
```

随机截距随机斜率模型就可以写成：

```
mixed normexam standlrt || school: standlrt
```

如果模型中还包括学校平均中考成绩 avslrt，并且设置 standlrt 斜率在学校间随机，则有关命令可写为：

```
mixed normexam standlrt avslrt || school: standlrt
```

细心的读者可能看到当设定随机斜率的弹出窗首次弹出时，在该弹出窗中部 variance-covariance structure of the random effects 下面的下拉框中显示的是 independent，我们在该下拉框中选择了 unstructured。这是因为对有随机斜率的模型，MLwiN 软件会自动估计水平二方差协方差中矩阵中的每个参数。如果输出结果显示某个方差协方差参数不显著为 0，则可以很方便地点击该参数在矩阵中的元素名字并固定其估计值为 0。假定随机截距随机斜率模型中水平二截距和斜率的协方差不显著，则可以点击水平二方差协方差矩阵中的 $\sigma_{\mu01}$，并点击弹出对话框中的 Yes 按钮，此时水平二的方差协方差矩阵就变成一个如图 2-3-3 所示的矩阵。继续运行当前模型得到的就是水平二协方差被设定为 0 的模型估计结果。

$$\begin{bmatrix} \mu_{0j} \\ \mu_{1j} \end{bmatrix} \sim N(0,\ \Omega_\mu)：\Omega_\mu = \begin{bmatrix} \sigma_{\mu0}^2 & \\ 0 & \sigma_{\mu1}^2 \end{bmatrix}$$

图 2-3-3　水平二的协方差元素 $\sigma_{\mu0\mu1}$ 被限制为 0

STATA 不能像 MLwiN 那样把随机部分的方差协方差估计值输出成标准矩阵的格式，而且也不能很方便地通过点击方差协方差矩阵中的元素限制该元素的估计值。因此 STATA 就对随机部分参数的方差协方差结构做了如下常见的四种选择。

Independent：自由估计每个随机部分的方差，但所有协方差都被限定为 0，该设定是缺省设置。该方差协方差的结构如下。

$$\begin{bmatrix} \sigma_1^2 & & & \\ 0 & \sigma_2^2 & & \\ 0 & 0 & \sigma_3^2 & \\ 0 & 0 & 0 & \sigma_4^2 \end{bmatrix}$$

这样的方差结构在 SPSS 中被叫作 Diagonal。

Exchangeable：所有随机部分的方差相同，所有的协方差相同，即假定各个元素之间有同样的关联程度和变异性。

$$
\begin{bmatrix}
\sigma^2 & & & \\
\sigma_{12} & \sigma^2 & & \\
\sigma_{12} & \sigma_{12} & \sigma^2 & \\
\sigma_{12} & \sigma_{12} & \sigma_{12} & \sigma^2
\end{bmatrix}
$$

这样的方差结构在 SPSS 中被叫作 compound symmetry。

Identity：所有随机部分的方差相同，但所有的协方差被限定为 0，即假定各个元素之间没有任何关联。

$$
\begin{bmatrix}
\sigma^2 & & & \\
0 & \sigma^2 & & \\
0 & 0 & \sigma^2 & \\
0 & 0 & 0 & \sigma^2
\end{bmatrix}
$$

这样的方差结构在 SPSS 中被叫作 scaled identity。

Unstructured：自由估计随机部分参数的方差和协方差。

$$
\begin{bmatrix}
\sigma_1^2 & & & \\
\sigma_{21} & \sigma_2^2 & & \\
\sigma_{31} & \sigma_{32} & \sigma_3^2 & \\
\sigma_{41} & \sigma_{42} & \sigma_{43} & \sigma_4^2
\end{bmatrix}
$$

这样的方差结构在 SPSS 中也被叫 unstructured。即各个元素之间都有自己的方差，每两个元素之间都有自己的协方差。

因为本例中我们要估计截距和斜率在学校水平的变异和关联性，即要求 STATA 输出截距和斜率参数各自的方差和它们间的协方差，因此在设定随机截距随机斜率模型的水平二方差协方差结构时，我们需要更改缺省设置的命令为

```
mixed normexam standlrt || school: standlrt
mixed normexam standlrt || school: standlrt,cov (un)。
```

实际应用中研究人员可根据自己的模型拟合结果和研究实际选择相应的方差协方差结构。不同软件当然也提供更加复杂的方差结构，请有需要的读者参考具体的软件说明。

STATA 是一个功能强大的商用综合性统计软件，其数据整理功能很强大但多水平分析功能还有待进一步加强。而 MLwiN 是一个多水平模型专用软件，其数据整理功能相对较弱，但 MLwiN 有很强大的多水平分析功能。有很多多水平分析，如交叉分类多重关系多重身份模型（cross classified multiple member model）、疾病地图（disease mapping）、多水平数据中的缺失值插补（multilevel multiple imputation）等，使用 MLwiN 软件则能非常方便地运行这些复杂的模型。因此 MLwiN 开发团队的成

员开发出了一个 STATA 专用命令：runmlwin(Leckie & Charlton，2013)，可以让 MLwiN 用户从 STATA 里面直接调用其计算机安装的 MLwiN 软件运行有关的多水平模型，然后把结果也呈现在 STATA 的输出窗口中。研究者并可以使用 STATA 命令对模型的输出结果进行进一步分析整理。使用 runmlwin 可以运行当今 MLwiN 手册和其 MCMC 手册中演示的所有模型。有关该 STATA 命令的使用详情，请参考该命令的说明文件。此处我们仅演示如何使用 runmlwin 命令依次运行上述的零模型、随机截距模型和随机截距随机斜率模型并对模型拟合结果进行比较。就下面运行本例的零模型命令来说，其命令的主干就是 runmlwin normexam cons，指明样本量和自变量，命令选项 level2(school：cons)指明第二水平的单位标识变量并且设定截距系数在第二水平随机。命令选项 level1(student：cons)指明第一水平的单位标识变量。命令选项 nopause 要求调用运行 MLwiN 的程序不间断执行，MLwiN 运行完成自动关闭。下面是运行上述三个模型的命令和相应的输出结果。

* 零模型输出结果：

```
. runmlwin normexam cons, ///
        level2 (school: cons) ///
        level1 (student: cons) nopause

MLwiN 2.36 multilevel model               Number of obs       =       4059
Normal response model
Estimation algorithm: IGLS

-----------------------------------------------------------
              |  No. of       Observations per Group
Level Variable |  Groups    Minimum   Average    Maximum
--------------+--------------------------------------------
       school |    65          2        62.4       198
-----------------------------------------------------------

Run time  (seconds)   =        0.90
Number of iterations =          3
Log likelihood       = -5505.3242
Deviance             = 11010.648
-----------------------------------------------------------
  normexam |    Coef.   Std. Err.     z    P>|z|    [95% Conf. Interval]
----------+------------------------------------------------------------
      cons |  -.0131668  .0536254   -0.25   0.806   -.1182706   .091937
-----------------------------------------------------------


-----------------------------------------------------------
  Random-effects Parameters |  Estimate   Std. Err.    [95% Conf. Interval]
----------------------------+------------------------------------------------
Level 2: school            |
               var (cons) |  .168625   .0324466     .1050308   .2322193
----------------------------+------------------------------------------------
Level 1: student           |
               var (cons) |  .8477613  .0189712     .8105785   .8849441
-----------------------------------------------------------

. estimates store m0
```

* 随机截距模型的命令中包括了自变量 standlrt，其他命令和前述的零模型命令一样。输出结果为：

```
. *random intercept
. runmlwin normexam cons standlrt, ///
        level2 (school: cons) ///
        level1 (student: cons) nopause


MLwiN 2.36 multilevel model               Number of obs    =      4059
Normal response model
Estimation algorithm: IGLS

-----------------------------------------------------------
```

```
               |  No. of        Observations per Group
Level Variable |  Groups    Minimum   Average   Maximum
---------------+----------------------------------------
        school |    65          2       62.4      198
------------------------------------------------------------

Run time  (seconds)   =       0.92
Number of iterations =       4
Log likelihood       = -4678.6211
Deviance             =  9357.2422
------------------------------------------------------------
   normexam |    Coef.    Std. Err.      z    P>|z|    [95% Conf. Interval]
------------+-----------------------------------------------------------------
       cons |  .0023908   .0400224     0.06   0.952   -.0760516    .0808332
    standlrt |  .5633712   .0124654    45.19   0.000    .5389394    .5878029
------------------------------------------------------------


   Random-effects Parameters |   Estimate   Std. Err.      [95% Conf. Interval]
-----------------------------+------------------------------------------------
Level 2: school              |
                  var (cons) |   .0921275   .0181475     .0565591    .127696
-----------------------------+------------------------------------------------
Level 1: student             |
                  var (cons) |   .565731    .0126585     .5409209    .5905412
------------------------------------------------------------

. estimates store m1
```

　　＊随机截距随机斜率模型中通过命令行 level2(school：cons standlrt)设定自变量 standlrt 的系数在学校间随机。其他命令设定和随机截距模型一样。该命令的输出结果如下。

```
. *random intercept random slope
. runmlwin normexam cons standlrt, ///
        level2 (school: cons standlrt) ///
        level1 (student: cons) nopause

MLwiN 2.36 multilevel model                Number of obs     =      4059
Normal response model
Estimation algorithm: IGLS


               |  No. of        Observations per Group
Level Variable |  Groups    Minimum   Average   Maximum
---------------+----------------------------------------
        school |    65          2       62.4      198
------------------------------------------------------------

Run time  (seconds)   =       0.95
Number of iterations =       4
Log likelihood       = -4658.4351
Deviance             =  9316.8701
------------------------------------------------------------
   normexam |    Coef.    Std. Err.      z    P>|z|    [95% Conf. Interval]
------------+-----------------------------------------------------------------
       cons | -.0115051   .039783    -0.29   0.772   -.0894783    .066468
    standlrt |  .5567304   .019937    27.92   0.000    .5176547    .5958062
------------------------------------------------------------


   Random-effects Parameters |   Estimate   Std. Err.      [95% Conf. Interval]
-----------------------------+------------------------------------------------
Level 2: school              |
                  var (cons) |   .0904446   .017924      .0553142    .1255749
           cov (cons,standlrt) |  .0180414   .0067229     .0048649    .031218
               var (standlrt) |  .0145361   .0044139     .0058851    .0231872
-----------------------------+------------------------------------------------
Level 1: student             |
                  var (cons) |   .5536575   .0124818     .5291936    .5781214
------------------------------------------------------------

. estimates store m2

. estimates stats m0 m1 m2

Akaike's information criterion and Bayesian information criterion
```

```
------------------------------------------------------------------------
 Model |      Obs  ll (null)  ll (model)    df       AIC       BIC
-------+----------------------------------------------------------------
    m0 |    4,059          .  -5505.324      3  11016.65  11035.57
    m1 |    4,059          .  -4678.621      4  9365.242  9390.477
    m2 |    4,059          .  -4658.435      6   9328.87  9366.722
------------------------------------------------------------------------
    Note: N=Obs used in calculating BIC; see [R] BIC note.
```

注意通过 runmlwin 命令的多水平模型输出结果全部是通过 MLwiN 软件得到的，也就是说 STATA 把 MLwiN 的计算结果用 STATA 的方式呈现出来。在 STATA 中运行 runmlwin 命令要求使用者的计算机上安装有 MLwiN 软件。通过把 STATA 和 MLwiN 结合起来，我们就可以发挥两个软件的各自优势。例如，这里就可以使用 STATA 的 estimates 命令保存每个模型通过 MLwiN 的拟合结果，并根据研究需要对两个模型进行进一步的似然比检验。

2.4　使用 SPSS 构建拟合两水平线性模型

熟悉 SPSS 的研究者肯定很喜欢 SPSS 的菜单命令，SPSS 用户几乎可以通过鼠标点击不同的菜单完成所有的统计分析工作。使用 SPSS 构建多水平模型，同样可通过菜单来进行。类似于其他统计模型分析，SPSS 能自动保存菜单操作为 SPSS 命令以供使用者未来重复模型或编程进行进一步统计分析。此处我们使用 MLwiN 的 tutorial 数据来依次演示零模型、随机截距模型和随机截距随机斜率模型的拟合步骤。具体构建本章所演示的两水平零模型的命令步骤如下。

（1）SPSS 的多水平模型命令在菜单 Analyze—>Mixed Models 下面。本例要拟合的是线性模型，点击菜单命令 Analyze—>Mixed Models—>Linea，弹出的窗口是设定模型的结构对话窗。此时我们要建立的两水平零模型以学校为第二水平的单位，因此我们就把学校选到 Subject 下面的对话框中（图 2-4-1），并点击 Continue 按钮进入下一个页面。

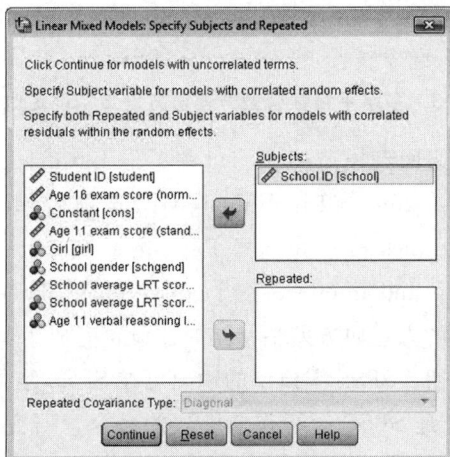

图 2-4-1　选定学校为水平二单位

（2）在新弹出的模型建构对话框中选择 normexam 为 Dependent Variable（图 2-4-2）并点击 Random 按钮，在新弹出的窗口中对模型中各个水平的方差协方差进行设定。

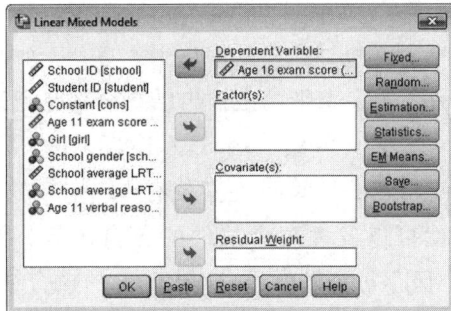

图 2-4-2 选择自变量 normexam

（3）在方差协方差设定对话框上部选中 include intercept，然后在该对话框的下部 Subject Groupings 部分把 School 选到 Combinations 中就完成了对零模型方差协方差的设定（图 2-4-3）。

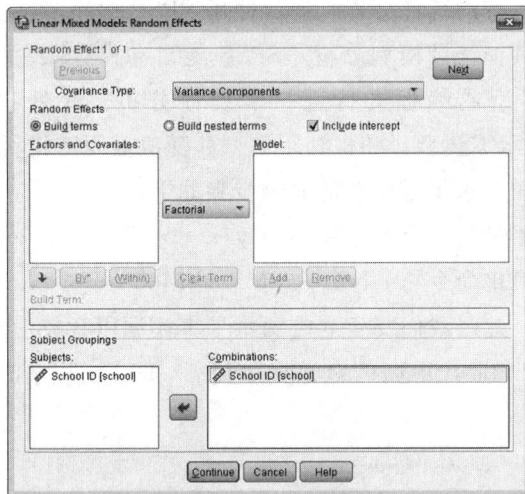

图 2-4-3 多水平线性模型方差协方差结构设定对话框

（4）点击 continue 按钮回到模型构建窗口并单击 Estimation 按钮，在弹出的模型估计方法对话框中选中 Maximum Likelihood（ML）选项后单击 Continue 按钮。回到模型构建窗口后单击 Statistics 按钮并选择 Parameter estimates、Test for covariance parameters、Covariance of random effects 三个选项，要求 SPSS 输出模型的参数估计值和检验结果以及随机部分的方差协方差估计结果。设定完成后单击 Continue 按钮回到模型设定窗口并单击 OK 按钮。SPSS 零模型的输出可在 SPSS 结果输出窗口中查看。

模型输出的第一部分是 SPSS 运行当前模型的命令，研究者可保存该命令供未来使用。模型输出的第一部分是模型信息概要。研究者可快速查看一下所用的数据是否有异常。

Model Dimension[a]

		Number of Levels	Covariance Structure	Number of Parameters	Subject Variables
Fixed Effects	Intercept	1		1	
Random Effects	Intercept[b]	1	Variance Components	1	school
Residual				1	
Total		2		3	

a. Dependent Variable：Age 16 exam score(normalised).

b. As of version 11.5，the syntax rules for the RANDOM subcommand have changed. Your command syntax may yield results that differ from those produced by prior versions. If you are using version 11 syntax，please consult the current syntax reference guide for more information.

下面是该模型的拟合信息，当前零模型的－2LL 估计值为 11010.648。

Information Criteria[a]

－2 Log Likelihood	11010.648
Akaike's Information Criterion(AIC)	11016.648
Hurvich and Tsai's Criterion(AICC)	11016.654
Bozdogan's Criterion(CAIC)	11038.574
Schwarz's Bayesian Criterion(BIC)	11035.574

The information criteria are displayed in smaller-is-better form.

a. Dependent Variable：Age 16 exam score(normalised).

SPSS 使用 F 检验对模型的固定部分参数的显著性进行检验。

Type III Tests of Fixed Effects[a]

Source	Numerator df	Denominator df	F	Sig.
Intercept	1	63.486	0.060	0.807

a. Dependent Variable：Age 16 exam score(normalised).

下面是该模型固定部分参数的估计结果和显著性检验结果，截距系数的估计值为－0.013167(0.053627)并且不显著。

Estimates of Fixed Effects[a]

Parameter	Estimate	Std. Error	df	t	Sig.	95% Confidence Interval	
						Lower Bound	Upper Bound
Intercept	－0.013167	0.053627	63.486	－0.246	0.807	－0.120317	0.093983

a. Dependent Variable：Age 16 exam score(normalised).

下面是该模型随机部分的方差协方差参数估计结果，第二水平的方差估计值为 0.168639(0.032846)。

Estimates of Covariance Parameters[a]

Parameter	Estimate	Std. Error	Wald Z	Sig.	95% Confidence Interval	
					Lower Bound	Upper Bound
Residual	0.847760	0.018971	44.687	0.000	0.811381	0.885771
Intercept [subject=school] Variance	0.168639	0.032846	5.134	0.000	0.115125	0.247028

a. Dependent Variable：Age 16 exam score(normalised).

SPSS 也输出高水平随机部分参数的方差协方差估计结果并以矩阵形式输出。当前零模型的第二水平只有截距参数的方差估计值 0.168639。

Random Effect Covariance Structure(G)[a]

	Intercept | school
Intercept | school	0.168639

Variance Components.

a. Dependent Variable：Age 16 exam score(normalised).

构建随机截距模型的步骤可在零模型的基础上进行。在模型构建窗口中把自变量 standlrt 选到 covariate(s) 后并单击 Fixed 按钮。弹出的窗口就是模型固定部分参数的设定对话框。在设定模型固定部分参数对话框中选择自变量 standlrt 并且从窗口中间的下拉框中选择 Main Effects，然后单击 Add 按钮把自变量 standlrt 选到 Model 下面的方框中(图 2-4-4)。继续点击 Continue 按钮就回到前面所述的模型设定窗口中。此时随机截距模型的设定已经完成，继续单击模型设定窗口下面的 OK 按钮就能查看输出结果。

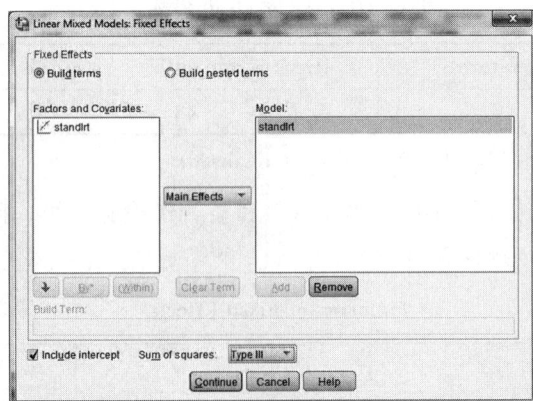

图 2-4-4　把自变量 standlrt 包括进模型并设定其系数固定

下面就是随机截距模型的输出结果，该结果和前面的零模型输出结果不同的地方就是多出了自变量 standlrt 系数的估计信息。因为模型中包括了自变量，模型的拟合指数也相应发生了变化。

Model Dimension[a]

		Number of Levels	Covariance Structure	Number of Parameters	Subject Variables
Fixed Effects	Intercept	1		1	
	standlrt	1		1	
Random Effects	Intercept[b]	1	Variance Components	1	school
Residual				1	
Total		3		4	

a. Dependent Variable：Age 16 exam score(normalised).

b. As of version 11.5, the syntax rules for the RANDOM subcommand have changed. Your command syntax may yield results that differ from those produced by prior versions. If you are using version 11 syntax，please consult the current syntax reference guide for more information.

Information Criteria[a]

－2 Log Likelihood	9357.242
Akaike's Information Criterion(AIC)	9365.242
Hurvich and Tsai's Criterion(AICC)	9365.252
Bozdogan's Criterion(CAIC)	9394.477
Schwarz's Bayesian Criterion(BIC)	9390.477

The information criteria are displayed in smaller-is-better form.

a. Dependent Variable：Age 16 exam score(normalised).

SPSS 对固定部分参数的 F 检验结果。

Type III Tests of Fixed Effects[a]

Source	Numerator df	Denominator df	F	Sig.
Intercept	1	61.665	0.004	0.953
standlrt	1	4051.969	2042.569	0.000

a. Dependent Variable：Age 16 exam score(normalised).

Estimates of Fixed Effects[a]

Parameter	Estimate	Std. Error	df	t	Sig.	95% Confidence Interval	
						Lower Bound	Upper Bound
Intercept	0.002391	0.040023	61.665	0.060	0.953	－0.077622	0.082404
standlrt	0.563371	0.012465	4051.969	45.195	0.000	0.538932	0.587810

a. Dependent Variable：Age 16 exam score(normalised).

这里是自变量 standlrt 系数的估计(0.563371)和显著性检验结果。

Estimates of Covariance Parameters^a

Parameter	Estimate	Std. Error	Wald Z	Sig.	95% Confidence Interval	
					Lower Bound	Upper Bound
Residual	0.565731	0.012663	44.677	0.000	0.541449	0.591102
Intercept [subject=school] Variance	0.092129	0.018531	4.972	0.000	0.062114	0.136649

a. Dependent Variable：Age 16 exam score(normalised).

当前模型中还是只有截距系数随机参数，因此第二水平的方差协方差只有其方差参数的估计值一个统计量 0.092129。

Random Effect Covariance Structure(G)^a

	Intercept | school
Intercept | school	0.092129

Variance Components.

a. Dependent Variable：Age 16 exam score(normalised).

在随机截距模型的基础上，我们进一步构建随机截距随机斜率模型。在模型建构窗口中单击 Random 按钮，然后在弹出的窗口中把 Covariance Type 设定成 Unstructured，选中 Factors and Covariates 中的自变量名 standlrt 并单击 Add 按钮，把自变量 standlrt 选择到 Model 下面的方框里（图 2-4-5），单击图 2-4-5 窗口中的 continue 按钮回到模型设定窗口，进一步单击 OK 按钮后，就可以到 SPSS 输出窗口中查看随机截距随机斜率模型结果。

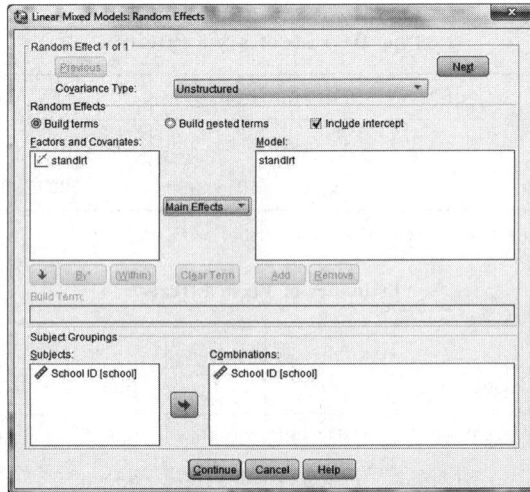

图 2-4-5　设定自变量 standlrt 系数随机和水平二方差协方差结构

下面就是随机截距随机斜率模型的输出结果，水平二截距和斜率的方差协方差结果可在该输出的最后部分查看。

Model Dimension[a]

		Number of Levels	Covariance Structure	Number of Parameters	Subject Variables
Fixed Effects	Intercept	1		1	
	standlrt	1		1	
Random Effects	Intercept+standlrt[b]	2	Unstructured	3	school
Residual				1	
Total		4		6	

a. Dependent Variable：Age 16 exam score(normalised).

b. As of version 11.5，the syntax rules for the RANDOM subcommand have changed. Your command syntax may yield results that differ from those produced by prior versions. If you are using version 11 syntax，please consult the current syntax reference guide for more information.

读者可看到模型的－2LL 为 9316.870，AIC 估计值为 9328.870，AIC 比前述随机截距模型的 AIC(9357.242)减少了 28.372。

Information Criteria[a]

－2 Log Likelihood	9316.870
Akaike's Information Criterion(AIC)	9328.870
Hurvich and Tsai's Criterion(AICC)	9328.891
Bozdogan's Criterion(CAIC)	9372.722
Schwarz's Bayesian Criterion(BIC)	9366.722

The information criteria are displayed in smaller-is-better form.

a. Dependent Variable：Age 16 exam score(normalised).

Type III Tests of Fixed Effects[a]

Source	Numerator df	Denominator df	F	Sig.
Intercept	1	61.577	0.084	0.773
standlrt	1	57.139	779.793	0.000

a. Dependent Variable：Age 16 exam score(normalised).

当前模型中 standlrt 系数的估计值为 0.556730(0.019937)。

Estimates of Fixed Effects[a]

Parameter	Estimate	Std. Error	df	t	Sig.	95% Confidence Interval	
						Lower Bound	Upper Bound
Intercept	－0.011505	0.039783	61.577	－0.289	0.773	－0.091042	0.068032
standlrt	0.556730	0.019937	57.139	27.925	0.000	0.516810	0.596651

a. Dependent Variable：Age 16 exam score(normalised).

Estimates of Covariance Parameters[a]

Parameter		Estimate	Std. Error	Wald Z	Sig.	95% Confidence Interval	
						Lower Bound	Upper Bound
Residual		0.553657	0.012493	44.318	0.000	0.529705	0.578692
Intercept＋standlrt [subject＝school]	UN (1, 1)	0.090447	0.018310	4.940	0.000	0.060824	0.134497
	UN (2, 1)	0.018041	0.006915	2.609	0.009	0.004487	0.031594
	UN (2, 2)	0.014536	0.004577	3.176	0.001	0.007841	0.026945

a. Dependent Variable：Age 16 exam score(normalised).

上面是模型的方差协方差估计结果和显著性检验结果，截距项的方差估计为 0.090447，斜率项的方差估计为 0.014536，截距和斜率项的协方差的方差估计为 0.018041。下面是水平 2 截距和斜率系数的方差协方差矩阵显示结果。

Random Effect Covariance Structure(G)[a]

	Intercept | school	standlrt | school
Intercept | school	0.090447	0.018041
standlrt | school	0.018041	0.014536

Unstructured.

a. Dependent Variable：Age 16 exam score(normalised).

使用 SPSS 拟合多水平模型尽管在结果输出中有不同的模型拟合信息，但使用者还需要对两个嵌套的模型进行似然比检验。估计未来版本的 SPSS 会有相关命令能够让使用者很方便地、自动地对两个模型进行比较。

如果希望在方程中包括更多的变量，例如每个学校的平均中考成绩 avslrt，我们只需在模型构建过程中按前述步骤把该变量进一步包括进方程中的自变量就行了（图 2-4-6）。模型设定完后运行该模型的输出结果如下。

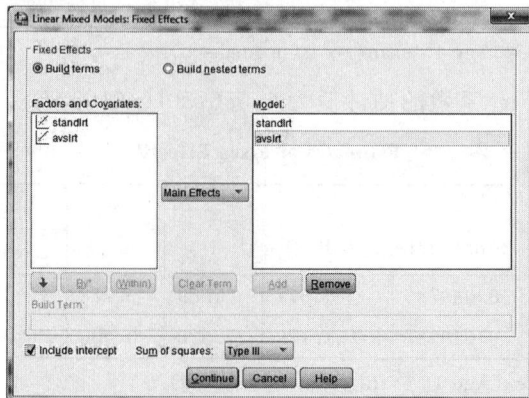

图 2-4-6 设定自变量学校平均中考分数的系数固定

固定部分参数中有自变量 avslrt 的斜率估计值(0.294760)和显著性检验结果。其他随机部分参数的估计结果请读者参考前述随机截距随机斜率模型的估计结果。

Model Dimension[a]

		Number of Levels	Covariance Structure	Number of Parameters	Subject Variables
Fixed Effects	Intercept	1		1	
	standlrt	1		1	
	avslrt	1		1	
Random Effects	Intercept＋standlrt[b]	2	Unstructured	3	school
Residual				1	
Total		5		7	

a. Dependent Variable：Age 16 exam score(normalised).

b. As of version 11.5，the syntax rules for the RANDOM subcommand have changed. Your command syntax may yield results that differ from those produced by prior versions. If you are using version 11 syntax，please consult the current syntax reference guide for more information.

Information Criteria[a]

－2 Log Likelihood	9310.428
Akaike's Information Criterion(AIC)	9324.428
Hurvich and Tsai's Criterion(AICC)	9324.456
Bozdogan's Criterion(CAIC)	9375.589
Schwarz's Bayesian Criterion(BIC)	9368.589

The information criteria are displayed in smaller-is-better form.

a. Dependent Variable：Age 16 exam score(normalised).

Type III Tests of Fixed Effects[a]

Source	Numerator df	Denominator df	F	Sig.
Intercept	1	58.917	0.001	0.973
standlrt	1	57.014	749.429	0.000
avslrt	1	65.712	7.793	0.007

a. Dependent Variable：Age 16 exam score(normalised).

Estimates of Fixed Effects[a]

Parameter	Estimate	Std. Error	df	t	Sig.	95% Confidence Interval	
						Lower Bound	Upper Bound
Intercept	－0.001240	0.036676	58.917	－0.034	0.973	－0.074629	0.072150
standlrt	0.552392	0.020178	57.014	27.376	0.000	0.511986	0.592798
avslrt	0.294760	0.105590	65.712	2.792	0.007	0.083925	0.505595

a. Dependent Variable：Age 16 exam score(normalised).

Estimates of Covariance Parameters[a]

Parameter		Estimate	Std. Error	Wald Z	Sig.	95% Confidence Interval	
						Lower Bound	Upper Bound
Residual		0.553616	0.012491	44.321	0.000	0.529667	0.578647
Intercept+standlrt [subject=school]	UN (1, 1)	0.074483	0.015721	4.738	0.000	0.049249	0.112648
	UN (2, 1)	0.012612	0.006620	1.905	0.057	−0.000363	0.025587
	UN (2, 2)	0.014889	0.004680	3.181	0.001	0.008041	0.027571

a. Dependent Variable：Age 16 exam score(normalised).

Random Effect Covariance Structure(G)[a]

	Intercept | school	standlrt | school
Intercept | school	0.074483	0.012612
standlrt | school	0.012612	0.014889

Unstructured.

a. Dependent Variable：Age 16 exam score(normalised).

　　后面章节中我们将进一步演示如何用 SPSS 拟合其他多水平模型。通过 SPSS 菜单构建的每个命令都被 SPSS 自动保存下来了。研究者可对这些命令进行进一步的编辑使用。下面就是本章用 SPSS 构建的四种多水平模型的命令。注意我把命令中的参数估计过程中的技术设定给省略掉了，但 SPSS 照样使用其缺省设置运行各个模型。对一般使用者来说，在构建多水平模型过程一般不建议更改这些技术参数。

```
*null model.
MIXED normexam
  /FIXED=| SSTYPE (3)
  /METHOD=ML
  /PRINT=G  SOLUTION TESTCOV
  /RANDOM=INTERCEPT | SUBJECT (school) COVTYPE (VC).

*random intercept model.
MIXED normexam WITH standlrt
  /FIXED=standlrt | SSTYPE (3)
  /METHOD=ML
  /PRINT=G  SOLUTION TESTCOV
  /RANDOM=INTERCEPT | SUBJECT (school) COVTYPE (VC).

*Random intercept random slope model.
 MIXED normexam WITH standlrt
  /FIXED=standlrt | SSTYPE (3)
  /METHOD=ML
  /PRINT=G  SOLUTION TESTCOV
  /RANDOM=INTERCEPT standlrt | SUBJECT (school) COVTYPE (U
```

```
*random intercept random slope model with school level variable
avslrt.
MIXED normexam WITH standlrt avslrt
  /FIXED=standlrt avslrt | SSTYPE (3)
  /METHOD=ML
  /PRINT=G  SOLUTION TESTCOV
  /RANDOM=INTERCEPT standlrt | SUBJECT (school) COVTYPE (UN)
  /SAVE=PRED SEPRED RESID.
```

读者也可以从保存的命令文件中直接调用运行这些命令。此处仅仅是展示几个 SPSS 多水平模型命令，后面章节中的 SPSS 多水平命令请读者从所附的命令文件中直接调用使用。

2.5 使用 Mplus 构建拟合两水平线性模型

使用 Mplus 运行两水平线性模型只能通过命令来进行，目前版本的 Mplus 还没有菜单用来建构多水平模型。下面我们就依次演示使用 Mplus 构建零模型、随机截距模型和随机截距随机斜率模型。所用数据是 MLwiN 的 tutorial 文件，所建模型同前面两节。

使用 Mplus 建构零模型时需要在 Analysis 中指定选项 Type＝twolevel。同时在 MODEL 中使用％Within％来指定第一水平的模型设定，用％Between％来指定第二水平的模型设定。具体模型的回归设定和普通回归模型的设定一样。

```
TITLE: this is a Null model with school as level 2 ID, Y=normexam;
DATA:  FILE IS C:\Users\mczbg\Google Drive\mlm_book2016\data\tutorial.csv;
VARIABLE: NAMES ARE school student normexam cons standlrt girl schgend avslrt
                schav vrband;
        Usevariable are normexam;
        Cluster =school;
Analysis: Type=twolevel;
MODEL:
        %Within%
        normexam;

        %Between%
        [normexam];
```

零模型的输出如下：结果输出在重复模型命令之后，首先是模型拟合的技术细节。

```
SUMMARY OF ANALYSIS

                        此部分输出内容省略
SUMMARY OF DATA
     Number of clusters                          65
     Average cluster size         62.446
     Estimated Intraclass Correlations for the Y Variables
               Intraclass
     Variable  Correlation
     NORMEXAM    0.166
```

Mplus 自动计算 ICC 的值并报告出来。

下面是模型的拟合信息，此时的输出格式和结构方程的输出格式一样。

```
MODEL FIT INFORMATION
```

此部分输出内容省略

下面就是模型各个参数的估计结果和显著性检验结果。

```
MODEL RESULTS
                                               Two-Tailed
                   Estimate    S.E.   Est./S.E.  P-Value
Within Level

 Variances
   NORMEXAM          0.848     0.037   22.946     0.000

Between Level
 Means
   NORMEXAM         -0.013     0.054   -0.247     0.805
 Variances
   NORMEXAM          0.169     0.033    5.145     0.000
```

使用 Mplus 建构随机截距模型的主要命令如下。

```
VARIABLE: NAMES ARE school student normexam cons standlrt girl schgend avslrt
               schav vrband;
       Usevariable are normexam standlrt;
       Cluster =school;
     Within = standlrt;

Analysis: Type=twolevel;
MODEL:
       %Within%
     Normexam on standlrt;

       %Between%
     [normexam];
```

该命令中只是在零模型命令的基础上进一步把第一水平自变量 standlrt 包括进回归的命令中。下面是随机截距模型的结果输出。我们此处仅呈现模型的主要拟合信息和参数估计结果。

```
MODEL FIT INFORMATION
Number of Free Parameters                  4
Loglikelihood

        H0 Value                      -4678.621
        H0 Scaling Correction Factor    1.6969
          for MLR
        H1 Value                      -4678.621
        H1 Scaling Correction Factor    1.6969
          for MLR

Information Criteria
        Akaike  (AIC)                  9365.242
        Bayesian  (BIC)                9390.477
        Sample-Size Adjusted BIC       9377.767
          (n* =  (n + 2) / 24)


MODEL RESULTS

                                             Two-Tailed
                 Estimate    S.E.   Est./S.E.  P-Value

Within Level

NORMEXAM    ON
  STANDLRT          0.563    0.019   29.341     0.000
Residual Variances
  NORMEXAM          0.566    0.020   28.903     0.000
```

```
Between Level

 Means
   NORMEXAM       0.002      0.040      0.059      0.953
 Variances
   NORMEXAM       0.092      0.019      4.880      0.000
```

使用 Mplus 构建随机截距随机斜率模型的关键命令如下。

```
Analysis: Type=twolevel random;
MODEL:
        %Within%
    s|Normexam on standlrt;
        %Between%
        normexam with s;
```

该模型是在随机截距模型命令的基础上，在 Analysis 中指定选项 Type = twolevel random；随机斜率的命令通过 s | 符号来指定。运行随机截距随机斜率模型后的模型拟合和参数估计结果输出如下。

```
MODEL FIT INFORMATION
Number of Free Parameters                     6
Loglikelihood

        H0 Value                        -4658.435
        H0 Scaling Correction Factor     1.3366
          for MLR
Information Criteria

        Akaike   (AIC)                   9328.870
        Bayesian (BIC)                   9366.722
        Sample-Size Adjusted BIC         9347.657
          (n* =  (n + 2) / 24)
```

此部分输出内容省略

```
MODEL RESULTS
                                              Two-Tailed
                    Estimate    S.E.  Est./S.E.  P-Value

Within Level
 Residual Variances
   NORMEXAM          0.554     0.019    29.836     0.000

Between Level

 NORMEXAM WITH
   S                 0.018     0.009     2.052     0.040
 Means
   NORMEXAM         -0.012     0.040    -0.289     0.773
   S                 0.557     0.020    27.791     0.000
 Variances

   NORMEXAM          0.090     0.019     4.815     0.000
   S                 0.015     0.006     2.608     0.009
```

如果希望在模型中包括学校平均中考成绩，则需要通过 between 指定变量 avslrt 是学校水平的变量，并且在命令中把变量 avslrt 包括进第二水平的方程中去。有关命令如下。

```
VARIABLE: NAMES ARE school student normexam cons standlrt girl
schgend avslrt schav vrband;
         Usevariable are normexam standlrt avslrt;
        Cluster =school; !Level 2 ID variable
         Within =standlrt; !standlrt is level 1 variable
         between= avslrt;
Analysis: Type=twolevel random;
MODEL:
        %Within%
     s|normexam on standlrt;

        %Between%
        normexam on avslrt;
        normexam with s;
```

模型拟合信息和参数估计的输出结果如下。

```
MODEL FIT INFORMATION
Number of Free Parameters                          7
Loglikelihood

           H0 Value                        -4655.214
           H0 Scaling Correction Factor     1.2977
              for MLR


Information Criteria

           Akaike  (AIC)                     9324.428
           Bayesian  (BIC)                   9368.589
           Sample-Size Adjusted BIC          9346.346
              (n* =  (n + 2)  / 24)
```

此部分输出内容省略

MODEL RESULTS

	Estimate	S.E.	Est./S.E.	Two-Tailed P-Value
Within Level				
Residual Variances				
NORMEXAM	0.554	0.019	29.863	0.000
Between Level				
NORMEXAM ON				
AVSLRT	0.295	0.124	2.375	0.018
NORMEXAM WITH				
S	0.013	0.009	1.445	0.149
Means				
S	0.552	0.020	27.753	0.000
Intercepts				
NORMEXAM	-0.001	0.038	-0.033	0.974
Variances				
S	0.015	0.006	2.591	0.010
Residual Variances				
NORMEXAM	0.074	0.015	5.021	0.000

从上述的几个 Mplus 命令可以看到，Mplus 的多水平分析模型并不复杂，输出

结果简单明了。但 Mplus 作为一个构建高级统计模型的软件，其数据管理功能和对模型结果进行进一步整理输出的功能并不强大。已经有研究者开发了 STATA 命令，使用者可从 STATA 里面直接调用 Mplus。相对于 MLwiN 软件，Mplus 的多水平分析功能还有待提高，因此本节就不再演示该命令的使用过程了，请有兴趣的读者自行参考该命令。

本章小结

使用 MLwiN、STATA、SPSS 和 Mplus 运行多水平模型的步骤和使用这些软件运行其他常用统计模型的步骤基本一样。研究者需要掌握相应软件使用的基本步骤并且熟悉所要建立的模型。具体的操作可参考软件各自的使用说明或有关模型构建的实例。

第三章　多水平模型应用的专题

一般来说，多水平模型就是能够处理有层次结构数据的回归模型，但不同于普通回归模型，多水平模型还有其自身特定的一些模型建构和应用。本章将介绍研究多水平模型实际应用中的几个专题，最后将展示如何使用几个常用的软件拟合普通三水平模型和如何利用 MCMC 算法估计多水平模型中的各个参数。

3.1　多水平分析中的中心化问题

普通回归模型中截距系数的含义通常被解释为当自变量取值为 0 时因变量的期望值。但在实际研究中，自变量取 0 值时在实际生活中有可能解释不通。例如，要考查年龄对高考成绩的影响作用，自变量年龄取 0 值时是很显然不能有高考成绩的。研究中通常通过中心化(centering)过程使得回归方程中到各个系数有实际意义(Kraemer & Blasey，2004)。中心化就是从自变量中减去一个数(如平均数)然后使用转化过的数据进行回归。这样得到的截距系数就可被解释为当自变量取平均数时因变量的期望值。中心化自变量可通过减去自变量的平均数、中位数或者其他任何数来进行，其目的是便于解释回归方程中的截距系数，减少方程中各个变量的共线性，从而提高模型收敛的可能性，同时也能增加运算速度。对普通线性回归方程来说，中心化对自变量的斜率系数和整个方程拟合没有影响。表 3-1-1 是使用 MLwiN 的 tutorial 数据用 normexam 对 standlrt 进行普通回归的结果，对 standlrt 的中心化是减去了该变量的总体平均数。两个回归模型除了截距估计值有所不同外，斜率估计值相等，并且其拟合指标也完全等同。

表 3-1-1　比较自变量中心化和原始值的普通线性回归过程结果

Model	原始 standlrt	中心化 standlrt
截距	-0.00119	-0.00011
斜率	0.595057	0.595057
样本量	4059	4059
ll(null)	-5754.68	-5754.68
ll(model)	-4880.26	-4880.26
df	2	2

续表

Model	原始 standlrt	中心化 standlrt
AIC	9764.509	9764.509
BIC	9777.127	9777.127

但在多水平模型中，中心化则在结果解释和研究应用上远比普通回归模型复杂（Enders & Tofighi，2007；Paccagnella，2006；Hofmann & Gavin，1998；Marsh & Hau，2003）。因为非平均数的中心化在实际研究中不是很常见，因此本书的中心化将以平均数的中心化进行展开。一般来说，多水平的中心化有两种：减去总体平均数的中心化（grand centering）和减去各自单位平均数的中心化（group centering），即组中心化。

就一个两水平的数据来说，如果我们把 x_{ij} 的总体平均数记作 $\bar{x}..$，把第 j 个水平二单位的 x_{ij} 的组平均数记作 $\bar{x}._{j}$，则我们可把总均数中心化后的 x_{ij} 记作 $\ddot{x}_{ij}=x_{ij}-\bar{x}..$，把组均数中心化后的 x_{ij} 记作 $\tilde{x}_{ij}=x_{ij}-\bar{x}._{j}$。尽管在普通回归模型中中心化仅仅影响截距系数的解释，但在多水平模型中，不同类型的中心化使得回归模型的结果解释复杂很多。假定模型来自一个学校为第二水平单位、学生为第一水平单位的考试数据，对于两个来自不同学校的学生说，如果使用自变量的原始分数，则截距系数可被解释为当所有自变量都取 0 值时位于第 j 个学校的学生考试成绩的期望值；如果把自变量总均数中心化，则截距系数可被解释为来自第 j 个学校的某学生在其所有自变量都位于总体均数值时其考试成绩的期望值。总均数中心化自变量对多水平回归方程的影响和对普通回归方程的影响作用一样，只是对模型的截距系数的解释有作用。组中心化后的截距估计值解释就变为当来自第 j 个学校的某学生的自变量都位于该校平均值时该学生的考试成绩期望值。当研究者希望通过分解组间和组内变异考查单位水平的变量对个体水平变量的影响时，通常通过组中心化自变量的方式来分析数据。下面就使用 MLwiN 自带的数据具体演示不同中心化情况下的模型估计结果。模型中我们还是用 normexam 为因变量，standlrt 为自变量，学校是第二水平单位，学生是第一水平单位。

如果我们使用自变量原始值，则一个基本的随机截距模型方程为（公式 3.1）

$$y_{ij}=\beta_{0j}+\beta_1 x_{ij}+e_{ij} \tag{3.1}$$

如果对 x_{ij} 进行总均数中心化，则该随机截距模型方程为（公式 3.2）

$$y_{ij}=\beta_{0j}+\beta_1 \ddot{x}_{ij}+e_{ij} \tag{3.2}$$

如果对 x_{ij} 进行组中心化，则该随机截距模型方程为（公式 3.3）

$$y_{ij}=\beta_{0j}+\beta_1 \tilde{x}_{ij}+e_{ij} \tag{3.3}$$

如果对 x_{ij} 进行组中心化并且在模型中包括每个学校的平均中考分数 $\bar{x}._{j}$，则该包括了第二水平自变量 $\bar{x}._{j}$ 的随机截距模型方程为（公式 3.4）

$$y_{ij}=\beta_{0j}+\beta_1 \tilde{x}_{ij}+\beta_2 \bar{x}._{j}+e_{ij} \tag{3.4}$$

如果使用原始分数并且在模型中包括每个学校的平均中考分数 $\bar{x}_{.j}$，则该包括了第二水平自变量 $\bar{x}_{.j}$ 的随机截距模型方程为（公式 3.5）

$$y_{ij} = \beta_{0j} + \beta_1 x_{ij} + \beta_2 \bar{x}_{.j} + e_{ij} \qquad 3.5$$

依次运行各个模型的结果见表 3-1-2。

表 3-1-2 使用不同自变量模型的估计结果

自变量	模型				
	原始分	总均数中心化	组均数中心化	组均数中心化＋组均数	原始分＋组均数
standlrt(β_1)	0.563371	0.563371	0.559478	0.559478	0.559478
校均中招分(β_2)				0.917793	0.358316
截距(β_0)	0.002391	0.003411	−0.01522	0.012062	0.012062
各水平方差					
σ_{u0}^2	0.092129	0.092129	0.175057	0.076064	0.076064
σ_e^2	0.565731	0.565731	0.565542	0.565912	0.565912
模型拟合结果					
学生数	4,059	4,059	4,059	4,059	4,059
ll(model)	−4678.62	−4678.62	−4696.95	−4673.81	−4673.81
df	4	4	4	5	5
AIC	9365.242	9365.242	9401.898	9357.62	9357.62
BIC	9390.477	9390.477	9427.133	9389.163	9389.163

从表 3-1-2 运行结果看，使用自变量的原始分数和对其总均数中心化所得的结果除了截距系数估计不同外，斜率系数各个水平方差估计值和拟合指数完全相同；这一点和普通线性回归方程中的均数中心化结果一样。使用组均数中心化自变量并且在方程中包括组均数的结果和使用自变量原始值加均数为自变量的模型结果拟合完全相同，截距系数、standlrt 斜率系数和方差估计值估计结果也完全相同。原始分数和总均数中心化模型是完全等价的，其两个截距可以很简单地互相转换，把 $\dot{x}_{ij} = x_{ij} - \bar{x}..$ 带入公式 3.2，我们得到

$$y_{ij} = \beta_{0j} + \beta_1(x_{ij} - \bar{x}..) + e_{ij}$$
$$y_{ij} = \beta_{0j} - \beta_1 \bar{x}.. + \beta_1 x_{ij} + e_{ij} \qquad 3.6$$

公式 3.6 中的 $\beta_{0j} - \beta_1 \bar{x}..$ 就是使用自变量原始值时的回归截距估计值。公式 3.4 和公式 3.5 中的截距系数是可以互相转化的（Paccagnella，2006）。重新命名公式 3.4 中斜率系数得如下公式 3.7。

$$y_{ij} = \beta_{0j} + \beta_W \tilde{x}_{ij} + \beta_B \bar{x}_{.j} + e_{ij} \qquad 3.7$$

公式 3.7 中的 W 表示组内(within)，B 表示组间(between)。经过对系数重命名，公式 3.5 可被写为公式 3.8。

$$y_{ij} = \beta_{0j} + \beta_w x_{ij} + (\beta_B - \beta_w) \bar{x}_{.j} + e_{ij} \qquad 3.8$$

把 $\tilde{x}_{ij} = x_{ij} - \bar{x}_{.j}$ 带入公式 3.7 中并整理公式就可以导出公式 3.8，请有兴趣的读者自行练习推导过程。方程中仅仅包括组中心化的模型则得到和其他模型不同的拟合估计结果。

对自变量进行组中心化使得该自变量的回归系数解释有别于原始分数的斜率系数：个体在其所在组中的相对位置对其因变量的影响大小。这种调整自变量的方法可用于类似于鱼塘效应的研究（Marsh & Hau，2003）；模型方程中包括组均数时可用于环境效应（contextual effect）的研究。但在解释组均数的斜率系数时，要注意避免犯科学研究中的生态错误（ecological fallacy），即把从单位水平上的数据得出的结论推广到个体水平上来。尽管如公式 3.7 和公式 3.8 的模型是等价的，但有研究者建议最好使用如公式 3.7 所示的模型，因为公式 3.8 中的自变量原始值和组均值间有很高的相关度，但中心化自变量则能有效地减少二者间的共线性（Raudenbush，1989）。

实际研究中如何对多水平模型中的自变量进行中心化一般要视研究问题而定（Enders & Tofighi，2007）。如果第一水平上的自变量是研究的兴趣所在，使用组内中心化能够去掉自变量在水平二单位间的变异而使得其斜率系数可被解释为"纯正"，并且是无偏的对因变量的影响作用，而且使得斜率系数的方差估计值也更加精确（Raudenbush & Bryk，2002）。如果研究的兴趣所在是第二水平单位自变量的作用，则使用总均数中心化比较合理；如果需要考查不同水平自变量的作用，则模型中一般需要同时包括组内中心化的自变量和该自变量的组平均数在；当模型中包括跨水平交互作用时，使用组内中心化则有助于自然地解释交互作用。

就本书所演示的软件中，MLwiN 和 Mplus 都能对自变量自动进行中心化。使用 MLwiN 菜单添加多水平模型的自变量时，弹出框中就有对自变量进行中心化的选项；使用 Mplus 时通过 Define 中 center x(group mean) 或（grand mean））命令可对自变量进行组内中心化或总均数中心化。但使用 STATA 和 SPSS 时则需要首先创建自变量的组均数或总体均数，然后通过创建的新变量来对自变量进行中心化。这些基本的数据管理步骤在此处就不再演示了。

3.2　增值评价和单位排序

给定一个多水平模型，由其固定部分参数得到的估计值为 $\hat{y}_{ij} = X_{ij}\beta$，这样对任何一个水平一单位，其模型粗残差（raw residual）或总残差（total residual）可被记作 $\tilde{y}_{ij} = y_{ij} - \hat{y}_{ij}$，对每个水平二单位，其粗残差就为该水平二单位中 n 个总残差 $\tilde{y}_{ij}$ 的平均数，即 $\tilde{y}_j = \dfrac{1}{n}\sum_{n=1}^{n_j} \tilde{y}_{ij}$。有研究者给出了多水平模型残差估计的一般公式，有兴趣的读者请参考该书附录 2.2 中的内容（Goldstein，2011a）。针对一个简单的两水平方差成分（variance component）模型，其水平二残差 $\hat{\mu}_{0j}$ 估计值和水平一残差 $\tilde{e}_{ij}$ 估计值可由公式

3.9 给出。

$$\hat{\mu}_{0j} = \frac{n_j\sigma_\mu^2}{n_j\sigma_\mu^2+\sigma_e^2}\tilde{y}_j, \quad \tilde{e}_{ij} = \tilde{y}_{ij}-\hat{\mu}_{0j} \qquad\qquad 3.9$$

公式 3.9 中的 n_j 是第 j 个水平二单位中包括的第一水平单位的个数，$\tilde{y}_j$ 是第 j 个水平二单位的粗残差。从公式 3.9 水平而残差的估计值公式可以看到，多水平模型中水平二单位的残差估计值并不等于其粗残差，而是被校正了一个因子：$\frac{n_j\sigma_\mu^2}{n_j\sigma_\mu^2+\sigma_e^2}$。因为该因子的数值总是小于 1，因此该因子被称作收缩因子(shrinkage factor)。当 n_j 增大时，该因子取值趋近于 1，反之当 n_j 较小时，该因子取值则趋近于 ICC 估计值。实际应用中，高水平单位的残差通常是研究的兴趣所在，因此针对某个包括较少第一水平单位的高水平单位来说，比较大的收缩因子值反映了来自该高水平单位的信息量相对较少的现状，因此对其残差的最佳估计值就是接近总体均数的数值。

残差在回归模型分析中一般被用于对回归所需的前提假定条件进行诊断，多水平模型所需要的前提假定也需要通过对残差的估计值进行进一步的考查，譬如通过 Q-Q 图进行正态性检验等。除了对模型的实用性进行诊断外，多水平模型的残差特别是高水平单位的残差往往在实践中用来对单位进行排序，即行业排行榜(Marshall & Spiegelhalter, 2001；张煜 & 孟鸿伟，1995)。在我国教育系统，通过使用多水平模型对学生学业成绩进行分析的结果被广泛地用来对不同学校的效能(school effectiveness)进行排序(张煜 & 孟鸿伟，1995；马晓强，等，2006；任春荣，2007；杜屏 & 杨中超，2010；杜屏 & 杨中超，2012；杜屏 & 杨中超，2011)。这些使用复杂的统计模型进行排序的基本方法就是对多水平模型的残差或者估计值进行从大到小的排列，即增值(value added)评价。Goldstein 团队是英国使用多水平模型对教育系统进行增值评级的开拓者，因此其团队开发的 MLwiN 软件本身就带有对残差进行排序的功能。

使用 MLwiN 的 tutorial 数据，我们演示如何通过对学校的会考成绩(normexam)进行分析而对各个学校的效能进行排序。以 normexam 为因变量、standlrt 为自变量建立并运行一个两水平的随机截距模型，然后点击菜单 Model 中的 Residuals 命令，在弹出的窗口中把左侧上部 SD(comparative) of residual to 前面的数字 1.0 改为 1.96，然后点击该弹出窗右上部的 Set columns 按钮，把不同类型的残差估计值、杠杆值(leverage values)和影响值(influence values)结果保存到从 C300 开始的数据列中。并把该弹出窗左下部 level 右侧的下拉框改成 2：school(图 3-2-1)后点击 Calc 按钮。然后点击对话框上部的 Plots 选项并在新对话页面选择(residual+/−1.96 sd x rank)(图 3-2-2)。在该页面中，研究者可以选择其他基于残差的图来进行模型诊断。点击图 3-2-2 对话窗下面的 Apply 按钮后就得到了各个学校按水平二残差以及其 95% 置信间距从小到大的排序图(图 3-2-3)。因该图看起来像个毛毛虫，因此被戏称为毛毛虫图(caterpillar plot)。这些残差就是在校正了学生中考成绩后的通过会考成绩表示的学校效能(Goldstein & Leckie, 2008；Goldstein & Leckie, 2016；Leckie &

Goldstein，2011；Yang et al.，1999）。该残差排序图及其产生的统计过程就是单位排行榜背后的基本统计过程。使用 STATA 或 SPSS 软件也是在建立并运行有关模型后，计算第二水平的残差并用保存的残差在水平二单位间进行排序后绘图即可。

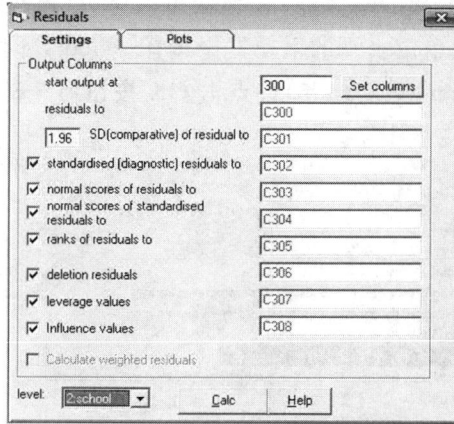

图 3-2-1　MLwiN 残差输出设定

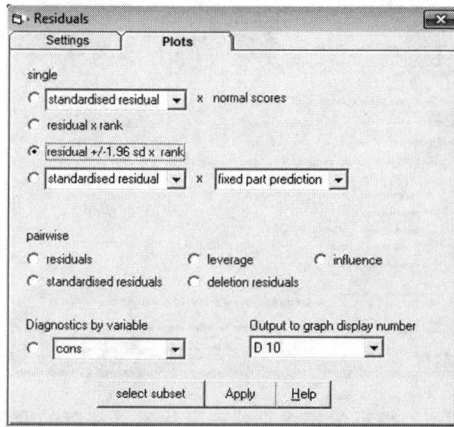

图 3-2-2　MLwiN 残差绘图设定

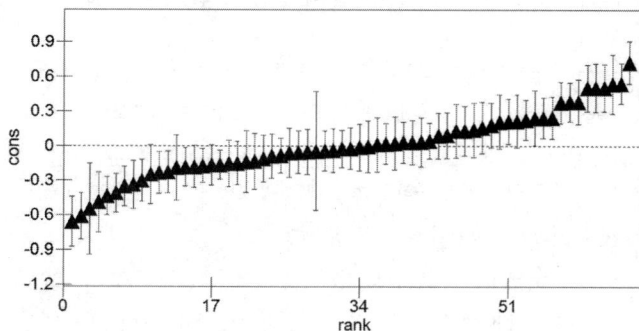

图 3-2-3　使用 MLwiN 创建的学校残差(95％置信间距)排序图(毛毛虫图)

如果使用STATA，具体步骤是先运行两水平随机截距模型后，调用STATA 菜单 statistics 里面的 Postestimation 命令（图 3-2-4），展开 Predictions and their SEs，residuals，etc. 子命令后，点击该对话框右上部的 Launch 按钮并在弹出的对话框中选择 BLUP of random effects 并且命名一个变量名（u0j）来保存水平二残差。在对话框的左下部指定待估残差单位水平的下拉框中选择 school，同时提供待估第二水平残差的标准误变量名为 se_u0j（图 3-2-5），点击 OK 按钮后，STATA 就把计算结果保存到 u0j 和 se_u0j 两个变量中了。

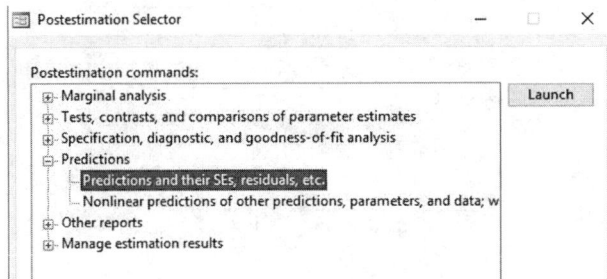

图 3-2-4　STATA Postestimation 对话框

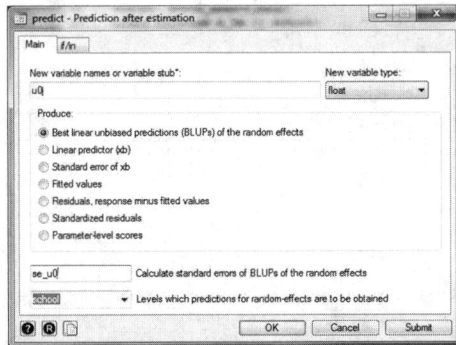

图 3-2-5　指定学校水平残差及标准误保存的变量名

计算出第二水平残差及其标准误后，我们对残差进行排序后使用 serrbar 命令创建各个学校的残差排序图（此处包括了模型构建和残差预测步骤产生的命令）。

```
mixed normexam standlrt || school:
predict u0j, reffects reses (se_u0j)  relevel (school ) /*predict school level
residual and se*/
egen pickone = tag (school )  /*创建变量pickone供绘残差排序图*/
sort u0j
generate u0rank = sum (pickone )  /*残差排序后再根据变量pickone创建从小到大排序编号*/
serrbar u0j se_u0j u0rank if pickone==1, scale (1.96 )  yline (0 )  /*残差排序图*/
```

上述命令后的残差排序图如图 3-2-6 所示。

如果使用SPSS，在完成随机截距模型的设定后点击 SAVE 按钮，在弹出的对话框中进行如图 3-2-7 设定。即在 Fixed Predicted Values 中选择 Predicted values；在 Predicted Values & Residuals 中选择 Predicted values 和 Standard errors（图 3-2-7）。

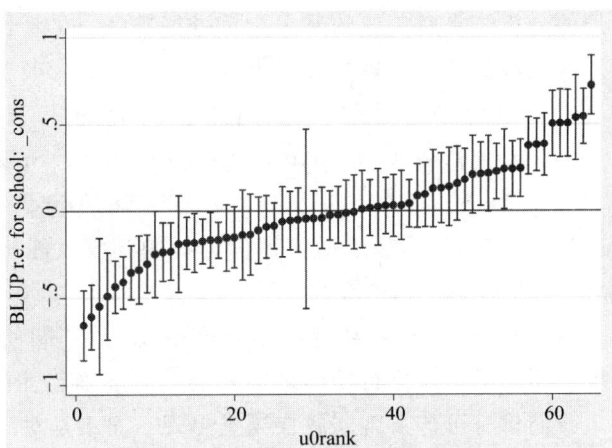

图 3-2-6　STATA 创建的残差排序图

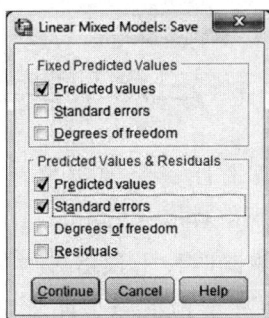

图 3-2-7　SPSS 保存残差的选项设定

　　在完成残差的输出设定后，运行模型并使用本书附录的命令创建毛毛虫图（图 3-2-8）。因该过程的 SPSS 命令占用比较大的篇幅，我们就把该命令保存为 SPSS 命令文件供读者直接调用。该命令的文件名为"ranking institute.sps"。

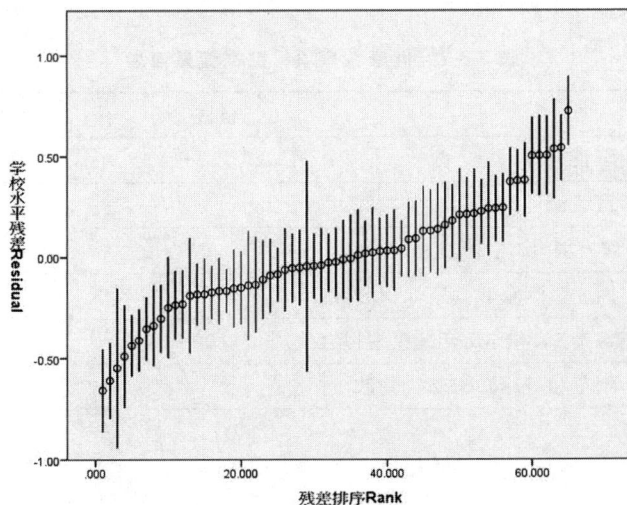

图 3-2-8　使用 SPSS 创建的残差排序图

通过多水平模型的分析结果对单位的某个指标进行排序，尽管长期以来被用在英美国家的教育、卫生等领域的评价管理方面，但其方法的倡导者最近一直在提醒公众和政府部门不要过度神话这个"第二水平残差"估计结果的价值（Leckie & Goldstein，2011；Goldstein & Leckie，2008；Goldstein & Leckie，2016；Spiegelhalter，2003；Allen & Burgess，2011；Marshall & Spiegelhalter，2001；Amrein-Beardsley et al.，2013）。最近几个英国的研究也表明基于增值评价分析的学校效能排行榜对家长为孩子选择学校提供不了太多有用的信息（Wilson & Piebalga，2008；Leckie & Goldstein，2009）。有研究者最近从单纯统计学角度也总结道"即使在模型中校正了有关因素，目前的事实还显示单位排行榜结果中有很大的不确定性（uncertainty）；通过单位排行榜结果，我们仅有可能发现问题在哪里出现，而不是对问题是什么进行诊断"（Goldstein，2014）。有关单位排行榜的具体技术问题和最新进展，请感兴趣的读者参阅相应的参考文献。

3.3　三水平模型

本章将要演示的三水平模型来自一个健康教育实验的数据分析（Flay et al.，1995；Hedeker et al.，1994），所用数据（schoolhealth）来自 MLwiN 中心的多水平培训课程资料。[①] 该心理健康教育测试两种干预措施对来自 28 所学校的 135 个班级的1600 名学生戒烟知识的影响。一种干预措施是课堂讲座（social resistance classroom curriculum），另一种干预措施是电视节目干预（television based programme）。研究中的因变量是学生在烟草和健康知识问卷（tobacco and health knowledge scale，THKS）的分数。同时在实验的开始也收集了每个学生在该问卷上基线分数。全部学校被分成如下 4 组：只接受其中的一种干预措施、同时接受两种干预措施和对照组。数据中有关变量的信息如表 3-3-1 所示。

表 3-3-1　健康教育项目数据变量信息

变量名	备注
schoolid	学校编号
classid	班级编号
studentid	学生编号
postthks	因变量烟草和健康知识分数
cons	常量1，供 MLwiN 模型拟合使用
prethks	烟草和健康知识基线分数

---

① Leckie, G. (2013). Three-Level Multilevel Models. LEMMA VLE Module 11, 1-47. (http://www.bristol.ac.uk/cmm/learning/course.html)

续表

变量名	备注
cc	是否采用课堂讲座
tv	是否采用电视节目干预
ccXtv	(CC * TV)的交互项
pickone_school	每个学校的第一个记录编码为 1，其他为 0
pickone_class	每个班级的第一个记录编码为 1，其他为 0
condition	每个学校的干预情况： 1. 没干预措施 2. 课堂讲座 3. 电视节目 4. 两种干预

该研究的数据是一个典型的三水平结构的数据，学生来自班级，班级来自学校，这样学校就是数据中第三水平的单位，班级是数据中第二水平的单位，学生是数据中第一水平的单位。数据中每个学生的基线测试分数（prethks）是第一水平的变量，每个学校的分组标准（condition）是学校（第三）水平的变量。鉴于本书的目的，我们就不再过多涉及该研究的其他知识，只是使用该研究的数据演示如何构建三水平分析模型。鉴于篇幅关系，我们将仅仅依次演示如何构建零模型，随机截距随机斜率模型和包括学校水平变量的模型。

3.3.1　使用 MLwiN 构建拟合三水平模型

使用 MLwiN 构建三水平模型的步骤类似构建两水平模型，具体步骤如下。

（1）读入数据后在方程建构窗口点击 y 并且在弹出的窗口中选择 postthks 作为因变量，设定因变量有三水平并且分别指定 schoolid、classid、studentid 为第三、第二和第一水平单位的编码变量。

（2）然后点击 $\beta_0 x_0$，在弹出的窗口中选择常量 cons 并把常量包括进各个水平。点击 Done 按钮就完成了零模型的设定。连续点击方程构建窗口下面的＋按钮展开方程后点击 MLwiN 窗口左上角的 Start 按钮，等模型收敛后再点击方程构建窗口下面的 Estimates 按钮查看输出结果（图 3-3-1）。

在零模型基础上，我们进一步考查学生基线分数对因变量的影响。点击方程窗口下面的 Add Term 按钮，选择 prethks 并设定其系数在学校水平（schoolid）和班级水平（classid）随机。设定完成后继续点击 MLwiN 窗口左上角的 More 按钮并查看该随机截距随机系数模型的输出结果（图 3-3-2）。

$$\text{postthks}_{ijk} \sim \text{N}(XB, \Omega)$$

$$\text{postthks}_{ijk} = \beta_{0ijk}\text{cons}$$

$$\beta_{0ijk} = 2.663(0.078) + v_{0k} + u_{0jk} + e_{0ijk}$$

$$\begin{bmatrix} v_{0k} \end{bmatrix} \sim \text{N}(0, \ \Omega_v) : \Omega_v = \begin{bmatrix} 0.110(0.046) \end{bmatrix}$$

$$\begin{bmatrix} u_{0jk} \end{bmatrix} \sim \text{N}(0, \ \Omega_u) : \Omega_u = \begin{bmatrix} 0.085(0.033) \end{bmatrix}$$

$$\begin{bmatrix} e_{0ijk} \end{bmatrix} \sim \text{N}(0, \ \Omega_e) : \Omega_e = \begin{bmatrix} 1.724(0.063) \end{bmatrix}$$

-2*loglikelihood(IGLS Deviance) = 5501.982(1600 of 1600 cases in use)

图 3-3-1　三水平零模型输出结果

$$\text{postthks}_{ijk} \sim \text{N}(XB, \Omega)$$

$$\text{postthks}_{ijk} = \beta_{0ijk}\text{cons} + \beta_{1jk}\text{prethks}_{ijk}$$

$$\beta_{0ijk} = 2.047(0.088) + v_{0k} + u_{0jk} + e_{0ijk}$$

$$\beta_{1jk} = 0.297(0.032) + v_{1k} + u_{1jk}$$

$$\begin{bmatrix} v_{0k} \\ v_{1k} \end{bmatrix} \sim \text{N}(0, \ \Omega_v) : \Omega_v = \begin{bmatrix} 0.095(0.055) \\ -0.008(0.017) \ \ 0.009(0.008) \end{bmatrix}$$

$$\begin{bmatrix} u_{0jk} \\ u_{1jk} \end{bmatrix} \sim \text{N}(0, \ \Omega_u) : \Omega_u = \begin{bmatrix} 0.000(0.000) \\ 0.000(0.000) \ \ 0.000(0.000) \end{bmatrix}$$

$$\begin{bmatrix} e_{0ijk} \end{bmatrix} \sim \text{N}(0, \ \Omega_e) : \Omega_e = \begin{bmatrix} 1.638(0.059) \end{bmatrix}$$

-2*loglikelihood(IGLS Deviance) = 5380.514(1600 of 1600 cases in use)

图 3-3-2　随机截距随机系数模型输出结果

　　该随机截距随机系数模型的输出结果显示基线分数的斜率可能在学校和班级水平上不随机，读者可自行检验其斜率在每个水平上变异的显著性。如果不显著，则可把斜率在该水平上设定为固定参数。检验结果显示基线分数的斜率在学校和班级水平上都不显著，因此我们就把其系数在每个水平上设为固定参数，并把学校的分组变量包括进方程中。单击 Add Term 按钮，选择 condition 变量并设定对照组 Neither 为分类变量的参照类，方程设定完成后的运行结果如图 3-3-3 所示。

　　作为构建三水平模型步骤的演示例子，此处我们就不再对模型估计结果中的每个参数的含义进行进一步解释了。构建三水平模型和构建两水平的步骤基本都是从零模型开始，然后逐渐增加模型的复杂程度，比如设定系数是否随机和包括更多的自变量等。本书仅仅演示模型构建的基本步骤，实际应用中研究者需根据数据结果和研究需要决定模型的取舍。

$$\text{postthks}_{ijk} \sim \text{N}(XB, \Omega)$$
$$\text{postthks}_{ijk} = \beta_{0ijk}\text{cons} + 0.307(0.026)\text{prethks}_{ijk} + 0.639(0.147)\text{CC only}_k +$$
$$0.178(0.144)\text{TV only}_k + 0.497(0.145)\text{CC and TV}_k$$
$$\beta_{0ijk} = 1.697(0.117) + v_{0k} + u_{0jk} + e_{0ijk}$$

$$\begin{bmatrix} v_{0k} \end{bmatrix} \sim \text{N}(0, \Omega_v) : \Omega_v = \begin{bmatrix} 0.026(0.020) \end{bmatrix}$$

$$\begin{bmatrix} u_{0jk} \end{bmatrix} \sim \text{N}(0, \Omega_u) : \Omega_u = \begin{bmatrix} 0.064(0.028) \end{bmatrix}$$

$$\begin{bmatrix} e_{0ijk} \end{bmatrix} \sim \text{N}(0, \Omega_e) : \Omega_e = \begin{bmatrix} 1.602(0.059) \end{bmatrix}$$

$-2*loglikelihood(IGLS\ Deviance) = 5357.359(1600\ of\ 1600\ cases\ in\ use)$

图 3-3-3　包括学校水平变量的模型输出结果

3.3.2　使用 STATA 构建拟合三水平模型

使用 STATA 的菜单命令构建三水平模型的步骤基本和构建两水平模型的步骤一样，具体步骤如下。

（1）运行菜单 Mutilevel -Mixed effect model 下面 linear model 命令，在弹出的模型构建窗口选择定因变量 postthks 后单击 Random-effects model 部分的 Create 按钮，在弹出的 Equation 1 窗口的 level variable for equation 下面的下拉框中选择 schoolid。

（2）完成学校水平单位编码设定后单击 OK 按钮，回到模型构建窗口后再次点击 Random-effects model 部分的 Create 按钮，在弹出的 Equation 2 窗口的 level variable for equation 下面的下拉框中选择 classlid。单击 OK 按钮就完成了三水平零模型设定。单击模型构建窗口的 OK 按钮运行该模型就可查看如下输出结果。

该三水平零模型 STATA 的输出结果如下。

```
. mixed postthks || schoolid: || classid:

省略迭代信息

Computing standard errors:

Mixed-effects ML regression                    Number of obs    =      1,600

------------------------------------------------------------------------------
                |            No. of    Observations per Group
Group Variable  |            Groups   Minimum   Average   Maximum
----------------+-------------------------------------------------------------
      schoolid  |                28        18      57.1       137
       classid  |               135         1      11.9        28
------------------------------------------------------------------------------

                                               Wald chi2 (0 )   =         .
Log likelihood = -2750.9908                    Prob > chi2      =         .

------------------------------------------------------------------------------
    postthks  |     Coef.   Std. Err.      z    P>|z|    [95% Conf. Interval]
--------------+---------------------------------------------------------------
       _cons  |  2.663486   .0781237    34.09   0.000    2.510366    2.816605
------------------------------------------------------------------------------
```

```
----------------------------------------------------------------------
 Random-effects Parameters  |  Estimate  Std. Err.   [95% Conf. Interval]
----------------------------+-----------------------------------------
schoolid: Identity          |
                var (_cons) |  .110315   .0454138    .0492286   .247202
----------------------------+-----------------------------------------
classid: Identity           |
                var (_cons) |  .0848095  .0337314    .0388951   .1849242
----------------------------+-----------------------------------------
                var (Residual) | 1.723669  .0635954   1.603424   1.852931
----------------------------------------------------------------------
LR test vs. linear model: chi2 (2 ) = 75.07           Prob > chi2 = 0.0000
```

Note: LR test is conservative and provided only for reference.

根据该零模型的估计结果，我们使用 STATA 命令查看 ICC 的估计结果。

```
estat icc

Intraclass correlation

----------------------------------------------------------------------
                      Level |    ICC   Std. Err.   [95% Conf. Interval]
----------------------------+-----------------------------------------
                   schoolid | .0574919  .0225535    .0262708   .1211987
           classid|schoolid | .1016912  .0251408    .0619206   .1625789
----------------------------------------------------------------------
```

注意此处班级水平的 ICC 估计结果 $(0.110315+0.0848095)/(0.110315+0.0848095 +1.723669=0.1016912)$ 和方差分解系数不同 $(0.0848095)/(0.110315+0.0848095+ 1.723669=0.04419939)$。

在零模型的基础上，我们进一步通过菜单把基线分数包括进方程并设定其斜率系数在学校和班级水平随机。在模型构建窗口把 prethks 选做自变量后，单击选择 Random-effects Equations 中的 Equation 1，然后单击 Edit 按钮并在弹出窗中把 prethks 选到窗口中间部分 factor variable for equation 下面的下拉框中。单击 OK 按钮就完成了设定自变量 prethks 的斜率在学校水平随机。随后单击选择 Random-effects Equations 中的 Equation 2，然后单击 Edit 按钮并在弹出的窗中把 prethks 选到窗口中间部分 factor variable for equation 下面的下拉框中。单击 OK 按钮就完成了设定自变量 prethks 的斜率在班级水平随机。完成设定后运行该随机截距随机斜率模型的主要结果输出如下。

```
                                    Wald chi2 (1 )      =      93.66
Log likelihood = -2685.3223         Prob > chi2         =     0.0000

----------------------------------------------------------------------
  postthks |   Coef.    Std. Err.    z     P>|z|    [95% Conf. Interval]
-----------+----------------------------------------------------------
   prethks | .2932513   .030301     9.68   0.000    .2338624   .3526401
     _cons | 2.045933   .0841436   24.31   0.000   1.881015   2.210851
----------------------------------------------------------------------


----------------------------------------------------------------------
 Random-effects Parameters  |  Estimate  Std. Err.   [95% Conf. Interval]
----------------------------+-----------------------------------------
schoolid: Independent       |
               var (prethks)|  .0049666  .00532      .0006086   .0405339
               var (_cons ) |  .0692646  .0380811    .0235791   .2034675
----------------------------+-----------------------------------------
classid: Independent        |
               var (prethks)|  .0040717  .0067151    .0001607   .1031754
               var (_cons ) |  .0506191  .0401362    .0107002   .2394624
----------------------------+-----------------------------------------
               var (Residual) | 1.585066  .0589916   1.473561   1.705009
----------------------------------------------------------------------
LR test vs. linear model: chi2 (4 ) = 67.16           Prob > chi2 = 0.0000
```

　　根据模型比较结果，下面我们就直接构建一个包括基线分数和学校干预分组变量两个自变量的模型，并且把基线分数的斜率在学校和班级水平上设定为固定参数。因为学校水平的变量 condition 是分类变量，我们在把 condition 变量选择到自变量变量框后只需在其名字前面手工加上 i.，即变成 i.condition，这样 STATA 就知道该自变量是个分类变量，运算中就会自动创建相应的哑变量进行，然后把这些哑变量包括进方程。该模型的主要输出结果如下。

```
. mixed postthks prethks i.condition || schoolid: || classid:

                                          Wald chi2 (4 )    =      162.31
Log likelihood = -2678.6793               Prob > chi2      =      0.0000

------------------------------------------------------------------------------
   postthks |    Coef.   Std. Err.      z    P>|z|    [95% Conf. Interval]
------------+-----------------------------------------------------------------
    prethks |  .3072015  .0258415    11.89   0.000    .2565531     .35785
            |
  condition |
    CC only |  .6391933  .1472116     4.34   0.000    .3506638    .9277227
    TV only |  .1781078  .1436475     1.24   0.215   -.1034362    .4596518
  CC and TV |  .4968837  .1451224     3.42   0.001    .2124489    .7813184
            |
      _cons |  1.697003  .1166553    14.55   0.000    1.468362    1.925643
------------------------------------------------------------------------------


------------------------------------------------------------------------------
  Random-effects Parameters  |   Estimate   Std. Err.    [95% Conf. Interval]
-----------------------------+------------------------------------------------
schoolid: Identity           |
                 var (_cons) |   .0257487   .0200256     .0056072    .1182395
-----------------------------+------------------------------------------------
classid: Identity            |
                 var (_cons) |   .0635826   .0283202     .0265587    .1522195
-----------------------------+------------------------------------------------
                var (Residual) |  1.602013  .0591022     1.490264    1.722142
------------------------------------------------------------------------------
LR test vs. linear model: chi2 (2 ) = 20.57          Prob > chi2 = 0.0000
```

　　如果读者保存了每个模型的拟合信息，则可对前述的各个模型的拟合信息进行对照。

```
. estimates stats l3m0  l3mrdint  l3mrdslp  l2mtrt

Akaike's information criterion and Bayesian information criterion

-----------------------------------------------------------------------------
     Model |      Obs  ll (null )  ll (model )      df        AIC        BIC
-----------+-----------------------------------------------------------------
      l3m0 |    1,600        .     -2750.991         4    5509.982    5531.493
  l3mrdint |    1,600        .     -2687.014         5    5384.027    5410.916
  l3mrdslp |    1,600        .     -2685.322         7    5384.645    5422.289
    l2mtrt |    1,600        .     -2678.679         8    5373.359    5416.381
-----------------------------------------------------------------------------
           Note: N=Obs used in calculating BIC; see [R] BIC note.
```
注：l3m0 是零模型，l3mrdint 是随机截距模型，l3mrdslp 是随机截距随机斜率模型，l2mtrt 是包括基线和分组变量的模型

　　从本例三水平模型的建构过程我们可以看到，在通过 STATA 菜单命令设定模型的各个水平时，往往从最高水平单位开始，然后是次高单位，依此类推。在使用 STATA 命令时，也首先书写最高单位的单位编码变量名字，然后按水平结构依次排列各个水平的编码变量名字。例如，本例的书写顺序就是 ‖ schoolid：‖ classid:，如果我们有全国流行病学调查的数据，可能的数据结构将会是 ‖ 省：‖ 市：‖ 县：‖ 乡：‖ 村：等格式，具体应用时请读者根据研究实际合理选择模型并书写相应的命令。

3.3.3　使用 SPSS 构建拟合三水平模型

使用 SPSS 构建三水平模型通过菜单命令很容易实现。下面就依次演示如何通过 SPSS 的菜单命令构建零模型、随机截距随机斜率模型和包括高水平单位变量的模型。

（1）读入数据 schoolhealth 后，运行 Analyze 菜单下面 Mixed models 中的 Liner 命令，在弹出的窗口中把变量 schoolid 和 classid 同时选入 Subjects。单击 Continue 按钮进入到模型设定窗口并把自变量 postthks 选择为因变量。

（2）单击模型设定窗口中的 Random 按钮进入模型随机部分设定窗口。对于包括多个水平的多水平模型，SPSS 要求分别对每个水平进行单独设定。此处我们首先设定第三水平模型的随机参数。把 Covariance Type 的选项设定成 Variance Components 并且选中其下部的 Include intercept（图 3-3-4），在本窗口下部 Subject Groupings 中把第三水平单位编码变量 schoolid 挪到右侧的 Combinations 选项框中（图 3-3-4）。此时就完成了模型第三水平随机部分参数的设定。

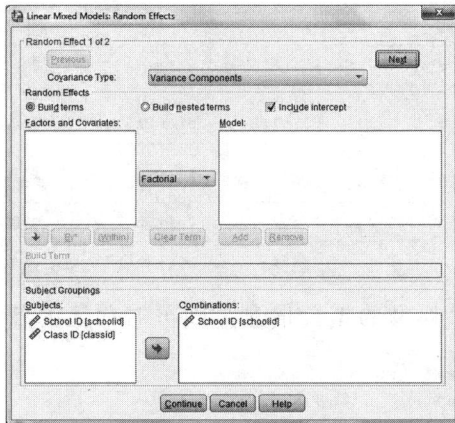

图 3-3-4　设定第三水平随机参数

（3）在完成模型第三部分随机参数的设定后，单击图 3-3-4 中右上角的 Next 按钮，进入到模型第二水平随机部分参数的设定界面（Random Effect 2 of 2）。把 Covariance Type 的选项设定成 Variance Components 并且选中其下部的 Include intercept（图 3-3-5），在本窗口下部 Subject Groupings 中把第三水平单位编码变量 schoolid 和第二水平单位编码变量 classid 同时挪到右侧的 Combinations 选项框中（图 3-3-5）。此时就完成了模型第二水平随机部分参数的设定。

（4）单击 Continue 按钮回到模型设定对话框（图 3-3-5）并单击 Estimation 按钮把估计方法设定成 Maximum Likelihood（ML），然后单击模型设定窗口的 Statistics 按钮在模型输出设定中选中 Parameter estimates、Test for covariance parameters 和 Covariance of random effects 选项。回到模型设定窗口单击 OK 按钮就可以查看该三水平零模型的下述主要输出结果了。

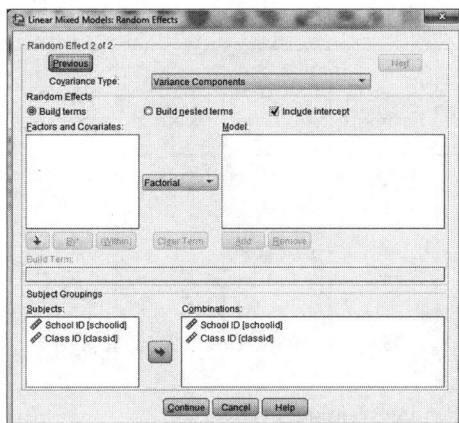

图 3-3-5　设定第二水平随机参数

Information Criteria[a]

－2 Restricted Log Likelihood	5505.224
Akaike's Information Criterion(AIC)	5511.224
Hurvich and Tsai's Criterion(AICC)	5511.239
Bozdogan's Criterion(CAIC)	5530.355
Schwarz's Bayesian Criterion(BIC)	5527.355

The information criteria are displayed in smaller-is-better form.

a. Dependent Variable：Postintervention THKS.

这是模型的拟合信息。

Type III Tests of Fixed Effects[a]

Source	Numerator df	Denominator df	F	Sig.
Intercept	1	26.247	1120.134	0.000

a. Dependent Variable：Postintervention THKS.

这是模型固定部分参数的估计结果，零模型中仅仅有一个截距系数（2.664062）及其显著性检验的信息。

Estimates of Fixed Effects[a]

Parameter	Estimate	Std. Error	df	t	Sig.	95% Confidence Interval	
						Lower Bound	Upper Bound
Intercept	2.664062	0.079599	26.247	33.468	0.000	2.500518	2.827605

a. Dependent Variable：Postintervention THKS.

Estimates of Covariance Parameters[a]

Parameter		Estimate	Std. Error	Wald Z	Sig.	95% Confidence Interval	
						Lower Bound	Upper Bound
Residual		1.723590	0.063593	27.103	0.000	1.603350	1.852848
Intercept [subject= schoolid]	Variance	0.116597	0.048034	2.427	0.015	0.052002	0.261427
Intercept [subject= schoolid * classid]	Variance	0.084979	0.033806	2.514	0.012	0.038966	0.185324

a. Dependent Variable：Postintervention THKS.

这里是模型随机部分参数的估计结果和模型随机部分参数的方差协方差矩阵。因为当前模型是零模型，因此只有每个水平的残差方程估计结果。

Intercept [subject=schoolid][a]

	Intercept | schoolid
Intercept | schoolid	0.116597

Variance Components.

a. Dependent Variable：Postintervention THKS.

Intercept [subject=schoolid * classid][a]

	Intercept | schoolid * classid
Intercept | schoolid * classid	0.084979

Variance Components.

a. Dependent Variable：Postintervention THKS.

注意 SPSS 在结果输出中标记班级水平时把学校水平编码变量也包括进来，即 schoolid * classid。

使用 SPSS 菜单命令构建后续的模型时最好在当前模型设定的基础上进行，因为前面模型设定过程中有关数据结构的设定和模型参数的设定可以再被利用。如果我们要在模型中包括自变量基线数据并且设定其斜率系数在学校水平和班级水平随机，具体步骤如下。

(1)在零模型设定的基础上，我们可首先把变量 prethks 包括进自变量 covariate(s) 选项框并单击 Fixed 按钮，在弹出的固定效应模型设定窗口中把自变量 prethks 主效应包括进模型，即用 Add 按钮把变量名 prethks 添加 Model 下面的空白窗口里面。

(2)然后在模型随机部分设定中把变量 prethks 的主效应包括进各个水平随机效果的模型部分并把 Covariance Types 设定成 Unstructured(图 3-3-6 和 3-3-7)。这样就完成了自变量 prethks 的系数在学校水平和班级水平分别随机的模型设定。回到模型设定窗口单击 OK 按钮可查看该模型的输出结果。

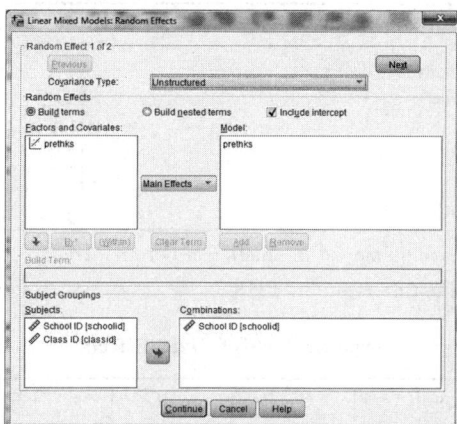

图 3-3-6　设定自变量斜率在学校水平随机

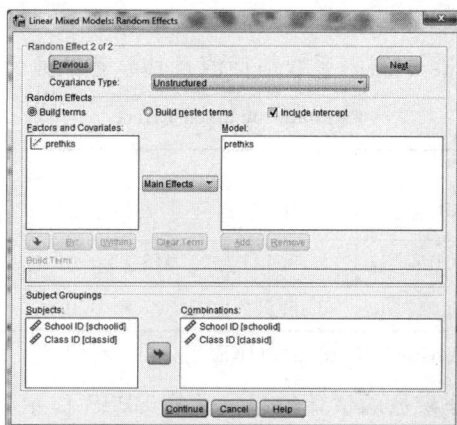

图 3-3-7　设定自变量斜率在班级水平随机

下面是随机截距随机斜率模型的输出结果。因为基线分数的斜率在学校水平和班级水平的变异很小，为了演示目的，我们把其斜率系数在两个水平都设置为随机，因此 SPSS 在结果输出时首先报告运算警告信息。实际研究中，请使用者根据此信息检查模型输出结果并调整模型。此处的结果输出报告仅供三水平随机截距随机斜率模型输出演示所用，也同时演示如何根据模型的估计结果进一步对模型进行调整。

Warnings

Iteration was terminated but convergence has not been achieved. The MIXED procedure continues despite this warning. Subsequent results produced are based on the last iteration. Validity of the model fit is uncertain.

下面是模型拟合信息。

Information Criteria[a]

－2 Restricted Log Likelihood	5416.811
Akaike's Information Criterion(AIC)	5430.811
Hurvich and Tsai's Criterion(AICC)	5430.882
Bozdogan's Criterion(CAIC)	5475.447
Schwarz's Bayesian Criterion(BIC)	5468.447

The information criteria are displayed in smaller-is-better form.

a. Dependent Variable：Postintervention THKS.

Type III Tests of Fixed Effects[a]

Source	Numerator df	Denominator df	F	Sig.
Intercept	1	18.141	486.116	0.000
prethks	1	6646.952	33.721	0.000

a. Dependent Variable：Postintervention THKS.

下面是自变量 prethks 的斜率系数估计值及其显著性检验结果。

Estimates of Fixed Effects[a]

Parameter	Estimate	Std. Error	df	t	Sig.	95% Confidence Interval	
						Lower Bound	Upper Bound
Intercept	2.058338	0.093357	18.141	22.048	0.000	1.862311	2.254364
prethks	0.277459	0.047780	6646.952	5.807	0.000	0.183795	0.371124

a. Dependent Variable：Postintervention THKS.

下面是模型随机部分参数的估计结果，注意 SPSS 提示 prethks 的斜率系数在学校水平和班级水平的方差估计值需要进一步考虑，因为运算结果显示该系数可能在两个水平的变异很小，因此研究者在后续的模型修正时可设定该参数为固定参数。

Estimates of Covariance Parameters[a]

Parameter		Estimate	Std. Error	Wald Z	Sig.	95% Confidence Interval	
						Lower Bound	Upper Bound
Residual		1.409563	0.048018	29.355	0.000	1.318523	1.506889
Intercept＋standlrt [subject＝school]	UN (1, 1)	0.123852	0.078571	1.576	0.115	0.035719	0.429437
	UN (2, 1)	－0.006612	0.078241	－0.085	0.933	－0.159961	0.146738
	UN (2, 2)	0.037892[b]	0.000000	0.	0.	0.	0.

续表

Parameter		Estimate	Std. Error	Wald Z	Sig.	95% Confidence Interval	
						Lower Bound	Upper Bound
Intercept+standlrt [subject=school]	UN (1, 1)	0.034240	0.070357	0.487	0.626	0.000610	1.921321
	UN (2, 1)	0.027041	0.032384	0.835	0.404	−0.036430	0.090512
	UN (2, 2)	0.021399[b]	0.000000	0.	0.	0.	0.

a. Dependent Variable：Postintervention THKS.

b. This covariance parameter is redundant. The test statistic and confidence interval cannot be computed.

下面显示的是该模型在学校水平和班级水平截距斜率的方差协方差矩阵结构。学校和班级水平的估计结果分别显示如下。

Intercept＋prethks〔subject＝schoolid〕[a]

	Intercept | schoolid	prethks | schoolid
Intercept | schoolid	0.123852	−0.006612
prethks | schoolid	−0.006612	0.037892

Unstructured.

a. Dependent Variable：Postintervention THKS.

Intercept＋prethks〔subject＝schoolid * classid〕[a]

	Intercept | schoolid * classid	prethks | schoolid * classid
Intercept | schoolid * classid	0.034240	0.027041
prethks | schoolid * classid	0.027041	0.021399

Unstructured.

a. Dependent Variable：Postintervention THKS.

根据模型拟合结果和研究需要，我们在下面的模型构建中把基线成绩 prethks 的系数设定为在学校水平和班级水平固定，并且把学校水平的变量 condition 包括进模型中。因为变量 condition 是分类变量，我们就把该变量选择到模型构建对话框 factor 下面的变量框中（图 3-3-8）。这样 SPSS 就知道该变量是分类变量而在模型建构时自动创建哑变量。

单击 fixed 按钮在弹出的固定参数设定窗口中把基线分数（prethks）和干预措施分组变量（condition）的主效应都包括进方程（图 3-3-9）。

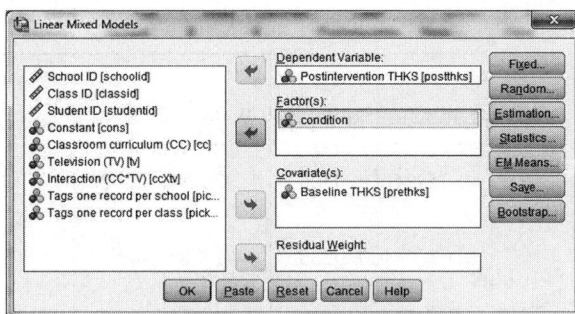

图 3-3-8 包括学校水平自变量 condition

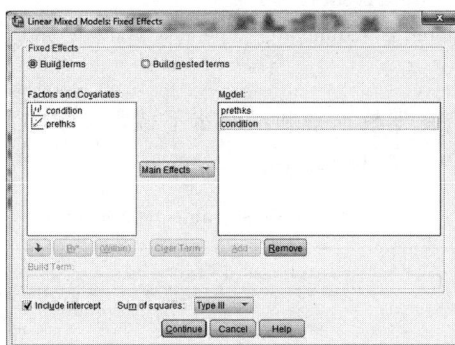

图 3-3-9 设定模型的固定参数

运行该模型的主要输出结果如下。

Information Criteria[a]

－2 Restricted Log Likelihood	5373.335
Akaike's Information Criterion(AIC)	5379.335
Hurvich and Tsai's Criterion(AICC)	5379.351
Bozdogan's Criterion(CAIC)	5398.459
Schwarz's Bayesian Criterion(BIC)	5395.459

The information criteria are displayed in smaller-is-better form.

a. Dependent Variable：Postintervention THKS.

上面是模型拟合信息结果。

Type III Tests of Fixed Effects[a]

Source	Numerator df	Denominator df	F	Sig.
Intercept	1	72.225	687.425	0.000
prethks	1	1587.783	139.099	0.000
condition	3	21.473	6.611	0.002

a. Dependent Variable：Postintervention THKS.

Estimates of Fixed Effects[a]

Parameter	Estimate	Std. Error	df	t	Sig.	95% Confidence Interval	
						Lower Bound	Upper Bound
Intercept	2.194452	0.122743	32.059	17.878	0.000	1.944451	2.444452
prethks	0.305363	0.025891	1587.783	11.794	0.000	0.254578	0.356148
[condition=1]	−0.492467	0.158640	21.361	−3.104	0.005	−0.822038	−0.162896
[condition=2]	0.148858	0.160371	22.249	0.928	0.363	−0.183515	0.481231
[condition=3]	−0.310388	0.156684	21.490	−1.981	0.061	−0.635779	0.015002
[condition=4]	0[b]	0	0.	0.	0.	0.	0.

a. Dependent Variable：Postintervention THKS.

b. This parameter is set to zero because it is redundant.

SPSS 自动选取 condition 的变量的最后类别作为参照类创建 3 个因变量。

Estimates of Covariance Parameters[a]

Parameter		Estimate	Std. Error	Wald Z	Sig.	95% Confidence Interval	
						Lower Bound	Upper Bound
Residual		1.602293	0.059129	27.098	0.000	1.490495	1.722477
Intercept [subject= schoolid]	Variance	0.038638	0.025347	1.524	0.127	0.010681	0.139769
Intercept [subject= schoolid * classid]	Variance	0.064665	0.028553	2.265	0.024	0.027215	0.153645

a. Dependent Variable：Postintervention THKS.

该模型中基线分数 prethks 的斜率系数被设定为固定参数。学校水平变量 condition 的系数只能被设定为固定参数。因此模型的随机部分参数只有各个水平截距项的方差估计结果。运行本节演示的各个模型的命令请读者参考本书所附的有关 SPSS 命令文件。

3.3.4 使用 Mplus 构建拟合三水平模型

使用 Mplus 构建三水平模型时只需调用 ANALYSIS 中的三水平选项 TYPE＝ THREE 即可。在 Model 部分的设定中，第一水平使用％WITHIN％，第二水平和第三水平的设定使用％BETWEEN Level_ID％，其中 Level-ID 指数据中第二和第三水平单位的表示变量，在本例中就是 classid 和 schoolid。本例的零模型 Mplus 命令和主要输出结果如下。

```
TITLE: this is an example of a three-level linear regression
    !null model
  DATA: FILE = C:\Users\yuhan\Google Drive\mlm_book2016\data\schoolhealth.csv;
  VARIABLE: NAMES = schoolid classid studentid postthks cons prethks cc
                tv ccXtv pickone_school pickone_class condition ;
          CLUSTER =  schoolid classid;
          usevariable is postthks;

  ANALYSIS:
          TYPE = THREELEVEL;
  MODEL:
      %WITHIN%

      %BETWEEN classid%
          postthks;

      %BETWEEN schoolid%

          postthks;
```

主要结果输出如下。

```
SUMMARY OF DATA

      Number of CLASSID clusters          135
      Number of SCHOOLID clusters          28

      Average cluster size for CLASSID level       11.852

      Estimated Intraclass Correlations for the Y Variables for CLASSID level

                Intraclass
      Variable  Correlation

      POSTTHKS      0.046

      Average cluster size for SCHOOLID level       57.143

      Estimated Intraclass Correlations for the Y Variables for SCHOOLID level

                Intraclass
      Variable  Correlation

      POSTTHKS      0.057

UNIVARIATE SAMPLE STATISTICS

    UNIVARIATE HIGHER-ORDER MOMENT DESCRIPTIVE STATISTICS

          Variable/      Mean/      Skewness/    Minimum/ % with
Percentiles
          Sample Size   Variance    Kurtosis     Maximum  Min/Max      20%/60%
40%/80%    Median

    POSTTHKS            2.662       0.216        0.000    4.19%        1.000
2.000     3.000
                1600.000   1.911       -0.427       7.000    0.25%        3.000
4.000

MODEL RESULTS
                                              Two-Tailed
                  Estimate    S.E.    Est./S.E.   P-Value

Within Level

  Variances
    POSTTHKS      1.724       0.088    19.596      0.000

Between CLASSID Level

  Variances
    POSTTHKS      0.085       0.034    2.491       0.013
```

```
Between SCHOOLID Level

 Means
    POSTTHKS          2.664      0.080      33.316      0.000

 Variances
POSTTHKS             0.110      0.034       3.231       0.001
```

这里是模型输出的因变量在学校水平(0.110)和班级水平(0.085)上的方差估计结果，第一水平的残差方差估计值为 1.724，截距估计值为 2.664。如果在模型中包括基线测试 prethks 为自变量，则该随机截距模型相应的命令和主要输出结果如下。

```
VARIABLE: NAMES = schoolid classid studentid postthks cons prethks cc
                  tv ccXtv pickone_school pickone_class condition ;
          CLUSTER =   schoolid classid;
          usevariable are postthks  prethks;
          WITHIN = prethks;

ANALYSIS:
          TYPE = THREELEVEL;
MODEL:
      %WITHIN%
        postthks ON  prethks;

      %BETWEEN classid%

      %BETWEEN schoolid%
```

```
                                                    Two-Tailed
                       Estimate      S.E.   Est./S.E.  P-Value

Within Level

  POSTTHKS    ON
     PRETHKS          0.300      0.032       9.482      0.000

  Residual Variances
     POSTTHKS         1.598      0.076      21.134      0.000

Between CLASSID Level

  Variances
     POSTTHKS         0.070      0.025       2.766      0.006

Between SCHOOLID Level
  Means
     POSTTHKS         2.043      0.086      23.619      0.000

  Variances
POSTTHKS             0.087      0.026       3.377      0.001
```

基线斜率系数的估计值是 0.300，截距估计值是 2.043。如果设定极限测试的斜率在班级水平和学校水平上随机，则相应的命令和主要输出结果如下。

```
ANALYSIS:
        TYPE = THREELEVEL RANDOM;
MODEL:
    %WITHIN%

     s | postthks ON  prethks;

    %BETWEEN classid%

    %BETWEEN schoolid%

MODEL RESULTS
```

```
                                                    Two-Tailed
                       Estimate      S.E.   Est./S.E.  P-Value
```

```
Within Level

  Residual Variances
    POSTTHKS           1.585       0.074      21.294       0.000

Between CLASSID Level

  Variances
    POSTTHKS           0.051       0.034       1.504       0.133
    S                  0.004       0.008       0.521       0.603

Between SCHOOLID Level

  Means
    POSTTHKS           2.046       0.087      23.635       0.000
    S                  0.293       0.032       9.153       0.000

  Variances
    POSTTHKS           0.069       0.028       2.486       0.013
    S                  0.005       0.005       0.985       0.325
```

输出结果显示，基线测试的斜率系数在班级水平(0.004)和学校水平(0.005)上的变异均不显著。因此最后模型中应考虑把基线测试的斜率只设定为固定参数。

3.4 基于 MCMC 算法的多水平模型

随着计算机技术的飞速发展，对复杂多水平模型使用 MCMC 算法对其各参数进行估计已经变得不再是可望而不可即的事情了(Browne，2016；Lunn et al.，2013)。借助有关软件，普通研究者在常用的个人计算机上已经能对复杂的统计模型使用 MCMC 算法进行数据分析。除了专用的贝叶斯分析软件(Lunn et al.，2013；Spiegelhalter et al.，2003)，MLwiN、STATA 和 Mplus 都有贝叶斯分析功能。应用研究者一般不需要撰写非常复杂的统计命令来对模型进行贝叶斯估计，实践中只需直接调用 MCMC 贝叶斯估计的命令即可。下面就使用 MLwiN 自带的数据 tutorial 来演示如何使用 MCMC 算法估计一个随机截距随机斜率模型中的各个参数。

3.4.1 使用 MLwiN 对多水平模型进行 MCMC 估计

在 MLwiN 中首先建立并运行以 normexam 为因变量、standlrt 为自变量、学校为第二水平单位、学生为第一水平单位的随机截距随机斜率模型。当前模型的估计结果将被用作未来 MCMC 迭代过程的初始值。运行 MLwiN 菜单 Estimation 中的 MCMC 命令，在弹出的对话框中设定预烧的长度为 5000(图 3-4-1)并单击 Done 按钮。

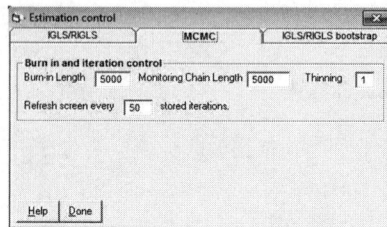

图 3-4-1　MCMC 对话框参数设定

进一步单击 MLwiN 窗口左上角的 Start 按钮，MLwiN 马上开始 MCMC 过程的预烧阶段，随后就转入保存抽样数据的阶段。MCMC 过程结束后，单击 MLwiN 窗口下部的 Estimates 按钮便可查看该随机截距随机斜率模型的 MCMC 估计结果（图 3-4-2）。

$$normexam_{ij} \sim N(XB, \Omega)$$
$$normexam_{ij} = \beta_{0ij}cons + \beta_{1j}standlrt_{ij}$$
$$\beta_{0ij} = -0.012(0.042) + u_{0j} + e_{0ij}$$
$$\beta_{1j} = 0.557(0.021) + u_{1j}$$

$$\begin{bmatrix} u_{0j} \\ u_{1j} \end{bmatrix} \sim N(0, \ \Omega_u) : \Omega_u = \begin{bmatrix} 0.097(0.020) \\ 0.019(0.007) \ \ 0.016(0.005) \end{bmatrix}$$

$$\begin{bmatrix} e_{0ij} \end{bmatrix} \sim N(0, \ \Omega_e) : \Omega_e = \begin{bmatrix} 0.554(0.012) \end{bmatrix}$$

Deviance(MCMC) = 9122.795(4059 of 4059 cases in use)

图 3-4-2　随机截距随机斜率模型的 MCMC 估计结果

使用 MCMC 算法估计模型的参数，通常要在模型运行完毕后检查每个参数的收敛情况，同时也要从每个参数的后验分布中，计算出每个参数的贝叶斯可信区间（credible interval，CrI）。MLwiN 软件已经把有关模型收敛和参数后验分布结果输出的命令内置到菜单上供用户调用。在 MCMC 模型运行结束后，运行菜单 Model 中的 Trajectories 命令，MLwiN 就自动把当前模型中所估计的参数的轨迹图（trace plot）呈现出来（图 3-4-3）。研究者可通过该轨迹图底部的几个下拉框对轨迹图等的呈现方式进行更改。

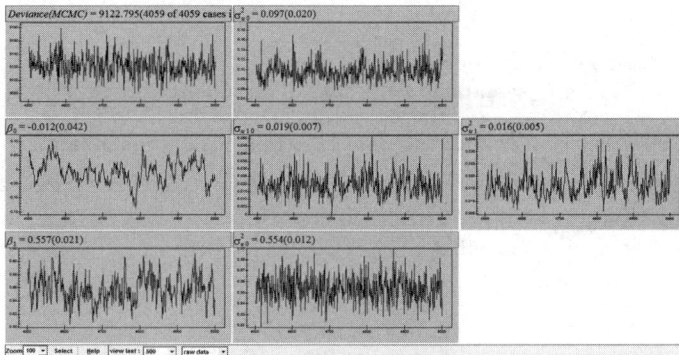

图 3-4-3　模型参数的轨迹图

如果我们希望检查水平 2 截距方差 σ_{u0}^2 估计值的后验分布及收敛情况，则只需用鼠标单击 $\sigma_{u0}^2 = 0.097(0.002)$ 下面轨迹线上的任何一点，并点击新弹出对话框中的 Yes 按钮。新弹出的窗口中就是有关水平截距方差 σ_{u0}^2 的后验分布情况和收敛诊断结果（图 3-4-4）。该参数的后验分布平均数为 0.097，95%CrI 为（0.065，0.141）。窗口左测上部的轨迹图比较平缓，中部的自相关函数（ACF）和偏自相关函数（PACF）很快就接近 0 值，说明对该参数估计基本收敛。窗口右侧上部该参数的后验分布密度图

(density plot)，显示该参数的后验分布接近正态分布。右侧中下部的精确性诊断
(accuracy diagnostics)显示当前的链长(5000)比较合理。

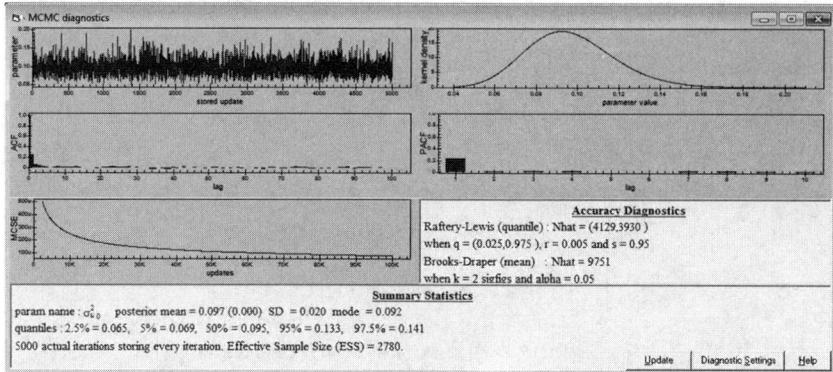

图 3-4-4　截距方差 σ_{u0}^2 估计值的 MCMC 诊断结果

如果研究者在实际研究中需要对每个参数的 MCMC 估计结果分别进行诊断并整
理结果，使用 STATA 的 runmlwin 命令则显得非常方便。实际操作中首先使用一般
估计方法对模型进行估计，该估计结果被随后的命令当作初始值进行 MCMC 估计，
MCMC 的估计结果最后以 STATA 的普通回归方程的输出结果风格呈现。在运行完
MCMC 步骤后，使用 STATA 的 mcmcsum 命令可对所有参数或每个具体参数的估计
进行 MCMC 诊断。

下面是使用 runmlwin 对该随机截距随机斜率模型进行 MCMC 估计的命令和
结果。

```
quietly runmlwin normexam cons standlrt, ///
level2 (school: cons standlrt ) level1 (student: cons ) nopause /*初始值
*/
runmlwin normexam cons standlrt, level2 (school: cons standlrt )  ///

level1 (student: cons ) mcmc (burnin (5000 ) ) initsprevious nopause
/*MCMC 命令*/


MLwiN 2.35 multilevel model                  Number of obs    =    4059
Normal response model
Estimation algorithm: MCMC

------------------------------------------------------------
               |  No. of     Observations per Group
Level Variable |  Groups   Minimum   Average   Maximum
---------------+--------------------------------------------
        school |    65        2        62.4      198
------------------------------------------------------------

Burnin                        =     5000
Chain                         =     5000
Thinning                      =        1
Run time  (seconds )          =     17.6
Deviance  (dbar )             =  9122.74
Deviance  (thetabar )         =  9030.59
Effective no. of pars  (pd )  =    92.15
Bayesian DIC                  =  9214.89
```

```
----------------------------------------------------------------------
 normexam  |     Mean    Std. Dev.     ESS       P     [95% Cred. Interval]
-----------+----------------------------------------------------------
      cons | -.0112043   .0396142      245     0.400   -.093162    .0627192
   standlrt |  .5569127   .0204267      925     0.000    .5168717    .59777


----------------------------------------------------------------------
 Random-effects Parameters |    Mean    Std. Dev.    ESS    [95% Cred. Int]
---------------------------+------------------------------------------
Level 2: school            |
             var (cons)    | .0962279   .0197669    2991   .0641983   .1405554
    cov (cons,standlrt )   | .0190676   .007455     1645   .0065779   .0351275
          var (standlrt )  | .0155797   .0047921    1088   .0078853   .0265861
---------------------------+------------------------------------------
Level 1: student           |
             var (cons)    | .5540179   .012693     4527   .5296759   .5795423
----------------------------------------------------------------------
```

然后运行下述命令得到学校水平方差 σ_{u0}^2 估计结果的 MCMC 诊断图(图 3-4-5)。

```
mcmcsum [RP2]var (cons ) , fiveway
```

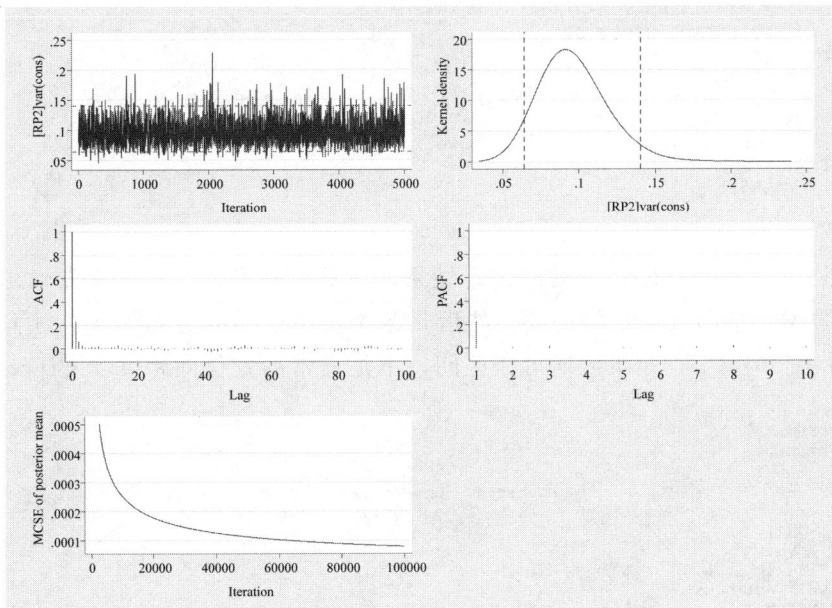

图 3-4-5　学校水平方差 σ_{u0}^2 估计结果的 MCMC 诊断图

有关使用 runmlwin 对模型进行 MCMC 估计的细节请感兴趣的读者参阅 runmlwin 的帮助文件(Leckie & Charlton，2013)。

3.4.2　使用 Mplus 对多水平模型进行 MCMC 估计

使用 Mplus 的贝叶斯分析功能，研究者只需调用几个命令就能使用 MCMC 算法对常用多水平模型的参数进行估计。就本节的随机截距随机斜率模型来说，只需命令中增加 ESTIMATOR＝BAYES，Mplus 就使用 MCMC 算法对有关模型进行估计。下面就是用 MCMC 算法对该随机截距随机斜率模型进行估计的命令。命令中的主要部分是如何构建一个多水平模型，只是在分析(analysis)命令部分增加了ESTIMATOR＝BAYES；FBITERATIONS＝5000 两个指令。FBITERATIONS＝5000 告诉 Mplus

抽样的总次数是 10000 次。因 Mplus 自动把前面一半的抽样结果作为预烧阶段，这样模型中参数的后验分布就来自后一半的抽样数据。因此该命令设定中的链长是 5000。我们同时要求 Mplus 输出 TECH8 的结果和 Plot2 的结果。TECH8 输出中包括有数字化的评价模型参数收敛的结果，PLOT2 指定 Mplus 在结果中输出参数抽样的轨迹图、自相关图和参数分布的直方图或密度图。

```
TITLE: this is a random intercept random slope model with school as level 2 ID,
    Y=normexam; x=standlrt;
    !Chapter 3, Bayesian analysis
DATA:  FILE IS C:\Users\mczbg\Google Drive\mlm_book2016\data\tutorial.csv;
VARIABLE: NAMES ARE school student normexam cons standlrt girl schgend avslrt
            schav vrband;
        Usevariable are normexam standlrt;
        Cluster =school; !Level 2 ID variable
        Within =standlrt; !standlrt is level 1 variable
Analysis: Type=twolevel random; !the anlaysis is a two level model with random
slope
        ESTIMATOR=BAYES; ! using MCMC approach
        FBITERATIONS=10000;
MODEL:
        %Within%
     s|Normexam on standlrt; !regress Y on x with random slope s
        %Between%
        normexam with s;! level 2  covariance between intercept and slope
OUTPUT:
        TECH8;
PLOT:
        TYPE=PLOT2;
```

下面是运行该 Mplus 命令后的输出结果。在重复模型命令后，首先输出的是参数估计的技术信息和数据结构摘要，然后是各个参数的后验分布结果，注意这里的 95％ C. I. 是 95％CrI，是贝叶斯可信区间，不是通常的置信间距 95％CI(confidence interval)。

```
MODEL RESULTS

                           Posterior  One-Tailed        95% C.I.
                Estimate     S.D.      P-Value     Lower 2.5%  Upper 2.5%  Significance

Within Level

  Residual Variances
    NORMEXAM      0.554      0.012      0.000        0.531       0.579        *

Between Level

  NORMEXAM WITH
    S             0.020      0.008      0.003        0.006       0.039        *

  Means
    NORMEXAM     -0.013      0.042      0.381       -0.094       0.070
    S             0.556      0.022      0.000        0.513       0.598        *

  Variances
    NORMEXAM      0.101      0.022      0.000        0.067       0.155        *
    S             0.017      0.006      0.000        0.009       0.031        *
```

Mplus 也自动给出 TECH1 结果，如果使用 MCMC 算法，则 TECH1 中还包括各个参数的先验分布信息，统计背景好的研究者可在命令中更改这些信息，但一般用户则建议使用软件的缺省设置。

```
TECHNICAL 1 OUTPUT
```

（此处略去 TECH1 结果中有关各个参数的命名信息等）

```
PRIORS FOR ALL PARAMETERS          PRIOR MEAN     PRIOR VARIANCE    PRIOR STD. DEV.

Parameter 1~IG (-1.000,0.000 )      infinity       infinity          infinity
Parameter 2~N (0.000,infinity )     0.0000         infinity          infinity
Parameter 3~N (0.000,infinity )     0.0000         infinity          infinity
Parameter 4~IW (0.000,-3 )          infinity       infinity          infinity
Parameter 5~IW (0.000,-3 )          infinity       infinity          infinity
Parameter 6~IW (0.000,-3 )          infinity       infinity          infinity
```

下面是 Mplus 给出 TECH8 结果，因篇幅关系，我们略去了部分潜尺度减少 (potential scale reduction factor，PSR)值的输出结果。只是展示 Mplus 根据初始值完全不同的两个抽样过程计算出来 Gelman-Rubin PSR 值供判断参数的 MCMC 估计是否收敛(Gelman & Hill，2007；Gelman et al.，2004；Brooks & Gelman，1998)。一般来说，当 PSR 值仅仅高于 1 时，即 PSR< 1.05 或 1.1，该参数的估计可被认为已经收敛；研究者也应同时考察参数的抽样轨迹图直观查看参数的收敛情况。

```
TECHNICAL 8 OUTPUT

    TECHNICAL 8 OUTPUT FOR BAYES ESTIMATION

    CHAIN    BSEED
    1        0
    2        285380


                     POTENTIAL         PARAMETER WITH
    ITERATION    SCALE REDUCTION       HIGHEST PSR
    100              1.032                 1
    200              1.032                 5

    4900             1.001                 3
    5000             1.001                 3
    5100             1.001                 4

    9900             1.000                 4
    10000            1.000                 1
```

下面是输出的绘图结果信息。

```
PLOT INFORMATION

The following plots are available:

    Bayesian posterior parameter distributions 参数后验分布图
    Bayesian posterior parameter trace plots 参数抽样轨迹图
    Bayesian autocorrelation plots 参数抽样自相关图
```

回到 Mplus 单击菜单 Plot 中的 view plots 命令，根据弹出的对话框(图 3-4-6)依次选择不同的图查看每个参数的收敛情况和后验分布情况。

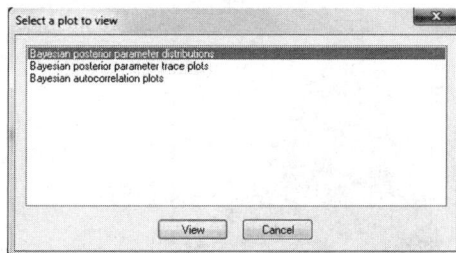

图 3-4-6　查看 MCMC 诊断图对话框

对斜率系数(s)在学校水平的方差来说，其轨迹图(图 3-4-7)、自相关图(图 3-4-8)和后验分布分布直方图(图 3-4-9)分别如下。

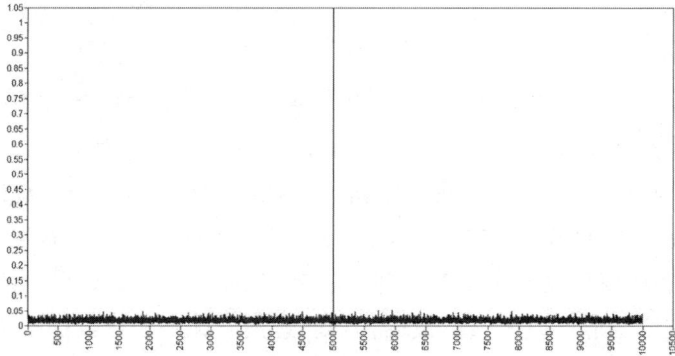

图 3-4-7　斜率系数的学校水平方差 MCMC 抽样轨迹图

Mplus 输出的参数抽样的轨迹图(图 3-4-7)中包括两个链的抽样情况。如果两个链基本重叠，则说明参数估计已经收敛。

图 3-4-8 的自相关图显示自相关很快接近 0，说明参数的估计已经收敛。

图 3-4-9 斜率系数的学校水平方差后验分布直方图显示该方差参数有点正偏态，并在该图的左上角给出了后验分布的描述性统计信息。

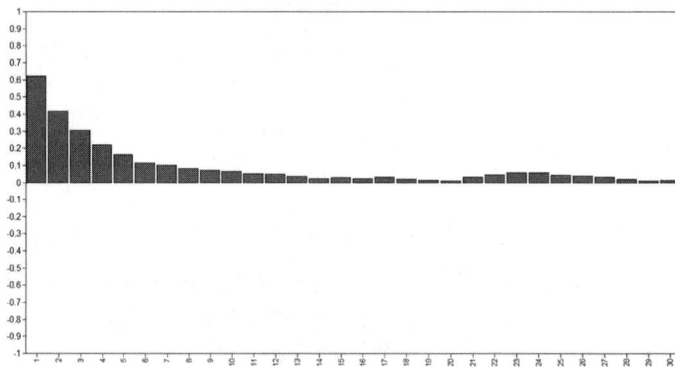

图 3-4-8　斜率系数的学校水平方差 MCMC 抽样的自相关图

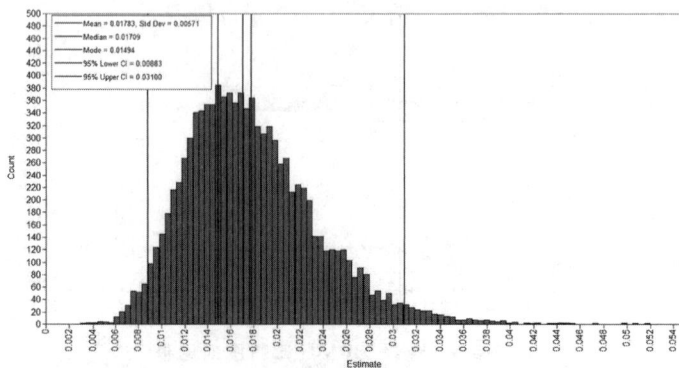

图 3-4-9　斜率系数的学校水平方差后验分布直方图

3.4.3 使用 STATA 对多水平模型进行 MCMC 估计

STATA 也是从其版本 STATA 15 开始才能通过命令和菜单很方便地用 MCMC 算法处理基本所有的多水平模型。使用者只需在普通多水平明星命令之前加一个前缀就行。具体的命令格式为：bayes：模型命令。用 STATA 运行本例的随机截距随机斜率模型的命令如下。

mixed normexam standlrt, || school: standlrt, covariance (un)

如果希望用 MCMC 算法估计该模型的有关参数，则所需的 STATA 命令如下。

bayes：mixed normexam standlrt, || school: standlrt, covariance (un)

运行该命令，输出结果如下。

```
note: Gibbs sampling is used for regression coefficients and variance components

Burn-in 2500 aaaaaaaaa1000aaaaaaaaa2000aaaaa done
Simulation
10000 .........1000.........2000.........3000.........4000.........5000.........600
0.........7000.........8000.........9000.........10000 done


Multilevel structure
--------------------------------------------------------------------------
school
    {U0}: random intercepts
    {U1}: random coefficients for standlrt
--------------------------------------------------------------------------

Model summary
--------------------------------------------------------------------------
Likelihood:
  normexam ~ normal (xb_normexam,{e.normexam:sigma2} )

Priors:
  {normexam:standlrt _cons} ~ normal (0,10000 )                      (1 )
                {U0}{U1} ~ mvnormal (2,{U:Sigma,m} )                 (1 )
       {e.normexam:sigma2} ~ igamma (.01,.01 )

Hyperprior:
  {U:Sigma,m} ~ iwishart (2,3,I (2 )  )
--------------------------------------------------------------------------

  (1 )  Parameters are elements of the linear form xb_normexam.

Bayesian multilevel regression              MCMC iterations  =     12,500
Metropolis-Hastings and Gibbs sampling      Burn-in          =      2,500
                                            MCMC sample size =     10,000
Group variable: school                      Number of groups =         65

                                            Obs per group:
                                                        min =          2
                                                        avg =       62.4
                                                        max =        198

                                            Number of obs    =      4,059
                                            Acceptance rate  =       .696
                                            Efficiency:  min =      .01002
                                                         avg =       .2886
Log marginal likelihood                                  max =       .9143

--------------------------------------------------------------------------
                    |                                        Equal-tailed
                    |   Mean  Std. Dev.   MCSE   Median [95% Cred. Interval]
--------------------+-----------------------------------------------------
```

```
normexam      |
    standlrt  | .5515994    .0289651    .001743    .5505166    .4960179    .6109313
      _cons   | -.0161044   .0427991    .004276    -.0162232   -.1013265   .0671343
--------------+------------------------------------------------------------------------
school        |
  U:Sigma_1_1 | .1102575    .0218931    .000427    .1077676    .0746897    .1615162
  U:Sigma_2_1 | .0163938    .0101252    .000199    .0158103    -.0019062   .0379593
  U:Sigma_2_2 | .0416079    .008633     .00017     .0405536    .0276422    .0614268
--------------+------------------------------------------------------------------------
e.normexam    |
      sigma2  | .5526283    .0123643    .000129    .5523729    .5294698    .5774232
------------------------------------------------------------------------------------
Note: Default priors are used for model parameters.
```

该输出结果中包含了不少技术参数信息：首先是迭代过程和预烧的长度为 2500，然后是似然函数(likelihood)和参数先验值(priors)设定，最后是模型各个参数的估计结果((1)Parameters are elements of …)，参数估计结果部分的格式和一般多水平模型的结果输出很类似。普通研究用户一般可直接查看模型参数的估计结果。统计背景强的用户可对 MCMC 估算的有关参数值进行进一步的设定。具体设定命令请参考 STATA bayes 命令的帮助文件。在命令运行完毕后，研究者可通过绘图查看模型中各个参数估计的收敛情况。具体的绘图命令如下。

```
bayesgraph diagnostics _all
```

则对模型中所有 6 个参数的收敛情况分别绘图。例如，图 3-4-10 斜率系数估计值的 MCMC 诊断图。读者请自行查看其他系数估计结果的收敛情况。

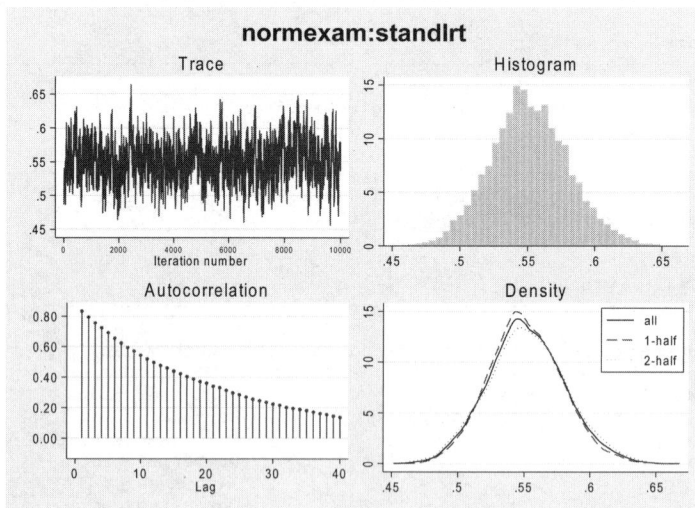

图 3-4-10　斜率系数估计值的 MCMC 诊断图

图 3-4-10 中的轨迹图比较平稳，直方图近似正态，自相关图很快下降，密度图中前半部分、后半部分估计值和全部估计值的有近似等同的形状，这些都提示对线路系数的估计结果已经收敛。如果希望通过轨迹图对某个单一参数的 MCMC 结果的收敛情况进行诊断，例如，对本例中斜率系数的水平二方差的 MCMC 估计结果进行诊断，则只需在命令 bayesgraph diagnostics 中指定该参数的名称即可。

```
bayesgraph diagnostics {U:Sigma_2_2},
```

输出图形如图 3-4-11 所示。

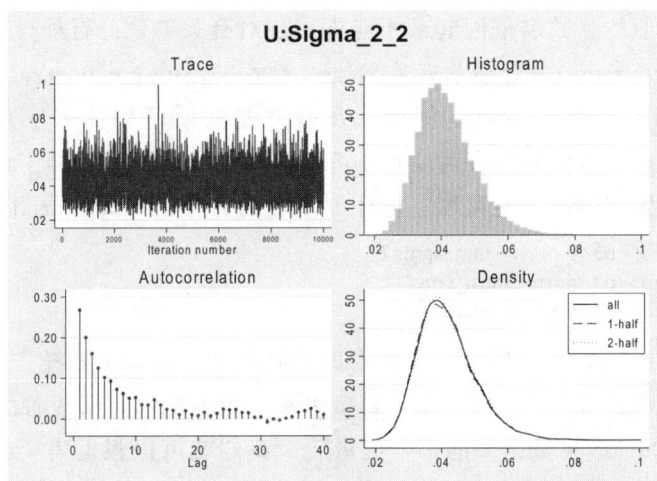

图 3-4-11　斜率系数水平二方差估计值的 MCMC 诊断图

在指定单个参数名称时，作者可参考 MCMC 结果输出部分的信息。例如，要查看截距系数估计值的收敛情况，则在大括号中指定{normexam：_cons}，如果要查看截距系数水平二方差估计值的收敛情况，则在大括号中指定{ U：Sigma_1_1 }。初学者直接复制 MCMC 输出结果中的参数名即可。因为 STATA 有很强的编程命令，初学者也可以很容易地通过编写简单程序对 MCMC 估计结果的收敛情况进行进一步的诊断。例如，可以查看比较使用两个随机初始值的某参数估计结果轨迹图的重叠情况。下面以检查水平一残差方差估计值的收敛情况为例演示如何查看不同初始值轨迹图的重叠情况。

首先使用不同的初始值运行模型并保存运行结果为文件 sim1 和 sim2，initrandom 选项指定随机初始值，saving（文件名）选项保存 MCMC 模型结果。然后把两次保存的结果合并成一个文件并创建一个变量（chain）指明文件来源。

```
set seed 168
bayes，initrandom saving (sim1 ) : mixed normexam standlrt，|| school: standlrt，cov (un )
bayes，initrandom saving (sim2 ) : mixed normexam standlrt，|| school: standlrt，cov (un )
*读入合并 MCMC 结果
clear
use sim1
append using sim2，generate (chain )
```

Stata 为了节省空间而不把相同的模拟结果在不同 MCMC 迭代过程分别保存，而是只保存每个数值和其出现的频次并用变量 _frequency 标识。在进一步使用保存的 MCMC 结果时就需要把数据根据其保存的频次（_frequency）扩展成不同迭代步骤有不同数据集的状况。

```
expand _frequency
```

然后把两次的数据分别按照变量（_index）排序并创建迭代步骤顺序变量 iter。

```
sort chain _index
by chain: generate iter = _n
```

Stata 使用了不同的变量名保存 MCMC 结果，因此我们需通过两个命令把当前数据中的变量名和原始参数名搭配起来才能进一步对有关参数进行处理。

display e(scparams)命令显示有关参数的名字，display e(postvars)显示当前数据中这些参数被保存成的变量名。例如，残差方差在模型中的名字是 e. normexam：sigma2，但在当前数据中被保存为变量 eq5 _ p3。我们需要对数据中的有关变量进行标注后方可选择感兴趣的变量绘图。标注变量名的命令是 label variable。

```
label variable eq5_p3 "e.normexam:sigma2"
label variable eq5_p2 "normexam:_cons"
label variable eq5_p1 "normexam:standlrt"
```

注意在当前版本 Stata 中，Stata 缺省的贝叶斯估计 Gibbs 抽样方法还不能保存多水平模型随机参数的 MCMC 估计值，希望未来的版本能够有所改善。

标识完 MCMC 结果数据中的每个变量后，我们就可以根据需要绘制每个变量的轨迹图了。首先我们用命令 xtset 告诉 Stata 当前数据是一个重复测量结构，chain 变量是每个研究对象，iter 是重复的时间变量，然后我们使用时间序列绘图命令 tsline 绘制残差方差 MCMC 结果的轨迹图（图 3-4-12）。

```
xtset chain iter

twoway  (tsline eq5_p3 if chain==0，lpattern (-) )  ///
        (tsline eq5_p3 if chain==1，lpattern (l) )，legend (label (1 "Chain 1" ) label (2 "Chain
2" ) ) ///
        title (Residual variance trace plot with two initial values )
```

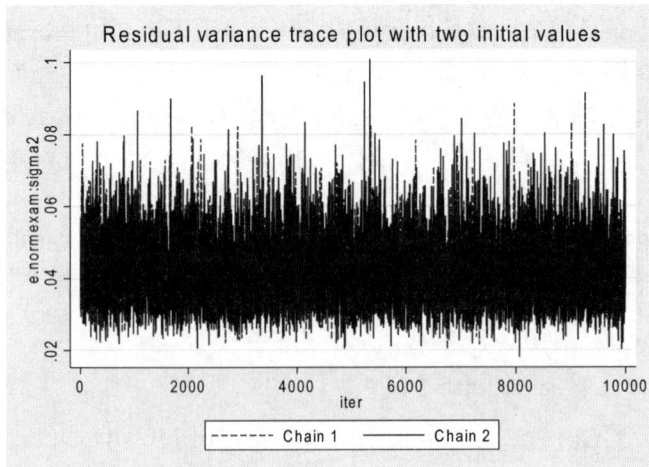

图 3-4-12　使用不同初始值的残差方差估计值的 MCMC 结果轨迹图

图 3-4-12 显示使用不同的初始值，残差方差 MCMC 结果的轨迹图基本重叠，说明该参数估计值已经收敛。运行如下命令得到的两个密度图（图 3-4-13）也显示使用不同初始值得到的残差方差有相同的后验分布。

```
twoway (kdensity eq5_p3 if chain==0，lpattern (-)) ///
        (kdensity eq5_p3 if chain==1，lpattern (I)), legend (label (1 "Chain 1") label (2 "Chain
2")) ///
        xtitle (Residual variance) ytitle ("Density") title ("Kernel density for residual variance")
```

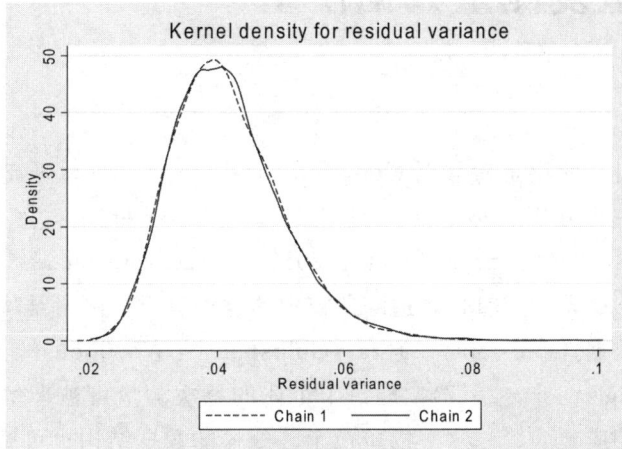

图 3-4-13　使用不同初始值的残差方差估计值的 MCMC 结果密度图

统计背景强的研究者可使用 STATA 15 的 grubin 命令对 MCMC 结果的收敛情况进行 Gelman-Rubin 数字检验(Gelman，Carlin，Stern & Rubin，2004)。但目前版本的 STATA 需要比较复杂的编程才能实现。请有兴趣的读者参考 STATA 的贝叶斯使用手册。

使用 MCMC 算法对多水平模型的参数进行估计，实际上对研究者的统计知识有很高的要求，只不过 MLwiN，Mplus 和 STATA 把使用 MCMC 算法估计模型参数时所需要的统计参数设定都在后台自动化了，这样一般研究者尤其是初学者也可以使用 MCMC 算法进行诸如缺失值多重插补(missingness multiple imputation)等使用复杂算法的统计分析。当前版本的 SPSS 24 只能通过外挂程序对少数几个常用的统计模型进行 MCMC 估计；STATA 也是从其最近的版本 STATA 14 开始才能使用 MCMC 算法处理较为复杂的模型，当前版本 STATA 15 进一步简化了 MCMC 命令。基于本书的目的，研究者在使用 MLwiN，Mplus，STATA 的 MCMC 估计功能时，建议事先阅读一些有关贝叶斯算法的参考书，以保证正确地理解并使用 MCMC 算法的估计结果。

本章小结

本章演示了多水平模型分析中的中心化、残差排序的步骤和问题，同时也演示了如何构建拟合三水平模型和使用 MCMC 算法对多水平模型的参数进行估计。使用贝叶斯方法对多水平模型进行估计是应用统计领域的高级话题，请感兴趣的读者进一步参考有关的教科书。

第四章　重复测量数据模型

越来越多的研究使用追踪设计（longitudinal design），即对研究中的个体进行多次测试并对结果进行分析（Morriss et al.，2016；Carter et al.，2015；Sayal et al.，2016；Hall et al.，2014；Sayal et al.，2012；Glazebrook et al.，2011；Tyrer et al.，2015；Tyrer et al.，2014）。追踪研究中的这种有重复测量结构的数据实际上可被理解为多水平数据（Goldstein，2011a；Goldstein & Woodhouse，2001；刘红云 & 张雷，2005；Yang et al.，2017），即每个个体的每次测量可被理解为第一水平的数据，每个个体就相应地为第二水平的单位了。这样的数据结构也可被延伸到包括更多水平的设计中。例如，当个体来自不同的学校时（Glazebrook et al.，2011），该数据就是一个三水平的数据，第一、二、三水平单位分别为每次测试、个体和学校。这样一来多水平模型就可被用来分析追踪研究中的重复测量数据。

4.1　重复测量数据的多水平模型

本节演示如何使用多水平模型分析追踪设计中的重复测量数据。所用数据来自MLwiN 软件自带数据 reading1.dta，数据中包括 407 名小学生从入学到小学六年级毕业每年的阅读测试成绩（Tizard et al.，1988）。数据中 ID 变量是学生编码，变量READ1 到 READ6 是学生每年的阅读测试成绩，变量 AGE1 到 AGE6 是学生每年阅读测试时的年龄并且该年龄被总均数中心化。数据中的缺失值为 -10。该数据中的前5 名学生的信息如表 4-1-1 所示。

表 4-1-1　阅读测试数据中前 5 名学生的数据信息：横排格式

ID	AGE1	READ1	AGE2	READ2	AGE3	READ3	AGE4	READ4	AGE5	READ5	AGE6	READ6
1	-2.65	6.30	-1.61	6.89	-0.62	7.77	0.34	8.88	1.34	10.08	-10	-10
2	-2.64	3.99	-1.62	5.49	-0.61	6.08	0.27	6.93	1.28	7.60	4.01	11.32
3	-2.43	4.26	-1.45	5.45	-0.46	6.87	0.48	8.37	1.49	9.18	4.21	13.32
4	-2.50	4.26	-1.52	5.92	-0.53	7.32	0.41	8.78	1.42	9.74	4.20	11.99
5	-2.55	4.08	-1.58	5.23	-0.58	6.08	0.36	6.93	-10	-10	-10	-10

目前数据是横向排列的，即每个学生的每次测试从左到右被排成一排。如果我们把数据结构换成纵向排列，即把每个学生的每次测试叠加起来，则该数据就变成了如

表 4-1-2 所示结构。

表 4-1-2　阅读测试数据中前 5 名学生的数据信息：纵排格式

ID	GRADE	AGE	READ
1	1	−2.7	6.3
1	2	−1.6	6.9
1	3	−0.6	7.8
1	4	0.3	8.9
1	5	1.3	10.1
1	6	−10.0	−10.0
2	1	−2.6	4.0
2	2	−1.6	5.5
2	3	−0.6	6.1
2	4	0.3	6.9
2	5	1.3	7.6
2	6	4.0	11.3
3	1	−2.4	4.3
3	2	−1.5	5.4
3	3	−0.5	6.9
3	4	0.5	8.4
3	5	1.5	9.2
3	6	4.2	13.3
4	1	−2.5	4.3
4	2	−1.5	5.9
4	3	−0.5	7.3
4	4	0.4	8.8
4	5	1.4	9.7
4	6	4.2	12.0
5	1	−2.6	4.1
5	2	−1.6	5.2
5	3	−0.6	6.1
5	4	0.4	6.9
5	5	−10.0	−10.0
5	6	−10.0	−10.0

经过这样的数据整理，该数据就变成了一个很明显的两水平结构的数据，其中第一水平单位是每次的测试，第二水平单位是学生个体。然后我们就可以利用前述的构建多水平模型的步骤使用任何多水平统计软件考察因变量和自变量之间的关系（公式 4.1）。经过这样的数据整理，公式 4.1 也可以很容易地被延伸到三水平以上并且包括更多自变量的模型。

$$y_{ij} = \beta_{0j} + \beta_1 time_{ij} + e_{ij} \qquad\qquad 4.1$$

就本例来说，使用 STATA 的绘图命令，我们可以绘制每个学生原始分数的发展曲线（图 4-1-1）。

```
mvdecode _all, mv(-10) /*设定-10 是缺失值*/
twoway (line READ AGE if ID==1, sort) ///
            (line READ AGE if ID==2, sort) ///
            (line READ AGE if ID==3, sort) ///
            (line READ AGE if ID==4, sort) ///
            (line READ AGE if ID==5, sort), ///
        title(前 5 名学生的原始阅读分数发展曲线) legend(off)
```

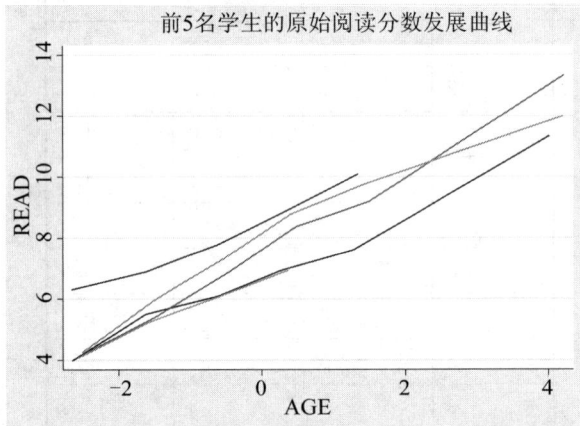

图 4-1-1　前 5 名学生的原始阅读分数在不同年级的发展曲线

图 4-1-1 显示学生的阅读成绩和年级大致呈线性关系。如果我们拟合如公式 4.1 所示的模型，我们就有 $READ_{ij} = \beta_{0j} + \beta_1 AGE_{ij} + e_{ij}$，$j$ 是每个学生的 ID 编号。该随机截距模型的 STATA 命令和结果输出如下。

```
mixed READ AGE || ID:

Mixed-effects ML regression              Number of obs     =        1,758
Group variable: ID                       Number of groups  =          407

                                         Obs per group:
                                                       min =            1
                                                       avg =          4.3
                                                       max =            6

                                         Wald chi2(1)      =     19062.81
Log likelihood = -1897.7943              Prob > chi2       =       0.0000

------------------------------------------------------------------------------
        READ |      Coef.   Std. Err.      z    P>|z|     [95% Conf. Interval]
-------------+----------------------------------------------------------------
         AGE |   .9967589   .0072193   138.07   0.000     .9826093    1.010909
       _cons |   7.117101   .0412798   172.41   0.000     7.036194    7.198008
------------------------------------------------------------------------------
```

```
-----------------------------------------------------------------
Random-effects Parameters  |  Estimate   Std. Err.   [95% Conf. Interval]
---------------------------+-------------------------------------
ID: Identity               |
                var(_cons) |  .6029705   .0480246    .515823   .7048415
---------------------------+-------------------------------------
             var(Residual) |  .3072386   .0117774    .2850011   .3312113
-----------------------------------------------------------------
LR test vs. linear model: chibar2(01) = 1054.10        Prob >= chibar2 = 0.0000
```

使用该模型的预测值，我们得到的前 5 名学生的阅读发展曲线如图 4-1-2 所示。

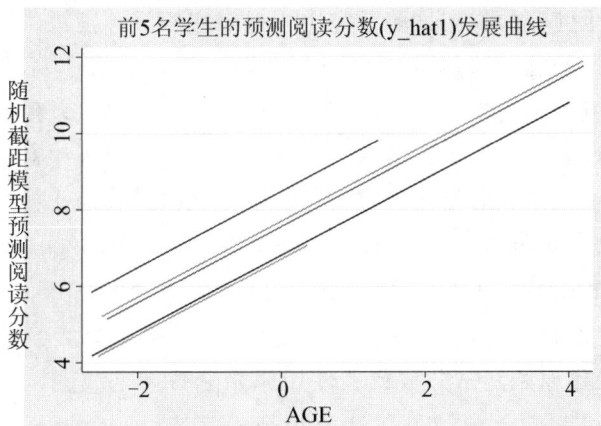

图 4-1-2　前 5 名学生的预测阅读分数（y_hat1）的发展曲线

如果模型假定每个学生有不同的发展曲线，即需要拟合的模型是随机截距随机斜率模型 $READ_{ij}=\beta_{0j}+\beta_{1j}AGE_{ij}+e_{ij}$，则前 5 名学生的预测阅读分数（随机截距随机斜率模型）的发展曲线为图 4-1-3 所示。当然根据研究问题我们也可以在模型中包括时间变量的二次项或三次项等来拟合阅读分数的非线性发展曲线。

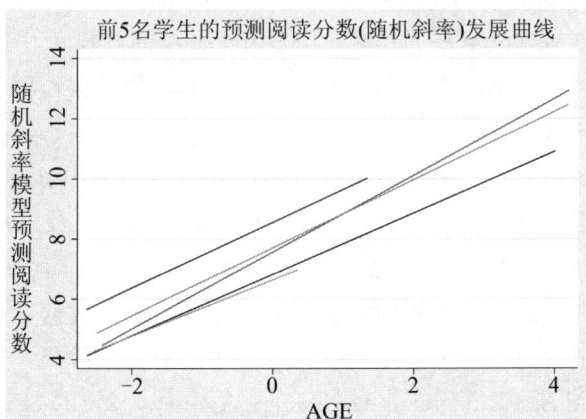

图 4-1-3　前 5 名学生的预测阅读分数（随机斜率）的发展曲线

传统分析重复测量数据的方法是重复测量方差分析（repeated ANOVA）或者多元方差分析（MANOVA），但这些方法对数据的要求比较高，最基本的要求就是不同测试时间、不同组别间的测试结果要方差齐（homogeneity），不能有缺失值，测试时间间隔要相等。特别是当数据中有层次结构时，这两种复杂的方差分析模型就不能有效地处理来自不同水平单位上的变异。使用多水平模型，则可以有效地应对所有这些问题。因此，多水平模型正被越来越多地用来分析追踪实验研究中的重复测量数据。

4.2　追踪实验数据的分析实例

目前在心理卫生健康的临床试验研究中，追踪实验设计正被广泛地应用到科研实践中。使用追踪设计的临床试验研究（randomised clinical trial，RCT）通常在被试参与到研究的一开始就对因变量进行一次测试，即基线水平测试；然后随机把被试分组并对不同组别的被试施以不同干预措施。在整个干预实验过程中对每个被试至少收集两次以上的结果测试数据。对使用追踪设计的临床试验数据通常使用多水平模型分析数据（Senn，2006；Tu et al.，2005；Vickers & Altman，2001；Glymour et al.，2005；Frison & Pocock，1992；Frison & Pocock，1997；Sayal et al.，2016；Glazebrook et al.，2011）。数据分析时把基线测试当作自变量（Vickers & Altman，2001）。因变量可使用原始测试分数或者使用原始分数和基线测试的差值，但不管使用哪种因变量，所得到的干预结果估计值都是相等的（European Medicines Agency，2013）。模型中的自变量还应包括干预措施变量和时间，以及干预措施和时间变量的交互项。分析时每次测试为第一水平的单位，每个被试个体为第二水平的单位。这样所建立的分析模型一般可被写成公式 4.2。

$$y_{ij} = \beta_{0j} + \beta_1 group_j + \beta_2 time_{ij} + \beta_3 (group_j \cdot time_{ij}) + \beta_4 bs\_y_j + e_{ij} \qquad 4.2$$

公式 4.2 中的 y_{ij} 是因变量，$group_j$ 是被试 j 所在的组别，该组别变量是被试水平的变量，$time_{ij}$ 是被试 j 的第 i 次测试时间，为第一水平的变量。bs_y_j 是每个被试的基线测试数据，也是被试水平的变量。方程中 $time_{ij}$ 的效应可根据实际情况被设置为随机。如果临床试验从多个中心（multicentre trial）收集数据，则公式 4.2 可被延伸成公式 4.3 所示的三水平模型。

$$y_{ijk} = \beta_{0jk} + \beta_1 group_{jk} + \beta_2 time_{ijk} + \beta_3 (group_{jk} \cdot time_{ijk}) + \beta_4 bs\_y_{jk} + e_{ijk} \qquad 4.3$$

公式 4.3 中分组变量 $group_{jk}$ 为来自第 k 个中心的第 j 个被试的组别，是被试水平上的变量；$time_{ijk}$ 是来自第 k 个中心的第 j 个被试的第 i 次测试时间，为第一水平的变量。bs_y_{jk} 是来自第 k 个中心的第 j 个被试的基线测试数据，是被试水平上的变量。在多中心临床试验中，干预措施是否在不同中心有不同效果，则需要根据临床实际和数据来分析判断（European Medicines Agency，2013；European Medicines Agency，2014)并在研究方案（protocol）中要预先设定分析方法。如果进行的临床试验是整群随机试验（cluster randomized trial，CRT）（Campbell et al.，2012），即研究中来自同一中心的所有被试被随机分配到同一个干预组，则公式 4.2 可被延伸成公式 4.4 所示的三水平模型。

$$y_{ijk} = \beta_{0jk} + \beta_1 group_k + \beta_2 time_{ijk} + \beta_3 (group_k \cdot time_{ijk}) + \beta_4 bs\_y_{jk} + e_{ijk} \qquad 4.4$$

公式 4.4 中分组变量 $group_k$ 为来自第 k 个中心的所有被试的组别，是中心水平上的变量；$time_{ijk}$ 是来自第 k 个中心的第 j 个被试的第 i 次测试时间，为第一水平的变量。bs_y_{jk} 是来自第 k 个中的第 j 个被试的基线测试数据，是被试水平上的变量。根据研究实际，公式 4.3 和公式 4.4 也可以被延伸到包括更多水平的模型。本书所演示的分析重复测量数据的模型都假定第一水平的方差 σ_e^2 是恒定不变的，其实对重复测量数据或者一般意义上的多水平模型，我们还可以建立复杂第一水平方差的模型，即 σ_e^2 是方程中某个自变量的函数。感兴趣的读者请参考《追踪数据分析方法及其应用》的有关章节（刘红云 & 张雷，2005）以及本书第十二章中的内容。

4.2.1 时间为分类变量的追踪研究实例

某精神卫生研究结果显示，一种基于认知疗法的干预措施（special depression service，SDS）能显著改善经年难治性抑郁症（persistent depression）的症状（Morriss et al.，2016）。该研究采用追踪研究设计，187 名被试被随机分到 SDS 干预组和接受常规治疗的对照组，贝克抑郁问卷测试分数（Beck Depression Inventory，BDI）（Beck et al.，1961）是其中的一个非主要结果变量（secondary outcome）。每个被试在被分组前就被收集了 BDI 的基线数据，然后在随后的第 3、6、9、12、18 个月分别再被各测一次。STATA 文件 Lancet_psych2016.dta 中包括了 BDI 的如下信息（表 4-2-1）。

表 4-2-1 文件 Lancet_psych2016.dta 中的变量信息

变量	备注
ID	被试编号
time	追踪测试的时间
group	被试所在干预组（0：对照组（TAU）；1：干预组（Ix))
beck	BD 分数
bsbeck	BD 基线分数
chgbeck	BD 和基线分数的差值

该数据仅为演示如何使用多水平模型分析追踪研究的实验结果所用，对该研究感兴趣的读者请与有关人员联系。通过下面前两个被试的数据可看到该数据是一个明显的两水平结构的数据。

```
. list if ID<3,sepby(ID)

     +------------------------------------------------+
     | ID   time   group   beck   bsbeck   chgbeck |
     |------------------------------------------------|
  1. | 1      3      Ix   22.05      40     -17.95 |
  2. | 1      6      Ix       7      40        -33 |
  3. | 1      9      Ix       .      40    -16.892 |
  4. | 1     12      Ix      35      40         -5 |
  5. | 1     18      Ix      25      40        -15 |
     |------------------------------------------------|
```

```
6. |   2      3     TAU     13      30       -17 |
7. |   2      6     TAU     23      30        -7 |
8. |   2      9     TAU     28      30        -2 |
9. |   2     12     TAU     11      30       -19 |
10. |   2     18     TAU     28      30        -2 |
    +-------------------------------------------------+
```

数据中的被试是第二水平单位，每次测试是第一水平单位，基线分数和组别是第二水平单位的数据。分析中所用的两水平模型是公式 4.5。

$$chgbeck_{ij} = \beta_{0j} + \beta_1 group_j + \sum_{p=2}^{5} \beta_p time_{ij} + \sum_{q=6}^{9} \beta_q (group_j \cdot time_{ij}) + \beta_{10} bsbeck_j + e_{ij}$$

$$4.5$$

公式 4.5 中的 $group_j$ 和 $time_{ij}$ 都是分类变量，β_p 是 $time_{ij}$ 的各个哑变量（dummy variable）的系数，β_q 是 $group_j$ 和 $time_{ij}$ 每个哑变量交互项的系数。$bsbeck_j$ 是被试 J 的基线 BDI 测试分数。运行两水平模型的 STATA 命令中，我们使用 i.group # # ib18.time 指明模型要包括 $group_j$ 和 $time_{ij}$ 的主效应和所有交互项应，并且通过 ib18. 指定第 18 个月为 $time_{ij}$ 哑变量的参照类，结果输出如下。

```
. mixed chgbeck bsbeck i.group##ib18.time  || ID:, nolog

Mixed-effects ML regression                  Number of obs     =        935
Group variable: ID                           Number of groups  =        187

                                             Obs per group:
                                                          min =          5
                                                          avg =        5.0
                                                          max =          5

                                             Wald chi2(10)     =      86.16
Log likelihood = -3392.7637                  Prob > chi2       =     0.0000

------------------------------------------------------------------------------
    chgbeck |    Coef.    Std. Err.     z    P>|z|    [95% Conf. Interval]
------------+-----------------------------------------------------------------
     bsbeck | -.1243934   .0676002   -1.84   0.066   -.2568874    .0081005
            |
      group |
         Ix | -5.781749   1.548636   -3.73   0.000   -8.817019   -2.746479
            |
       time |
          3 |  3.052113   1.121173    2.72   0.006    .854654    5.249571
          6 |  2.403981   1.121173    2.14   0.032    .206522    4.601439
            |
          9 | -.6736396   1.121173   -0.60   0.548   -2.871098   1.523819
         12 |   .652342   1.121173    0.58   0.561   -1.545117   2.849801
            |
 group#time |
       Ix# 3|   4.09442   1.589835    2.58   0.010    .9784019   7.210439
       Ix# 6|  2.211311   1.589835    1.39   0.164   -.9047074   5.32733
       Ix# 9|   2.42094   1.589835    1.52   0.128   -.6950784   5.536959
       Ix#12|  .1878804   1.589835    0.12   0.906   -2.928138   3.303899
            |
      _cons | -1.723024   2.642982   -0.65   0.514   -6.903173   3.457125
------------------------------------------------------------------------------


------------------------------------------------------------------------------
  Random-effects Parameters  |  Estimate  Std. Err.    [95% Conf. Interval]
-----------------------------+------------------------------------------------
ID: Identity                 |
                 var(_cons)  |  53.01765  6.732727     41.33578   68.00092
-----------------------------+------------------------------------------------
              var(Residual)  |  59.08035  3.054972     53.38614   65.38192
------------------------------------------------------------------------------
LR test vs. linear model: chibar2(01) = 280.50     Prob >= chibar2 = 0.0000
```

使用 STATA 的模型后(postestimation)估计命令 contrast，我们可以很方便地得到两组之间每个时间点的 BDI 变化值的组间差，即干预效果。读者可以看到第 18 个月的组间差值(−5.781749)就是模型中组别变量的回归系数。

```
. contrast group@time, effect

Contrasts of marginal linear predictions

Margins      : asbalanced
```

	df	chi2	P>chi2
chgbeck			
group@time			
3	1	1.19	0.2759
6	1	5.32	0.0211
9	1	4.71	0.0300
12	1	13.05	0.0003
18	1	13.94	0.0002
Joint	5	20.75	0.0009

	Contrast	Std. Err.	z	P>z|	[95% Conf. Interval]	
chgbeck						
group@time						
(Ix vs base) 3	−1.687329	1.548636	−1.09	0.276	−4.722599	1.347942
(Ix vs base) 6	−3.570438	1.548636	−2.31	0.021	−6.605708	−.5351675
(Ix vs base) 9	−3.360809	1.548636	−2.17	0.030	−6.396079	−.3255385
(Ix vs base) 12	−5.593869	1.548636	−3.61	0.000	−8.629139	−2.558598
(Ix vs base) 18	−5.781749	1.548636	−3.73	0.000	−8.817019	−2.746479

下面使用 STATA 的模型后估计命令 margin 估计每个实验组在每次追踪测试时间的变化结果。每个组在不同追踪测试时间的 BDI 变化分数和对比结果被整理成表 4-2-2 的格式。

```
. margin group#time

Predictive margins                      Number of obs     =      935

Expression   : Linear prediction, fixed portion, predict()
```

	Delta-method					
	Margin	Std. Err.	z	P>z|	[95% Conf. Interval]	
time#group						
TAU# 3	−3.11778	1.092075	−2.85	0.004	−5.258207	−.9773529
TAU# 6	−3.765912	1.092075	−3.45	0.001	−5.906339	−1.625485
TAU# 9	−6.843532	1.092075	−6.27	0.000	−8.98396	−4.703105
TAU#12	−5.517551	1.092075	−5.05	0.000	−7.657978	−3.377123
TAU#18	−6.169893	1.092075	−5.65	0.000	−8.31032	−4.029465
Ix# 3	−4.805109	1.097931	−4.38	0.000	−6.957014	−2.653204
Ix# 6	−7.33635	1.097931	−6.68	0.000	−9.488255	−5.184445
Ix# 9	−10.20434	1.097931	−9.29	0.000	−12.35625	−8.052436
Ix#12	−11.11142	1.097931	−10.12	0.000	−13.26332	−8.959514
Ix#18	−11.95164	1.097931	−10.89	0.000	−14.10355	−9.799737

注意在表 4-2-2 中没有报告每个组的平均 BDI 变化值的显著性检验结果，这是因为在使用追踪设计的临床试验中，每个组自身的前后比较结果不是研究的目的，自身的前后变化结果也不是要考查的干预效果的估计值，报告每组被试各自的前后对照比

较情况只会增加研究中显著性检验的个数(multiplicity issue)(Bland & Altman，2011a；Bland & Altman，2011b)。

表 4-2-2　多水平模型估计的 BDI 差值和组间对比结果(95％置信间距)

| | 对照组(TAU) | 干预组(SDS) | 组间对比 | |
	和基线测试的差值 (95％CI)	和基线测试的差值 (95％CI)	变化值之差 (95％CI)	P value
3 月	$-3.12(-5.26，-0.98)$	$-4.81(-6.96，-2.65)$	$-1.69(-4.72，1.35)$	0.276
6 月	$-3.77(-5.91，-1.63)$	$-7.34(-9.49，-5.18)$	$-3.57(-6.61，-0.54)$	0.021
9 月	$-6.84(-8.98，-4.70)$	$-10.20(-12.36，-8.05)$	$-3.36(-6.40，-0.33)$	0.030
12 月	$-5.52(-7.66，-3.38)$	$-11.11(-13.26，-8.96)$	$-5.59(-8.63，-2.56)$	0.000
18 月	$-6.17(-8.31，-4.03)$	$-11.95(-14.10，-9.80)$	$-5.78(-8.82，-2.75)$	0.000

然后通过绘图命令把各个被试组在不同时间通过模型估计的变化值结果绘制并报告出来(图 4-2-1)(Morriss et al.，2016；Pocock et al.，2008)。具体绘图命令直接调用第 4 章中的有关命令。

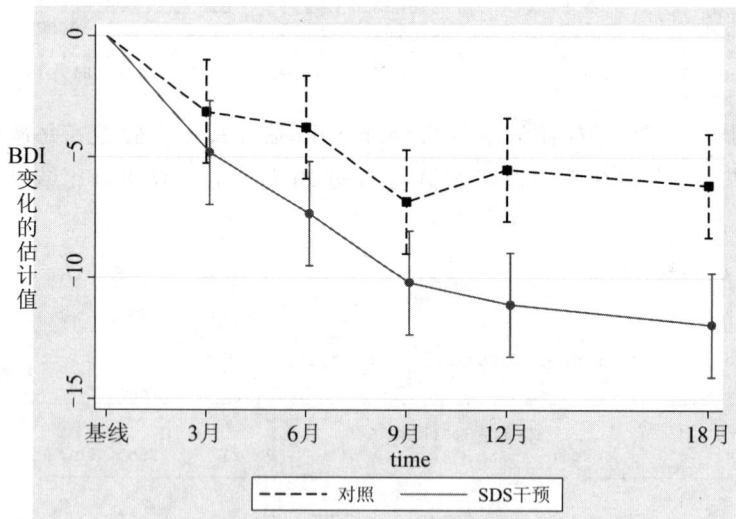

图 4-2-1　各组被试在不同时间和基线测试差值的多水平模型估计结果(95％置信间距)

4.2.2　时间为连续变量的追踪研究实例

某心理健康实验显示体育运动能有效降低青年的抑郁水平(Carter et al.，2015)。该研究在对被试随机分组并测试了基线数据后，对实验组和对照组的被试分别追踪测试两次。研究设计时希望能在分组后的第 6 周和第 6 个月分别对被试实施追踪测试并希望考查体育干预措施对被试在第 6 周和第 6 个月的影响作用。但实际上参与研究的青年被试没有一个人的追踪测试是在第 6 周和第 6 个月的时间点上进行的，有的被试来得很早，有的被试则来得很晚。这样在使用多水平模型分析数据时只能把时间当作连续变量来处理。演示该研究中如何建模的数据被保存为 sport.dta，读者可直接调用并练习使用。该数据中前三被试的资料如下。

```
. list if patient<4, sepby(patient)

     +----------------------------------------------------------------+
     | patient      group      cdi   cdibs        tmc   intact  cons  level1 |
     |----------------------------------------------------------------|
  1. |       1    Control       37      37  -19.42857        0     1       1 |
  2. |       1    Control       37      37   9.285713        0     1       2 |
     |----------------------------------------------------------------|
  3. |       2   Interventi       6      36        -20      -20     1       3 |
  4. |       2   Interventi  14.458      36          0        0     1       4 |
     |----------------------------------------------------------------|
  5. |       3    Control       14      18        -20        0     1       5 |
  6. |       3    Control       23      18   4.714285        0     1       6 |
     +----------------------------------------------------------------+
```

数据中的变量 patient 是被试编号，group 是被试所在组别，cdi 是抑郁测试分数，cdibs 是抑郁基线测试分数，tmc 是进行 6 个月中心化后的被试追踪测试的时间，intact 是组别和时间的交互项，cons 是常量 1，level1 是数据排序。本研究数据有典型的两水平结构，每个被试是第二水平单位，每次测试是第一水平单位。考查运动对抑郁分数作用的两水平模型如公式 4.6 所示。

$$\text{chgcdi}_{ij} = \beta_{0j} + \beta_1 group_j + \beta_2 tmc_{ij} + \beta_3(group_j \cdot time_{ij}) + \beta_4 cdibs + e_{ij} \qquad 4.6$$

公式 4.6 中的 $group_j$ 是分类变量，$time_{ij}$ 是连续变量。交互项 $group_j \cdot time_{ij}$ 就是数据中的 intact。chgcdi_{ij} 是第 j 个被试的第 i 次抑郁测试分数和基线测试数据之差。使用 STATA 运行的公式 4.6 的模型结果如下。

```
. gen chgcdi=cdi-cdibs
. mixed chgcdi group##c.tmc cdibs || patient:, nolog

Mixed-effects ML regression                Number of obs    =        172
Group variable: patient                    Number of groups =         86

                                           Obs per group:
                                                         min =          2
                                                         avg =        2.0
                                                         max =          2

                                           Wald chi2(4)     =      42.72
Log likelihood = -589.64684                Prob > chi2      =     0.0000

------------------------------------------------------------------------------
      chgcdi |     Coef.   Std. Err.      z    P>|z|    [95% Conf. Interval]
-------------+----------------------------------------------------------------
       group |
Intervention | -6.229909   1.630309    -3.82   0.000   -9.425256   -3.034562
         tmc | -.0529024   .0650948    -0.81   0.416    -.180486    .0746811
             |
  group#c.tmc |
Intervention | -.1182858   .0886822    -1.33   0.182   -.2920997    .0555281
             |
       cdibs | -.3732025   .0873608    -4.27   0.000   -.5444265   -.2019785
       _cons |  7.656719   2.721509     2.81   0.005    2.322658    12.99078
------------------------------------------------------------------------------

------------------------------------------------------------------------------
  Random-effects Parameters |   Estimate   Std. Err.     [95% Conf. Interval]
-----------------------------+------------------------------------------------
patient: Identity            |
                  var(_cons) |   25.6903   7.172598      14.8634    44.4038
-----------------------------+------------------------------------------------
               var(Residual) |  35.57304   5.428876      26.37651   47.97607
------------------------------------------------------------------------------
LR test vs. linear model: chibar2(01) = 16.56        Prob >= chibar2 = 0.0000
```

因为时间被中心化到 6 个月，这样组别变量的回归系数就是干预措施在第 6 个月时的干预效果之差（treatment effect）。使用 STATA 的模型后估计命令 margin，我们可计算出每个被试组在第 6 周和第 6 个月的平均 cdi 变化值以及组间比较结果。因为时间的单位是周并且是被中心化了（原始时间减去 26），这样－20 就是第 6 周，0 就是第 6 个月。如果使用未中心化的时间变量进行模型估计时可使用 margins group, at(tmc＝(6 26))命令。

运行下面命令的到每组被试在第 6 周和第 6 个月的平均 cdi 变化值。

```
. margins group, at(tmc=(-20 0))

Predictive margins                              Number of obs    =        172
Expression   : Linear prediction, fixed portion, predict()

1._at        : tmc                    =        -20
2._at        : tmc                    =          0

-----------------------------------------------------------------------
             |            Delta-method
             |    Margin   Std. Err.      z    P>|z|    [95% Conf. Interval]
-------------+---------------------------------------------------------
      _at#group |
    1#Control |  -1.997231   1.240121    -1.61   0.107   -4.427824    .4333622
 1#Intervention |  -5.861424   1.205557    -4.86   0.000   -8.224273   -3.498575
    2#Control |  -3.055279   1.178808    -2.59   0.010    -5.3657    -.7448584
 2#Intervention |  -9.285188   1.123774    -8.26   0.000   -11.48774   -7.082632
```

运行下面命令的到 cdi 变化值在第 6 周和第 6 个月的组间比较结果及显著性检验水平，注意该命令输出中没有把显著性水平的结果和具体比较的结果一并输出，而是首先输出两组间在不同时间点的显著性检验结果（χ^2 检验结果）。

```
. margins r.group, at(tmc=(-20 0))

Contrasts of predictive margins
Expression   : Linear prediction, fixed portion, predict()

1._at        : tmc                    =        -20
2._at        : tmc                    =          0

------------------------------------------------------
                         |      df       chi2     P>chi2
-------------------------+----------------------------
           group@_at |
(Intervention vs Control) 1 |       1       4.99     0.0255
(Intervention vs Control) 2 |       1      14.60     0.0001
               Joint |       2      14.96     0.0006
------------------------------------------------------


------------------------------------------------------------
                         |           Delta-method
                         |  Contrast   Std. Err.   [95% Conf. Interval]
-------------------------+----------------------------------
           group@_at |

(Intervention vs Control) 1 |  -3.864193   1.729829   -7.254596   -.4737905
(Intervention vs Control) 2 |  -6.229909   1.630309   -9.425256   -3.034562
------------------------------------------------------------
```

输出结果显示运动能显著降低青年被试的抑郁水平。因篇幅关系，此处就不再对输出结果进行列表整理了，有需要的读者请在实践中参考 4.2.1 的例子整理报告自己的研究结果。

本节演示了如何使用多水平模型分析使用追踪设计的两个心理卫生实验的数据，一个研究把时间当作分类变量，另一个研究把时间当作连续变量。所有数据均为模拟的数据，所得的结果也仅仅供演示模型估计和结果整理过程所用。对这两个研究的实际研究结果感兴趣的读者请参考他们各自的研究报告（Carter et al.，2015；Morriss et al.，2016）。

4.3　多水平分数多项式（Fraction polynomial）模型

本节将要演示如何使用多水平模型处理复杂的线性模型。演示所用的数据虽然主要是重复测量数据，但本节所涉及的模型可拓展到非重复测量的数据中去。本节所指的复杂线性关系是指不能通过常用的二次项或三次项多项式线性方程表达的自变量和连续因变量之间的关系。例如，有一个关于健康美容的研究要考查不同剂量光照水平和皮肤黑色素之间的关系（Wan et al.，2017），研究中从每个被试身上选择四个部位，给每个部位同时分别施以不同水平的光照，即每个个体身上有四个光照点。然后测试并比较不同光照水平下皮肤黑色素在第 0、3、7、14、28、56、84、112、140 和 168 天恢复过程中的测试水平。图 4-3-1 所示的不同光照条件的平均黑色素水平和光照后恢复时间（连续变量）之间有明显的复杂线性关系。针对这样的线性关系，现代统计分析中多用分数多项式（fractional polynomial，FP）回归模型来描述自变量 x 和因变量 y 之间的关系（Royston & Altman，1994）。

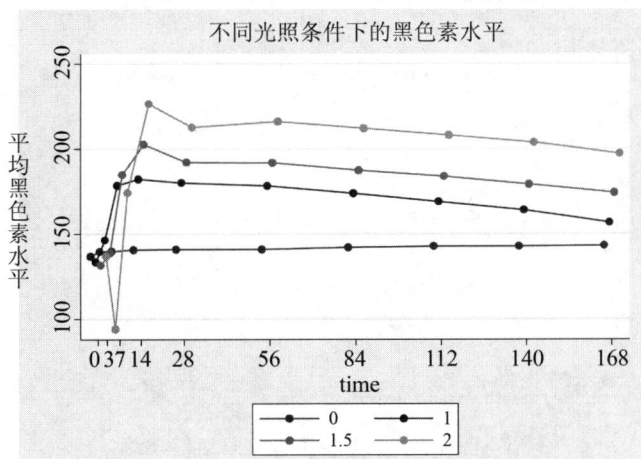

图 4-3-1　皮肤黑色素水平观测值平均数和恢复时间的复杂线性关系

针对 x 和 y 间的复杂线性关系，分数多项式模型的一般原理是构建如公式 4.7 所示的 x 和 y 之间的线性模型。

$$y = \beta_0 + \sum_{m=1}^{M} \beta_m x^{Pm} + e \qquad\qquad 4.7$$

公式 4.7 中 x 的幂指数 Pm 一般从数列 $[-2，-1.5，-1，-0.5，0，0.5，1，1.5，2，2.5，3]$ 中选取并且指定 $x^0 = \ln(x)$，当 m 个幂指数 Pm 相等时，则有 $x^{(p,p,\cdots,p)} = x^{(p)}，x^{(p)}\ln(x)，\cdots，x^{(p)}[\ln(x)]^{m-1}$。通常 $m = 2$，即使用 x^{P1} 和 x^{P2} 两个 x 的幂指数项就已经可以拟和研究中常见的模型。研究者当然可根据研究问题和实际

数据拟合情况选择并调整 x 的幂指数项及幂指数项的个数。使用 STATA 的前缀 fp：命令，研究者可很容易地拟合多项式模型，STATA 自动创建各种幂指数组合并在后台比较使用各种幂指数组合模型的拟合结果，然后选择数据拟合最佳的模型报告出来。本例所用数据为 wanskindata.dta，数据中的 number 变量为被试编码，dose 为光照水平，mi 为黑色素测试结果，time 为每次测试的时间，bsmi 为黑色素基线值。Chgmi 为每次测试时间的黑色素指标和基线测试的差值。如果忽略数据中因为重复测量而造成的非独立性(non-independence)结构，则可直接构建一个包括两个 x 幂指数项的单水平分数多项式模型(公式 4.8)。

$$y = \beta_0 + \beta_1 x^{P1} + \beta_2 x^{P2} + \sum_{q=3}^{5} \beta_q dose + e \qquad 4.8$$

其中 $dose$ 是有 4 个水平的分类变量。运行 STATA 菜单 Statistics＞Linear models and related＞Fractional polynomials＞Fractional polynomial regression 命令，在弹出的对话框(图 4-3-2)中进行有关分数多项式模型的设定。因为需要创建 time 变量的不同幂指数，因此首先在对话框左上角的 Variable 下拉框中选择 time 变量。然后在其右侧中写上需要运行的线性回归模型命令 reg mi i. dose ＜time＞，(图 4-3-3)注意此时自变量 time 要放到＜＞里面。

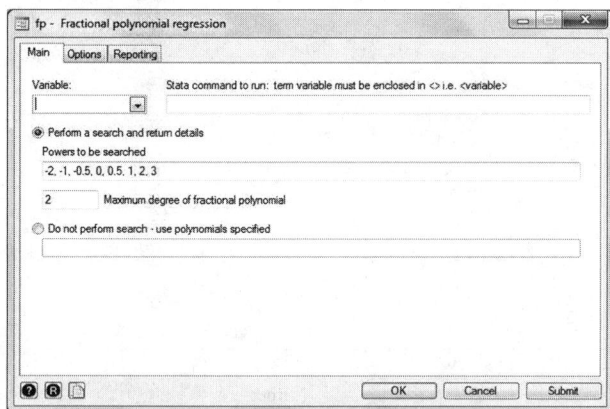

图 4-3-2　FP 模型设定对话框

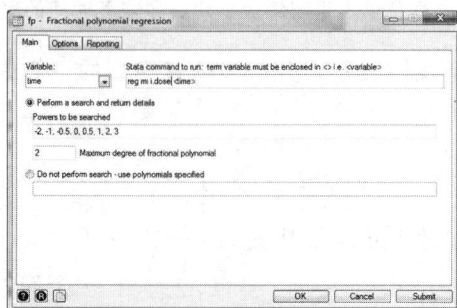

图 4-3-3　设定变量 time 需要幂指数和将要运行的方程第一步

单击图 4-3-3 中左上角的 options 进入对话框的新页面，选中该页面左上角的 Perform automatic scaling and centering and omit comparison table（图 4-3-4），点击 OK 按钮就可以查看输出结果。

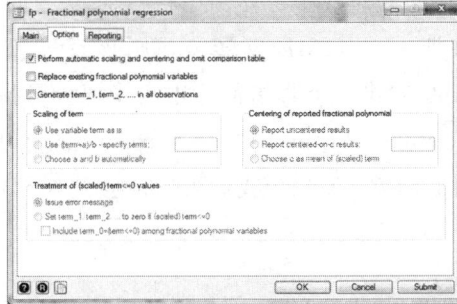

图 4-3-4　设定变量 time 需要幂指数和将要运行的方程第二步

```
. fp <time>, classic : reg mi i.dose <time>
(fitting 44 models)
(....10%....20%....30%....40%....50%....60%....70%....80%....90%....100%)

      Source |       SS           df       MS            Number of obs   =     1,040
-------------+----------------------------------         F(5, 1034)      =     48.74
       Model |   613395.543          5   122679.109      Prob > F        =    0.0000
    Residual |   2602465.29      1,034     2516.891      R-squared       =    0.1907
-------------+----------------------------------         Adj R-squared   =    0.1868
       Total |   3215860.83      1,039   3095.14998      Root MSE        =    50.169

          mi |      Coef.    Std. Err.       T     P>|t|    [95% Conf. Interval]
-------------+----------------------------------------------------------------------
        dose |
           1 |   25.42115    4.40008       5.78    0.000     16.78705    34.05526
         1.5 |   35.69808    4.40008       8.11    0.000     27.06397    44.33218
           2 |   47.24038    4.40008      10.74    0.000     38.60628    55.87449
             |
      time_1 |   44.06601   4.786617       9.21    0.000     34.67342    53.45861
      time_2 |  -123.9265   16.42187      -7.55    0.000    -156.1505   -91.70251
       _cons |   157.8054   3.519525      44.84    0.000     150.8992    164.7117
```

该结果输出就是一个普通的回归模型的输出，其中光照水平是分类变量，因此 STATA 自动创建其哑变量并被包括进方程中。STATA 创建并比较了 44 种时间变量的幂指数组合后输出当前最佳数据拟合的模型结果。最后保留的时间 time 变量的两个幂指数项被自动命名为 time_1 和 time_2。细心的读者可以看到在变量 time_1 和 time_2 的变量标签中已经自动显示了变量 time 的两个幂指数像的幂指数是 0 和 0.5，前面提到运行分数多项式模型时，我们设定 $x^0 = \ln(x)$，当 time = 0 时，$\ln(0)$ 是没有结果的。因此我们在构建分数多项式过程中就告诉 STATA 自动对自变量 time 进行转化并且中心化也就是图 4-3-4 中选中的选项 Perform automatic scaling and centering and omit comparison table。如果我们运行命令 ereturn list，在结果输出的 macros：部分运行该分数多项式的有关命令步骤。

e(fp_gen_cmdline) : "fp gen double time^(0 .5)，scale(3 100) center(61.2)"

　　e(cmdline) : "regress mi i.dose time_1 time_2"

命令行 e(fp_gen_cmdline):"fp gen double time^(0.5),scale(3 100)center(61.2)" 就是 STATA 自动对自变量 time 创建幂指数项的命令。命令中 scale(a b)要求 STATA 转换 x 为$(x+a)/b$，因此此处的 time 就被首先转换为 TIME＝(time＋3)/ 100，这样一来所有的值都能取对数了；然后 STATA 也计算出转化后数值 TIME 的 平均数 m＿TIME。如果把 m＿TIME 反转换，则该反转换的值就是 61.2。center (61.2)就是要求 STATA 在创建每个幂指数后进一步把该幂指数中心化。本例中创建 两个幂指数项的公式为 time＿1＝ln(TIME)-ln(m＿TIME) 和 time＿2＝$\text{TIME}^{0.5}$ －m＿$\text{TIME}^{0.5}$。使用下面 STATA 命令我们可以体会到如何创建幂指数项。

```
Gen TIME=(time+3)/100 /*scale(3 100)*/
sum TIME
dis "mean TIME="r(mean)
dis "center(61.2)=r(mean)*100-3="r(mean)*100-3
gen Time_1=ln(TIME)-ln(r(mean))
gen Time_2=TIME^0.5-r(mean)^0.5
```

从数据中我们可以看到手工创建的时间幂指数项和自动创建的幂指数项结果 一样。

```
List time_1 Time_1 in 1/10

     |     time_1        Time_1 |
  .  | -3.0633909    -3.063391 |
  2. | -3.0633909    -3.063391 |
  3. | -3.0633909    -3.063391 |
  4. | -3.0633909    -3.063391 |
  5. | -2.3702437    -2.370244 |
     | -2.3702437    -2.370244 |
  7. | -2.3702437    -2.370244 |
  8. | -2.3702437    -2.370244 |
  9. | -1.8594181    -1.859418 |
 10. | -1.8594181    -1.859418 |

     +---  time_2        Time_2 |
     |-----804394    -.6280439 |
  2. | -.62804394    -.6280439 |
  3. | -.62804394    -.6280439 |
  4. | -.62804394    -.6280439 |
  5. | -.55630005       -.5563 |
     |-------0005       -.5563 |
  7. | -.55630005       -.5563 |
  8. | -.55630005       -.5563 |
  9. | -.48502126    -.4850213 |
 10. | -.48502126    -.4850213 |
     +--------------------------+
```

运行该单水平分数多项式模型的黑色素估计结果如图 4-3-5 所示。

从该研究的实验过程来看，每个被追踪考察 168 天，并且四种光照水平在每个个 体身上同时实施。这样该研究的数据结构就是一个三水平的结构。被试是第三水平单 位，光照点是第二水平单位，每次的黑色素测试是第一水平单位。这样一来所建立的 分数多项式模型就是一个多水平模型(公式 4.9)。

$$y_{ijk} = \beta_{0jk} + \beta_1 x_{ijk}^{P1} + \beta_2 x_{ijk}^{P2} + \sum_{q=3}^{5} \beta_q dose_j + e \qquad 4.9$$

公式 4.9 中的 y_{ijk} 是第 k 个被试的第 j 个光照位置的第 $i(i=1\sim10)$次黑色素测试 值，x_{ijk}^{P1} 和 x_{ijk}^{P2} 是由第 k 个被试的第 j 个光照位置的第 $i(i=1\sim10)$次测试的时间值所

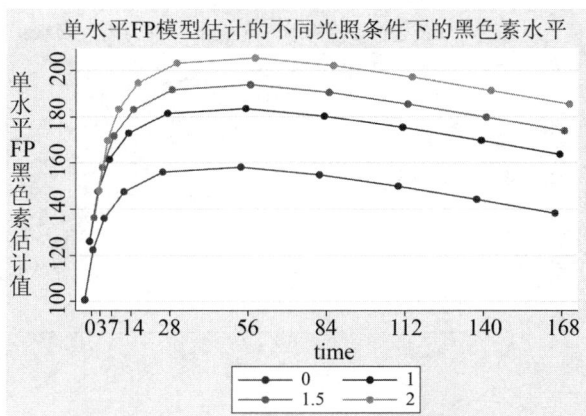

图 4-3-5　单水平 FP 模型的黑色素估计值

创建的幂指数项。公式 4.9 所示的模型中除了截距项 β_{0jk}，所有的斜率系数暂被设定为固定参数。

如何创建多水平分数多项式中的幂指数项，目前还是一个比较前沿的统计方法。使用 STATA 的 fp: 命令仅仅能运行比较基本的模型。下面就是利用 STATA 的 fp: 命令使用当前的美容健康研究数据拟合公式 4.9 所示的随机截距模型。运行该三水平分数多项式模型的黑色素估计结果如图 4-3-6 所示。

```
. fp <time>, classic : mixed mi i.dose <time> || number: || dose:
(fitting 44 models)
(....10%....20%....30%....40%....50%....60%....70%....80%....90%....100%)

Mixed-effects ML regression                    Number of obs    =      1,040

------------------------------------------------------------
                |  No. of       Observations per Group
Group Variable  |  Groups    Minimum   Average   Maximum
----------------+-------------------------------------------
        number  |     26         40       40.0        40
          dose  |    104         10       10.0        10
------------------------------------------------------------

                                          Wald chi2(5)     =     558.37
Log likelihood = -4951.2053               Prob > chi2      =     0.0000

------------------------------------------------------------------------
         mi |     Coef.   Std. Err.      z    P>|z|   [95% Conf. Interval]
------------+-----------------------------------------------------------
       dose |
          1 |  25.42115   5.626023    4.52   0.000    14.39435   36.44796
        1.5 |  35.69808   5.626023    6.35   0.000    24.67128   46.72488
          2 |  47.24038   5.626023    8.40   0.000    36.21358   58.26719
            |
     time_1 |  44.06601   2.369755   18.60   0.000    39.42138   48.71065
     time_2 | -123.9265   8.130126  -15.24   0.000   -139.8612  -107.9917
      _cons |  157.8054   8.692219   18.15   0.000    140.769    174.8419
------------------------------------------------------------------------

------------------------------------------------------------------------
Random-effects Parameters  |  Estimate   Std. Err.   [95% Conf. Interval]
---------------------------+--------------------------------------------
number: Identity           |
             var(_cons)    |  1535.695   454.7557    859.4961   2743.885
---------------------------+--------------------------------------------
dose: Identity             |
             var(_cons)    |  349.7878   65.95086    241.7211   506.1681
---------------------------+--------------------------------------------
           var(Residual)   |  616.8989   28.51616    563.4653   675.3996
------------------------------------------------------------------------
LR test vs. linear model: chi2(2) = 1186.98          Prob > chi2 = 0.0000
```

三水平FP模型估计的不同光照条件下的黑色素水平

三水平FP黑色素估计值

time

● 0	● 1
● 1.5	● 2

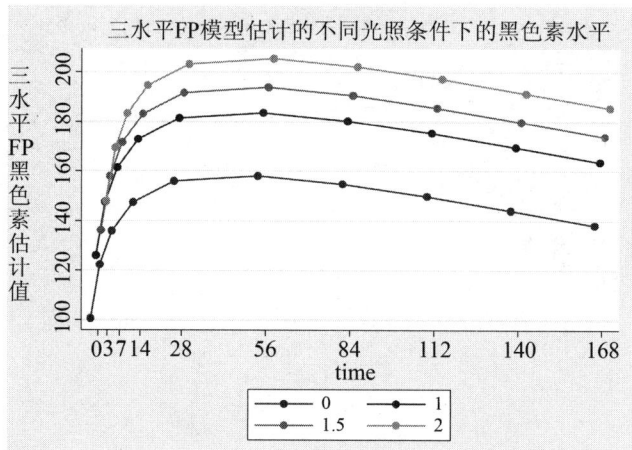

图 4-3-6　三水平 FP 模型的黑色素估计值

　　通过比较单水平和三水平随机截距分数多项式模型的数据拟合，我们可以看到该三水平随机截距模型数据的拟合明显好于单水平分数多项式模型。

Akaike's information criterion and Bayesian information criterion

Model	Obs	ll(null)	ll(model)	df	AIC	BIC
fp_single	1,040	-5654.743	-5544.693	6	11101.39	11131.07
fp_mlm	1,040	.	-4951.205	9	9920.411	9964.933

　　如果我们希望使用 fp：命令运行幂指数项随机斜率模型，当包括某些幂指数的多水平模型不能收敛时，当使用 STATA 14 时，fp：命令就自动终止并且基本没有任何结果和提示出现，这是低版本 fp：命令的不足之处。当前版本 STATA 15 则可以自动比较不同幂指数情况下的模型拟合并输出最佳结果，但当模型结果相当复杂时，STATA 需要很长时间才能输出结果。本节后附的 STATA 命令中有两个设定时间幂指数系数随机的命令＞请读者自行练习体验拟合随机幂指数分数多项式模型的过程。有研究者(Johnson et al.，2013)建议在运行多水平分数多项式时采取最基本的分数多项式拟合步骤，先对所有可能组合的幂指数项的各个模型进行比较，然后选择出数据拟合最佳的模型作为最后模型。这种最基本的模型拟合比较法在多水平分数多项式的模型构建中需要编程才能实现。需要比较的模型不仅要考虑不同的幂指数组合，而且还要考虑幂指数项的系数是否随机，如果随机则同时还要考虑随机系数的方差协方差结构。这需要研究者有相当高的编程能力，未来版本的 STATA 或许能够解决当前版本 fp：命令的缺陷。当前版本的 MLwiN 、SPSS 和 Mplus 都还没有现成的命令能够自动搜索并创建幂指数项，这些软件的高级用户可通过编程来拟合分数多项式尤其是多水平分数多项式。

本章小结

使用多水平模型分析重复测量数据是目前应用统计领域较为普遍的统计方法。该方法也被广泛地应用于分析临床试验的数据。本章演示分数多项式模型时使用的是重复测量数据，但实际上分数多项式模型不一定必须用于重复测量数据。目前来说多水平分数多项式模型的构建和拟合还是比较高级的话题，研究实际中需使用特定的软件或者需要编程才能有效地构建复杂的分数多项式模型。

第五章 多水平两分类 logistic 回归模型

日常研究中有很多变量是两分类的，例如，高考的录取与否，医学研究中的治愈与否，考试通过与否，对某问题的回答选择是或否，某件事的成功与失败等。这些变量只有两个类别。统计分析中可用任意两个不同数字编码，但通常在统计分析中把这样两分类的变量编码为 0 和 1，其中 1 代表事件的发生，0 代表事件没有发生。例如，高考录取结果就可把录取编码为 1，没录取编码为 0。两分类的因变量在研究中很普遍，例如，考察学生的成绩、人格特征对能否找到工作的影响，城乡因素对升学的影响，某新药对治疗某疾病的作用等。通常用 logistic 回归模型来考察其他因素对两分类变量的影响作用(Long & Freese，2005；王济川 & 郭志刚，2001；Hare Duke et al.，2018；Patel et al.，2015；Yang et al.，2017；Yang et al.，2000；Yang et al.，2005)。如果研究中的数据有层次结构，例如，数据来自不同的医院，或者不同的学校，这样就不能使用普通的 logistic 回归方程分析数据，需要使用多水平 logistic 回归模型研究有关变量对因变量的影响作用。本章首先简单回顾一下普通 logistic 回归的理论，然后演示如何构建多水平 logistic 回归模型。

5.1 普通 logistic 回归模型

假定 y 是一个编码为 0 和 1 的两分类变量，1 代表事件发生，0 代表事件没有发生，记 y 发生的概率为 p，那么考查自变量 x 对 y 的影响就可以通过公式 5.1 来进行。

$$\ln \frac{p}{1-p} = \beta_0 + \beta_1 x \qquad\qquad 5.1$$

公式 5.1 中的 $\frac{p}{1-p}$ 是比率(Odds)，可记作 $Odds = \frac{p}{1-p}$，我们可以很容易得到 $p = \frac{Odds}{1+Odds}$，统计学中通常把 $\ln \frac{p}{(1-p)}$ 称作 logit。公式 5.1 中 p 的取值范围介于 0 和 1 之间，Odds 的取值介于 0 和 $+\infty$ 之间，logit 的取值范围则在 $-\infty$ 和 $+\infty$ 之间。公式 5.1 中 $y=1$ 的发生率就可以记作公式 5.2。

$$p(y=1 \mid x) = \frac{e^{\beta_0 + \beta_1 x}}{1 + e^{\beta_0 + \beta_1 x}} \qquad\qquad 5.2$$

对于自变量 x 和两分类变量 y 之间的关系，统计理论中假定有不可观测到的潜变

量 y^*，其取值范围在$-\infty$和$+\infty$之间，y^* 和 x 间的关系可被简单记作公式 5.3。

$$y^* = \beta_0 + \beta_1 x + \varepsilon \qquad 5.3$$

公式 5.3 中的 ε 是随机误差，β_0 和 β_1 是回归的截距项和斜率项。潜变量 y^* 和可观察的两分变量 y 之间的关系如公式 5.4 所示。

$$y = \begin{cases} 1, & \text{if } y^* > 0 \\ 0, & \text{if } y^* \leqslant 0 \end{cases} \qquad 5.4$$

公式 5.4 中 y^* 的值就是公式 5.1 中的 logit 值。通过 y^* 就可以研究自变量 x 对 y 的影响作用了。

在如公式 5.1 所示的普通 logistic 回归方程中，β_0 和 β_1 的含义和一般线性回归的意思一样，即 β_0 是方程的截距，β_1 是方程的斜率。同样地，β_1 是当自变量 x 增加一个单位时 logit 值的增量。当 x 从 0 增加到 1 时，相应的 logit 变化为公式 5.5。

$$\beta_1 = \text{logit}_{x=1} - \text{logit}_{x=0} = \ln(\text{Odds1}) - \ln(\text{Odds0}) = \ln\frac{\text{Odds1}}{\text{Odds0}} \qquad 5.5$$

因为在实际应用中 logit 的变化值比较难于通俗地解释，因此研究中通常对 logit 进行变换后再解释。公式 5.5 的两边同时取以自然数 e 为底的反对数就有公式 5.6。

$$e^{\beta_1} = e^{\ln\frac{\text{Odds1}}{\text{Odds0}}} = \frac{\text{Odds1}}{\text{Odds0}} \qquad 5.6$$

公式 5.6 中的 $\frac{\text{Odds1}}{\text{Odds0}}$ 是两个 Odds 数值的比值，统计学称其为优势比（odds ratio，OR），或简单称为 OR 值。OR 值介于 0 和 $+\infty$ 之间。当 OR>1 时，说明 x 对 $y=1$ 的发生有正向作用；当 OR<1 时，说明 x 对 $y=1$ 的发生有负向作用；当 OR=1 时，说明 x 对 $y=1$ 的发生没有作用。统计实践中报告 logistic 回归模型的结果时通常用 OR 值而不是模型输出的原始 logit 值来描述自变量对因变量的影响作用。

常用软件基本都有运行 logistic 回归的功能。此处我们演示如何用 STATA 运行普通 logistic 回归模型。本章演示所用数据来自 MLwiN 软件的自带数据，该数据来自一个有关孟加拉国妇女节育措施影响因素的研究，后面会较详细介绍数据中的有关变量。当前演示中所用的两分类因变量变量名是 use，数值 1 表示被试使用节育措施，数值 0 表示没有使用节育措施。自变量 age 为妇女的年龄，该年龄变量为每个妇女的实际年龄减 30，即以 30 岁中心化年龄变量。读入数据后运行 STATA logit 命令即得到下述的输出结果。

```
. logit use age
Logistic regression                          Number of obs   =      2,867
                                             LR chi2(1)      =       8.06
                                             Prob > chi2     =     0.0045
Log likelihood = -1922.2857                  Pseudo R2       =     0.0021

------------------------------------------------------------------------------
     use |     Coef.    Std. Err.      z     P>|z|    [95% Conf. Interval]
---------+--------------------------------------------------------------------
     age |   .0120213   .0042334     2.84    0.005     .003724     .0203185
   _cons |  -.4140346   .0382247   -10.83    0.000    -.4889536   -.3391156
------------------------------------------------------------------------------
```

该输出结果的系数值为 logit 值，研究者可要求 STATA 直接输出 OR 结果。

```
. logit use age,or

Logistic regression                          Number of obs    =      2,867
                                             LR chi2(1)       =       8.06
                                             Prob > chi2      =     0.0045
Log likelihood = -1922.2857                  Pseudo R2        =     0.0021

-------------------------------------------------------------------------
         use | Odds Ratio   Std. Err.      z    P>|z|   [95% Conf. Interval]
-------------+-----------------------------------------------------------
         age |   1.012094   .0042846     2.84   0.005    1.003731   1.020526
       _cons |   .6609781   .0252657   -10.83   0.000    .6132678   .7124001
-------------------------------------------------------------------------
```

研究者也可使用命令 logistic use age 直接得到 OR 的输出结果。当前输出结果显示妇女的年龄对使用节育措施有正向促进作用，即年龄大的妇女更易于使用节育措施（OR=1.013219，p=0.002）。根据研究需要，研究者也可以在模型中包括多个自变量。例如，把居住地包括进去，居住地变量 urban 为两分类变量，1 表示居住在城市，0 表示居住在农村。有关输出结果如下。

```
. logistic use age urban

Logistic regression                          Number of obs    =      2,867
                                             LR chi2(2)       =      93.31
                                             Prob > chi2      =     0.0000
Log likelihood = -1879.6618                  Pseudo R2        =     0.0242

-------------------------------------------------------------------------
         use | Odds Ratio   Std. Err.      z    P>|z|   [95% Conf. Interval]
-------------+-----------------------------------------------------------
         age |   1.013219   .0043604     3.05   0.002    1.004708   1.021801
       urban |    2.18043   .1847062     9.20   0.000    1.846869   2.574235
       _cons |   .5263149   .0244233   -13.83   0.000    .4805585   .5764281
-------------------------------------------------------------------------
Note: _cons estimates baseline odds.
```

输出结果显示城市的妇女更易于使用节育措施（OR=2.18043，p=0.000）。

5.2　使用 MLwiN 构建拟合多水平 logistic 回归模型

当研究中的数据有层次结构时，普通的 logistic 回归模型就不能有效地处理来自同一个单位数据间的非独立性问题，此时就需要多水平模型来分析处理数据。

假定数据中的个体来自不同的第二水平单位，则公式 5.1 就可被写成公式 5.7。

$$\text{logit}(p_{ij}) = \ln\frac{p_{ij}}{(1-p_{ij})} = \beta_0 + \beta_1 x_{ij} + u_{0j} \qquad 5.7$$

公式 5.7 中的 i 是数据中的每个个体编号，j 是数据中的每个个体所来自的单位编号，u_{0j} 是第 j 个单位的估计结果和平均估计结果的离差，u_{0j} 服从平均数为 0、方差为 σ_{u0}^2 的正态分布。公式 5.7 可以很容易地被扩展到三水平以上的模型，也可以在模型中增加更多的自变量，也可以设定自变量的系数在高水平单位上随机。例如，公式 5.7 的斜率系数 β_1 可被设置成 β_{1j}，第 j 个单位的斜率系数为 β_{1j}，并且该斜率系数服从平均数为 0、方差为 σ_{u1}^2 的正态分布。

在多水平 logistic 回归中，高水平单位的方差 σ_{u0}^2 的度量单位是 logit，而第一水平的方差是 $p_{ij}(1-p_{ij})$，其度量单位是概率，因此无法像多水平线性回归模型那样直接把不同水平的方差相加并计算不同水平方差所占的比例。通常的做法是把第一水平的方差设定为标准 logistic 分布的方差 $\pi^2/3 \approx 3.29$，然后再采用通常方法计算出各水平方差在总方差中所占的比例。就当前该两水平随机截率 logistic 回归模型来说，第二水平方差占总方差的比例一般可通过如下公式 5.8 获得（Goldstein，2011a）。

$$\text{VPC} = \frac{\sigma_{\mu 0}^2}{\sigma_{\mu 0}^2 + \pi^2/3} \qquad\qquad 5.8$$

下面我们演示如何使用 MLwiN 软件拟合两水平 logistic 回归模型。所用数据为 MLwiN 软件自带数据 bang.ws。该数据中的变量信息如表 5-2-1 所示。

表 5-2-1

变量名	变量描述
woman	研究中每个被访妇女的编号，第一水平单位
district	被试所在行政地区的编号，第二水平单位
use	被访妇女使用节育措施的情况。1：使用；0：不用
use4	节育措施的类别，多分类变量。1：节育手术；2：现代可复育节育方法；3：传统方法；4：没有节育措施
lc	子女抚养情况，多分类变量。0：没有子女；1：一个；2：两个；3：三个及以上
age	妇女的实际年龄减 30
urban	城乡分类。1：城市；0：农村
educ	被访妇女文化程度。1：文盲；2：初小；3 高小；4：中学及以上
hindu	宗教状况。1：印度教；0：伊斯兰教
d_lit	妇女所在地的非文盲人数比例
d_pray	妇女所在地穆斯林人数比例
cons	常量 1

本章将用两分类变量 use 为因变量构建两水平 logistic 回归模型，具体步骤如下。

(1)打开数据后运行菜单 Model 中的 Equation 命令，点击对话框中的 y 后选择 use 为因变量并设定 women 为第一水平和 district 为第二水平的分析单位。

(2)随后用鼠标点击模型中因变量分布 N 的位置，在弹出的对话框中选择 Binomial 分布和 logit 联接（Link），完成因变量分布设定后点击 Done 按钮，则方程窗口就变成如图 5-2-1 所示。

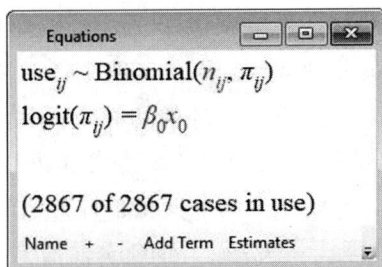

图 5-2-1　二分因变量分布的设定

从统计理论上来说，两分类变量的概率分布是二项分布（binomial distribution）的一个特殊情况，二项分布 $y \sim \text{Binomial}(n, \pi)$ 描述的是在 n 次独立的实验中，事件 $y=1$ 出现次数的概率分布。分布中的 n 是独立实验的总次数，π 是所有实验次数中事件发生的概率，即 $p(y=1)$。当实验的总次数 $n=1$ 时，该分布就是伯努利（Bernoulli）分布。伯努利分布描述的是一个随机两分类变量事件发生的概率，其实验的总次数为 1，事件发生的概率为 p。本例中的因变量 use 是一个两分类变量，因此其分布设定中我们就设定 $n=1$。图 5-2-1 MLwiN 方程中的 i 和 j 是测量的个体编号和所在地区的编号。当前数据中只有常量 con 的取值全部为 1，因此我们此处选择 cons 为 n_{ij}。点击两项分布公式中的 n_{ij}，在弹出窗口的下拉框中选择变量 cons，方程就自动变成了如图 5-2-2 所示的样子。

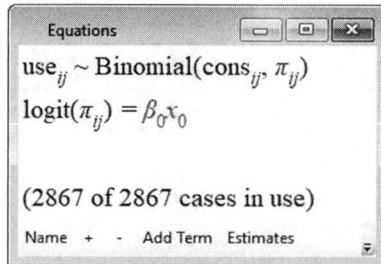

图 5-2-2　因变量伯努利分布设定

（3）完成伯努利分布设定后，我们进一步点击方程中的 $\beta_0 x_0$，在弹出的对话框中选择 cons 变量并且设定截距系数在地区 district 水平上随机。

针对离散变量诸如两分类、多分类和计数变量的多水平模型，极大似然估计过程通常要求很大的运算量，这样 MLwiN 就用准似然估计的线性化过程，基于泰勒级数展开把离散变量模型转换成连续变量模型。模型拟合中把离散变量线性转换后再使用 IGLS 或者 RIGLS 迭代方法对模型的参数进行估计（Goldstein，2011a）。线性转换步骤需要渐进（approximation）估计方法，MLwiN 软件的渐进程序包括边际半似然估计方法（marginalised quasi-likelihood，MQL）和偏半似然估计方法（penalised quasi-likelihood，PQL），每种程序都可包括一阶（1st order）或二阶（2nd order）泰勒级数展开。一阶 MQL 程序的渐进结果的精确度较差，如果第二水平单位内第一水平单位的个数较少或者反应变量接近极限值时，一阶 MQL 程序的估计结果精度会很差。二阶 PQL 渐进程序的估计结果有较高的精度，但该估计方法的稳定性不高，直接使用该方法对模型进行估计往往导致模型的收敛问题。因此实践中通常使用一阶 MQL 对模型进行估计，然后把模型的估计结果作为模型估计的初始值再使用二阶 PQL 对模型进行进一步的估计。对于是否使用 IGLS 或者 RIGLS 迭代方法，请研究者可根据数据情况参考前述章节内容自行决定。对多水平离散变量估计方法的研究迄今还是统计方法研究中的热点和前沿课题，对算法研究感兴趣的读者请先参考多水平书（Goldstein，2011a）及有关的方法学进展。

（4）此时点击模型方程窗口下面的 Nonlinear 按钮进行估计方法的设定，弹出的对话框（图 5-2-3）显示 MLwiN 已经自动选择一阶边际半似然估计方法（MQL），点击 Use Default 按钮后，再点 Done 按钮回到模型方程。

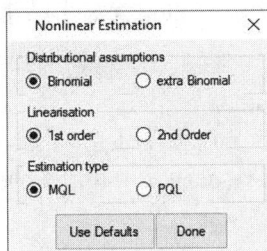

图 5-2-3　设定估计方法

点击 MLwiN 窗口左上角的 Start 按钮，运行该模型后得到的输出结果如图 5-2-4 所示。

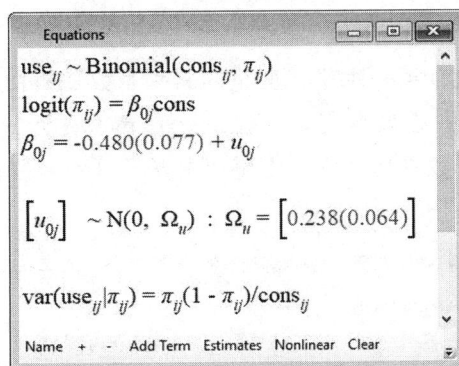

$$\text{use}_{ij} \sim \text{Binomial}(\text{cons}_{ij}, \pi_{ij})$$
$$\text{logit}(\pi_{ij}) = \beta_{0j}\text{cons}$$
$$\beta_{0j} = -0.480(0.077) + u_{0j}$$
$$\begin{bmatrix} u_{0j} \end{bmatrix} \sim N(0, \Omega_u) : \Omega_u = \begin{bmatrix} 0.238(0.064) \end{bmatrix}$$
$$\text{var}(\text{use}_{ij}|\pi_{ij}) = \pi_{ij}(1 - \pi_{ij})/\text{cons}_{ij}$$

图 5-2-4　二水平 logistic 回归零模型输出结果

研究者使用菜单命令 Model 下面的 Intervals and Tests 子命令按第二章所示步骤检验模型中有关参数的显著性。例如，可查看因变量在地区水平上变异的显著性并且按公式 5.8 计算 VPC。在零模型的基础上，我们可通过点击方程窗口下面的 Add Term 按钮，把分类变量子女数 lc 和连续变量 age 依次添加到方程中，然后点击窗口左上角的 More 按钮，新的输出结果如图 5-2-5 所示。

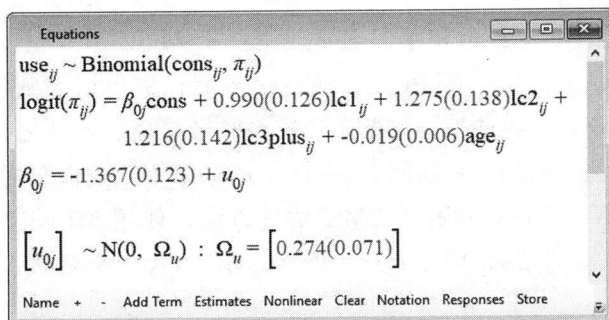

$$\text{use}_{ij} \sim \text{Binomial}(\text{cons}_{ij}, \pi_{ij})$$
$$\text{logit}(\pi_{ij}) = \beta_{0j}\text{cons} + 0.990(0.126)\text{lc1}_{ij} + 1.275(0.138)\text{lc2}_{ij} + 1.216(0.142)\text{lc3plus}_{ij} + -0.019(0.006)\text{age}_{ij}$$
$$\beta_{0j} = -1.367(0.123) + u_{0j}$$
$$\begin{bmatrix} u_{0j} \end{bmatrix} \sim N(0, \Omega_u) : \Omega_u = \begin{bmatrix} 0.274(0.071) \end{bmatrix}$$

图 5-2-5　使用 MQL 估计法的结果

使用 MLwiN 拟合非线性模型时，通常先用一阶 MQL 运行模型，然后在此基础上把估计方法换成二阶 PQL 以得到更为精确的估计结果。具体步骤为单击窗口下面的 Nonlinea 按钮，在弹出的估计法（图 5-2-6）选定窗口中选择二阶 PQL 并单击 Done 按钮，然后单击窗口左上角的 More 按钮查看输出结果（图 5-2-6）。

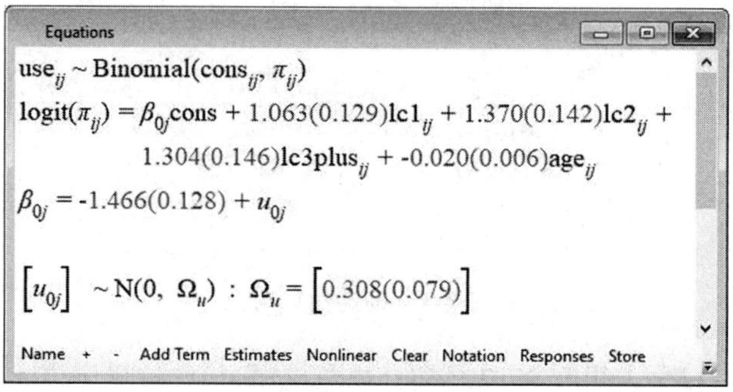

图 5-2-6　二阶 PQL 估计法结果输出

研究者也可以通过设定第一水平自变量的斜率系数随机而运行随机斜率模型，例如在图 5-2-6 所示的模型中添加自变量居住地 urban，并点 urban 的系数，在弹出的对话框中选定 urban 的系数在地区水平上随机并单击 Done 按钮，运行新模型后得到的结果如图 5-2-7 所示。

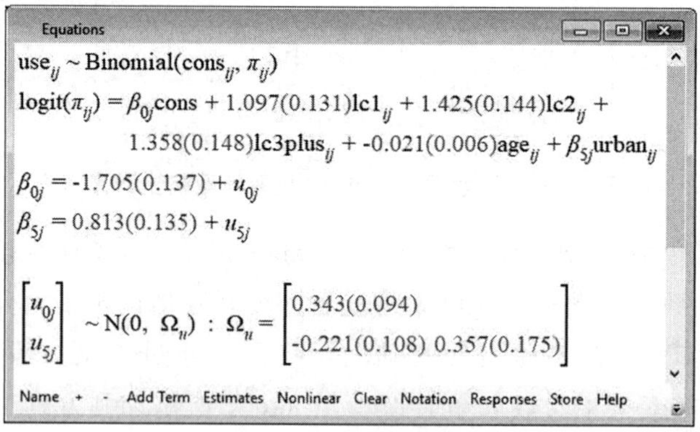

图 5-2-7　随机斜率模型结果输出

MLwiN 软件在运行非线性模型时通常使用一阶 MQL 作为缺省估计方法，研究者然后需要在此基础上使用二阶 PQL 方法进一步运行该模型得到比较精确的结果。但根据其课题组建议，在构建拟合离散变量模型时最好最后再使用 MCMC 方法估计模型中的各个参数值。例如，在如图 5-2-7 所示的结果中，我们只需单击窗口左上部的 Estimation Control 按钮，选择 MCMC 估计方法，使用 MLwiN 缺省设置，运行 MCMC 程序后得到如下结果（图 5-2-8）。因 MCMC 过程完全随机，读者的结果可能和本输出略有不同。

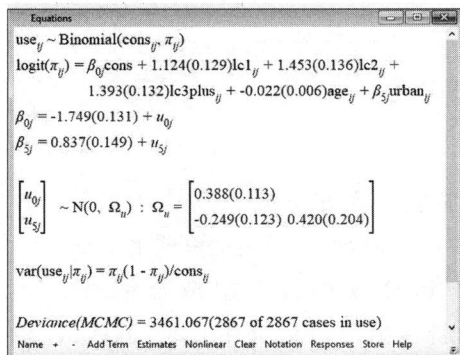

图 5-2-8　随机斜率系数模型的 MCMC 输出结果

可以看到，对本例所示的随机斜率模型来说，二阶 PQL 和 MCMC 算法得到的结果基本一致。实际应用中研究者可使用拟合普通多水平模型的步骤增添更多的变量。

5.3　使用 STATA 构建拟合多水平 logistic 回归模型

使用 STATA 命令运行多水平 logistic 回归模型的步骤很容易，对于不熟悉使用 STATA 命令进行数据分析的初学者来说，使用 STATA 的菜单命令也能很容易地运行多水平 logistic 回归方程。就本例来说，在读入 bang.dta 数据后，使用者可直接运行菜单项 statistics→multilevel mixed effect model→logistic regression 命令，在弹出的对话框中设定相关的多水平 logistic 回归模型。STATA 的多水平 logistic 回归模型设定的对话框和前述的多水平线性回归模型基本一样。对于普通多水平 logistic 回归模型，使用者只需在 Fixed-effects model 区域的下拉框中选好因变量和自变量，在 Random-effects equations 区域设定模型的层次和随机系数即可。例如，要构建 5.2 节中的零模型，首先把 use 设定为 Dependent variable，然后单击 Random-effects equations 区域的 Create 按钮，在弹出的对话框顶部的 Level variable for equation 下拉框中选中 district 变量并单击该弹出窗下面的 OK 按钮。如果研究者希望构建一个三水平模型，在该步骤中就需要先设定第三水平单位，然后再设定第二水平单位。具体步骤和多水平线性模型随机参数的设定步骤一样。模型设定完成后单击对话框底部的 OK 按钮，即可查看如下模型的主要输出结果。

```
. melogit use || district:

Mixed-effects logistic regression          Number of obs     =      2,867
Group variable:         district           Number of groups  =         60

                                           Obs per group:
                                                        min =          3
                                                        avg =       47.8
                                                        max =        173

Integration method: mvaghermite            Integration pts.  =          7

                                           Wald chi2(0)      =          .
Log likelihood = -1875.5869                Prob > chi2       =          .
```

```
------------------------------------------------------------------------
        use |    Coef.   Std. Err.     z    P>|z|    [95% Conf. Interval]
------------+-----------------------------------------------------------
      _cons | -.5103658   .0816852  -6.25   0.000   -.6704659   -.3502657
------------+-----------------------------------------------------------
district    |
  var(_cons)|  .2672649   .0738655                   .1554858    .4594023
------------------------------------------------------------------------
LR test vs. logistic model: chibar2(01) = 101.46     Prob >= chibar2 = 0.0000
```

输出结果显示地区水平上的方差估计值是 0.2672649（95％置信间距：0.155，0.459）。研究者此时可通过点击 Statistics 菜单项下面的 postestimation 要求 STATA 对模型结果进行进一步运算或查看模型拟合信息。例如，双击图 5-3-1 中的 Information criteria 后在新弹出的对话框中要求 STATA 输出 intraclass correlation（ICC）结果。

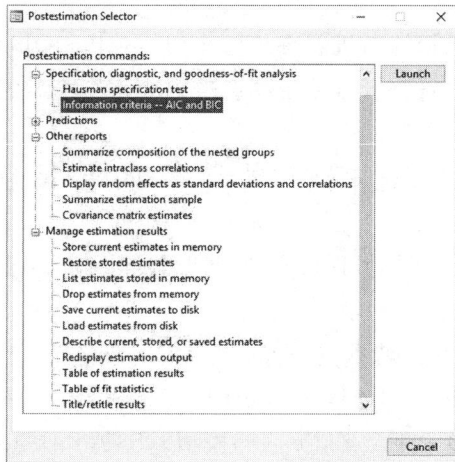

图 5-3-1　二水平 logistic 回归 postestimation 对话框

本例中因变量在地区水平上的变异占总变异的百分比（ICC）的估计值如下。

```
. estat icc

Intraclass correlation

------------------------------------------------------------------------
        Level |     ICC   Std. Err.    [95% Conf. Interval]
--------------+---------------------------------------------------------
     district |  .0751349  .0192052     .0451291    .1225311
```

感兴趣的读者可自行核对公式 5.8 的计算结果或者使用 STATA 的简单计算功能。

```
.dis .2672649/(.2672649+_pi^2/3)
.07513492
```

如果希望在方程中增加自变量 age，就只需在零模型的基础上把 age 选作 Independent variable 后，点击该窗口底部的 OK 按钮即可查看结果。

```
. melogit use age || district:
```

<此处省去迭代过程信息，使用者可要求 STATA 不输出该信息>

```
Mixed-effects logistic regression              Number of obs    =      2,867
Group variable:         district               Number of groups =         60

                                               Obs per group:
                                                          min =          3
                                                          avg =       47.8
                                                          max =        173

Integration method: mvaghermite                Integration pts. =          7

                                               Wald chi2(1)     =      10.37
Log likelihood = -1870.3967                    Prob > chi2      =     0.0013
-----------------------------------------------------------------------------
       use |     Coef.   Std. Err.      z    P>|z|    [95% Conf. Interval]
-----------+-----------------------------------------------------------------
       age |   .014188   .0044063     3.22   0.001    .0055517    .0228242
     _cons | -.5093772   .0820294    -6.21   0.000   -.6701519   -.3486024
-----------+-----------------------------------------------------------------
district   |
var(_cons) |  .2699726   .0743612                     .1573494    .4632063
-----------------------------------------------------------------------------
LR test vs. logistic model: chibar2(01) = 103.78       Prob >= chibar2 = 0.0000
```

结果输出中显示年龄 age 的斜率估计值是 0.014188（$p<0.001$）。如果设定 age 的斜率系数随机，只需在当前随机截距模型设定的基础上，点击 Random-effects equations 中的 Edit 按钮，在新页面中从 factor vriable for eqution 下面的下拉框中选中变量 age，同时并把水平二方差协方差结构设置成 unstructured，然后点击该对话框下部的 OK 按钮回到主对话框后运行该模型并查看如下主要输出结果。

```
. melogit use age, || district: age, covariance(unstructured)

Mixed-effects logistic regression              Number of obs    =      2,867
Mixed-effects logistic regression              Number of obs    =      2,867
Group variable:         district               Number of groups =         60

                                               Obs per group:
                                                          min =          3
                                                          avg =       47.8
                                                          max =        173

Integration method: mvaghermite                Integration pts. =          7

                                               Wald chi2(1)     =       4.92
Log likelihood = -1866.7333                    Prob > chi2      =     0.0266
-----------------------------------------------------------------------------
       use |     Coef.   Std. Err.      z    P>|z|    [95% Conf. Interval]
-----------+-----------------------------------------------------------------
       age |  .0121927   .0054983     2.22   0.027    .0014163    .0229691
     _cons | -.5075232   .0823275    -6.16   0.000    -.668882   -.3461643
-----------+-----------------------------------------------------------------
district   |
  var(age) |  .0004373   .0002731                     .0001286    .0014872
var(_cons) |  .2717785   .0748394                     .1584238    .4662401
-----------+-----------------------------------------------------------------
district       |
cov(age,_cons) |  .004743   .003468    1.37   0.171   -.0020541    .0115401
-----------------------------------------------------------------------------
LR test vs. logistic model: chi2(3) = 111.10           Prob > chi2 = 0.0000
```

输出结果显示年龄变量的平均作用是增加妇女使用节育措施的可能性（0.0121927，$p<0.027$）。STATA 缺省的两水平 logistic 回归模型输出的固定部分斜率系数等结果都是原始的 logit 单位，我们只需在对模型设定话框中 Reporting 页面选上 Report fixed-effects coefficients as odds ratios 选项，就能输出 OR 结果。同时在 Maximization 页面选择 Suppress Iteration log，即可在结果输出中压缩迭代过程的信息。完成上述输出格式设定后的随机斜率模型输出结果如下。

```
. melogit use age, || district: age, covariance(unstructured) or nolog

Mixed-effects logistic regression          Number of obs     =      2,867
Group variable:          district          Number of groups  =         60

                                           Obs per group:
                                                         min =          3
                                                         avg =       47.8
                                                         max =        173

Integration method: mvaghermite            Integration pts.  =          7

                                           Wald chi2(1)      =       4.92
Log likelihood = -1866.7333                Prob > chi2       =     0.0266
-------------+----------------------------------------------------------------
         use |  Odds Ratio  Std. Err.      z    P>|z|    [95% Conf. Interval]
-------------+----------------------------------------------------------------
         age |   1.012267   .0055657     2.22   0.027    1.001417    1.023235
       _cons |   .6019847   .0495599    -6.16   0.000     .512281    .7073962
-------------+----------------------------------------------------------------
district     |
     var(age)|   .0004373   .0002731                     .0001286    .0014872
   var(_cons)|   .2717785   .0748394                     .1584238    .4662401
-------------+----------------------------------------------------------------
district     |
cov(age,_cons)|   .004743    .003468     1.37   0.171    -.0020541    .0115401
-------------+----------------------------------------------------------------
Note: Estimates are transformed only in the first equation.
Note: _cons estimates baseline odds (conditional on zero random effects).
LR test vs. logistic model: chi2(3) = 111.10          Prob > chi2 = 0.0000
```

该输出结果显示，年龄大的女性更容易使用节育措施，$OR = 1.012267$（$p <$ 0.027）。

从上述通过菜单运行两水平 logistic 回归模型的输出结果可以看到，STATA 已经把每次菜单过程的命令也一并输出。因此，使用者可把这些命令保存成文件供以后调用。下面我们就把上述各个命令加以汇总供读者编程使用。

*零模型

melogit use, || district:

*计算 ICC

estat icc

*随机截距模型

melogit use age, || district: , or nolog

*随机截距随机斜率模型

melogit use age, || district: urban, covariance(unstructured) or nolog

读者可以看到 STATA 的多水平 logistic 回归命令的格式和前述的多水平线性回归命令基本一样。｜｜符号用来定义具体的水平数。如果研究者希望用 MCMC 方法估计多水平 logistic 回归模型的参数，则只需在本章所介绍的 melogit 命令之前加上 bayes：前缀即可。例如，用 MCMC 运行本节的随机截距随机斜率模型的命令如下。

bayes: melogit use age，|| district: age，covariance(unstructured) or

运行该命令得到的 MCMC 输出结果如下。

```
 Multilevel structure
-------------------------------------------------------------------------------
district
    {U0}: random intercepts
    {U1}: random coefficients for age
-------------------------------------------------------------------------------

Model summary
-------------------------------------------------------------------------------
Likelihood:
  use ~ melogit(xb_use)

Priors:
  {use:age _cons} ~ normal(0,10000)                                       (1)
        {U0}{U1} ~ mvnormal(2,{U:Sigma,m})                               (1)

Hyperprior:

  {U:Sigma,m} ~ iwishart(2,3,I(2))
-------------------------------------------------------------------------------
(1) Parameters are elements of the linear form xb_use.

Bayesian multilevel logistic regression        MCMC iterations  =    12,500
Random-walk Metropolis-Hastings sampling        Burn-in          =     2,500
                                                MCMC sample size =    10,000
Group variable: district                        Number of groups =        60

                                                Obs per group:
                                                           min =         3
                                                           avg =      47.8
                                                           max =       173

Family : Bernoulli                              Number of obs    =     2,867
Link   : logit                                  Acceptance rate  =     .2806
                                                Efficiency:  min =   .004693
                                                             avg =    .03102
Log marginal likelihood                                      max =    .07087


-------------------------------------------------------------------------------
              |                                            Equal-tailed
              |Odds Ratio   Std. Dev.    MCSE     Median  [95% Cred. Interval]
--------------+----------------------------------------------------------------
use           |
          age | 1.013316   .0186628   .002724  1.012645  .9803113   1.053434
        _cons | .5924911   .0541481   .004694  .5906797  .4919538    .700495
--------------+----------------------------------------------------------------
district      |
  U:Sigma_1_1 | .3299077   .0925236   .005531  .3159531  .1901346   .5440453
  U:Sigma_2_1 | .0034614   .0114096   .000429  .0032244 -.0184242    .02802
  U:Sigma_2_2 | .0207836   .0039189    .0002   .0203641  .0142047   .0296199
-------------------------------------------------------------------------------
Note: Estimates are transformed only in the first equation.
Note: _cons estimates baseline odds (conditional on zero random effects).
Note: Default priors are used for model parameters.
```

　　使用 STATA 的缺省设定，当前模型的 MCMC 输出结果显示妇女使用节育措施的情况在不同地区间有显著变异，水平二方差估计值为（U:Sigma_1_1＝0.3299077）。当然该 MCMC 输出结果的第一部分中的似然函数信息，统计背景强的被试可以参考是否要对模型进行进一步修正，例如，是否要更改模型中有关参数的先验信息。如果研究者有 MLwiN 软件，研究者也可以通过 STATA 的 runmlwin 命令调用 MLwiN 软件运行多水平 logistic 回归模型。使用 runmlwin 命令的具体细节请参考 runmlwin 的帮助文件，注意使用 runmlwin 运行多水平 logistic 回归模型时，实际上是使用 MLwiN 软件在运行模型，该命令的缺省估计方法是一阶 MQL 估计方法，运行完后需把 MQL 的模型估计结果当作初始值，再进一步使用二阶 PQL 估计方法运行一遍模型。就本章前述展示的模型来说，相关使用 runmlwin 的命令如下。

*零模型

```
runmlwin use cons, level2(district: cons) level1(woman) ///
        discrete(distribution(binomial) link(logit) denominator(cons)) nopause

runmlwin use cons, level2(district: cons) level1(woman) ///
        discrete(distribution(binomial) link(logit) denominator(cons) pql2)
initsprevious nopause
```

该命令中的关键部分是对离散自变量分布、联结方式(link)和估计方法的设定，具体选项如下。

discrete(distribution(binomial))：在分布设定中指明因变量是两分类变量。

link(logit)：指明模型中使用 logit 联结。

denominator(cons)：指明格子的分母是 1，用常量 cons 来表示。

pql2：模型的缺省估计方法是一阶 MQL，如果需要得到精确的参数估计值，需要把模型一阶 MQL 估计的结果作为初始值，进一步用二阶 PQL 方法估计。命令中的 initsprevious 选项指明使用刚运行过的模型参数值为即将要运行的模型的初始值。其他主干命令和普通多水平模型命令一样。

runmlwin use cons, /// ： 指明因变量和自变量。

level2(district: cons) level1(woman)： 指明第二水平单位和第一水平单位标识变量，并且指定截距系数在第二水平随机。

＊随机截距模型

```
runmlwin use cons age, level2(district: cons) level1(woman) ///
        discrete(distribution(binomial) link(logit) denominator(cons)) nopause or

runmlwin use cons age, level2(district: cons) level1(woman) ///
        discrete(distribution(binomial) link(logit) denominator(cons) pql2)
initsprevious nopause  or
```

＊随机截距随机斜率模型

```
runmlwin use cons age, level2(district: cons age) level1(woman) ///
        discrete(distribution(binomial) link(logit) denominator(cons)) nopause or

runmlwin use cons age, level2(district: cons age) level1(woman) ///
        discrete(distribution(binomial) link(logit) denominator(cons) pql2)
initsprevious nopause or
```

命令中的 level2(district：cons age)选项指定 age 的斜率系数在第二水平单位 district 间随机，命令末尾的 or 选项要求输出的斜率系数结果用 OR 值表示。

运行上述随机截距模型的二阶 PQL 结果输出(logit 值)如下。

```
. runmlwin use cons urban, level2(district: cons) level1(woman) ///
        discrete(distribution(binomial) link(logit) denominator(cons) pql2) initsprevious
nopause

Model fitted using initial values specified as parameter estimates from previous model

MLwiN 3.1 multilevel model                         Number of obs    =     2867
Binomial logit response model
Estimation algorithm: IGLS, PQL2
```

```
----------------------------------------------------------------
              |    No. of      Observations per Group
Level Variable |    Groups    Minimum    Average    Maximum
--------------+-------------------------------------------------
     district |      60          3        47.8        173
----------------------------------------------------------------

Run time (seconds)   =        1.50
Number of iterations =        5
----------------------------------------------------------------
        use |    Coef.    Std. Err.      z    P>|z|    [95% Conf. Interval]
-----------+----------------------------------------------------
       cons | -.5091552   .0811789   -6.27   0.000    -.668263   -.3500475
        age |  .0141974    .00438     3.24   0.001    .0056127   .0227821
----------------------------------------------------------------


----------------------------------------------------------------
  Random-effects Parameters |  Estimate   Std. Err.   [95% Conf. Interval]
-----------------------------+----------------------------------
Level 2: district           |
                  var(cons) | .2678039    .0709211    .1288012    .4068066
```

感兴趣的读者请自行运行 MLwiN，可以看到输出结果（图 5-3-2）仅仅是小数点位数不同。

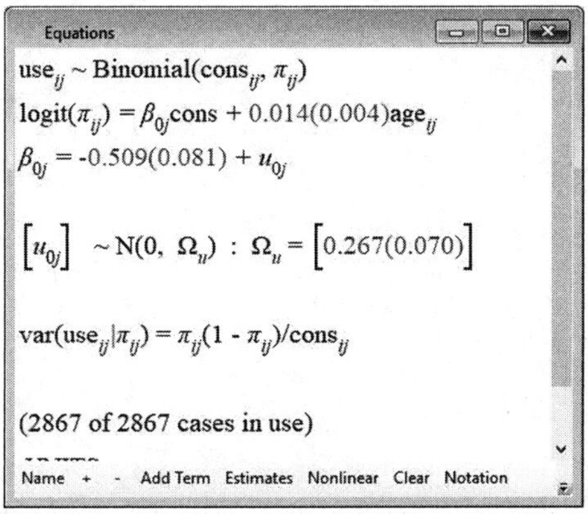

图 5-3-2　一个两水平 logistic 回归模型的 MLwiN 输出结果

注意这里的输出结果实际上是 MLwiN 软件的运算结果，并不是 STATA 自身的多水平 logistic 回归模型的命令的运算结果。

5.4　使用 Mplus 构建拟合多水平 logistic 回归模型

使用 Mplus 运行两水平的 logistics 回归和运行两水平的线性回归一样方便。使用者只需调用相关数据，然后直接运行 Mplus 命令即可。例如，本节中的零模型两水平 logistic 回归模型的命令如下。

```
Title: 2-level logistic regression with bang data
! null model
Data: File is C:\Users\yuhan\Google Drive\mlm_book2016\data\bang.csv;
VARIABLE: NAMES ARE woman district use use4 lc age urban educ hindu
d_lit d_pray cons;
```

```
        CATEGORICAL ARE use;
        CLUSTER is district;
        usevariables are use;
ANALYSIS: ESTIMATOR=ML;
          TYPE=TWOLEVEL;
MODEL:
    %Within%
    !blank
    %Between%
  use; !request level 2 variance
```

使用者须指定因变量是二分变量，1 编码为事件的发生，0 编码为事件的不发生。命令中的 CATEGORICAL ARE use 指明因变量 use 是两分类变量；命令行 CLUSTER is district 指明 district 为第二水平单位标识变量。同时需要在 ANALYSIS 中指定 ESTIMATOR＝ML 才能得到 logit 的估计结果；模型中的其他设定和多水平线性回归模型一样。上述 Mplus 命令输出的 logistic 模型的运行结果如下。

```
MODEL FIT INFORMATION
Number of Free Parameters                    2

Loglikelihood
        H0 Value                       -1875.588

Information Criteria

        Akaike (AIC)                    3755.177
        Bayesian (BIC)                  3767.099
        Sample-Size Adjusted BIC        3760.744
          (n* = (n + 2) / 24)
```

```
MODEL RESULTS
                                                       Two-Tailed
                   Estimate      S.E.    Est./S.E.     P-Value

Within Level

Between Level

  Thresholds
    USE$1            0.506      0.082      6.196        0.000

  Variances
    USE              0.268      0.074      3.613        0.000
```

Mplus 两水平 logistic 回归模型的输出格式和两水平线性回归方程基本一样，该输出结果显示因变量在地区水平上的方差估计值为 $0.268(p<0.000)$。需提醒读者的是 Mplus 在其 logistic 回归模型中的截距系数和 STATA、MLwiN 的输出结果相反。例如，本例中其截距系数的估计值是正数(0.506)，而且 STATA 和 MLwiN 中则为负数。如果希望运行随机截距模型，即在模型中包括自变量年龄 age 即可，则相关的 Mplus 关键命令如下。

```
VARIABLE: NAMES ARE woman district use use4 lc age urban educ hindu
d_lit d_pray cons;
    CATEGORICAL ARE use;
    CLUSTER is district;
    usevariables are use age;
    within=urban;
ANALYSIS: ESTIMATOR=ML;
        TYPE=TWOLEVEL;
MODEL:
    %Within%
    use on age;
    %Between%
  use; !request level 2 variance
```

运行该命令的结果输出如下。

Loglikelihood

       H0 Value   -1870.398

Information Criteria

       Akaike (AIC)   3746.796
       Bayesian (BIC)   3764.679
       Sample-Size Adjusted BIC   3755.147
         (n* = (n + 2) / 24)

MODEL RESULTS

	Estimate	S.E.	Est./S.E.	Two-Tailed P-Value
Within Level				
USE ON				
AGE	0.014	0.004	3.219	0.001
Between Level				
Thresholds				
USE$1	0.506	0.082	6.160	0.000
Variances				
USE	0.271	0.075	3.625	0.000

LOGISTIC REGRESSION ODDS RATIO RESULTS

Within Level

USE ON	
AGE	1.014

读者可看到 Mplus 自动报告 OR 的结果(OR＝1.014，p＝0.000)，但当前版本的 Mplus 还未能报告 OR 结果的置信间距，如果需要，尚需读者自行根据 logit 值及其标准误自行算出相应置信间距的上下限。如果希望运行一个随机截距随机斜率模型，则相应的 Mplus 命令如下。

```
VARIABLE: NAMES ARE woman district use use4 lc age urban educ
hindu d_lit d_pray cons;
    CATEGORICAL ARE use;
    CLUSTER is district;
    usevariables are use age;
    within=age;
ANALYSIS: ESTIMATOR=ML;
        TYPE=TWOLEVEL RANDOM;
MODEL:
    %Within%
    s|use on age;  ! specify random slope
    %Between%
    use with s; !specify covariance between intercept and slope
```

该命令中需在 ANALYSIS 选项中额外设定 TYPE＝random；同时用 S｜指定 age 的系数在地区水平上随机，并且需要明确指定截距和斜率在居住地水平上的协方差。运行该命令得到如下随机截距随机斜率的输出。

MODEL RESULTS

	Estimate	S.E.	Est./S.E.	Two-Tailed P-Value
Within Level				
Between Level				
USE WITH				
S	0.005	0.004	1.305	0.192
Means				
S	0.012	0.006	2.205	0.027
Thresholds				
USE$1	0.508	0.082	6.160	0.000
Variances				
USE	0.272	0.075	3.631	0.000
S	0.000	0.000	1.314	0.189

输出结果显示斜率估计值在居住地水平上的变异不显著(0.000，se＝0.000，p＝0.189)，可考虑在模型中把该斜率系数固定。当然，Mplus 把方差估计值当作正态分布的参数进行的显著性检验，有时候就会得到和其他统计软件的输出结果不一致的地方。当前分析结果显示年龄能够促进妇女使用节育措施(斜率估计值 0.012，p＝0.027)。

5.5　使用 SPSS 构建拟合多水平 logistic 回归模型

在使用 SPSS 运行多水平 logistic 回归之前，我们演示一下如何使用 SPSS 运行普通 logistic 回归。单击菜单命令 Analysis—＞Regress—＞Binary logistic，在弹出的对话框中选定 use 为因变量(dependent)，年龄为分类变量，受教育水平为自变量(covariates)，运行该模型将得到如下主要输出。

Case Processing Summary

Unweighted Cases[a]		N	Percent
Selected Cases	Included in Analysis	2867	100.0
	Missing Cases	0	0.0
	Total	2867	100.0
Unselected Cases		0	0.0
Total		2867	100.0

a. If weight is in effect，see classification table for the total number of cases.

Dependent Variable Encoding

Original Value	Internal Value
0	0
1	1

Categorical Variables Codings

		Frequency	Parameter coding		
			(1)	(2)	(3)
Womans level of education（1 = None，2 = Lower primary，3 = Upper primary，4＝S)	ed_none	1806	1.000	0.000	0.000
	ed_lprim	357	0.000	1.000	0.000
	ed_uprim	265	0.000	0.000	1.000
	ed_secplus	439	0.000	0.000	0.000

　　此输出信息显示分类变量 educ 是如何在模型中被编码的，本例中是以最高学历为参照类。研究者可根据需要更改参照类或使用其他编码方法。

　　接下来的部分是 SPSS 在模型运算的每一步输出结果。首先输出的模型中没有任何自变量时的拟合结果。

Classification Table[a,b]

			Predicted		
			Contraceptive use status at a time of survey（1 = using contraception，2＝not u)		Percentage Correct
	Observed		0	1	
Step 0	Contraceptive use status at a time of survey（1 = using contraception，2＝not u)	0	1728	0	100.0
		1	1139	0	0.0
	Overall Percentage				60.3

a. Constant is included in the model.

b. The cut value is 0.500.

Variables in the Equation

		B	S. E.	Wald	df	Sig.	Exp(B)
Step 0	Constant	−0.417	0.038	119.268	1	0.000	0.659

Variables not in the Equation

			Score	df	Sig.
Step 0	Variables	Age of woman at time of survey (in years), centred on the sample mean of 30 year	8.081	1	0.004
		Womans① level of education (1 = None, 2 = Lower primary, 3 = Upper primary, 4=S)	127.660	3	0.000
		Womans level of education (1 = None, 2 = Lower primary, 3 = Upper primary, 4=S(1))	93.747	1	0.000
		Womans level of education (1 = None, 2 = Lower primary, 3 = Upper primary, 4=S(2))	0.018	1	0.892
		Womans level of education (1 = None, 2 = Lower primary, 3 = Upper primary, 4=S(3))	16.388	1	0.000
	Overall Statistics		148.050	4	0.000

下面是包括所有指定变量的模型拟合输出结果。

Omnibus Tests of Model Coefficients

		Chi-square	df	Sig.
Step 1	Step	147.349	4	0.000
	Block	147.349	4	0.000
	Model	147.349	4	0.000

Model Summary

Step	−2 Log likelihood	Cox & Snell R Square	Nagelkerke R Square
1	3705.286[a]	0.050	0.068

a. Estimation terminated at iteration number 3 because parameter estimates changed by less than 0.001.

---

① Womans 为输出结果中的内容，为了方便读者查看结果，不做修改。

Classification Table[a]

	Observed		Predicted		Percentage Correct
			Contraceptive use status at a time of survey (1 = using contraception, 2=not u)		
			0	1	
Step 1	Contraceptive use status at a time of survey (1 = using contraception, 2=not u)	0	1489	239	86.2
		1	789	350	30.7
	Overall Percentage				64.1

a. The cut value is 0.500.

Variables in the Equation

		B	S. E.	Wald	df	Sig.	Exp(B)
Step 1[a]	Age of woman at time of survey (in years), centred on the sample mean of 30 year	0.020	0.004	21.339	1	0.000	1.021
	Womans level of education (1= None, 2=Lower primary, 3= Upper primary, 4=S)			134.918	3	0.000	
	Womans level of education (1= None, 2=Lower primary, 3= Upper primary, 4=S(1))	−1.209	0.112	117.525	1	0.000	0.298
	Womans level of education (1= None, 2=Lower primary, 3= Upper primary, 4=S(2))	−0.871	0.146	35.334	1	0.000	0.419
	Womans level of education (1= None, 2=Lower primary, 3= Upper primary, 4=S(3))	−0.392	0.157	6.188	1	0.013	0.676
	Constant	0.481	0.099	23.704	1	0.000	1.617

a. Variable(s)entered on step 1：Age of woman at time of survey(in years)，centred on the sample mean of 30 year，Womans level of education(1 = None，2 = Lower primary，3 = Upper primary，4=S).

最后的系数结果显示妇女的年龄能促进节育措施的使用，相对于高学历来说，学历低或文盲女性更少使用节育措施。本结果为 SPSS 缺省设置的 logistic 回归模型输出结果，研究者可根据需要更改有关设定得到自己想要的输出结果。

SPSS 软件在运行多水平 logistic 回归模型时需要调用多水平广义线性模型(Generalised linear Model)命令。广义线性模型是比较高级的统计知识(Hardin &

Hilbe，2012)。本书旨在给读者演示如何使用相关软件构建不同的多水平模型，我们对模型后面高深的数理统计知识就不再过多介绍。请感兴趣的读者参考有关广义线性模型的学习材料。本节演示所用的数据还是 MLwiN 软件的自带数据 bang. sav，模型中的两分类因变量名为 use，自变量为被试的年龄。我们首先演示如何在 SPSS 中构建一个两水平的零模型，具体步骤如下。

(1)读入数据 bang. sav 后，运行 Analyze＞Mixed Models＞Generalized Linear...菜单命令，弹出的对话框(图 5-5-1)就是多水平广义线性模型设定对话框。

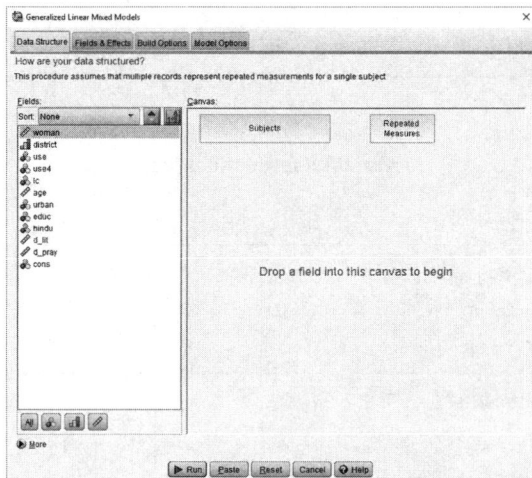

图 5-5-1　多水平广义线性模型设定对话框

使用 SPSS 构建多水平广义线性模型的第一步是设定数据结构。本研究中第二水平单位是被试所在的地区编码，SPSS 的多水平广义线性模型设定要求单位编码变量为 ordinal 变量，因此使用者须把此变量的属性预先设定为 ordinal。用鼠标选中 district 并把该变量拖到对话框右侧"Drop a field into this canvas to begin"的区域，则对话框就变成图 5-5-2 所示。数据结构设定步骤就完成了。如果研究者有三水平以上的数据结构，则需要从最高水平单位依次把各个水平的单位标识变量拖到该对话框的右侧区域。

(2)数据结构设定完成后，就开始设定模型中的因变量和自变量。单击图 5-5-2 对话框上部的 Fields & Effects 选项，在 Target 下面的下拉框里面选择因变量 use，然后在 Target distribution and Relationship(Link)with the Linear Model 下面选择 Binary logistic regression。设定完因变量的分布后就开始对模型中的自变量进行设定了。单击 Fields & Effects 页面对话框左上方的 Fixed Effects 字样，在对话框的新界面(图 5-5-3)对需要进入模型的自变量进行设定。此时我们计划构建一个两水平的零模型，因此不需选择任何自变量进入模型，使用者请保证此时在对话框左下角 include intercept 选项被选中。

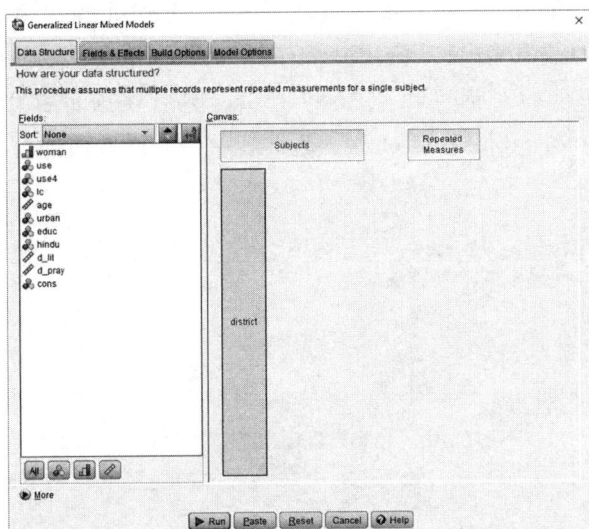

图 5-5-2　多水平广义线性模型设定对话框两水平数据结构设定

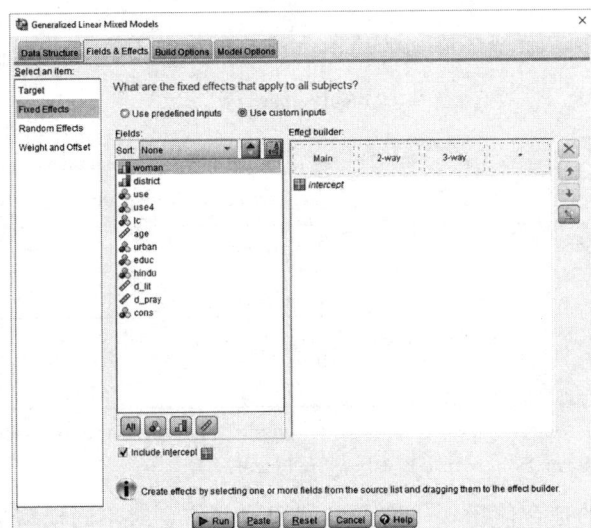

图 5-5-3　设定零模型中的自变量

(3)然后单击图 5-5-3 对话框左上部的 Random Effects 对高水平的方差协方差参数进行设定，单击对话框的新页面左下部的 Add Block 按钮，在新弹出的窗口中左侧中下部选中 include intercept 选项，并在对话框右侧下部的 Subject combination 下拉框中选择水平二单位变量 district（图 5-5-4），然后单击 OK 按钮回到上一级菜单Fields & Effects 界面后，继续单击对话框上部的 Build Options 选项，在新界面中把Sorting order 设定为 Descending 并且选择 robust covariance 选项。然后单击对话框下部的 Run 按钮查看输出结果。

当前版本 SPSS25 的多水平广义线性模型的缺省输出格式是 Model viewer，熟悉传统输出格式并且使用 SPSS 高版本的被试需要在 SPSS 主窗口事先把输出格式设定一下才能看到传统的结果输出格式。具体设定步骤是在 SPSS 主窗口运行菜单 Edit→Options 命令，在弹出的对话窗口点击 Output，然后在该页面中部右侧的 Output Display 下面选择 Pivot tables and charts 后继续单击 OK 按钮即可。

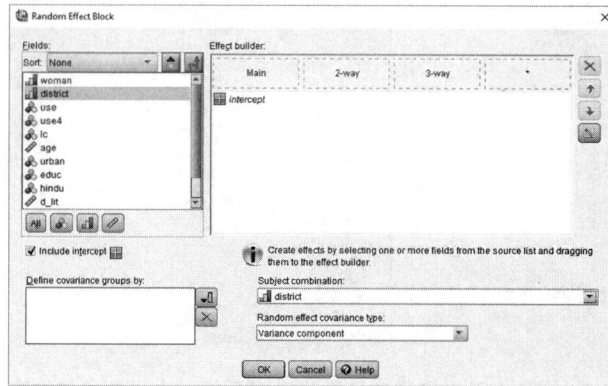

图 5-5-4　设定零模型中的方差结构

以下部分是运行零模型后得到的输出结果，此处为 SPSS25 的输出结果法。

Model Summary

Target		Contraceptive use status at a time of survey(1＝using contraception，2＝not u)
Probability Distribution		Binomial
Link Function		Logit
Information Criterion	Akaike Corrected	12408.661
	Bayesian	12414.620

Information criteria are based on the-2 log likelihood(12406.660)and are used to compare models. Models with smaller information criterion values fit better.

给出当前模型的拟合信息，研究者可利用这些信息对不同模型进行比较。

Fixed Effects[a]

Source	F	df1	df2	Sig.
Corrected Model[b]	0.	0	0.	0.

Probability distribution：Binomial.

Link function：Logit.

a. Target：Contraceptive use status at a time of survey(1＝using contraception，2＝not u).

b. The fixed effects include intercept only.

Fixed Coefficients[a]

Model Term	Coefficient	Std. Error	t	Sig.	95% Confidence Interval		Exp (Coefficient)	95% Confidence Interval for Exp(Coefficient)	
					Lower	Upper		Lower	Upper
Intercept	−0.500	0.0796	−6.283	0.000	−0.656	−0.344	0.606	0.519	0.709

Probability distribution：Binomial.

Link function：Logit.

a. Target：Contraceptive use status at a time of survey(1＝using contraception，2＝not u).

当前模型中没有任何自变量，因此这里只有截距系数的估计值和其显著性检验结果。

Random Effect

Random Effect Covariance	Estimate	Std. Error	Z	Sig.	95% Confidence Interval	
					Lower	Upper
Var(Intercept)	0.261	0.071	3.662	0.000	0.153	0.446

Covariance Structure：Variance components.

Subject Specification：district.

这是地区水平方差的估计值和其显著性检验结果。当前零模型的输出结果显示因变量 use 在地区水平上的方差估计值是 0.261(p＝0.000)。如果需要运行包括年龄为自变量的随机截距模型，只需在 Fields & Effects 界面中，把 age 变量用鼠标拖到对话框右侧的区域即可(图 5-5-5)，其他设定和零模型设定一样。

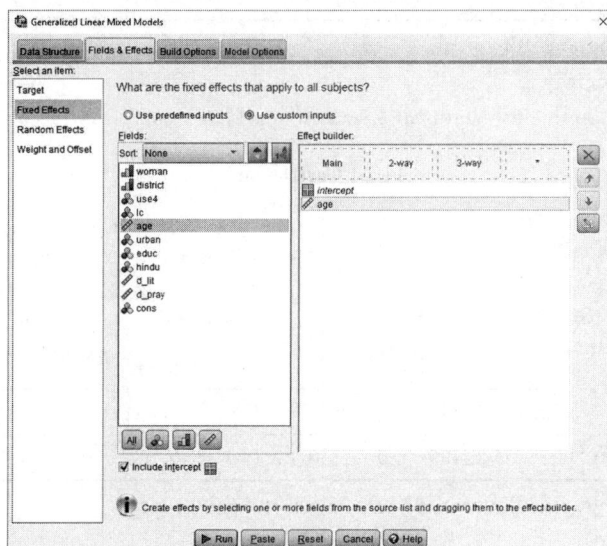

图 5-5-5 增加年龄为自变量

运行该随机截距模型的 SPSS 输出结果如下。

Model Summary

Target	Contraceptive use status at a time of survey (1＝using contraception，2＝not u)
Probability Distribution	Binomial
Link Function	Logit
Information Criterion — Akaike Corrected	12430.066
Information Criterion — Bayesian	12436.025

Information criteria are based on the-2 log likelihood(12428.064)and are used to compare models. Models with smaller information criterion values fit better.

Classification

Overall Percent Correct＝64.4%[a]

			Predicted	
Observed			1	0
1	Count		299	840
	% within Observed		26.3%	73.7%
0	Count		182	1546
	% within Observed		10.5%	89.5%

a. Target：Contraceptive use status at a time of survey(1＝using contraception，2＝not u).

Fixed Effects[a]

Source	F	df1	df2	Sig.
Corrected Model	6.245	1	2865	0.013
age	6.245	1	2865	0.013

Probability distribution：Binomial.

Link function：Logit.

a. Target：Contraceptive use status at a time of survey(1＝using contraception，2＝not u).

Fixed Coefficients[a]

Model Term	Coefficient	Std. Error	t	Sig.	95% Confidence Interval		Exp (Coefficient)	95% Confidence Interval for Exp(Coefficient)	
					Lower	Upper		Lower	Upper
Intercept	−0.499	0.0799	−6.247	0.000	−0.656	−0.342	0.607	0.519	0.710
age	0.014	0.0056	2.499	0.013	0.003	0.025	1.014	1.003	1.025

Probability distribution：Binomial.

Link function：Logit.

a. Target：Contraceptive use status at a time of survey(1＝using contraception，2＝not u).

年龄变量的斜率系数 0.014 统计显著，相应的 OR 值是 1.014，说明年龄对妇女使用节育措施有正向促进作用。

Random Effect Block 1

Random Effect Block	Intercept
Intercept	0.264

Covariance Structure：Variance components.

Subject Specification：district.

Random Effect

Random Effect Covariance	Estimate	Std. Error	Z	Sig.	95% Confidence Interval Lower	Upper
Var(Intercept)	0.264	0.072	3.674	0.000	0.155	0.450

Covariance Structure：Variance components.

Subject Specification：district.

这是该模型地区水平上的方差估计结果。

如果需要检验年龄的斜率系数是否在地区水平随机，则只需在图 5-5-5 基础上进一步点击 Random Effects，并单击该界面下部的 Edit Block，在弹出的新对话框中把 age 用鼠标拖到该对话框右侧 Effect builder 区域中（图 5-5-6），然后从对话框下部把第二水平的方差结构设置成 Unstructured 后单击 OK 按钮，回到上一级界面后，进一步点击 Run 按钮查看随机截距随机斜率模型的结果。

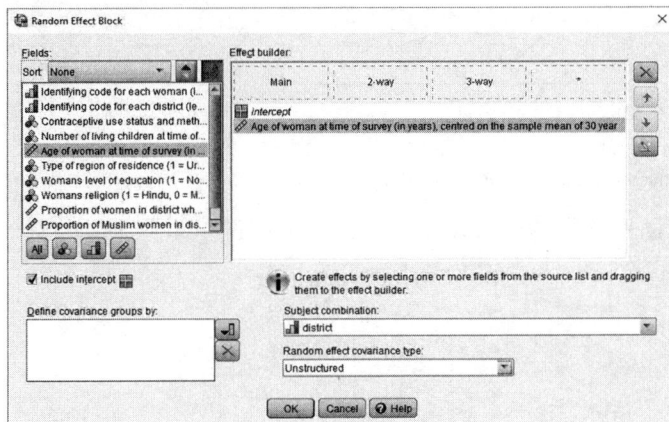

图 5-5-6 设定 age 斜率系数随机

Model Summary

Target		Contraceptive use status at a time of survey(1＝using contraception，2＝not u)
Probability Distribution		Binomial
Link Function		Logit
Information Criterion	Akaike Corrected	12442.399
	Bayesian	12460.271

Information criteria are based on the-2 log likelihood(12436.390)and are used to compare models. Models with smaller information criterion values fit better.

这部分是模型的拟合结果。

Classification

Overall Percent Correct＝65.1%[a]

			Predicted	
Observed			1	0
1	Count		357	782
	% within Observed		31.3%	68.7%
0	Count		220	1508
	% within Observed		12.7%	87.3%

a. Target：Contraceptive use status at a time of survey(1＝using contraception，2＝not u).

Fixed Effects[a]

Source	F	df1	df2	Sig.
Corrected Model	5.448	1	2865	0.020
age	5.448	1	2865	0.020

Probability distribution：Binomial.

Link function：Logit.

a. Target：Contraceptive use status at a time of survey(1＝using contraception，2＝not u).

这里是模型固定参数的估计结果，年龄 age 的斜率系数估计值为 0.012。

Fixed Coefficients[a]

Model Term	Coefficient	Std. Error	t	Sig.	95% Confidence Interval		Exp (Coefficient)	95% Confidence Interval for Exp(Coefficient)	
					Lower	Upper		Lower	Upper
Intercept	−0.495	0.0797	−6.211	0.000	−0.652	−0.339	0.609	0.521	0.713
age	0.012	0.0053	2.334	0.020	0.002	0.023	1.012	1.002	1.023

Probability distribution：Binomial.

Link function：Logit.

a. Target：Contraceptive use status at a time of survey(1＝using contraception，2＝not u).

Random Effect Block 1

Random Effect Block	Intercept	age
Intercept	0.262	0.004
age	0.004	0.000

Covariance Structure：Variance components.

Subject Specification：district.

　　这部分是模型随机部分参数的估计结果。可看到年龄斜率系数在各个地区间的变异很小。实际应用中可考虑把年龄变量的斜率系数设定为固定参数。

Residual Effect

Residual Effect	Estimate	Std. Error	Z	Sig.	95% Confidence Interval Lower	Upper
Variance	1.000	0.	0.	0.	0.	0.

Covariance Structure：Scaled Identity.

Subject Specification：（None）.

Random Effect

Random Effect Covariance	Estimate	Std. Error	Z	Sig.	95% Confidence Interval Lower	Upper
UN(1，1)	0.262	0.071	3.672	0.000	0.153	0.446
UN(2，1)	0.004	0.003	1.337	0.181	−0.002	0.011
UN(2，2)	0.000	0.000	1.608	0.108	0.000	0.001

Covariance Structure：Unknown.

Subject Specification：district.

　　总体来说，当前模型的输出结果显示年龄大的妇女更愿意使用节育措施，但年龄的影响作用在不同地区之间差异不显著。

5.6　三水平 logistic 回归模型

　　实际研究中的两分类的因变量可能来自有更多水平结构的数据，这样就需构建运行三水平、四水平甚至更多水平的 logistic 回归模型。两水平 logistic 回归模型可以很容易地被延伸到更高水平的情况。例如，当数据有三个水平时，公式5.7就可以被延伸成公式5.9。

$$\text{logit}(p_{ijk}) = \ln \frac{p_{ijk}}{(1 - p_{ijk})} = \beta_0 + \beta_1 x_{ijk} + u_{0jk} + v_{0k} \qquad 5.9$$

　　公式中的 i 是第一水平的单位编号，j 是第二水平的单位编号，k 是第三水平的单位编号，因变量在第二水平和第三水平的离差分别为 $\mu_{0jk} \sim N(0,\sigma_{\mu 0}^2)$ 和 $\nu_{0k} \sim N(0,\sigma_{\nu 0}^2)$。

本节主要演示如何用有关软件构建三水平 logistic 回归模型。所用数据来自 Heck 和同事的 SPSS 书中的例子(Heck et al.，2012)。有关数据将探讨影响学生阅读成绩(两分类变量 readprof)的影响因素。数据中的学生来自不同学校的不同老师，这样学校(schcode)就是数据的第三水平单位，老师(Rteachid)是第二水平单位，学生(l1id)是第一水平单位，演示模型中使用的自变量是学生的性别(female)，该变量编码 1 为女生，0 为男生。数据中的变量信息如下。

```
Contains data from C:\Users\yuhan\Google Drive\mlm_book2016\data\readprof3l.dta
  obs:        5,185
  vars:          13                              28 Jan 2018 19:28
  size:     248,880
-------------------------------------------------------------------------------
               storage   display
variable name   type     format        variable label
-------------------------------------------------------------------------------
schcode         int      %16.0f        school ID=L3
Rteachid        byte     %16.0f        teacher ID=l2
lowses          byte     %16.0f        Low level ses:1=lowlevel, 0 other
female          byte     %16.0f        student gende 1=female, 0=male
minor           byte     %16.0f        student ethnicity 1=minor, 0=majority
readprof        byte     %16.0f        student reading level 1=proficient, 0=not
zteacheff       double   %16.2f        Z score of teacher contribution, + =good
schcomp         double   %16.2f        Z score of weight showing studnet with aid
smallsch        byte     %16.0f        school size 1=small, 0=not small
gmclasscomp     double   %16.2f        grand mean centered % stuent in aid
gmclass_size    double   %16.2f        grand mean centered number of student in class
cons            float    %9.0g
l1id            float    %9.0g         L1 ID
-------------------------------------------------------------------------------
Sorted by: schcode  Rteachid
```

该研究中的两分类因变量是 readprof，模型中的自变量是学生性别。下面就分别演示如何用不同的软件构建零模型和随机斜率模型。

5.6.1　使用 MLwiN 构建拟合三水平 logistic 回归模型

使用 MLwiN 构建三水平 logistic 回归的步骤与构建二水平模型的步骤基本一样，具体步骤如下。

(1)读入数据 readprof3l. dta 后直接运行菜单命令 Model—>Equations，在模型方程窗口单击方程中的 y 后选择 readprof 为因变量，并且把变量 schcode、Rteachid 和 l1id 分别设置成第三、第二和第一水平的标识符。

(2)然后单击因变量分布设定 $N(XB,\Omega)$ 的位置，在弹出窗口中选择 Binomial 分布和 logit 连接。单击 OK 按钮后因变量的分布就自动改为两项分布；再继续单击分布设定中的 n_{ijk}，在弹出的对话框中选择常量 cons 为每个格子的分母。

(3)设定完因变量的分布后继续单击链接方程中的 $\beta_0 x_0$，在弹出窗中选择 cons 并把 cons 的系数设定为在 family 和 subject 随机。然后单击窗口下面的 Nonlinear 按钮，在弹出窗中点击 Use Default 按钮选择 1 阶 MQL 估计方法。单击 Done 按钮后回到模型方程界面，单击窗口左上角的 Start 按钮运行模型。模型收敛后单击窗口下面的 Estimates 按钮查看输出结果(图 5-6-1)。

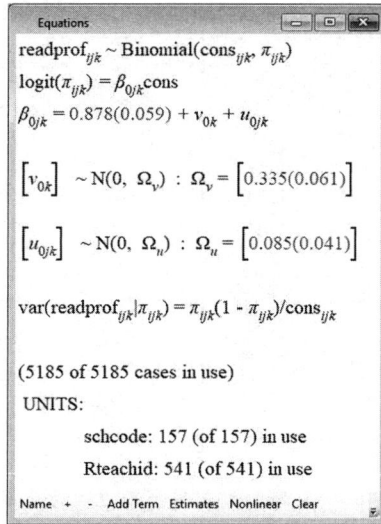

图 5-6-1　零模型一阶 MQL 估计结果

在一阶 MQL 估计结果的基础上，我们再进一步单击估计法设定的 Nonlinear 按钮，选择二阶 PQL 估计法并单击 More 按钮，模型收敛后的输出结果如图 5-6-2 所示。

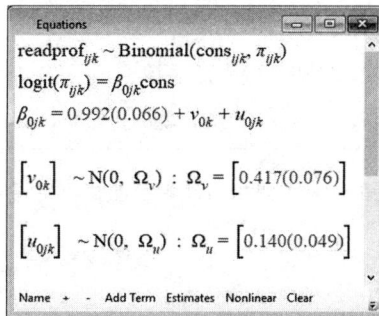

图 5-6-2　三水平 logistic 回归零模型的二阶 PQL 估计结果

读者此时可使用 MLwiN 菜单命令 Model→Intervals and tests 命令对模型中有关系数的显著性水平进行检验。本例中第三水平和第二水平的变异都显著(图 5-6-3)。

然后单击模型窗口下面的 Add Term 按钮，把变量 female 包括进方程并且设定其系数固定。单击窗口在上方的 More 按钮后得到的该随机截距模型的输出结果如下(图 5-6-4)。

在随机截距模型的基础上，进一步单击斜率系数的位置，在弹出的随机系数设定对话框中把性别的系数设定为在学校和老师水平上随机并查看输出结果(图 5-6-5 所示)。

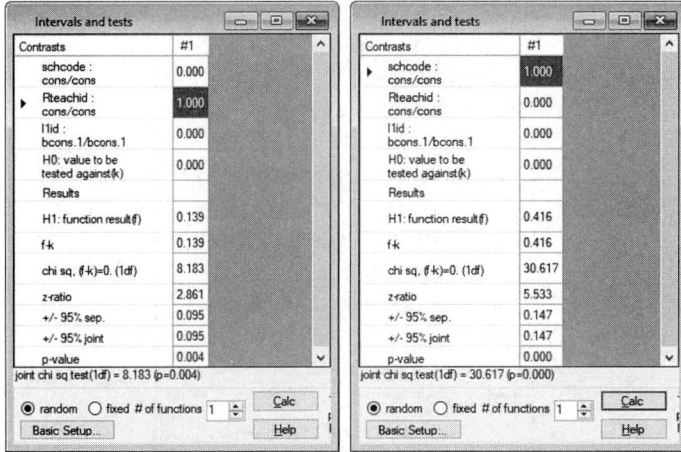

图 5-6-3　零模型方差显著性检验结果

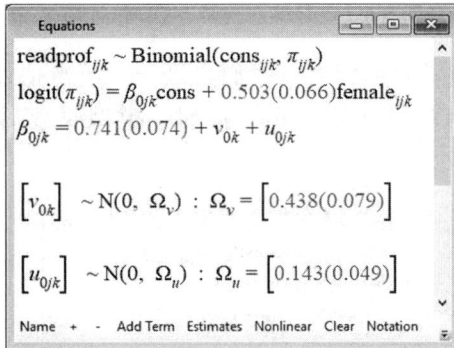

$$\text{readprof}_{ijk} \sim \text{Binomial}(\text{cons}_{ijk}, \pi_{ijk})$$

$$\text{logit}(\pi_{ijk}) = \beta_{0jk}\text{cons} + 0.503(0.066)\text{female}_{ijk}$$

$$\beta_{0jk} = 0.741(0.074) + v_{0k} + u_{0jk}$$

$$\left[v_{0k} \right] \sim \text{N}(0,\ \Omega_v) : \Omega_v = \left[0.438(0.079) \right]$$

$$\left[u_{0jk} \right] \sim \text{N}(0,\ \Omega_u) : \Omega_u = \left[0.143(0.049) \right]$$

图 5-6-4　随机截距模型的输出结果

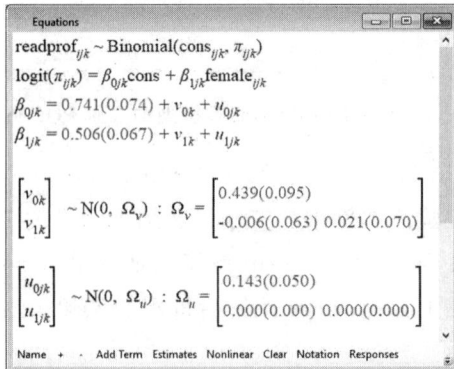

$$\text{readprof}_{ijk} \sim \text{Binomial}(\text{cons}_{ijk}, \pi_{ijk})$$

$$\text{logit}(\pi_{ijk}) = \beta_{0jk}\text{cons} + \beta_{1jk}\text{female}_{ijk}$$

$$\beta_{0jk} = 0.741(0.074) + v_{0k} + u_{0jk}$$

$$\beta_{1jk} = 0.506(0.067) + v_{1k} + u_{1jk}$$

$$\begin{bmatrix} v_{0k} \\ v_{1k} \end{bmatrix} \sim \text{N}(0,\ \Omega_v) : \Omega_v = \begin{bmatrix} 0.439(0.095) \\ -0.006(0.063)\ 0.021(0.070) \end{bmatrix}$$

$$\begin{bmatrix} u_{0jk} \\ u_{1jk} \end{bmatrix} \sim \text{N}(0,\ \Omega_u) : \Omega_u = \begin{bmatrix} 0.143(0.050) \\ 0.000(0.000)\ 0.000(0.000) \end{bmatrix}$$

图 5-6-5　随机截距随机斜率模型的输出结果

　　通过检验，性别系数在老师水平上的方差估计不显著，我们就考虑把性别系数在老师水平上固定。单击模型中性别系数的位置，在弹出窗中只设定性别系数在学校水平上随机。进一步运行模型得到的新结果如图 5-6-6 所示。读者可自行检验性别系数在学校水平上方差估计值的显著性，然后再决定是否进一步修改模型。

$$\text{readprof}_{ijk} \sim \text{Binomial}(\text{cons}_{ijk}, \pi_{ijk})$$
$$\text{logit}(\pi_{ijk}) = \beta_{0jk}\text{cons} + \beta_{1k}\text{female}_{ijk}$$
$$\beta_{0jk} = 0.741(0.074) + v_{0k} + u_{0jk}$$
$$\beta_{1k} = 0.506(0.067) + v_{1k}$$

$$\begin{bmatrix} v_{0k} \\ v_{1k} \end{bmatrix} \sim \text{N}(0, \ \Omega_v) : \Omega_v = \begin{bmatrix} 0.439(0.095) \\ -0.006(0.063) \ 0.021(0.070) \end{bmatrix}$$

$$\begin{bmatrix} u_{0jk} \end{bmatrix} \sim \text{N}(0, \ \Omega_u) : \Omega_u = \begin{bmatrix} 0.143(0.050) \end{bmatrix}$$

图 5-6-6　性别系数只在学校水平随机模型结果

5.6.2　使用 STATA 构建拟合三水平 logistic 回归模型

使用 STATA 构建三水平 logistic 回归模型的步骤也和构建两水平 logistic 回归模型基本一样。就零模型的构建来说，在读入数据后直接运行菜单命令 Statistics＞Multilevel mixed-effects models＞Logistic regression，在弹出的模型设定对话框中选中 readprof 为因变量。然后单击对话框中部 Random-effects model 区域的 Create 按钮，在弹出的对话框中选定第三水平单位变量 schcode（图 5-6-7）。

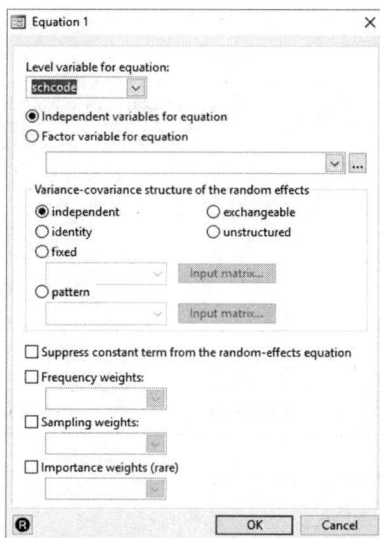

图 5-6-7　设定模型的第三水平

进一步单击图 5-6-7 中的 OK 按钮回到上一级对话框，再继续单击 Create 按钮，在新弹出的对话框中选择 Rteachid 设定模型的第二水平（图 5-6-8）。

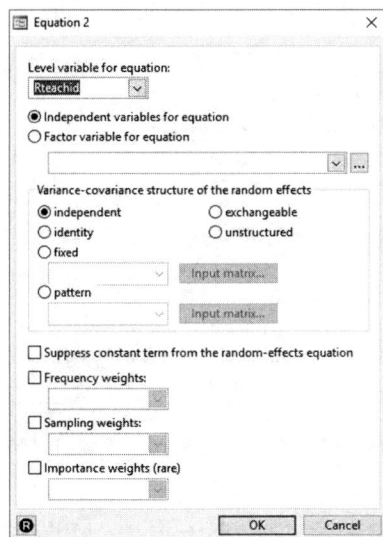

图 5-6-8　设定模型的第二水平

完成图 5-6-8 所示步骤的设定后，单击 OK 按钮回到上一级对话框，运行该模型并查看如下主要输出结果。

```
. melogit readprof || schcode: || Rteachid:

Fitting fixed-effects model:

Mixed-effects logistic regression              Number of obs    =      5,185

-----------------------------------------------------------------
                |   No. of      Observations per Group
 Group Variable |   Groups    Minimum   Average   Maximum
----------------+------------------------------------------------
        schcode |     157         1        33.0        81
        Rteachid |    541         1         9.6        23
-----------------------------------------------------------------

Integration method: mvaghermite                 Integration pts. =        7

                                                 Wald chi2(0)     =        .
Log likelihood = -3014.6505                      Prob > chi2      =        .
-----------------------------------------------------------------------------
       readprof |    Coef.    Std. Err.      z     P>|z|    [95% Conf. Interval]
----------------+------------------------------------------------------------
          _cons | .9827018   .0664813    14.78   0.000    .8524009   1.113003
----------------+------------------------------------------------------------
schcode         |
      var(_cons)| .415328    .0791785                     .2858362   .6034831
----------------+------------------------------------------------------------
schcode>        |
Rteachid        |
      var(_cons)| .1469344   .052056                      .0733769   .2942306
-----------------------------------------------------------------------------
LR test vs. logistic model: chi2(2) = 238.75         Prob > chi2 = 0.0000
Note: LR test is conservative and provided only for reference.
```

如果把自变量 female 包括进模型的固定部分，并保持零模型的其他设定不变，即在模型设定时把 i.female 包括进自变量下拉框中，当前模型就是随机截距模型。在随机截距模型的基础上，如果要设定性别的斜率系数在学校和老师水平上分别随机，我们就分别选择编辑随机模型设定的每一层方程。每层的设定步骤一样，点击 Edit 按钮，然后把自变量 female 选作该层方程的自变量，即从 Factor variable for equation 下面的下拉框中选中变量 female。完成该随机截距随机斜率模型设定后运行该模型的输出结果显示模型不能收敛。这种多水平非线性模型不能收敛的情况比较常见。通常的做法是从一个简单模型开始，逐渐增加模型的复杂性，并根据模型的参数输出一步步修改模型。例如，本例中我们可设定性别的系数只在老师水平随机并且不估计老师水平上截距和斜率的协方差。则修改过的模型经过比较长的运行后，得到如下的输出结果。

```
melogit readprof i.female || schcode: || Rteachid: female
此处省去迭代信息
Iteration 68:   log likelihood = -2986.2584

Mixed-effects logistic regression               Number of obs     =       5,185

-----------------------------------------------------------------------
                 |    No. of        Observations per Group
Group Variable   |    Groups    Minimum    Average    Maximum
-----------------+-----------------------------------------------------
         schcode |       157          1       33.0         81
        Rteachid |       541          1        9.6         23
-----------------------------------------------------------------------

Integration method: mvaghermite                 Integration pts.  =           7

                                                Wald chi2(1)      =       56.10
Log likelihood = -2986.2584                     Prob > chi2       =      0.0000
-----------------------------------------------------------------------
        readprof |     Coef.    Std. Err.      z     P>|z|    [95% Conf. Interval]
-----------------+-----------------------------------------------------
        1.female |   .498269   .0665241     7.49    0.000    .3678842    .6286539
           _cons |   .733723    .074576     9.84    0.000    .5875568    .8798891
-----------------+-----------------------------------------------------
schcode          |
       var(_cons)|  .4358343   .0822632                      .3010635    .6309352
-----------------+-----------------------------------------------------
schcode>Rteachid |
      var(female)|  4.65e-36   2.95e-19                          .           .
       var(_cons)|  .1497273   .0530772                      .0747405    .2999479
-----------------------------------------------------------------------
LR test vs. logistic model: chi2(2) = 247.91           Prob > chi2 = 0.0000
```

该输出结果显示，老师水平上的斜率方差估计值很不正常的小，这提示我们可进一步把性别斜率设定为在学校和老师水平上都不随机，即设定性别的斜率系数固定，然后检查模型结果。本书的目的旨在演示如何使用 STATA 构建相应的多水平 logistic 回归模型，具体的模型构建细节就留给读者根据各自的结果输出自行设定。

上面每一模型的结果输出中，STATA 都自动把相应的命令一并输出。使用者可保存这些命令供将来重复使用或对命令进行修改而分析其他数据。本节所演示的命令如下。

```
*零模型
melogit readprof || schcode: || Rteachid:
*随机截距模型
melogit readprof i.female || schcode: || Rteachid:
*随机截距随机斜率模型
```

```
melogit readprof i.female || schcode: female, covariance(unstructured) ||
Rteachid:female, ///
 covariance(unstructured)
*随机截距老师水平随机斜率模型
 melogit readprof i.female || schcode: female || Rteachid: female
```

研究者当然也可使用 STATA 的 runmlwin 命令调用 MLwiN 来运行多水平 logistic 回归模型。也可以使用 STATA 的 MCMC 方法估计多水平 logistic 回归模型的各个参数。使用 MCMC 方法的命令就是在普通命令前加前缀 bayes:。下面两个 MCMC 命令例子供读者参考。

```
*MCMC 随机截距模型
bayes: melogit readprof i.female || schcode: || Rteachid:
*MCMC 随机截距老师水平随机斜率模型
bayes: melogit readprof i.female || schcode: female || Rteachid: female
```

使用 runmlwin 运行本例所示的随机截距和老师水平随机斜率模型的命令如下。

```
*使用一阶 MQL 估计方法
runmlwin readprof cons female, level3(schcode: cons) level2(Rteachid: cons female)
level1(l1id) ///
        discrete(distribution(binomial) link(logit) denominator(cons)) nopause
*使用二阶 PQL 估计方法
runmlwin readprof cons female, level3(schcode: cons) level2(Rteachid: cons female)
level1(l1id) ///
        discrete(distribution(binomial) link(logit) denominator(cons) pql2)
initsprevious nopause
```

有关的 STATA 命令已经存放到本章的命令文件中，供读者自行调用进行练习。

5.6.3 使用 SPSS 构建拟合三水平 logistic 回归模型

使用 SPSS 运行三水平的 logistic 回归模型的基本步骤和运行两水平 logistic 回归模型的步骤一样。构架零模型的具体步骤如下。

(1)运行菜单 Analyze＞Mixed Models＞Generalized Linear...，在弹出的模型设定窗口首先定义数据结构。先把 schcode 用鼠标拖到右侧 subject 按钮下面，然后再把 Rteachid 拖过来(图 5-6-9)，注意一定不要把次序颠倒了。

(2)完成模型结构设定后，单击 Fields&Effects 标签，选择因变量 readprof 为 Target，并选定 Binary logistic regression。

(3)因变量选定后，继续单击 Fixed Effects 并且仅仅选中 Include intercept 选项，即模型的固定部分只包括截距项。

(4)继续点击 Random Effects，在新页面的窗口中左下角单击 Add Block 按钮，然后在新弹出的对话框中选择 Include intercept 选项，在 Subject combination 下面选择 chcode * Reteachid，完成零模型随机截距系数设定(图 5-6-10)。

(5)单击图 5-6-10 页面下部的 OK 按钮回到上级页面，并单击页面上部的 Build Options 标签，在新页面中的上部选择 Descending 排序方式，在其下部选择 Use robust estimation to handle violations of model assumption。完成该三水平零模型设定后即可运行该模型并查看如下主要输出结果。

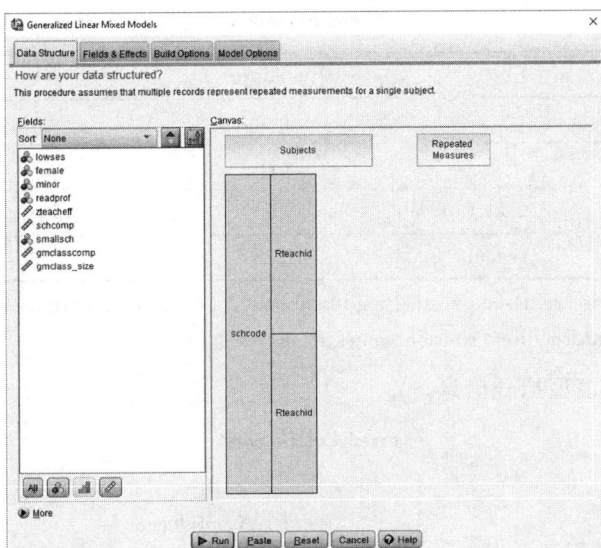

图 5-6-9 模型结构设定

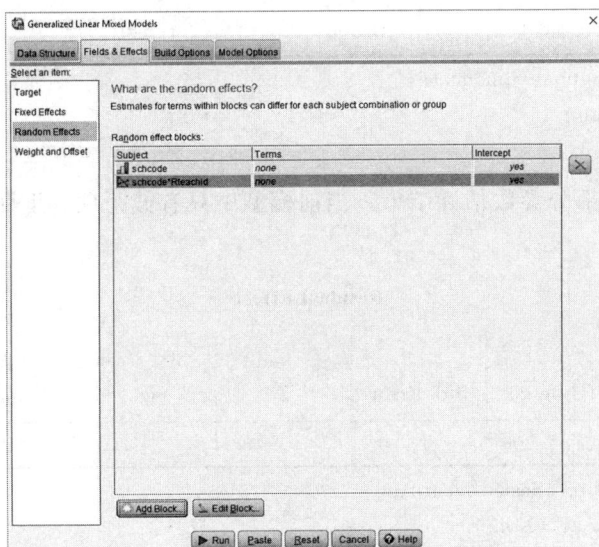

图 5-6-10 三水平零模型随机截距系数设定

Case Processing Summary

	N	Percent
Included	5185	100.0%
Excluded	0	0.0%
Total	5185	100.0%

Model Summary

Target	readprof	
Probability Distribution	Binomial	
Link Function	Logit	
Information Criterion	Akaike Corrected	23256.833
	Bayesian	23269.938

Information criteria are based on the-2 log likelihood(23252.831)and are used to compare models. Models with smaller information criterion values fit better.

这部分输出是模型拟合信息。

Fixed Coefficients[a]

Model Term	Coefficient	Std. Error	t	Sig.	95% Confidence Interval		Exp (Coefficient)	95% Confidence Interval for Exp(Coefficient)	
					Lower	Upper		Lower	Upper
Intercept	0.937	0.0626	14.956	0.000	0.814	1.059	2.551	2.256	2.884

Probability distribution：Binomial.

Link function：Logit.

a. Target：readprof.

这是模型固定部分参数估计结果，当前模型中只有截距项。下面是各水平方差估计结果。

Residual Effect

Residual Effect	Estimate	Std. Error	Z	Sig.	95% Confidence Interval	
					Lower	Upper
Variance	1.000	0.	0.	0.	0.	0.

Covariance Structure：Scaled Identity.

Subject Specification：(None).

第一水平的方差根据数理统计理论被固定为 1.

Random Effect Block 1

Random Effect Covariance	Estimate	Std. Error	Z	Sig.	95% Confidence Interval	
					Lower	Upper
Var(Intercept)	0.378	0.071	5.322	0.000	0.262	0.547

Covariance Structure：Variance components.

Subject Specification：schcode.

这是学校水平的方差估计结果，此处注明了第三水平单位 schcode。

Random Effect Block 2

Random Effect Covariance	Estimate	Std. Error	Z	Sig.	95% Confidence Interval	
					Lower	Upper
Var(Intercept)	0.116	0.045	2.604	0.009	0.055	0.246

Covariance Structure：Variance components.

Subject Specification：schcode * Rteachid.

这是老师水平的方差估计结果，此处注明了第二水平单位 Rteachid。

零模型估计结果显示因变量在学校和老师水平上都有明显的变异。下面我们就继续演示如何构建一个随机截距模型。在如前述零模型固定部分参数设定的基础上，用鼠标把自变量 female 拖到右侧 intercept 下面（图 5-6-11）。

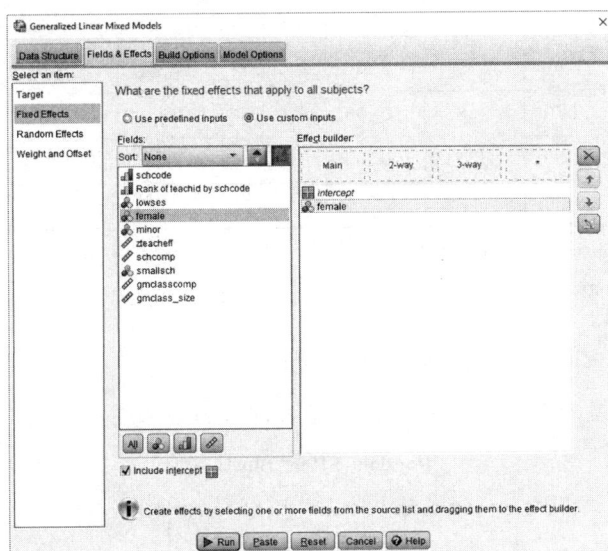

图 5-6-11　选定性别为自变量

保持模型其他部分设定不变，直接运行该模型便得到如下输出结果。

Model Summary

Target		readprof
Probability Distribution		Binomial
Link Function		Logit
Information Criterion	Akaike Corrected	23350.094
	Bayesian	23363.198

Information criteria are based on the-2 log likelihood(23346.092)and are used to compare models. Models with smaller information criterion values fit better.

Fixed Effects[a]

Source	F	df1	df2	Sig.
Corrected Model	53.928	1	5183	0.000
female	53.928	1	5183	0.000

Probability distribution：Binomial.

Link function：Logit.

a. Target：readprof.

Fixed Coefficients[a]

Model Term	Coefficient	Std. Error	t	Sig.	95% Confidence Interval		Exp (Coefficient)	95% Confidence Interval for Exp(Coefficient)	
					Lower	Upper		Lower	Upper
Intercept	0.697	0.0708	9.834	0.000	0.558	0.836	2.007	1.747	2.306
female=1	0.479	0.0652	7.344	0.000	0.351	0.607	1.614	1.420	1.834
female=0	0[b]	0.	0.	0.	0.	0.	0.	0.	0.

Probability distribution：Binomial.

Link function：Logit.

a. Target：readprof.

b. This coefficient is set to zero because it is redundant.

这里是性别变量的斜率估计结果及其显著性检验结果。

Random Effect Block 1

Random Effect Covariance	Estimate	Std. Error	Z	Sig.	95% Confidence Interval	
					Lower	Upper
Var(Intercept)	0.396	0.074	5.376	0.000	0.275	0.571

Covariance Structure：Variance components.

Subject Specification：schcode.

Random Effect Block 2

Random Effect Covariance	Estimate	Std. Error	Z	Sig.	95% Confidence Interval	
					Lower	Upper
Var(Intercept)	0.118	0.045	2.600	0.009	0.055	0.250

Covariance Structure：Variance components.

Subject Specification：schcode * Rteachid.

要运行随机斜率模型，只需在已构建的随机截距模型的基础上对随机效应的参数进行设定。单击图 5-6-11 中左上部的 Random Effects，在随机参数模型设定的界面单击 Subject 后，并继续单击界面下部的 Edit Block 按钮，在新弹出的对话框中用鼠标把变量 female 拉到右侧 intercept 的下面，然后从该窗口底部的 Random effect covariance type 选择 Variance component（图 5-6-12）。

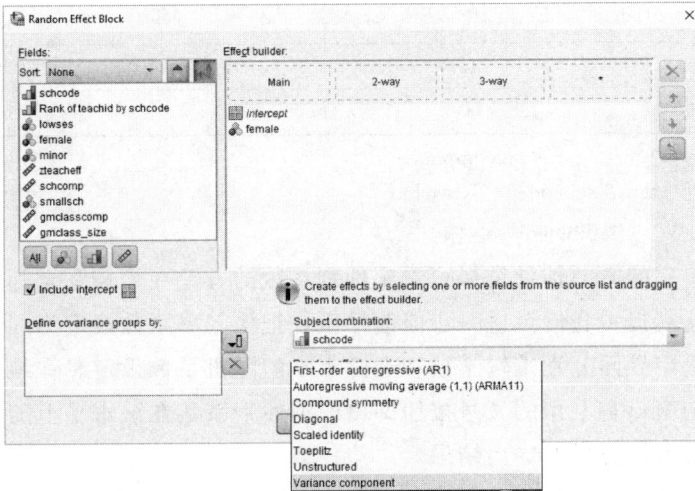

图 5-6-12　设定性别斜率在学校水平随机

设定完学校水平的随机参数后，单击 OK 按钮回到上级页面并点击选择 Schcode * Rteachid，然后单击页面下面的 Edit Block 按钮，在新弹出的对话框中把性别变量 female 用鼠标拖到窗口右侧 intercept 下面，然后再设定随机系数的协方差结构为 Variance component。运行该模型的主要输出结果如下。

Warnings

glmm：The estimated covariance matrix of the random effects（the G matrix）is not positive definite. The procedure continues despite this warning. Subsequent results produced are based on the last iteration. Validity of the model fit is uncertain.

glmm：The final Hessian matrix is not positive definite although all convergence criteria are satisfied. The procedure continues despite this warning. Subsequent results produced are based on the last iteration. Validity of the model fit is uncertain.

在模型结果输出一开始，我们就得到了 SPSS 的警告信息，提示随机系数的估计有问题。基于演示目的，我们暂且忽视该警告信息而直接查看模型的随机参数估计结果。

Random Effect Block 1

Random Effect Covariance	Estimate	Std. Error	Z	Sig.	95% Confidence Interval Lower	Upper
Var(Intercept)	0.394	0.076	5.173	0.000	0.270	0.575
Var(female)	0.004	0.035	0.126	0.900	7.775E−10	24834.397

Covariance Structure：Variance components.

Subject Specification：schcode.

Random Effect Block 2

Random Effect Covariance	Estimate	Std. Error	Z	Sig.	95% Confidence Interval	
					Lower	Upper
Var(Intercept)	0.118	0.045	2.595	0.009	0.055	0.250
Var(female)	3.816E—18[a]	0.	0.	0.	0.	0.

Covariance Structure：Variance components.

Subject Specification：schcode * Rteachid.

a. This parameter is redundant.

从截距和斜率的方差估计结果可看到性别系数的方差在学校和老师水平上的估计值都异常小，这就提示我们可进一步修改模型，把该斜率系数设定为固定值。回到模型随机系数的设定界面分别编辑学校和老师水平的随机系数设定。在编辑界面选择性别变量后，单击窗口右上角的叉号按钮即可取消性别系数在该水平上随机的设定。请读者自行查看模型修正后的输出结果。

使用 SPSS 构建三水平 logistic 回归模型的步骤也很直观，并且在模型运行后，用 SPSS 直接把命令输出出来供使用者保存。建议使用者及时保存研究中所有模型的命令供以后重复检测和编辑使用。

5.6.4 使用 Mplus 构建拟合三水平 logistic 回归模型

使用当前版本的 Mplus 运行三水平 logistic 回归模型，目前只能选择 Bayes 估计方法。ANALYSIS 中需要指定 TYPE = threelevel，Model 中的 between 设定组要用％Between L3ID％和％Between L2ID％来进行，L3ID 和 L2ID 分别是第三水平和第二水平单位的变量名，在本例中就是 schcode 和 Rteachid。本例的零模型 Mplus 命令和输出如下。

```
TITLE: this is an example of a three-level logistic regression
    !null model
 DATA: FILE = C:\Users\yuhan\Google Drive\mlm_book2016\data\readprof.csv;
 VARIABLE: NAMES = schcode Rteachid lowses female minor readprof
         zteacheff schcomp smallsch gmclasscomp gmclass_size;
       CLUSTER = schcode Rteachid;
       usevariable is readprof;
       CATEGORICAL = readprof;

ANALYSIS:
    ESTIMATOR=BAYES;
    TYPE = THREELEVEL;
MODEL:
    %WITHIN%
    !leave blank

    %BETWEEN Rteachid%

    readprof;

    %BETWEEN schcode%

    readprof;
```

篇幅关系，此处省去模型输出的技术细节信息。

```
        Number of RTEACHID clusters          541
        Number of SCHCODE clusters           157


UNIVARIATE PROPORTIONS AND COUNTS FOR CATEGORICAL VARIABLES

     READPROF
        Category 1      0.293        1517.000
        Category 2      0.707        3668.000

THE MODEL ESTIMATION TERMINATED NORMALLY

     USE THE FBITERATIONS OPTION TO INCREASE THE NUMBER OF ITERATIONS BY A FACTOR
     OF AT LEAST TWO TO CHECK CONVERGENCE AND THAT THE PSR VALUE DOES NOT INCREASE.

MODEL FIT INFORMATION

Number of Free Parameters                              3

Bayesian Posterior Predictive Checking using Chi-Square

          95% Confidence Interval for the Difference Between
          the Observed and the Replicated Chi-Square Values

                         -7.938              9.153

          Posterior Predictive P-Value        0.441

MODEL RESULTS

                          Posterior  One-Tailed        95% C.I.
              Estimate      S.D.      P-Value    Lower 2.5%  Upper 2.5%
Significance

Within Level

Between RTEACHID Level

  Variances
    READPROF      0.056      0.017      0.000      0.026      0.089      *

Between SCHCODE Level

  Thresholds
    READPROF$1   -0.595      0.040      0.000     -0.667     -0.513      *

  Variances
    READPROF      0.154      0.029      0.000      0.102      0.214      *
```

第二(老师)和第三(学校)水平的方差估计值分别为 0.056 和 0.154。

随机截距模型的命令和输出结果如下。

```
  VARIABLE: NAMES = schcode Rteachid lowses female minor readprof
            zteacheff schcomp smallsch gmclasscomp gmclass_size;
         CLUSTER = schcode Rteachid;
         usevariable is readprof female;
         CATEGORICAL = readprof;
         WITHIN =female;

  ANALYSIS:
     ESTIMATOR=BAYES;
     TYPE = THREELEVEL;
  MODEL:
     %WITHIN%

     readprof on female;

     %BETWEEN Rteachid%

     %BETWEEN schcode%
```

Bayesian Posterior Predictive Checking using Chi-Square

```
            95% Confidence Interval for the Difference Between
               the Observed and the Replicated Chi-Square Values

                         -11.314              9.866

            Posterior Predictive P-Value         0.423
```

```
MODEL RESULTS

                            Posterior  One-Tailed        95% C.I.
                 Estimate      S.D.     P-Value    Lower 2.5%  Upper 2.5%
Significance

Within Level

  READPROF   ON
      FEMALE      0.293       0.036      0.000       0.226       0.366       *

Between RTEACHID Level

  Variances
     READPROF     0.043       0.017      0.000       0.020       0.080       *

Between SCHCODE Level

  Thresholds
     READPROF$1  -0.444       0.047      0.000      -0.535      -0.351       *

  Variances
READPROF          0.159       0.031      0.000       0.113       0.228       *
```

输出结果显示女性对阅读的影响有正向作用。运行随机截距随机斜率的命令和结果如下。

```
VARIABLE: NAMES = schcode Rteachid lowses female minor readprof
          zteacheff schcomp smallsch gmclasscomp gmclass_size;
       CLUSTER = schcode Rteachid;
       usevariable is readprof female;
       CATEGORICAL = readprof;
       WITHIN =female;

 ANALYSIS:
     ESTIMATOR=BAYES;
     TYPE = THREELEVEL RANDOM;

  MODEL:
      %WITHIN%

    s | readprof on female;


      %BETWEEN Rteachid%
         s;

      %BETWEEN schcode%
         s;
```

```
MODEL RESULTS

                            Posterior  One-Tailed        95% C.I.
                 Estimate      S.D.     P-Value    Lower 2.5%  Upper 2.5%
Significance

Within Level

Between RTEACHID Level

  Variances
     READPROF     0.051       0.015      0.000       0.025       0.083       *
     S            0.030       0.020      0.000       0.008       0.086       *
```

```
Between SCHCODE Level

 Means
   S                    0.318      0.041      0.000       0.227      0.388      *

 Thresholds
   READPROF$1          -0.441      0.045      0.000      -0.529     -0.352      *

 Variances
   READPROF             0.158      0.030      0.000       0.110      0.226      *
   S                    0.016      0.017      0.000       0.001      0.064      *
```

　　输出结果显示女性平均来说的影响作用是 0.318，女性的影响作用在学校和老师水平上的变异估计值有很宽的 CrI 并且下限接近 0，提示未来模型中可尝试把性别的斜率设定为固定参数。Mplus 对三水平 logistic 模型的估计方法还有待进一步发展，未来版本的 Mplus 可能会有更多的估计方法供使用者选择。

本章小结

　　多水平 logistic 回归模型是针对因变量是两分类变量的一种回归方程。不同的软件因为所用的估计方法不同，使用同一模型估计同样数据时的结果会稍微有些出入。建议研究者在实际应用中最好能使用不同的软件对结果进行交叉验证，以便能对分析结果进行更有效的解释并保证所做的统计推断比较稳健。同时，建议在实际应用中对模型的构建和估计最好从简单模型开始，逐渐地增加模型的复杂性，这样才能保证模型及时收敛。

第六章 多水平无序多分类 multinomial logistic 回归模型

前面一章我们描述了如何构建多水平 logistic 回归模型研究不同的研究因素对两分类因变量的影响。实际生活中还有很多研究变量是多分类的研究变量。例如，不同的疾病分类、不同的大学类别、不同的工作职位、不同的交通方式等（Adams et al.，2018；Patel et al.，2015；Hall et al.，2016；Hall et al.，2014）。探讨这样的多分类因变量影响因素的模型需要用到多分类 logistic 回归模型（Yang，2001）。

6.1 多水平无序多分类 logistic 回归模型基础

下面我们就用英国大选投票的例子来演示如何构建多分类 logistic 回归模型。英国选民在英国的每次大选中通常从三大政党中选择他们最喜欢的政党执政。这三大政党分别是工党、保守党和自由民主党。如果我们把选民 i 投票给保守党、工党、自由民主党票的概率分别记为 π_{1i}、π_{2i} 和 π_{3i}，在构建自变量 x_1 对选民投票行为的影响时，如果选民只能选择保守党和非保守党，x_1 对选择保守党概率的影响就可写成一个标准的 logistic 回归方程 $\ln\left(\dfrac{\pi_{1i}}{1-\pi_{1i}}\right)=\beta_0+\beta_1 x_1$。但实际情况中选民是三选一，这样就不能直接用传统的 logistic 回归模型考察自变量 x_1 对选民投票结果的影响。分析中通常选择一个类别做参照类，然后建立模型考察 x_1 对选民选择不同政党概率的影响。本例中我们如果以选择自由民主党为参照类，则考察 x_1 对选民投票结果的影响就可以通过方程 6.1 表示出来。

$$\ln\left(\frac{\pi_{1i}}{\pi_{3i}}\right)=\beta_0+\beta_1 x_{1i}$$

$$\ln\left(\frac{\pi_{2i}}{\pi_{3i}}\right)=\beta_2+\beta_3 x_{1i} \qquad\qquad 6.1$$

公式 6.1 中的 i 是选民编号，β_1 是和投票给自由民主党相比选民 i 都投票给保守党的 log(odds) 值，β_2 是和投票给由自由民主党相比选民 i 都投票给工党的 log(odds) 值。$\exp(\beta_1)$ 和 $\exp(\beta_2)$ 分别给出相应的相对风险比（relative risk ratio，RRR）值。选民 i 投票给保守党的概率为 $\pi_{1i}=\dfrac{e^{(\beta_0+\beta_1 x_{1i})}}{1+(e^{(\beta_0+\beta_1 x_{1i})}+e^{(\beta_2+\beta_3 x_{1i})})}$，投票给工党的概率为 $\pi_{2i}=\dfrac{e^{(\beta_2+\beta_3 x_{1i})}}{1+(e^{(\beta_0+\beta_1 x_{1i})}+e^{(\beta_2+\beta_3 x_{1i})})}$，相应地选民 i 投票给自由民主党的概率为 $\pi_{3i}=1-\pi_{2i}-$

π_{1i}。如果选民分别来自不同的选区 j，则公式 6.1 就可以写成 6.2。

$$\ln\left(\frac{\pi_{1i}}{\pi_{3i}}\right) = \beta_0 + \beta_1 x_{1i} + \mu_{0j}$$

$$\ln\left(\frac{\pi_{2i}}{\pi_{3i}}\right) = \beta_2 + \beta_3 x_{1i} + \mu_{2j}$$

6.2

公式 6.2 中的 μ_{0j} 和 μ_{2j} 分别代表选区 j 中的选民投票给保守党和工党的概率与总体平均投票水平的差异。统计学中我们进一步假定 μ_{0j} 和 μ_{2j} 服从平均数为 0，方差为 Ω_μ 分布。

$$\begin{bmatrix} \mu_{0j} \\ \mu_{2j} \end{bmatrix} \sim N(0,\ \Omega_\mu),\ \Omega_\mu = \begin{bmatrix} \sigma_{\mu0}^2 & \\ \sigma_{\mu02} & \sigma_{\mu2}^2 \end{bmatrix}$$

6.3

公式 6.3 中的 $\sigma_{\mu0}^2$ 是 μ_{0j} 在 j 水平上的方差，$\sigma_{\mu2}^2$ 是 μ_{2j} 在 j 水平上的方差，$\sigma_{\mu02}$ 是 μ_{0j} 和 μ_{2j} 在 j 水平上的协方差。公式 6.2 和公式 6.3 可被扩展到更多类别的因变量和多个自变量的情况（Yang，2001）。

常用的软件基本都能拟合无序多分类 logistic 回归模型。下面我们就用前面两分类 logistic 回归模型例子的数据首先演示普通的 multinomial logistic 回归模型。我们继续使用 STATA 软件来演示（Long & Freese，2005）。

打开 bang. dta 文件后检查因变量 use4。前面一章我们知道该变量是个四分类变量，具体的分类编码为 1：节育手术；2：现代可复育节育方法；3：传统方法；4：没有节育措施。如果我们使用 STATA 考察妇女的年龄对其选择节育措施影响的话，有关命令和结果输出如下。

```
. mlogit use4 age

Multinomial logistic regression              Number of obs    =      2,867
                                             LR chi2(3)       =     134.98
                                             Prob > chi2      =     0.0000
Log likelihood = -3052.4059                  Pseudo R2        =     0.0216

------------------------------------------------------------------------------
       use4 |      Coef.   Std. Err.      z    P>|z|     [95% Conf. Interval]
------------+-----------------------------------------------------------------
use4_1      |
        age |   .0588449   .0068906     8.54   0.000     .0453396    .0723502
      _cons |  -1.844533   .0676892   -27.25   0.000    -1.977201   -1.711864
------------+-----------------------------------------------------------------
use4_2      |
        age |  -.0274127   .0058669    -4.67   0.000    -.0389117   -.0159137
      _cons |  -1.183338   .0508045   -23.29   0.000    -1.282913   -1.083763
------------+-----------------------------------------------------------------
use4_3      |
        age |     .03182   .0070409     4.52   0.000      .01802    .0456199
      _cons |  -1.830813   .0654013   -27.99   0.000    -1.958997   -1.702629
------------+-----------------------------------------------------------------
use4_4      |  (base outcome)
------------------------------------------------------------------------------
```

我们也可以要求 STATA 直接输出 RRR 结果。有关命令和结果输出如下。

```
.mlogit use4 age, rrr

Multinomial logistic regression              Number of obs   =     2,867
                                             LR chi2(3)      =    134.98
                                             Prob > chi2     =    0.0000
Log likelihood = -3052.4059                  Pseudo R2       =    0.0216

------------------------------------------------------------------------
       use4 |      RRR   Std. Err.      z    P>|z|   [95% Conf. Interval]
------------+-----------------------------------------------------------
use4_1      |
        age |  1.060611   .0073082    8.54   0.000    1.046383   1.075032
       _cons|  .1580992   .0107016  -27.25   0.000    .1384562   .1805289
------------+-----------------------------------------------------------
use4_2      |
        age |  .9729596   .0057083   -4.67   0.000    .9618356   .9842122
       _cons|  .3062547   .0155591  -23.29   0.000    .2772285    .33832
------------+-----------------------------------------------------------
use4_3      |
        age |  1.032332   .0072686    4.52   0.000    1.018183   1.046676
       _cons|  .1602831   .0104827  -27.99   0.000    .1409997   .1822038
------------+-----------------------------------------------------------
use4_4      |  (base outcome)
------------------------------------------------------------------------
Note: _cons estimates baseline relative risk for each outcome.
```

具体系数的解释为：与没有使用任何节育措施相比，年龄因素增加妇女使用现代（rrr＝1.060611）和传统节育方法（rrr＝1.032332）的可能性，但减少使用编码为 2 的现代可复育节育方法（rrr＝0.9729596）。如何使用 SPSS、Mplus 和 MLwiN 运行无序多分类 logistic 回归模型就留给读者自行练习。下面就以前面章节中的孟加拉国生育研究的数据为例，分别演示如何使用不同软件构建多水平多分类 logistic 回归模型。

6.2　使用 MLwiN 构建拟合多水平多分类 logistic 回归模型

使用 MLwiN 构建多水平多分类 logistic 回归模型的一般步骤如下。

（1）运行 MLwiN 并打开文件孟加拉国生育研究文件 bang.ws，单击菜单 Model 里面的 Equations 命令，在弹出的窗口中点击 y 后选择 use4 变量为因变量并设定 y 只有一个水平并且选择 women 为水平单位标识变量。

（2）选择完因变量后单击窗口中 N 的位置，在弹出的对话框中设定因变量服从 Multinomial 分布并且是无序分类（Unordered），同时设定最后一个类别 use4 _ 4 为参照类（ref category：），并单击 Done 的按钮。

（3）在自动更新的方程中继续单击方程 Multinomial 分布中的 n_j，在新弹出的对话框中选择 cons 并单击 Done 按钮，则窗口中的公式就自动更新为图 6-2-1。

（4）点击图 6-2-1 模型窗口下部的 Add Term 按钮，在弹出的窗口中选择 cons 变量后单击该对话框下面的 add Separate coefficients 按钮，则方程就自动更新为如图 6-2-2 所示的模型。

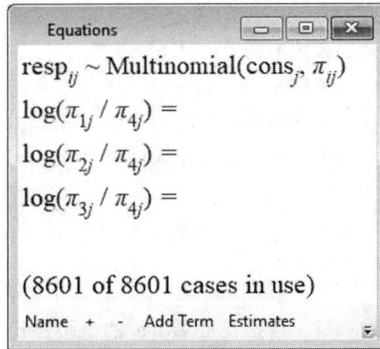

图 6-2-1　设定因变量为无序多分类变量

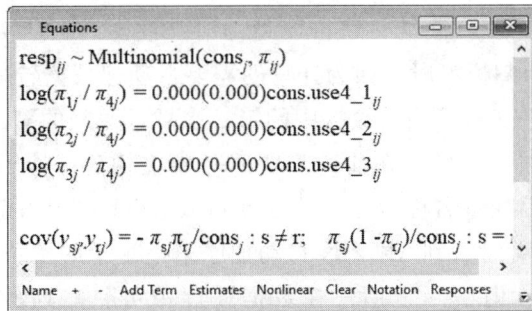

图 6-2-2　只包括截距项的方程

　　(5)此时可单击窗口下面的 Nonlinear 按钮查看并选择一阶 MQL 估计方法。使用该估计方法运行当前的空模型可得到如图 6-2-3 所示的输出。

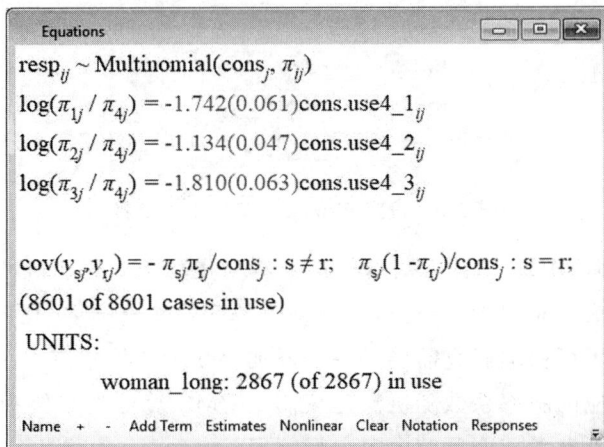

图 6-2-3　只有截距项的模型输出

使用 Add Term 按钮把年龄变量包括进方程后的输出结果如图 6-2-4 所示。

图 6-2-4　包括自变量 age 的模型输出

（6）如果要运行两水平 Multinomial logistic 回归模型，读者可在开始设定因变量的时候直接把水平数设定为二并且选定水平二的单位变量为 district，然后按照前面演示的步骤设定分布，添加常量并运行模型即可。注意 MLwiN 软件在构建多水平 Multinomial logistic 回归模型时，因为计算的需要自动把数据转换为多一个水平的结构，即原来的第一水平变成了当前数据中的第二水平，原来的第二水平变成了当前数据中的第三水平。例如，如果需在前述步骤的基础上构建一个两水平的随机截距模型，在单击方程中的因变量名称后，把地区变量 district 选为当前数据结构的第三水平即可（图 6-2-5）。读者可看到 MLwiN 自动把原第一水平的单位变量 women 变成当前数据中的第二水平，但实际上用户在数据处理中可忽略该软件自身的数据整理过程。

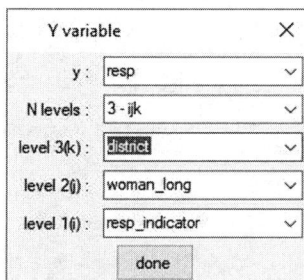

图 6-2-5　设定 district 为第二水平变量

使用缺省的一阶 MQL 估计方法运行自变量为年龄 age 的随机截距模型后，再进一步把估计方法换成二阶 PQL 续运行，模型收敛后的输出结果如图 6-2-6 所示。

实际应用中读者可根据研究需要进一步添加自变量或构建三水平以上的模型，也可根据需要设定相应的斜率系数随机。建议用 MCMC 算法对最终模型的结果进行估计。有关步骤请读者参考前面章节内容自行练习。

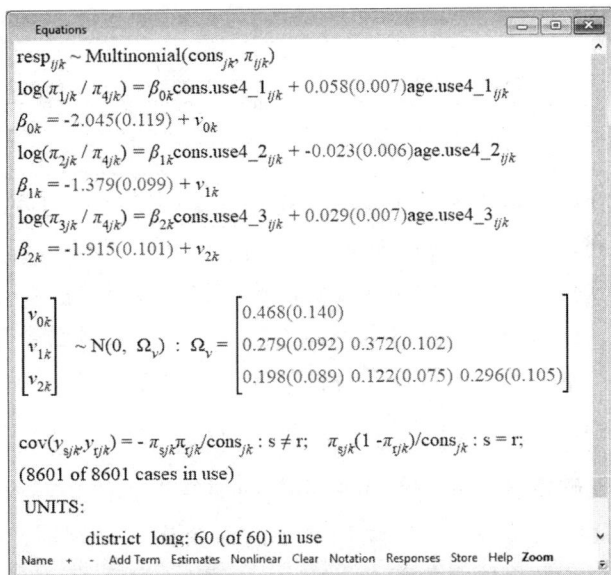

图 6-2-6　随机截距模型输出

6.3　使用 STATA 构建拟合多水平 multinomial logistic 回归模型

当前版本的 STATA 15 还没有类似 melogit 的命令像构建普通单水平 multinomial logistic 模型那样构建多水平 multinomial logistic。STATA 15 通过广义结构方程模型命令 gsem 来构建两水平 multinomial logistic 模型（STATA，2017）。基于演示学习的目的，我们先从使用 gsem 构建单水平 multinomial logistic 模型演示。此处我们继续使用孟加拉国生育数据考察妇女年龄对选择节育措施的影响的例子，具体的命令和主要结果输出如下。

```
. gsem (ib(4).use4 <- age), mlogit

Generalized structural equation model      Number of obs    =      2,867
Response        : use4
Base outcome    : 4
Family          : multinomial
Link            : logit
Log likelihood = -3052.4059

---------------------------------------------------------------------------
           |     Coef.    Std. Err.     z     P>|z|    [95% Conf. Interval]
-----------+---------------------------------------------------------------
1.use4     |
       age |  .0588449    .0068906    8.54    0.000    .0453396    .0723502
     _cons | -1.844533    .0676892  -27.25    0.000   -1.977201   -1.711864
-----------+---------------------------------------------------------------
2.use4     |
       age | -.0274127    .0058669   -4.67    0.000   -.0389117   -.0159137
```

```
    _cons |   -1.183338    .0508045    -23.29   0.000    -1.282913   -1.083763
----------+-------------------------------------------------------------------
3.use4    |
      age |     .03182    .0070409      4.52   0.000      .01802    .0456199
    _cons |  -1.830813    .0654013    -27.99   0.000    -1.958997   -1.702629
----------+-------------------------------------------------------------------
4.use4    |  (base outcome)
------------------------------------------------------------------------------
```

该结果和本章开始演示单水平 multinomial logistic 模型时的输出结果一模一样。只不过用的命令不同。命令行 ib(4).use4 <－age 中 ib(4)的 i 告诉软件 use4 是个分类变量，b(4)告诉软件我们希望使用该变量的第 4 类为参照类；<－号后面是方程中所有自变量的名字。该命令<－符号有点像免费统计软件 R 的命令符号。

该命令是一个简本，实际上该命令可被写成如下的命令。

```
. gsem (1.use4 <- age M1[district]) (2.use4 <- age M2[district]) (3.use4 <-
age M3[district]),mlogit
```

运行上述命令能够得到和运行简本命令等同的结果。如果要构建一个两水平的 Multinomial logistic 回归模型，则应使用复杂的命令格式分别写出来每个类别的方程。本例具体的命令和结果输出如下。

gsem (1.use4 <- age) (2.use4 <- age) (3.use4 <- age)，mlogit

此处省去迭代过程信息。

```
Generalized structural equation model        Number of obs      =      2,867
Response     : use4
Base outcome : 4
Family       : multinomial
Link         : logit
Log likelihood = -2979.6614

 ( 1)  [1.use4]M1[district] = 1
 ( 2)  [2.use4]M2[district] = 1
 ( 3)  [3.use4]M3[district] = 1
------------------------------------------------------------------------------
                    |    Coef.    Std. Err.      z    P>|z|    [95% Conf. Interval]
--------------------+---------------------------------------------------------
1.use4              |
               age  |  .0620338   .0071316     8.70   0.000    .0480561    .0760115
                    |
       M1[district] |         1  (constrained)
                    |
             _cons  | -2.01786    .1216073   -16.59   0.000   -2.256206   -1.779514
--------------------+---------------------------------------------------------
2.use4              |
               age  | -.0254063   .0060585    -4.19   0.000   -.0372808   -.0135319
                    |
       M2[district] |         1  (constrained)
                    |
             _cons  | -1.371787   .1044252   -13.14   0.000   -1.576457   -1.167117
--------------------+---------------------------------------------------------
3.use4              |
               age  |   .032913   .0071909     4.58   0.000    .018819    .0470069
                    |
       M3[district] |         1  (constrained)
                    |
             _cons  | -1.899396   .1052788   -18.04   0.000   -2.105739   -1.693054
--------------------+---------------------------------------------------------
4.use4              |  (base outcome)
--------------------+---------------------------------------------------------
     var(M1[district])|  .4395838   .1428907                   .2324614    .8312515
     var(M2[district])|  .3794105   .1126474                   .2120248    .6789412
     var(M3[district])|  .3095055   .1162988                   .1481916    .6464177
--------------------+---------------------------------------------------------
cov(M1[district],M2[district])|  .2845692   .1004800     2.83   0.005    .0876151    .4815232
cov(M1[district],M3[district])|  .2053359   .0987237     2.08   0.038    .0118411    .3988307
cov(M2[district],M3[district])|  .1260829   .0829074     1.52   0.128   -.0364126    .2885785
------------------------------------------------------------------------------
```

从命令行(1. use4 <－age M1[district])可以看出，使用者要分别对分类因变量中除了参照类外的每一个类别写一个命令，并且用类别编码标识出来。命令 M1 [district]中的选项行要求 STATA 估计该类别在第二水平单位 district 上的变异程度，M1 就是因变量 use4 的第一个类别，M3 就是因变量 use4 的第三个类别。STATA 的缺省设置就是估计第二水平所有类别的方差和协方差。使用者也可以用 cov() 自行指定第二水平方差协方差的结构，但需要两两分别命名。例如，运行如下命令：

```
gsem (1.use4 <- age M1[district]) (2.use4 <- age M2[district]) (3.use4 <- age
M3[district]), cov(M1[district]*M2[district] M2[district]*M3[district]
M1[district]*M3[district]) mlogit
```

能得到上面完全等同的结果输出。尽管 STATA 的多水平模型命令在最近版本中有很大的提升，但使用当前版本的 STATA 15 还不能很方便地构建更加复杂的模型。有需要的 STATA 用户可以使用 STATA 的 runmlwin 命令调用 MLwiN 软件的所有功能。例如，构建上述随机随机截距模型的命令如下。

```
*two level multinomial logistic regression: null model
runmlwin use4 cons age, level2(district: cons) level1(woman)    ///
    discrete(distribution(multinomial) link(mlogit)  ///
    denominator(cons) basecategory(4))    nopause  /*1st order MQL*/

runmlwin use4 cons age, level2(district: cons) level1(woman)    ///
    discrete(distribution(multinomial) link(mlogit)  ///
    denominator(cons) basecategory(4) pql2) initsprevious  nopause  /*2nd
order PQL*/
```

命令中的关键选项是

discrete(distribution(multinomial))：在分布设定中指明因变量的是无序多分类变量。
link(mlogit)：在联结设定中指明 mlogit。
denominator(cons)：每个格子的分母为 1，其变量为常量 cons。
basecategory(4))：可以根据需要指定参照类。

该命令的缺省估计方法是一阶 MQL，如果要使用二阶 PQL 估计结果，则需要在命令中增加选项 pql2。其他命令中的设定和普通多水平回归模型的设定一样。运行完该模型后的二阶 PQL 估计输出结果如下。

```
Model fitted using initial values specified as parameter estimates from previous
model

MLwiN 3.1 multilevel model                    Number of obs    =     2867
Unordered multinomial logit response model
Estimation algorithm: IGLS, PQL2

---------------------------------------------------------------
                 | No. of     Observations per Group
 Level Variable  | Groups   Minimum   Average   Maximum
-----------------+---------------------------------------------
       district  |    60        3       47.8       173
---------------------------------------------------------------


------------------------------------
    Contrast | Log-odds

-------------+----------------------
        1 | 1 vs. 4
        2 | 2 vs. 4
        3 | 3 vs. 4
------------------------------------
```

```
Run time (seconds)    =       2.93
Number of iterations =        8
----------------------------------------------------------------------
             |    Coef.    Std. Err.     z    P>|z|    [95% Conf. Interval]
-------------+--------------------------------------------------------
Contrast 1   |
     cons_1  |  -2.044911   .1183224   -17.28   0.000   -2.276819   -1.813003
      age_1  |   .0582448   .0068717     8.48   0.000    .0447767    .071713
-------------+--------------------------------------------------------
Contrast 2   |
     cons_2  |  -1.378543   .0991119   -13.91   0.000   -1.572799   -1.184288
      age_2  |  -.0226464   .0057679    -3.93   0.000   -.0339513   -.0113415
-------------+--------------------------------------------------------
Contrast 3   |
     cons_3  |  -1.914315   .100852    -18.98   0.000   -2.111981   -1.716649
      age_3  |   .0286766   .0070077     4.09   0.000    .0149417    .0424114
----------------------------------------------------------------------


----------------------------------------------------------------------
Random-effects Parameters |   Estimate   Std. Err.    [95% Conf. Interval]
--------------------------+-------------------------------------------
Level 2: district         |
            var(cons_1)   |   .465526    .1407943    .1895742    .7414778
      var(cons_1,cons_2)  |   .2792588   .0920826    .0987803    .4597373
            var(cons_2)   |   .3718654   .102283     .1713943    .5723365
      var(cons_1,cons_3)  |   .1986602   .0893931    .0234529    .3738674
      var(cons_2,cons_3)  |   .1213169   .0746488   -.0249919    .2676258
            var(cons_3)   |   .2953919   .1046814    .0902202    .5005637
----------------------------------------------------------------------
```

当然，这里的输出结果实际上是 MLwiN 的运算结果，只不过以 STATA 的格式输出。但研究者可使用 STATA 的命令对结果进行进一步的处理。

6.4 使用 SPSS 构建拟合多水平 multinomial logistic 回归模型

使用 SPSS 构建多水平 multinomial logistic 回归模型也是用多水平广义线性模型来实现的(Heck et al.，2012)。具体步骤和构建多水平两分类 logistic 回归模型基本类似。就本例来说在打开孟加拉国生育研究的数据后，运行其零模型的步骤如下。

(1)读入数据后运行菜单命令 Analyze>Mixed Models>Generalized Linear...，在弹出窗口中的数据结构页面(data structure)，首先把 district 用鼠标拖到右侧的 Subjects 下面完成数据结构设定。

(2)然后在 Fields & Effects 页面选择 use4 为 Target，继续单击 use4 下面的 More 按钮，然后在展开部分右侧 Reference value 下面的下拉框中设定 use4 _ 4 为参照类(图 6-4-1)。

(3)因为要拟合的是零模型，我们可直接进入 Random Effects 设定界面，点击该界面下面的 Add Block 按钮，在新弹出的页面中选中 Include intercept，并在 Subject combination 下面的下拉框中选择 district，然后把随机效应的方差协方差结构设置成 Unstructured(图 6-4-2)。

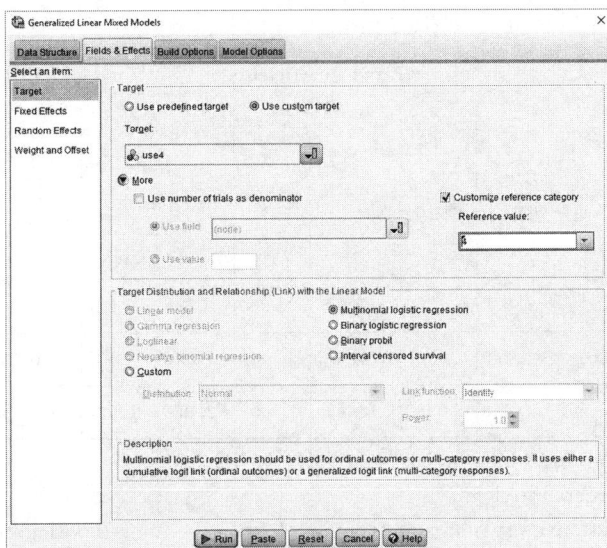

图 6-4-1　选定因变量 use4 及参照类

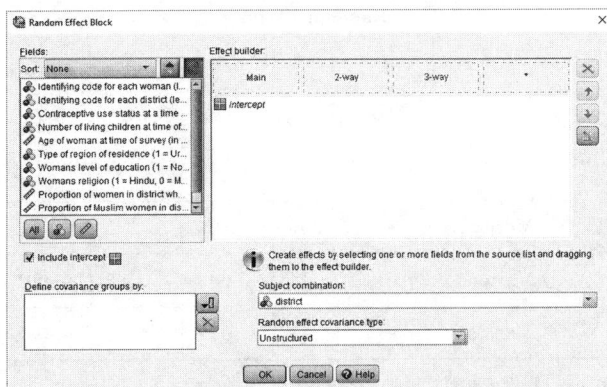

图 6-4-2　零模型随机参数的方差协方差设定

（4）设定完随机参数后，进入 Build Options 界面，把固定部分参数的检验方法设定为 Use robust estimation to handle violations of model assumption（robust covariance）。完成上述步骤后就可直接运行该模型并查看输出结果。

下面是模型拟合信息。

Model Summary

Target		Contraceptive use status at a time of survey(1＝using contraception，2＝not u)
Measurement Level		Nominal
Probability Distribution		Multinomial
Link Function		Generalized logit
Information Criterion	Akaike Corrected	33291.195
	Bayesian	33309.067

下面是当前模型的固定参数拟合信息。

Fixed Coefficients[a]

Contraceptive use status and method (1=Sterilization, 2=Modern reversible me)	Model Term	Coefficient	Std. Error	t	Sig.	95% Confidence Interval		Exp (Coefficient)	95% Confidence Interval for Exp (Coefficient)	
						Lower	Upper		Lower	Upper
use4_1	Intercept	−1.835	0.1057	−17.356	0.000	−2.042	−1.627	0.160	0.130	0.196
use4_2	Intercept	−1.299	0.0972	−13.367	0.000	−1.489	−1.108	0.273	0.226	0.330
use4_3	Intercept	−1.826	0.0989	−18.454	0.000	−2.020	−1.632	0.161	0.133	0.196

Probability distribution：Multinomial.

Link function：Generalized logit.

a. Target：Contraceptive use status and method(1=Sterilization，2=Modern reversible me).

下面是当前模型因变量的各个类别在第二水平上变异和显著性检验结果。

Random Effect

Contraceptive use status and method (1=Sterilization, 2=Modern reversible me)	Random Effect Covariance	Estimate	Std. Error	Z	Sig.	95% Confidence Interval	
						Lower	Upper
use4_1	Variance	0.306	0.104	2.932	0.003	0.157	0.598
use4_2	Variance	0.315	0.093	3.380	0.001	0.176	0.562
use4_3	Variance	0.258	0.097	2.650	0.008	0.123	0.540

Covariance Structure：Unknown.

Subject Specification：district.

The covariance structure is changed to Scaled Identity because the random effect has only one level.

注意 SPSS 认为这里只有截距项一个随机效应，没有协方差，因此自动把第二水平的方差协方差结构改成只有方差参数估计值输出。

在此零模型建构的基础上，我们可把年龄变量添加到方程的固定部分。在模型设定的对话框的 Fields & Effects 界面中，单击 Fixed effects 并把变量 age 用鼠标拖到界面右侧 intercept 下面即可运行该随机截距模型，输出结果如下。

Model Summary

Target		Contraceptive use status and method（1＝Sterilization，2＝Modern reversible me）
Measurement Level		Nominal
Probability Distribution		Multinomial
Link Function		Generalized logit
Information Criterion	Akaike Corrected	33632.270
	Bayesian	33650.139

Information criteria are based on the-2 log likelihood（33626.262）and are used to compare models. Models with smaller information criterion values fit better.

Fixed Effects[a]

Source	F	df1	df2	Sig.
Corrected Model	58.921	3	2861	0.000
age	58.921	3	2861	0.000

Probability distribution：Multinomial.

Link function：Generalized logit.

a. Target：Contraceptive use status and method（1＝Sterilization，2＝Modern reversible me）.

Fixed Coefficients[a]

Contraceptive use status and method（1＝Sterilization，2＝Modern reversible me）	Model Term	Coefficient	Std. Error	t	Sig.	95% Confidence Interval		Exp (Coefficient)	95% Confidence Interval for Exp (Coefficient)	
						Lower	Upper		Lower	Upper
use4_1	Intercept	−1.950	0.1078	−18.101	0.000	−2.162	−1.739	0.142	0.115	0.176
	age	0.061	0.0066	9.343	0.000	0.048	0.074	1.063	1.050	1.077
use4_2	Intercept	−1.341	0.0986	−13.595	0.000	−1.534	−1.147	0.262	0.216	0.318
	age	−0.026	0.0057	−4.534	0.000	−0.037	−0.015	0.974	0.964	0.985
use4_3	Intercept	−1.845	0.0996	−18.530	0.000	−2.040	−1.650	0.158	0.130	0.192
	age	0.032	0.0080	3.993	0.000	0.016	0.048	1.032	1.016	1.049

Probability distribution：Multinomial.

Link function：Generalized logit.

a. Target：Contraceptive use status and method（1＝Sterilization，2＝Modern reversible me）.

这是模型固定部分参数的估计结果。SPSS 自动给出了 RRR 值。

Random Effect

Contraceptive use status and method（1 = Sterilization, 2=Modern reversible me）	Random Effect Covariance	Estimate	Std. Error	Z	Sig.	95% Confidence Interval	
						Lower	Upper
use4 _ 1	Variance	0.334	0.111	3.001	0.003	0.174	0.643
use4 _ 2	Variance	0.315	0.094	3.351	0.001	0.176	0.566
use4 _ 3	Variance	0.257	0.097	2.637	0.008	0.122	0.540

Covariance Structure：Unknown.

Subject Specification：district.

The covariance structure is changed to Scaled Identity because the random effect has only one level.

这是模型随机部分参数的估计结果。

同样地，研究者可根据研究需要进一步在 Fixed effects 界面把其他自变量拖到模型中。如果需要设定某个自变量的斜率随机，只需在 Random Effects 界面编辑已经设定好的随机截距设定，在新弹出的窗口中把自变量 age 拖到窗口右侧 intercept 下面即可（图 6-4-3）。因年龄的影响在不同地区间没有差异，因此设定 age 系数在 district 水平上随机的模型不能有效计算该斜率系数在水平二的估计值。此处仅仅是演示在多水平无序多分类模型中如何设定随机斜率系数的步骤。

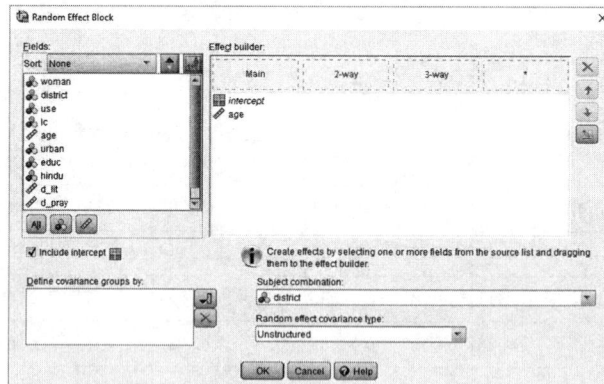

图 6-4-3 设定 age 斜率系数在 district 上随机

研究者当然可以通过命令来运行有关模型。SPSS 也同时自动保存了通过窗口构建的所有模型的命令，研究者可保存这些命令重复使用。

6.5 使用 Mplus 构建拟合多水平 multinomial logistic 回归模型

使用 Mplus 构建多水平多分类 logistic 回归模型和构建其他模型的步骤基本一样（Muthén & Muthén，2017）。因为因变量是多分类的类别变量，命令中需要指明因变量是多分类变量。使用孟加拉国生育研究的数据，以变量 use4 为因变量，构建两水平零模型的命令如下。

```
Title: 2-level multinomial logistic regression with bang data
 ! null model
 Data: File is C:\Users\yuhan\Google Drive\mlm_book2016\data\bang.csv;
 VARIABLE: NAMES ARE woman district use use4 lc age urban educ hindu d_lit d_pray
cons;
      NOMINAL ARE use4;
      CLUSTER is district;
      usevariables are use4;
 ANALYSIS: ESTIMATOR=ML;
         TYPE=TWOLEVEL;
 MODEL:
      %Within%
      !blank

      %Between%
       ! need specify variance covariance
      USE4#1;
      USE4#2;
      USE4#3;
      USE4#1 with USE4#2 USE4#3;
      USE4#2 with USE4#3;
```

命令中指定因变量为多分类变量的字命令是 NOMINAL ARE use4；注意 Mplus 没有英语语法要求。因为该因变量有四种类别，所以模型中就会有三个阈值点。Mplus 自动把最后一类别作为参照类，使用者如果需要更改参照类，需要对数据进行重新编码，把参照类编码为最后类别即可。Mplus 缺省命令不输出各个阈值参数在第二水平的方差和协方差。研究者需要通过命令要求 Mplus 估计因变量各个阈值在第二水平的方差和协方差。指定阈值的命令格式是因变量名♯数字，例如，本例因变量 use4 的第二个阈值点就是 use4♯2。命令 with 表示需要估计两个变量的协方差。运行该命令的结果输出如下。

```
MODEL RESULTS

                                              Two-Tailed
                 Estimate    S.E.   Est./S.E.  P-Value

Within Level

Between Level

 USE4#1    WITH
    USE4#2       0.280      0.099     2.834     0.005
    USE4#3       0.197      0.097     2.037     0.042

 USE4#2    WITH
    USE4#3       0.124      0.083     1.493     0.135

 Means
    USE4#1      -1.901      0.116   -16.440     0.000
    USE4#2      -1.331      0.104   -12.787     0.000
    USE4#3      -1.880      0.105   -17.934     0.000

 Variances
    USE4#1       0.412      0.136     3.022     0.003
    USE4#2       0.386      0.113     3.402     0.001
    USE4#3       0.313      0.117     2.673     0.008
```

从结果输出来看，use4♯2 和 use4♯3 间在地区水平上的协方差(0.124)不显著，每个阈值在地区水平上的变异都显著。如果我们把自变量 age 包括进方程，则该随机截距模型的命令为如下。

```
VARIABLE: NAMES ARE woman district use use4 lc age urban educ hindu d_lit d_pray
cons;
      NOMINAL ARE use4;
      CLUSTER is district;
      usevariables are use4 age;
      WITHIN  ARE age;
ANALYSIS: ESTIMATOR=ML;
         TYPE=TWOLEVEL;
MODEL:
     %Within%
     use4 on age;
     !blank
     %Between%

        USE4#1;
        USE4#2;
        USE4#3;
```

命令的开始我们告诉年龄变量 age 是第一水平的变量（WITHIN ARE age;），第一水平上的回归命令就是一般 Mplus 常用的回归命令格式 y on x。第二水平上我们可继续保留前面零模型所设定的方差协方差结构。基于演示目的，我们要求 Mplus 只估计阈值项在地区水平上的方差。运行该命令的结果输出如下。

```
MODEL RESULTS

                                                       Two-Tailed
                         Estimate     S.E.   Est./S.E.  P-Value

Within Level

   USE4#1       ON
     AGE           0.062      0.007     8.722     0.000


   USE4#2       ON
     AGE          -0.026      0.006    -4.359     0.000

   USE4#3       ON
     AGE           0.032      0.007     4.496     0.000

Between Level

   Means
     USE4#1       -2.009      0.115   -17.417     0.000
     USE4#2       -1.379      0.101   -13.705     0.000
     USE4#3       -1.891      0.101   -18.711     0.000

   Variances
     USE4#1        0.356      0.123     2.888     0.004
     USE4#2        0.333      0.103     3.242     0.001
     USE4#3        0.263      0.103     2.554     0.011


LOGISTIC REGRESSION ODDS RATIO RESULTS

Within Level

   USE4#1       ON
     AGE           1.064

   USE4#2       ON
     AGE           0.974

   USE4#3       ON
     AGE           1.033
```

　　命令中的 Within Level 的斜率系数结果是以对数为单位的数值，结果输出的最后 Mplus 自动把斜率的对数值取反对数报告出来。注意这里 Mplus 把 RRR 值报告为 OR 值。

　　如果要使用当前版本的 Mplus 构建随机斜率模型，尽管还需要使用 ｜ 符号来指定随机斜率系数，但此时就不能使用"s ｜ USE4 on age;"的格式来进行，因为这里只指定了一个随机斜率项，而模型中实际上有三个方程。前面的随机截距模型命令中，我们用一行命令 USE4 on age 就行。为了分别指定每个斜率系数随机，我们需要有三个分成来进行。实际上随机截距模型命令中的模型命令 USE4 on age 可以写成如下三行命令。

```
USE4#1 on age;
USE4#2 on age;
USE4#3 on age;
```

　　即把每个阈值点作为一个因变量来写命令。运行这样的命令所得到的随机截距模型结果和前面演示的 Mplus 的缺省命令得到的结果一模一样。通过这样改变命令，我们就可以分别指定随机斜率参数了。在前述随机截距模型的基础上，本例的随机截距随机斜率模型的命令如下。

```
VARIABLE: NAMES ARE woman district use use4 lc age urban educ hindu d_lit d_pray
cons;

    NOMINAL ARE use4;
    CLUSTER is district;
    usevariables are use4 age;
    WITHIN  ARE age;
ANALYSIS: ESTIMATOR=ML;
        TYPE=TWOLEVEL RANDOM;
        INTEGRATION=MONTECARLO;
MODEL:
    %Within%
    s1 | USE4#1 on age;
    s2 | USE4#2 on age;

s3 | USE4#3 on age;

 %Between%
 USE4#1;
 USE4#2;
 USE4#3;
```

　　请注意这里我们在 analysis 命令增加了 RANDOM 选项，同时通过命令 INTEGRATION＝MONTECARLO 调用蒙特卡罗积分方法。因为使用 Mplus 的缺省方法估计当前模型对计算机的内存要求很高，一般的微机无法运行该命令。使用蒙特卡罗积分方法可有效地减少对内存的要求。虽然在 Model 命令中分别指定三个不同的斜率参数 s1、s2 和 s3，但实际上年龄的作用在地区间基本一致，因此该模型不能收敛。基于演示的目的，我们把自变量换成 urban，初步的数据考察显示 urban 变量的作用对第三类别的影响在地区间差异不显著，为了能使模型收敛，我们就设定自变量 urban 对第一和第二类别的作用在 district 水平上随机。相应的命令如下。

```
    Data: File is C:\Users\yuhan\Google Drive\mlm_book2016\data\bang.csv;
    VARIABLE: NAMES ARE woman district use use4 lc age urban educ hindu d_lit d_pray
cons;
        NOMINAL ARE use4;
        CLUSTER is district;
        usevariables are use4 urban;
        WITHIN  ARE urban;
    ANALYSIS: ESTIMATOR=ML;
            TYPE=TWOLEVEL RANDOM;
            INTEGRATION=MONTECARLO;
    MODEL:
        %Within%
        s1 | USE4#1 on urban;
        s2 | USE4#2 on urban;
            USE4#3 on urban;

        %Between%

        USE4#1;
        USE4#2;
        USE4#3;
```

运行 urban 为自变量的随机斜率模型的输出结果如下。

MODEL RESULTS

	Estimate	S.E.	Est./S.E.	Two-Tailed P-Value
Within Level				
USE4#3 ON				
URBAN	0.215	0.160	1.337	0.181
Between Level				
Means				
S1	0.195	0.181	1.077	0.281
S2	1.118	0.166	6.747	0.000
USE4#1	-1.943	0.112	-17.376	0.000
USE4#2	-1.657	0.096	-17.254	0.000
USE4#3	-1.907	0.103	-18.541	0.000
Variances				
S1	0.114	0.171	0.668	0.504
S2	0.431	0.215	2.008	0.045
USE4#1	0.307	0.110	2.795	0.005
USE4#2	0.209	0.087	2.416	0.016
USE4#3	0.238	0.090	2.638	0.008

LOGISTIC REGRESSION ODDS RATIO RESULTS

Within Level

```
 USE4#3    ON
URBAN            1.239
```

输出结果显示自变量 urban 的斜率对第二类别的影响在不同地区间的变异比较显著，其方差估计值为 0.431，$p=0.045$。结果输出还显示当前版本的 Mplus(8)只把固定参数的斜率估计值取反对数转换成 RRR 值(Mplus 报告为 OR 值)，$\exp(0.215)=1.239$，并没有对随机斜率进行相应的转换，读者如果需要报告 OR 值请自行转换一下。当然研究者根据需要和输出结果可设定斜率和截距在地区水平上的完整的方差协方差结构。

本章小结

多水平多分类 logistic 回归模型运用于考察自变量对多分类因变量的影响作用。该模型的估计方法是多水平研究中比较活跃的领域。软件 STATA、SPSS 和 Mplus 构建多水平多分类 logistic 回归模型的功能还在持续发展之中。构建拟合多水平多分类 logistic 回归模型时，通常会有模型收敛问题，建议读者在构建模型时先从最基本的模型开始，逐渐增加模型的复杂性。尽管本章没有演示如何使用 MCMC 方法估计多水平多分类 logitic 回归模型，建议读者对其最终的模型也运行 MCMC 程序并查看输出结果。如有可能，建议读者使用不同的软件对同一模型进行估计并比较使用不同软件得到的结果，以增加根据模型的估计结果进行统计推断的稳健程度。

第七章 多水平有序多分类 logistic 回归模型

研究实践中除了两分类因变量和无序多分类因变量外，还有一种分类变量是有序（ordered）多分类因变量（Yang，2001）。常见的例子有问卷条目的回答包括从不同意到完全同意几个表示程度高低的选项；大学的分类如中专、大专、本科；收入水平的低、中、高；疾病的不同分期；考试成绩的等级分等。这类因变量的多个选项之间有大小高低等程度方面的比较，因此该类变量有别于各选项间无法互相比较的无序分类因变量。考察自变量对有序多分类因变量的影响通常使用 ordinal logistic 回归模型（Heck et al.，2012）。有的软件叫 ordered logistic 回归模型（Long & Freese，2005）。

7.1 多水平有序多分类 logistic 回归模型基础

类似于两分类的因变量 y，我们也假定在多分类 y 后面有一个潜在的连续变量 y^*，其取值范围在 $-\infty$ 和 $+\infty$ 之间，y^* 和 x 间的关系可被简单记作公式 7.1。

$$y^* = \beta_0 + \beta_1 x + \varepsilon \tag{7.1}$$

公式 7.1 中的 ε 是随机误差，β_0 和 β_1 是回归的截距项和斜率项。潜变量 y^* 可根据分界点或阈值 τ 的大小分作 j 个从小到大有序排列的类别 y_m，$m=1 \sim j$，分类标准为当 $\tau_{m-1} \leqslant y_m^* < \tau_m$ 时，$y_m = m$，并假定最小的分界点 $\tau_0 = -\infty$ 和最后的分界点 $\tau_j = +\infty$。就某个有 A、B、C、D 四个等级分类的考试成绩 y 来说，y 的各个类别和潜变量 y^* 的关系可具体表示为公式 7.2。

$$y = \begin{cases} 1 \Rightarrow D, & \text{if } \tau_0 = -\infty \leqslant y^* < \tau_1 \\ 2 \Rightarrow C, & \text{if } \tau_1 \leqslant y^* < \tau_2 \\ 3 \Rightarrow B, & \text{if } \tau_2 \leqslant y^* < \tau_3 \\ 4 \Rightarrow A, & \text{if } \tau_3 \leqslant y^* < \tau_4 = +\infty \end{cases} \tag{7.2}$$

自变量 x 对考试成绩 y 为某个等级的影响作用，即考试成绩为某 m 等级的可能性可以写作公式 7.3。

$$\Pr(y=m \mid x) = \Pr(\tau_{m-1} \leqslant y^* < \tau_m \mid x) \tag{7.3}$$

统计中在构建有序多分类变量的模型时通常引入累积概率 γ（cumulative probability）的概念。累积概率 γ_m 指考试的等级分数低于或等于 m 时的概率，即 $\gamma_m = \Pr(y=m) = \pi_1 + \pi_2 + \cdots + \pi_m$。针对有 j 个类别的有序分类变量，可以很容易地理解第一类别的累积概率 $\gamma_1 = \pi_1$，最后一个类别的累积概率 $\gamma_j = 1$。有了不同类别的累积概率，我们只需把临近两个类别的累积概率相减就能得到某个类别 m 的发生率，即 $\pi_m = \text{Pr}(y = m) = \text{Pr}(y \leqslant m) - \text{Pr}(y \leqslant m-1)$，也就是说 $\pi_m = \gamma_m - \gamma_{m-1}$。有关考试的等级分 A、B、C、D 和阈值、累积概率以及每个类别的发生率之间的关系可以参见表 7-1-1 来理解。表 7-1-1 中的 i 为个体 i 的编号。

表 7-1-1　不同等级的累加概率

等级	发生率	阈值	累积概率
D	π_{1i}	$\leqslant$ D	$\gamma_1 = \pi_{1i}$
C	π_{2i}	$\leqslant$ C：(C, D)	$\gamma_2 = \pi_{1i} + \pi_{2i}$
B	π_{3i}	$\leqslant$ B：(B, C, D)	$\gamma_3 = \pi_{1i} + \pi_{2i} + \pi_{3i}$
A	π_{4i}	$\leqslant$ A：(A, B, C, D)	$\gamma_4 = \pi_{1i} + \pi_{2i} + \pi_{3i} + \pi_{4i} = 1$

当有序分类的类别数只有 0 和 1 两个类别时，上述的累积概率就可以写成 $\text{Pr}(y \leqslant 0) = 1 - \pi$ 以及 $\text{Pr}(y \leqslant 1) = 1$。参照 logistic 回归方程，本例中针对每个考试等级的累积概率，我们可把自变量 x 对考试成绩 y 为某个等级的影响作用进一步写成如公式 7.4 所示的 logit 模型。

$$\ln\left(\frac{\text{Pr}(y \leqslant m)}{\text{Pr}(y > m)}\right) = \ln\left(\frac{\gamma_m}{1 - \gamma_m}\right) = \text{logit}(\gamma_m) = \beta_m + \beta x \qquad 7.4$$

公式 7.4 中的 $m = 1 \sim j-1$。本例中的 A、B、C、D 四个等级的累积概率和 x 的关系可被具体写成如公式 7.5 所示。

$$\ln\left(\frac{\gamma_1}{1 - \gamma_1}\right) = \beta_1 + \beta x$$

$$\ln\left(\frac{\gamma_2}{1 - \gamma_2}\right) = \beta_2 + \beta x \qquad 7.5$$

$$\ln\left(\frac{\gamma_3}{1 - \gamma_3}\right) = \beta_3 + \beta x$$

注意在公式 7.5 中，自变量 x 对每个类别的影响作用被假定是一样的。如果没有自变量 x，则每个阈值点的累积概率 γ_m 可通过对 β_m 取反对数 $\exp(\beta_m)$ 求得。在有序多分类 logistic 回归模型中，自变量 x 的系数 β 可解释为单位 x 的增量对因变量上一个类别的作用为 β 个 logit 值。

下面我们就用 MLwiN 软件自带的数据(alevchem)使用 STATA 演示如何构建普通有序多分类 logistic 回归模型(Rasbash et al.，2016)。文件 alevchem 中的变量信息如下。

```
Contains data from http://www.bristol.ac.uk/cmm/media/runmlwin/alevchem.dta
  obs:         2,166
  vars:            9                          21 Oct 2011 12:19
  size:       36,822
------------------------------------------------------------------------------
```

```
              storage   display   value
variable name type      format    label     variable label
--------------------------------------------------------------------------
lea           int       %9.0g               LEA ID
estab         int       %9.0g               Establishment ID
pupil         float     %9.0g               Pupil ID
a_point       byte      %9.0g     a_point   A-level point score
gcse_tot      byte      %9.0g               Total GCSE point score
gcse_no       byte      %9.0g               Number of GCSEs taken
cons          byte      %9.0g               Constant
gender        byte      %9.0g     gender    Gender
school        float     %9.0g               group(lea estab)
--------------------------------------------------------------------------
Sorted by:
      Note: Dataset has changed since last saved.
```

　　数据中的变量 lea 是学区编号，变量 estab 是每个学区的学校编号，不同学区的学校编号可能相同。例如，北京一中和长沙一中等，学校的编号都是 1。这样在分析数据中如果只是使用学校为高水平的分析单位，请一定给每个学校一个单独的编号。本例的因变量学生的考试等级分数是 a _ point，为 ABCDEF 六级编码，相应的数字是 654321。自变量是学生的性别 gender，男生编码为 0，女生编码为 1。使用 STATA 运行一个普通的单水平有序多分类 logistic 回归的模型的结果输出如下。

```
. ologit a_point i.gender /*A the last category as reference category*/

Ordered logistic regression                Number of obs   =      2,166
                                           LR chi2(1)      =       0.04
                                           Prob > chi2     =     0.8463
Log likelihood = -3860.681                 Pseudo R2       =     0.0000

------------------------------------------------------------------------
   a_point |    Coef.   Std. Err.     z    P>|z|    [95% Conf. Interval]
-----------+------------------------------------------------------------
    gender |
    female | -.0147769  .0762368   -0.19   0.846   -.1641982   .1346445
-----------+------------------------------------------------------------
     /cut1 | -1.404882  .0633009                   -1.528949  -1.280815
     /cut2 |  -.70787   .056347                     -.818308  -.5974319
     /cut3 | -.1061851  .0541732                   -.2123627  -7.56e-06
     /cut4 |  .5885876  .0556814                     .479454   .6977211
     /cut5 |  1.596389  .0663535                    1.466339   1.72644
------------------------------------------------------------------------
```

　　以上输出的结果为未转换的 logit 数值，读者可在命令中增加一个选项 or 要求 STATA 直接输出 OR 结果。

```
. ologit a_point i.gender, or

Ordered logistic regression                Number of obs   =      2,166
                                           LR chi2(1)      =       0.04
                                           Prob > chi2     =     0.8463
Log likelihood = -3860.681                 Pseudo R2       =     0.0000

------------------------------------------------------------------------
   a_point | Odds Ratio  Std. Err.    z    P>|z|    [95% Conf. Interval]
-----------+------------------------------------------------------------
    gender |
    female | .9853318   .0751185    -0.19   0.846    .8485738    1.14413
-----------+------------------------------------------------------------
     /cut1 | -1.404882  .0633009                   -1.528949  -1.280815
     /cut2 |  -.70787   .056347                     -.818308  -.5974319
     /cut3 | -.1061851  .0541732                   -.2123627  -7.56e-06
     /cut4 |  .5885876  .0556814                     .479454   .6977211
     /cut5 |  1.596389  .0663535                    1.466339   1.72644
------------------------------------------------------------------------
Note: Estimates are transformed only in the first equation.
```

当前模型输出结果显示性别对学生的成绩没有影响（$\beta = -0.01478$，$OR = 0.98533$，$p = 0.846$）。注意这里的性别对所有的考试类别的作用只有一个系数，这是有序多分类 logistic 回归模型和无序多分类 multinomial logistic 回归模型不同的地方。

公式 7.4 可以扩展为包括更多自变量的情况，同样地也可以扩展到数据中有多个水平的情况。当数据有两个水平时，公式 7.4 可被写成公式 7.6 所示的两水平有序多分类 logistic 回归模型（Rasbash et al.，2016）。

$$\ln\left(\frac{\Pr(y \leqslant m)}{\Pr(y > m)}\right) = \ln\left(\frac{\gamma_m}{1 - \gamma_m}\right) = \beta_m + \beta x + \mu_{0j} \qquad 7.6$$

公式 7.6 中的 j 是第二水平的编号，在要演示的例子中是学校编号，公式中的 μ_{0j} 是第 j 个学校的每一个学生的所有阈值和总体平均数的差异。注意对每个学生来说，该差异在所有阈值水平上的取值是一样的，并且有 $\mu_{0j} \sim N(0, \Omega_\nu)$，即 μ_{0j} 服从平均数为 0，方差为 Ω_ν 的正态分布。公式 7.6 也可以扩展到多个自变量的情况。

7.2　使用 STATA 构建拟合有序多分类 logistic 回归模型

在本演示例子中学校是第二水平的单位，因此我们先给每个学校创建一个唯一的编号。具体步骤如下。

（1）打开数据后使用命令 egen school＝group(lea estab) 创建一个新变量 school，该变量就是每个学校的单位编码。然后运行 STATA 的菜单命令 Statistics＞Multilevel mixed-effects models＞Ordered logistic regression。在弹出的窗口中选择因变量 a_point 和自变量 gender，并在 gender 变量名前加上 i. 指明性别是分类变量。

（2）设定完模型中的因变量和自变量后，下面就开始设定模型的水平结构，单击模型设定窗口中间 Random-effects model 部分的 Create 按钮，在弹出的对话框上部 Level variable for equation：的下拉框中选择 school。

（3）选定第二水平单位变量 school 完成模型水平数的设定后单击 OK 按钮回到上一级对话框，并继续单击对话框下部的 OK 按钮运行该随机截距模型即可查看下述结果。

```
meologit a_point i.gender || school:

Mixed-effects ologit regression          Number of obs    =      2,166
Group variable:          school          Number of groups =        220

                                         Obs per group:
                                                       min =          1
                                                       avg =        9.8
                                                       max =         94

Integration method: mvaghermite          Integration pts. =          7

                                         Wald chi2(1)     =       2.06
Log likelihood = -3662.5579              Prob > chi2      =     0.1516
-------------------------------------------------------------------------
```

```
    a_point |      Coef.    Std. Err.      z     P>|z|      [95% Conf. Interval]
------------+----------------------------------------------------------------
     gender |
     female |    .1265144     .088221    1.43    0.152    -.0463956    .2994244
------------+----------------------------------------------------------------
      /cut1 |   -1.272539    .108503                      -1.485201   -1.059877
      /cut2 |   -.4142905    .1052105                     -.6204993   -.2080817
      /cut3 |    .3340564    .105659                       .1269685    .5411443
      /cut4 |    1.187323    .1089592                      .9737666    1.400879
      /cut5 |    2.384631    .1187421                      2.1519      2.617361
------------+----------------------------------------------------------------

school      |
 var(_cons)|    1.257582    .1893376                      .9362286    1.689236
------------+----------------------------------------------------------------
LR test vs. ologit model: chibar2(01) = 396.25          Prob >= chibar2 = 0.0000
```

该输出结果为 logit 值, 读者可在模型设定的 Reporting 页面选择 Report fixed-effects coefficeints as odds ratios 要求 STATA 输出 OR 结果。相应的结果输出如下。

```
meologit a_point i.gender || school:, or
Mixed-effects ologit regression                 Number of obs     =      2,166
Group variable:          school                 Number of groups  =        220

                                                Obs per group:
                                                           min =          1
                                                           avg =        9.8
                                                           max =         94

Integration method: mvaghermite                 Integration pts.  =          7

                                                Wald chi2(1)      =       2.06
Log likelihood = -3662.5579                     Prob > chi2       =     0.1516
------------+----------------------------------------------------------------
    a_point | Odds Ratio  Std. Err.      z     P>|z|      [95% Conf. Interval]
------------+----------------------------------------------------------------
     gender |
     female |    1.134866    .100119    1.43    0.152     .9546643    1.349082
------------+----------------------------------------------------------------
      /cut1 |   -1.272539    .108503                      -1.485201   -1.059877
      /cut2 |   -.4142905    .1052105                     -.6204993   -.2080817
      /cut3 |    .3340564    .105659                       .1269685    .5411443
      /cut4 |    1.187323    .1089592                      .9737666    1.400879
      /cut5 |    2.384631    .1187421                      2.1519      2.617361
------------+----------------------------------------------------------------
school      |
 var(_cons)|    1.257582    .1893376                      .9362286    1.689236
------------+----------------------------------------------------------------
Note: Estimates are transformed only in the first equation.
LR test vs. ologit model: chibar2(01) = 396.25          Prob >= chibar2 = 0.0000
```

输出结果显示, 性别对学习成绩影响不显著(OR=1.134866, $p=0.152$)。如果作者需要设定自变量的系数随机, 则只需在模型的随机参数设定界面中从 Factor variable for eqation 下面的下拉框中选择变量 gender 即把性别的系数设定为在 school 水平上随机。同样地, STATA 把通过菜单建构模型的命令也一并随分析结果输出。使用者保存这些命令以进一步使用。刚才演示的随机截距和随机斜率的命令如下。

meologit a_point i.gender, || school:, covariance(unstructured) or

meologit a_point i.gender, || school: gender, covariance(unstructured) or

多水平有序多分类 logistic 回归模型的命令格式和多水平线性模型的命令基本一致。| | 符号用来定义模型中高水平变量和随机参数。如果模型中有多个水平, 如 4

个水平，则使用命令的随机部分需要使用｜｜符号依次从最高水平写为｜｜L4ID：，｜｜L3ID：，｜｜L2ID：，其中 L4ID，L3ID 和 L2ID 分别为第四、第三和第二水平的单位标识变量。

7.3　使用 MLwiN 构建拟合有序多分类 logistic 回归模型

使用当前版本的 MLwiN 构建多水平有序分类 logistic 回归模型的基本步骤和使用该软件构建无序多分类模型基本类似。具体步骤如下。

(1)打开数据 alevchem_new.dta 后，单击 Model 中的 Equations 命令，在弹出的方程对话框界面点击圈起来的 y，在弹出的对话框中选定 a_point 为样本量并且设定好第一(pupil)和第二水平(school)单位。

(2)因变量选定后进一步单击方程中的 N 对因变量的分布进行设定，在弹出的窗口中选择 multinomial 分布和 ordered proportional odds，软件自动选择 logit 链接，高级用户可以更改此设定。本例中需用户更改缺省参照类选项并设定 A 为参照类。

(3)完成参照类设定后点击 Done 按钮，在窗口中的方程自动更新为如图 7-3-1 所示(图 7-3-1)。

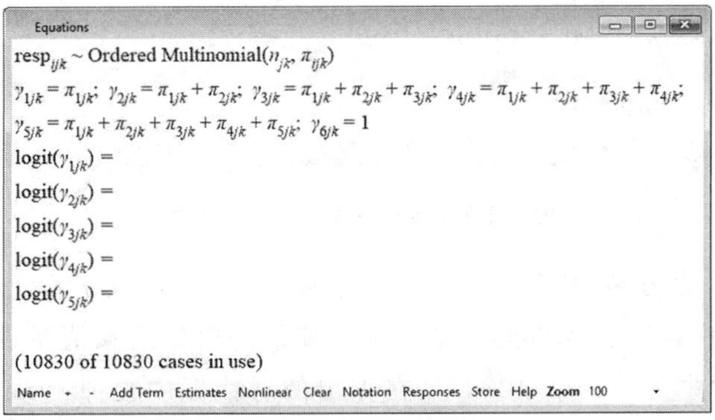

图 7-3-1　设定参照类后的方程

(4)注意此时 MLwiN 软件因内部数据重构，自动把数据整理成三水平的数据。普通使用者不必注意 MLwiN 这个本该放到后台的数据整理过程，因为在前面的步骤我们已经把第一和第二水平的单位都定义过了。单击图 7-3-1 窗口方程上部的圈起来的 n_{jk}，在弹出的对话框(specify denominator)中选择常量 cons 并点击 Done 按钮回到上一个页面。

(5)然后开始添加第一个自变量常量 cons。单击方程窗口下面的 Add Term 按钮，在新弹出的对话框中再次选择常量 cons，然后单击该对话框下面的 add Separate coefficients 按钮把常量包括进方程。添加完常量 cons 后方程就自动更新为如图 7-3-2 所示。

(6)注意此时的方程中并没有随机参数出现，我们需要进一步设定模型的随机参

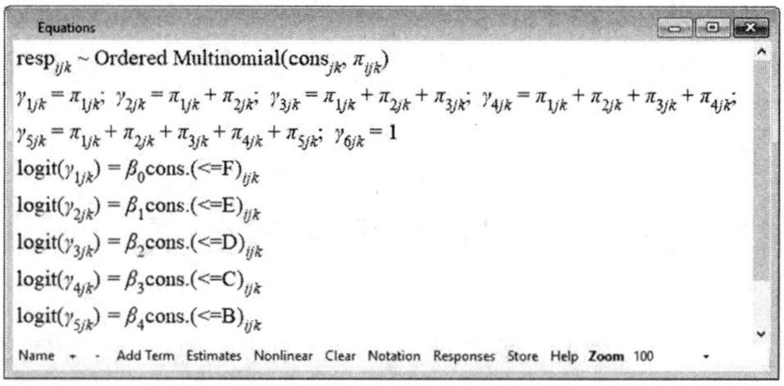

图 7-3-2　添加常量 cons 后的方程

数。再次单击方程窗口下面的 Add Term 按钮，在新弹出的对话框中再次选择常量 cons，然后单击该对话框下面的 add Common coefficients 按钮，在新弹出的对话框中单击 Include all 按钮后并点击 Done 按钮。此时方程就自动更新成如图 7-3-3 所示。

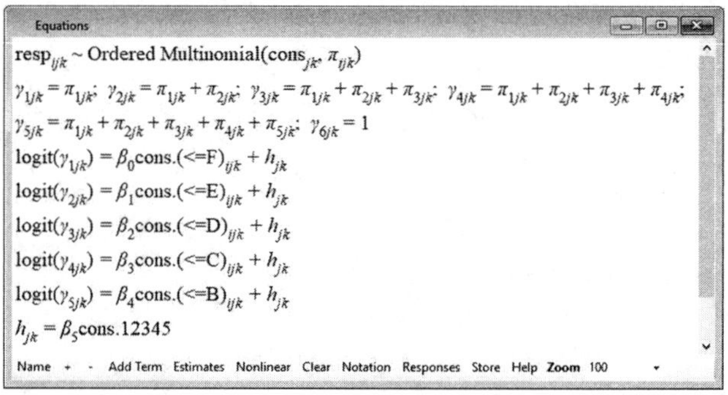

图 7-3-3　包括共同项 h_{jk} 的方程

（7）注意此时的方程中多出了一个共同项 h_{jk}，并且 $h_{jk} = \beta_5 cons.12345$，该 $\beta_5 cons.12345$ 为 MLwiN 自动创建的新变量。如果需要设定阈值系数随机，此时我们需进一步点击方程中的 $\beta_5 cons.12345$，在弹出的对话框中去掉 Fixed Parameter 选项但选择 k(school_long)并点击 Done 按钮。阈值参数被设定为随机后，方程就自动更新为如图 7-3-4 所示。

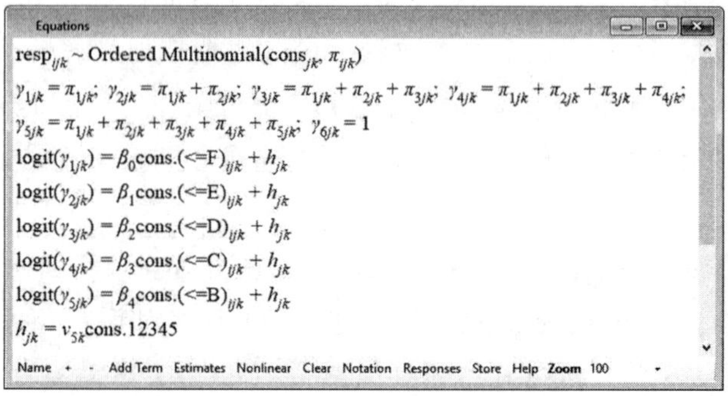

图 7-3-4　设定阈值参数随机的方程

（8）然后点击窗口下面的 Nonlinear，选择一阶 MQL 估计法对模型进行估计，然后再换成二阶 PQL 估计法对模型进行进一步估计。模型的最后输出结果如图 7-3-5 所示。

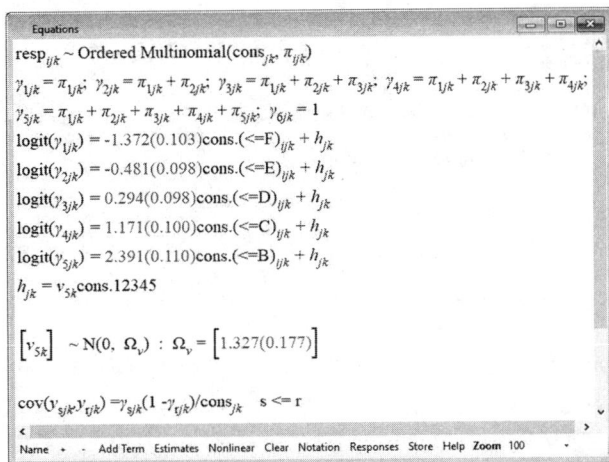

图 7-3-5　两水平有序多分类零模型估计结果

当前模型估计结果显示方差参数 Ω_v 的估计值为 1.327(0.177)，在此零模型估计结果的基础上，我们可进一步把自变量性别包括进方程。点击图 7-3-5 所示零模型窗口的 Add Term 按钮，在弹出的对话框中选择自变量 gender 并且点击 add Common coefficients 按钮，然后在新弹出的对话框中点击 Include all 按钮后回到上一级菜单。此时窗口中的方程就自动更新，点击 More 按钮运行该模型的结果如图 7-3-6 所示。

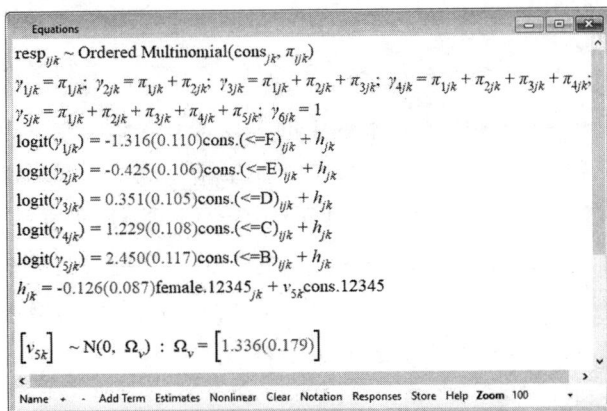

图 7-3-6　两水平有序多分类随机截距模型结果

如果要进一步设定性别的系数随机，则只需点击方程中的 female 部位，在新弹出的窗口中选中 k(school_long)后运行该模型即可。本例中的性别作用在各个学校之间比较稳定，因此性别系数在学校水平上的方差估计值几乎为零。

使用 STATA 的 runmlwin 命令也可以很方便地从 STATA 内调用 MLwiN 而运

行多水平有序多分类 logistic 回归模型。就本例来说，分别使用一阶 MQL 和二阶 PQL 估计方法的零模型和随机截距模型的命令如下（Leckie & Charlton，2013）。

```
*零模型
/*1st order MQL*/
runmlwin a_point cons, level2(school: (cons, contrast(1/5))) level1(pupil) ///
        discrete(distribution(multinomial) link(ologit) denominator(cons)
basecategory(6)) nopause
/*2nd order PQL*/
runmlwin a_point cons, level2(school: (cons, contrast(1/5))) level1(pupil) ///
        discrete(distribution(multinomial) link(ologit) denominator(cons)
basecategory(6) pql2) initsprevious nopause

*随机截距
/*1st order MQL*/
runmlwin a_point cons (gender, contrast(1/5)), level2(school: (cons, contrast(1/5)))
level1(pupil) ///
        discrete(distribution(multinomial) link(ologit) denominator(cons)
basecategory(6)) nopause
/*2nd order PQL*/
runmlwin a_point cons (gender, contrast(1/5)), level2(school: (cons, contrast(1/5)))
level1(pupil) ///
        discrete(distribution(multinomial) link(ologit) denominator(cons)
basecategory(6) pql2) initsprevious nopause
```

注意该命令的格式和前面章节的无序多分类 logistic 回归模型的命令基本一致。只是 link 选项设定为 link(ologit)，并且自变量的名字不是直接被写进命令中因变量后面的位置，而是使用(gender，contrast(1/5))格式，这样才能保证性别的斜率系数估计值对每个类别都一样。如果不使用选项 contrast，则输出结果为无序多分类 logistic 回归的结果。随机参数的设定中随机截距的设定也是(cons，contrast(1/5))这样的格式，本例如果要设定性别的斜率系数随机，则相应的命令如下。

```
runmlwin a_point cons (gender, contrast(1/5)), level2(school: (cons, contrast(1/5))
(gender, contrast(1/5))) level1(pupil) discrete(distribution(multinomial)
link(ologit) denominator(cons) basecategory(6)) nopause
```

命令中随机参数部分的设定包括了(gender，contrast(1/5))，也就是说随机系数的设定需要通过 contrast 选项完成。本例中的因变量有 6 个类别并且第六类被设定为参照类，因此 contrast(1/5)设定为((1/5))，如果指定第一类为参照类，则 contrast(1/5)设定应改为((2/6))。因为性别的作用在各个学校间相对稳定，因此运行 runmlwin 命令使用二阶 PQL 估计法进一步运行本例的随机截距随机斜率模型命令时模型不能收敛。当然，实际应用中最好用 MCMC 估计法获得模型中各个参数的估计值（Browne，2016；Rasbash et al.，2016）。

7.4 使用 SPSS 构建拟合有序多分类 logistic 回归模型

使用 SPSS 运行多水平有序多分类 logistic 回归也需要通过多水平广义线性模型来进行（Heck et al.，2012）具体步骤如下。

（1）读入数据 alevchem_new. sav 后运行菜单命令 Analyze＞Mixed Models＞Generalized Linear…，在弹出的对话框中把 school 用鼠标拖到右侧 Subject 下面，完

成本例数据结构设定。

（2）点击页面中的 Fields & Effects 进入自变量设定页面，在 Target 下面的下拉框中选择因变量 a_point，并点击下拉框下面 More 前面的三角符号，在展开的部分选择 customize reference category 选项，并设定 A 为参照类（Reference value，6）（图 7-4-1）。因变量的分布设定部分选择 Multinomial logistic regression。注意在数据整理时，一定要把因变量 a_point 的属性设定为 ordinal，这样 SPSS 就自动构建有序多分类因变量的模型，如果因变量 a_point 的属性设定为 nominal，则 SPSS 就自动构建一个无序多分类因变量的模型。

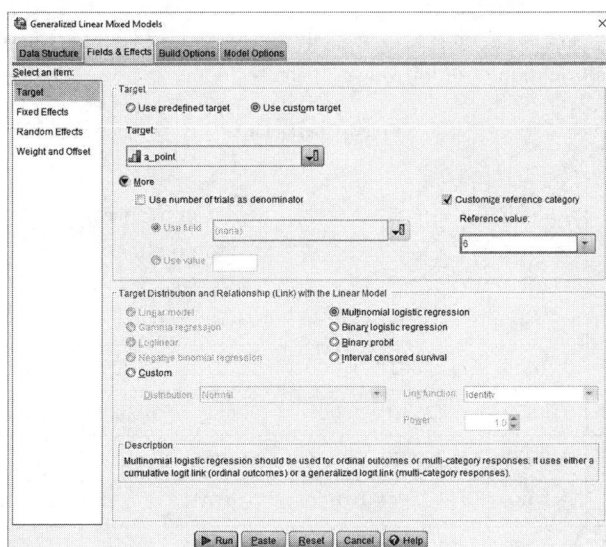

图 7-4-1　设定模型的因变量 a_point

（3）因当前零模型中没有自变量，因此 Fixed Effects 设定就使用 SPSS 的缺省设定。在 Random Effects 界面中点击左下角的 Add Block 按钮，在新弹出的对话框中选中 Include intercept 选项，并从右下部的 Subject combination 下面的下拉框中选择变量 school。

（4）完成模型随机部分的设定后，我们在模型设定选择页面（build option）选择 Use robust estimation to handle violations of model assumptions 并运行模型。

下面就是该两水平有序多分类 logistic 回归零模型的结果输出。

Case Processing Summary

	N	Percent
Included	2166	100.0%
Excluded	0	0.0%
Total	2166	100.0%

这部分是模型拟合信息。

Model Summary

Target	A-level point score	
Measurement Level	Ordinal	
Probability Distribution	Multinomial	
Link Function	Cumulative logitreadprof	
Information Criterion	Akaike Corrected	30211.174
	Bayesian	30216.850

Information criteria are based on the-2 log likelihood(30209.172)and are used to compare models. Models with smaller information criterion values fit better.

Fixed Coefficients[a]

Model Term		Coeff-icient	Std. Error	t	Sig.	95% Confidence Interval		Exp (Coeff-icient)	95% Confidence Interval for Exp(Coefficient)	
						Lower	Upper		Lower	Upper
Threshold for A-level point score=	1	−1.317	0.1028	−12.801	0.000	−1.518	−1.115	0.268	0.219	0.328
	2	−0.471	0.0959	−4.913	0.000	−0.659	−0.283	0.624	0.517	0.753
	3	0.265	0.0911	2.912	0.004	0.087	0.444	1.304	1.090	1.559
	4	1.105	0.0946	11.686	0.000	0.920	1.291	3.020	2.508	3.635
	5	2.287	0.1059	21.597	0.000	2.079	2.495	9.845	7.999	12.117

Probability distribution：Multinomial.

Link function：Cumulative logit.

a. Target：A-level point score.

模型的固定参数部分就是不同阈值的 logit 结果，注意当前分析中我们选择编码为 6 的 A 类别为参照类。

Random Effect

Random Effect Covariance	Estimate	Std. Error	Z	Sig.	95% Confidence Interval	
					Lower	Upper
Var(Intercept)	1.195	0.173	6.915	0.000	0.900	1.587

Covariance Structure：Variance components.

Subject Specification：school.

当前模型的随机部分参数是因变量在学校水平上的变异估计值 1.195（95％ CI：0.900，1.587），$p=0.000$。我们据此结果可进一步拟合包括自变量的两水平模型。如果要在方程中包括自变量 gender，则只需在零模型设定的基础上，在 Fixed Effects

设定中把 gender 变量用鼠标拖到窗口的右侧即可运行模型查看输出结果。本例中包括 gender 为自变量的模型输出结果如下。

Model Summary

Target		A-level point score
Measurement Level		Ordinal
Probability Distribution		Multinomial
Link Function		Cumulative logit
Information Criterion	Akaike Corrected	30223.641
	Bayesian	30229.317

Information criteria are based on the-2 log likelihood(30221.639)and are used to compare models. Models with smaller information criterion values fit better.

这部分是模型拟合结果。

Fixed Effects[a]

Source	F	df1	df2	Sig.
Corrected Model	1.845	1	2160	0.175
gender	1.845	1	2160	0.175

Probability distribution：Multinomial.

Link function：Cumulative logit.

a. Target：A-level point score.

Fixed Coefficients[a]

Model Term		Coefficient	Std. Error	t	Sig.	95% Confidence Interval		Exp (Coefficient)	95% Confidence Interval for Exp(Coefficient)	
						Lower	Upper		Lower	Upper
Threshold for A-level point score=	1	−1.384	0.1175	−11.780	0.000	−1.615	−1.154	0.250	0.199	0.315
	2	−0.539	0.1109	−4.857	0.000	−0.756	−0.321	0.583	0.469	0.725
	3	0.198	0.1073	1.843	0.065	−0.013	0.408	1.219	0.987	1.504
	4	1.039	0.1102	9.429	0.000	0.823	1.255	2.826	2.277	3.507
	5	2.222	0.1238	17.939	0.000	1.979	2.465	9.223	7.234	11.759
gender=0		−0.122	0.0897	−1.358	0.175	−0.298	0.054	0.885	0.743	1.056
gender=1		0[b]	0.	0.	0.	0.	0.	0.	0.	0.

Probability distribution：Multinomial.

Link function：Cumulative logit.

a. Target：A-level point score.

b. This coefficient is set to zero because it is redundant.

上面是模型中固定部分参数的估计值。读者可看到 SPSS 对两分类变量 gender 进行编码是以 1 为参照类。输出结果显示性别对考试等级分的影响不显著（OR＝0.885，95％CI：0.743，1.056；p＝0.054）。

Random Effect

Random Effect Covariance	Estimate	Std. Error	Z	Sig.	95％ Confidence Interval Lower	Upper
Var(Intercept)	1.202	0.173	6.925	0.000	0.905	1.595

Covariance Structure：Variance components.
Subject Specification：school.

这是包括了自变量 gender 后第二水平方差的估计值 1.202。如果研究中需要设定自变量的系数在高水平上随机，本例中如果要设定 gender 的斜率系数随机则需要在随机截距模型的基础上，在随机效应设定界面中单击 Edit Block 按钮编辑已有设定，在新弹出的窗口中把 gender 用鼠标拖到窗口的右侧。根据需要和输出结果可选定随机参数的方差协方差结构（图 7-4-2）。本例选择 Variance Components，即只估计截距和斜率的方差，不估计其协方差。设定完斜率系数随机后，即可运行模型并查看输出结果。

Model Summary

Target		A-level point score
Measurement Level		Ordinal
Probability Distribution		Multinomial
Link Function		Cumulative logit
Information Criterion	Akaike Corrected	30223.688
	Bayesian	30235.038

Information criteria are based on the-2 log likelihood(30219.683)and are used to compare models. Models with smaller information criterion values fit better.

Fixed Coefficients^a

Model Term		Coeff-icient	Std. Error	t	Sig.	95% Confidence Interval		Exp (Coeff-icient)	95% Confidence Interval for Exp(Coefficient)	
						Lower	Upper		Lower	Upper
Threshold for A-level point score=	1	−1.385	0.1178	−11.756	0.000	−1.616	−1.154	0.250	0.199	0.315
	2	−0.538	0.1112	−4.841	0.000	−0.756	−0.320	0.584	0.469	0.726
	3	0.200	0.1076	1.854	0.064	−0.011	0.411	1.221	0.989	1.508
	4	1.042	0.1105	9.430	0.000	0.825	1.258	2.834	2.282	3.519
	5	2.227	0.1239	17.975	0.000	1.984	2.469	9.268	7.269	11.816
gender=0		−0.120	0.0910	−1.313	0.189	−0.298	0.059	0.887	0.742	1.061
gender=1		0^b	0.	0.	0.	0.	0.	0.	0.	0.

Probability distribution：Multinomial.

Link function：Cumulative logit.

a. Target：A-level point score.

b. This coefficient is set to zero because it is redundant.

Random Effect

Random Effect Covariance	Estimate	Std. Error	Z	Sig.	95% Confidence Interval	
					Lower	Upper
Var(Intercept)	1.184	0.179	6.625	0.000	0.881	1.592
Var(gender)	0.032	0.059	0.538	0.590	0.001	1.218

Covariance Structure：Variance components.

Subject Specification：school.

　　输出结果显示性别的斜率系数在学校水平上的编译不显著，方差估计值为 0.32，$p=0.590$。运行本例中各个模型的 SPSS 命令已经保存起来了，读者可自行运行命令练习使用。

7.5　使用 Mplus 构建拟合有序多分类 logistic 回归模型

　　使用 Mplus 运行多水平有序多分类 logistic 回归模型的命令和运行多水平两分类 logistic 回归模型基本一样（Muthén & Muthén，2017）。本例的零模型 Mplus 命令如下。

```
! null model
Data: File is C:\Users\yuhan\Google Drive\mlm_book2016\data\alevchem_new.csv;
VARIABLE: NAMES ARE lea estab pupil a_point gcse_tot gcse_no cons gender school;
    CATEGORICAL ARE a_point;
    CLUSTER is school;
    usevariables are a_point;
ANALYSIS: ESTIMATOR=ML;
        TYPE=TWOLEVEL;
MODEL:
    %Within%
    !blank
    %Between%
  a_point; !request level 2 variance
```

Mplus 有关变量的命令中的 CATEGORICAL 选项能自动检测自变量的类别数，如果是两分类，则拟合两分类 logistic 回归模型；如果是多分类，则拟合有序多分类 logistic 回归模型。本例因变量 a_point 是多分类变量，Mplus 软件能自动检测并选择有序多分类 logistic 回归模型。运行该命令的结果输出如下。

```
SUMMARY OF ANALYSIS

Number of groups                                             1
Number of observations                                    2166

Number of dependent variables                                1
Number of independent variables                              0
Number of continuous latent variables                        0

Observed dependent variables

  Binary and ordered categorical (ordinal)
    A_POINT

Variables with special functions

  Cluster variable        SCHOOL

Estimator                                                   ML
SUMMARY OF DATA

    Number of clusters                       220


UNIVARIATE PROPORTIONS AND COUNTS FOR CATEGORICAL VARIABLES

    A_POINT
      Category 1    0.198      429.000
      Category 2    0.133      289.000
      Category 3    0.144      311.000
      Category 4    0.169      367.000
      Category 5    0.188      407.000
      Category 6    0.168      363.000

THE MODEL ESTIMATION TERMINATED NORMALLY


MODEL FIT INFORMATION

Number of Free Parameters                       6

Loglikelihood

        H0 Value                       -3663.587

Information Criteria
```

```
Akaike (AIC)                      7339.174
Bayesian (BIC)                    7373.258
Sample-Size Adjusted BIC          7354.195
  (n* = (n + 2) / 24)
```

```
MODEL RESULTS

                                                    Two-Tailed
                    Estimate     S.E.    Est./S.E.   P-Value

Within Level

Between Level

  Thresholds
    A_POINT$1        -1.328      0.101    -13.142      0.000
    A_POINT$2        -0.470      0.097     -4.830      0.000
    A_POINT$3         0.278      0.098      2.839      0.005
    A_POINT$4         1.130      0.101     11.187      0.000
    A_POINT$5         2.326      0.111     20.940      0.000

  Variances
    A_POINT           1.251      0.189      6.633      0.000
```

输出结果中包括了数据的基本信息、估计方法、各个阈值的估计结果和学校水平上的方差 1.251，$p = 0.000$。

运行随机截距模型的命令和输出结果如下。

```
Data: File is C:\Users\yuhan\Google Drive\mlm_book2016\data\alevchem_new.csv;
VARIABLE: NAMES ARE lea estab pupil a_point gcse_tot gcse_no cons gender school;
    CATEGORICAL ARE a_point;
    CLUSTER is school;
    WITHIN =gender;
    usevariables are a_point gender;
ANALYSIS: ESTIMATOR=ML;
        TYPE=TWOLEVEL;
MODEL:
    %Within%
    a_point on gender;
    %Between%
    ! by default variance for intercept
```

输出结果中包括了数据的基本信息、估计方法、各个阈值的估计结果和学校水平上的方差等，此处仅显示主要模型参数估计结果。

```
MODEL RESULTS

                                                    Two-Tailed
                    Estimate     S.E.    Est./S.E.   P-Value

Within Level

  A_POINT     ON
    GENDER            0.127      0.088      1.435      0.151
```

输出结果中性别的斜率系数，注意这里 Mplus 把编码为 0 的类别作为参照类。

```
Between Level

  Thresholds
    A_POINT$1        -1.272      0.108    -11.727      0.000
    A_POINT$2        -0.414      0.105     -3.936      0.000
    A_POINT$3         0.334      0.106      3.164      0.002
    A_POINT$4         1.187      0.109     10.898      0.000
    A_POINT$5         2.385      0.119     20.084      0.000
```

```
Variances
  A_POINT              1.257      0.189      6.643      0.000


LOGISTIC REGRESSION ODDS RATIO RESULTS

Within Level

  A_POINT     ON
    GENDER                1.135
```

输出结果中性别的斜率系数被转换成 OR 值，注意这里 Mplus 把编码为 0 的类别作为参照类。

```
BRANT WALD TEST FOR PROPORTIONAL ODDS

                                Degrees of
                   Chi-Square   Freedom    P-Value

  A_POINT
    Overall test     1.347         4        0.853
    GENDER           1.347         4        0.853
```

这里 Mplus 也自动报告了对 ordinal logistic 回归的一个假定进行检验的情况。因为 ordinal logistic 回归假定自变量对每一类别的作用都是一样的，即比例比数（Proportional Odds）的前提假设；如果 BRANT Wald Test 结果显著（$p < 0.05$），则比例比数的假定不能满足。本列检验结果的 $p = 0.823$，可以认为数据满足 ordinal logistic 回归模型所需要的假定。

如果要考察性别的斜率系数是否在学校水平上随机，则相应的命令和输出结果如下。

```
Data: File is C:\Users\yuhan\Google Drive\mlm_book2016\data\alevchem_new.csv;
VARIABLE: NAMES ARE lea estab pupil a_point gcse_tot gcse_no cons gender school;
    CATEGORICAL ARE a_point;
    CLUSTER is school;
    WITHIN =gender;
    usevariables are a_point gender;
ANALYSIS: ESTIMATOR=ML;
          TYPE=TWOLEVEL RANDOM;
MODEL:
    %Within%
    s | a_point on gender;
    %Between%
    s; ! request variance of S
```

命令中使用 S ｜ 符号定义随机斜率 S，命令中还需要包括 TYPE＝RANDOM 选项。输出结果中的关键信息如下。

```
MODEL RESULTS

                                              Two-Tailed
                  Estimate   S.E.   Est./S.E.  P-Value

Within Level

Between Level

  Means
    S              0.112     0.096    1.161     0.245
```

这是性别斜率系数的总体平均值。

```
Thresholds
    A_POINT$1        -1.285        0.109       -11.758        0.000
    A_POINT$2        -0.423        0.106        -4.007        0.000
    A_POINT$3         0.327        0.106         3.091        0.002
    A_POINT$4         1.184        0.109        10.848        0.000
    A_POINT$5         2.386        0.119        20.055        0.000

Variances
    A_POINT           1.228        0.192         6.412        0.000
    S                 0.111        0.123         0.901        0.368
```

这是性别斜率系数在学校水平上的方差及检验情况，结果显示性别的斜率系数在学校间差异不大。

```
BRANT WALD TEST FOR PROPORTIONAL ODDS

                                   Degrees of
                   Chi-Square      Freedom      P-Value

A_POINT
    Overall test      1.347           4          0.853
    GENDER            1.347           4          0.853
```

本例仅仅演示了一个自变量的情况，研究者可把命令扩展到多个自变量的情况。有关命令已被保存为 Mplus 命令文件供读者调用。

本章小结

本章演示了如何使用不同的软件构建基本的多水平有序多分类 logistic 回归模型。因不同的软件使用不同的估计方法和迭代估计的精度，因此使用不同软件对同一模型进行估计得到的结果略有不同。实际应用中建议读者使用不同软件对结果进行交叉验证，以保证所做出的统计推断是可信和稳定的。

第八章　多水平泊松(Poisson)回归模型

　　前面章节我们演示了如何使用多水平模型研究服从正态分布的连续变量和离散分布的分类变量。实际研究中还有一类变量，其测量某时间段或某空间范围内发生的有关事件的次数。例如，癫痫病人每周症状发作的次数、某城市一年内暴力犯罪的次数、某研究所每年发文章的数量、培养基内细菌群落的数量等。这些测量都是非负值，我们通常把这样的测试结果叫作计数(count)数据，考察自变量对计数数据影响时通常使用泊松回归(杨珉 & 李晓松，2007；杨树勤，1992；Kirkwood & Sterne，2003)。

8.1　多水平泊松回归模型基础

　　针对计数数据，我们通常假定每个事件的发生是互相独立的并且有恒定的事件发生率 λ，在时间段 t 内事件 y 的发生率服从如下的泊松分布。

$$\Pr(y;\ \mu)=\frac{\mu^y \mathrm{e}^{-\mu}}{y!} \qquad\qquad 8.1$$

　　公式 8.1 中的 μ 是 y 的期望值，$y=0,\ 1,\ 2,\ \cdots$，并且 $E(y)=\mathrm{var}(y)=\mu$，即事件发生次数的期望值和方差相等，同时 $\mu=\lambda t$，即事件的发生率和时间的乘积为事件发生数。在实际研究中，对不同个体 i 来说，通常其经历的时间长短 t_i 不同，在事件发生率基本相同的情况下，经历时间长的个体显然会有更多的事件发生数，直接比较不同个体间原始的实际计数 μ_i 时没有考虑不同个体间有不同时间段的作用。因此在研究中我们通常对不同个体间的事件发生率 λ_i 进行比较。公式 $\mu_i=\lambda_i t_i$ 很容易转换为 $\lambda_i=\dfrac{\mu_i}{t_i}$，即第 i 个人在时间段 t_i 内的事件发生率，这里的 t_i 在统计学中被称作曝光量(exposure)。研究实践中考察自变量 x 和事件发生率 λ 之间的关系可以通过如下方程来表达。

$$\ln(\lambda_i)=\ln(\frac{\mu_i}{t_i})=\beta_0+\beta_1 x_i \qquad\qquad 8.2$$

　　整理公式 8.2 我们有

$$\ln(\mu)-\ln(t)=\beta_0+\beta_1 x$$
$$\ln(\mu)=\beta_0+\beta_1 x+\ln(t) \qquad\qquad 8.3$$

公式 8.3 中的 β_1 是自变量 x 变化一个单位时事件发生率变化的对数值，公式中

的 $\ln(t)$ 被称为方程中的平衡项(offset)。公式 8.3 两边取反对数有

$$\mu = e^{\beta_0 + \beta_1 x + \ln(t)} = t \times e^{\beta_0} \times e^{\beta_1 x} \qquad 8.4$$

当自变量 x 变化一个单位时对事件发生率变化的对数值 β_1 取反对数(e^{β_1}),统计学中的 e^{β_1} 被称作事件发生率比(incidence rate ratio,IRR)。

下面我们就用 STATA 演示如何构建拟合普通的泊松回归模型(Rabe-Hesketh & Skrondal,2012c;Long & Freese,2005)。本章演示所用的第一个数据为模拟本人参与的一项研究(Hollis et al.,2018)的数据。该研究考察某认知测试对儿童多动症(ADHD)诊断的影响作用。参与实验的儿童被随机分成两组,所有被试在第一次前来就诊时都进行该认知测试,一半被试的认知诊断结果暂时不告诉医生,一半被试的认知测试结果马上告诉医生。然后医生根据其掌握的信息对每个前来就诊的儿童做出是否有多动症的诊断,症状确诊后就马上对症治疗。如果医生不能在第一次做出确切诊断,就需要儿童来第二次、第三次甚至更多的次数。我们希望比较两组儿童在 6 个月之内来看医生的次数。该数据中的有关变量信息如下。

```
Contains data from C:\Users\yuhan\Google Drive\mlm_book2016\data\adhd.dta
  obs:            250                          confirm and order jul11-2016
  vars:             7                          23 Feb 2018 13:20
  size:         6,250
-------------------------------------------------------------------------
              storage   display    value
variable name   type    format     label      variable label
-------------------------------------------------------------------------
hospital       byte     %8.0g                  center 儿童就诊的医院
child          float    %8.0g                  Child 儿童编号
group          float    %9.0g      grp_lb      儿童所在分组
adhd           float    %9.0g                  diag confirm 多动症是否确诊
appoint        float    %9.0g                  QB appointmnent order not appno
minute         float    %9.0g                  appoint minutes total
cons           float    %9.0g                  常量 1
-------------------------------------------------------------------------
Sorted by: child
```

数据中的变量 appoint 是 6 个月内儿童前来就诊的次数,group 是被试分组的两分变量,有关儿童就诊次数的基本信息如下。

```
. tab group appoint

          |               QB appointmnent order not appno
    group |     2      3      4      5      6      7 |  Total
----------+------------------------------------------+----------
        A |    11     39     54     20      3      0 |    127
        B |     9     37     64     10      2      1 |    123
----------+------------------------------------------+----------
    Total |    20     76    118     30      5      1 |    250
```

因为每个儿童的就诊的时间段都是 6 个月,因此本例演示中没有使用平衡项。运行泊松回归模型的输出结果如下。

```
. poisson appoint i.group
Poisson regression                              Number of obs   =        250
                                                LR chi2(1)      =       0.02
                                                Prob > chi2     =     0.8911
Log likelihood = -422.25713                     Pseudo R2       =     0.0000

-------------------------------------------------------------------------
  appoint |    Coef.   Std. Err.      z    P>|z|    [95% Conf. Interval]
----------+--------------------------------------------------------------
    group |
        B | -.0089955   .0657024    -0.14   0.891   -.1377698    .1197789
    _cons |  1.314908    .04598     28.60   0.000    1.224789    1.405028
-------------------------------------------------------------------------
```

当前结果中的数值是以对数值为单位，结果显示 B 组和 A 组儿童的就诊次数没有差异。STATA 用户也可以使用 irr 选项要求结果输出 IRR 值。

```
. poisson appoint i.group,irr

Poisson regression                          Number of obs     =        250
                                            LR chi2(1)        =       0.02
                                            Prob > chi2       =     0.8911
Log likelihood = -422.25713                 Pseudo R2         =     0.0000

------------------------------------------------------------------------------
     appoint |      IRR   Std. Err.      z    P>|z|     [95% Conf. Interval]
-------------+----------------------------------------------------------------
       group |
           B |  .9910449   .065114    -0.14   0.891     .8712992    1.127248
       _cons |  3.724409   .1712485   28.60   0.000     3.403448    4.075639
------------------------------------------------------------------------------
Note: _cons estimates baseline incidence rate.
```

下面的例子是构建一个包括平衡项的泊松模型。所用的例子是 Heck 书中的演示数据 schfail. sav。数据中的有关变量信息如下。

```
Contains data from C:\Users\yuhan\Google Drive\mlm_book2016\data\schfail.dta
  obs:        10,991                        example data for ML poisson heck
                                            data
  vars:           13                        23 Feb 2018 17:23
  size:      681,442
------------------------------------------------------------------------------
              storage   display    value
variable name   type    format     label      variable label
------------------------------------------------------------------------------
nschcode        int     %16.0f     nschcode   学院编码
male            byte    %16.0f                 学生性别, 1=男
gmmath          double  %16.2f                 中心化的学生数学成绩
gmgpa           double  %16.2f                 中心化的学生考试总分
twoyear         byte    %16.0f
fail            byte    %16.0f                 不及格课程数
ses             double  %16.2f                 经济地位连续变量
gmacadprocess   double  %16.2f
gminstqual      double  %16.2f
semester        byte    %16.0f                 学生已读学期数
Lnsemester      double  %16.2f                 semester 的对数值
student         float   %9.0g                  学生编号
cons            float   %9.0g                  常量
------------------------------------------------------------------------------
Sorted by: nschcode   student
```

数据中的变量 fail 是来自不同高校学生考试不及格的次数，变量 semester 是学生已经学习了的学期数，变量 Lnsemester 是变量 semester 的对数值。很显然入学时间越长，学期数越多的学生考试不及格的次数要相对多一些。这样在构建泊松回归方程时就需要在模型中包括平衡项。使用 STATA 考查学生性别对考试不及格次数的泊松回归命令和输出如下。

```
poisson fail i.male, exposure(semester) irr

Poisson regression                          Number of obs     =     10,991
                                            LR chi2(1)        =     148.65
                                            Prob > chi2       =     0.0000
Log likelihood =  -18845.94                 Pseudo R2         =     0.0039

------------------------------------------------------------------------------
        fail |      IRR   Std. Err.      z    P>|z|     [95% Conf. Interval]
-------------+----------------------------------------------------------------
      1.male |  1.256691   .0236517   12.14   0.000     1.211179    1.303913
       _cons |  .167672    .0023837  -125.61  0.000     .1630646    .1724096
ln(semester) |        1   (exposure)
------------------------------------------------------------------------------
Note: _cons estimates baseline incidence rate.
```

输出结果以对数值显示。男生的不及格次数显著多于女生(IRR＝1.26，p＝0.000)。注意命令中的选项 exposure(semester)直接使用原始学期数信息。但结果输出显示 STATA 自动对该变量进行转换，并把其系数固定为 1 并且在结果中注明为(exposure)。如果我们使用 offset 选项，则有关命令和结果输出如下。

```
. poisson fail i.male, offset(Lnsemester) irr

Poisson regression                              Number of obs    =      10,991
                                                LR chi2(1)       =      148.65

                                                Prob > chi2      =      0.0000
Log likelihood =  -18845.94                     Pseudo R2        =      0.0039

------------------------------------------------------------------------------
        fail |        IRR   Std. Err.      z    P>|z|     [95% Conf. Interval]
-------------+----------------------------------------------------------------
      1.male |   1.256691   .0236517    12.14   0.000     1.211179    1.303913
       _cons |   .167672    .0023837  -125.61   0.000     .1630646    .1724096
 Lnsemester |          1  (offset)
------------------------------------------------------------------------------
Note: _cons estimates baseline incidence rate.
```

命令选项 offset(Lnsemester)中的变量是原始变量 semester 的对数值。结果输出中，其固定系数后面被注明为(offset)。

使用其他软件也可以很方便地拟合普通泊松回归模型，如果方程中需要包括平衡项，使用者请根据各个软件的具体要求对数据进行处理，具体方法请参考各个软件的使用手册。

如果研究中的数据有层次结构。例如，上例中的学生来自不同的高校并且自变量的系数在各个学校间是固定的，则相应的泊松回归模型写成公式 8.5。

$$\ln(\mu_{ij}) = \ln(t_{ij}) + \beta_0 + \beta_1 x_{ij} + \mu_{0j}$$
$$\mu_{0j} \sim N(0, \sigma_{\mu0}^2)$$

8.5

公式 8.5 中的 μ_{ij} 是来自第 j 个学校第 i 个学生的不及格次数(fail$_{ij}$)，$\ln(t_{ij})$ 是方程中的平衡项；μ_{0j} 是第 j 个学校的截距项 β_{0j} 和总体平均数 β_0 的离差，μ_{0j} 服从均数为 0、方差为 $\sigma_{\mu0}^2$ 的正态分布。如果自变量 x_{ij} 的系数在学校间随机，则公式 8.5 可被扩展成一个随机截距随机斜率泊松回归模型(公式 8.6)。

$$\ln(\mu_{ij}) = \ln(t_{ij}) + \beta_0 + \beta_1 x_{ij} + \mu_{0j} + \mu_{1j}$$
$$\begin{bmatrix} \mu_{0j} \\ \mu_{1j} \end{bmatrix} \sim N(0, \Omega), \ \Omega = \begin{bmatrix} \sigma_{\mu0}^2 & \\ \sigma_{\mu01} & \sigma_{\mu1}^2 \end{bmatrix}$$

8.6

公式 8.6 中参数的含义和公式 8.5 中一样，μ_{1j} 是第 j 个学校的斜率参数 β_{1j} 和总平均斜率参数 β_1 的离差，μ_{1j} 服从均数为 0、方差为 $\sigma_{\mu1}^2$ 的正态分布，斜率参数和截距参数在学校水平上的协方差为 $\sigma_{\mu01}$。公式 8.6 可被进一步扩展成包括更多自变量、有更多层次的模型。下面我们就用刚刚演示过的考试数据来演示如何用不同的软件来构建拟合两水平泊松回归模型。数据 schfail.dta 中的变量 nschcode 是模型中的第二水平单位的编号。

8.2 使用 MLwiN 构建拟合泊松回归模型

构建多水平泊松回归模型的步骤和构建其他多水平模型的步骤基本一致（Rasbash et al.，2016）。具体步骤如下。

（1）在直接读入 STATA 格式的数据 schfail.dta 后，选择变量 fail 为因变量，并且设定数据只有一个学生（student）水平，然后再点击方程中的分布设定并选择 Poisson。

（2）数据结构和分布设定完成后，把常量 cons 和自变量 male 添加到方程中去。

（3）如果方程中不需要平衡项，则直接运行该模型就可查看输出结果。本例中需要考虑平衡项，因此单击模型中的 $\log(\pi_i)$ 中的 π_i 在弹出的对话框（specify offset）中选择变量 Lnsemester 为平衡项；单击 Done 按钮后继续点击窗口下面的 Nonlinear 按钮，选择 Default 估计法，在 Estimation control 中选择 RIGLS，然后运行该模型，得到的结果输出如图 8-2-1 所示。

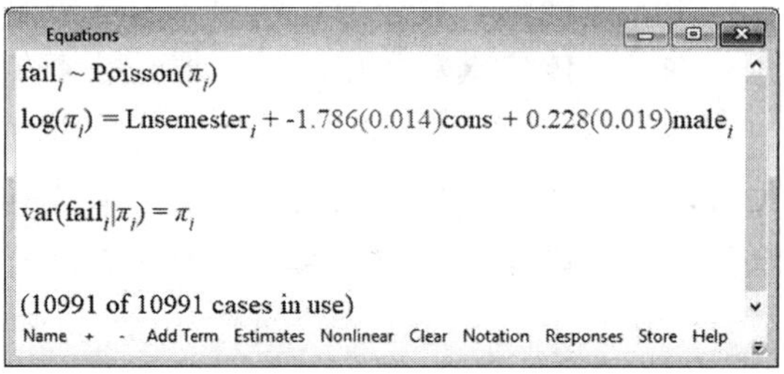

图 8-2-1　单水平泊松模型结果

（4）如果要构建一个两水平泊松模型，我们需在单水平的基础上把数据设定为两水平结构。单击方程中的 fail，在弹出的对话框中设定水平数为 2，并设定 nschcode 为第二水平单位、student 为第一水平单位，然后把常量 cons 的系数设定为在学校（nschcode）水平上随机即可。运行该模型后把估计方法换成二阶 PQL 方再进行估计。最后结果输出如图 8-2-2 所示。

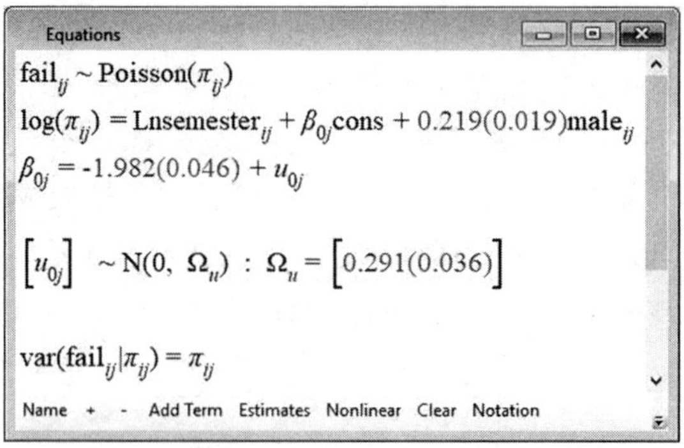

图 8-2-2　包括自变量的两水平泊松回归结果

本例演示从单水平泊松模型开始构建一个随机截距模型，读者可直接构建一个多水平泊松零模型。在当前随机截距模型的基础上，我们也可以设定性别的系数在学校水平随机并继续运行模型，所得结果如图 8-2-3 所示。

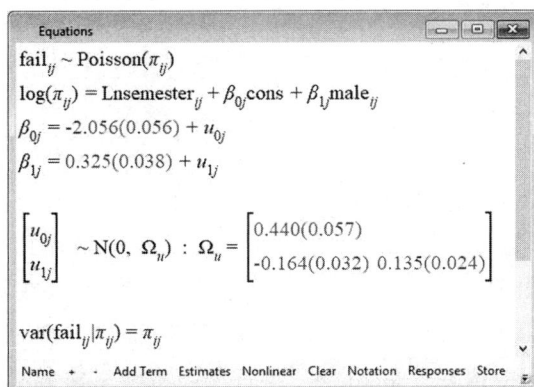

图 8-2-3　性别系数随机的两水平泊松回归结果

结果显示，总体来说男生比女生考试不及格的次数更多($\beta_1 = 0.325$)，并且这种作用在各个学校之间的差异也很明显 $\sigma_{u1} = 0.135$。模型中其他参数的解释和对普通多水平模型结果的解释基本一样。构建三水平以上的模型和包含更多自变量的模型的具体步骤也和构建复杂的普通多水平模型的步骤一样。

8.3　使用 STATA 构建拟合泊松回归模型

使用 STATA 的菜单命令构建多水平泊松模型的步骤和构建多水平线性回归模型的步骤基本一样(Long & Freese，2005)。构建本例包括一个自变量模型的步骤如下。

(1)读入数据后运行菜单命令 Statistics > Multilevel mixed-effects models > Poisson regression，在弹出的模型设定对话框中选择因变量(fail)和分类自变量(i.male)，并根据需要选择平衡项或者 exposure 项。本例在 exposure 下拉框中选择变量 semester。

(2)如果不选择任何自变量，则构建的模型就是一个零模型。在模型随机部分从 levelvariable for equation 的下拉框中选择学校编码 nschcode 为第二水平单位标识变量。

完成这些步骤后就可以运行该随机截距模型并查看如下模型运行的结果。

```
. mepoisson fail i.male , exposure(semester) || nschcode:
Mixed-effects Poisson regression          Number of obs    =     10,991
Group variable:        nschcode           Number of groups =        169

                                          Obs per group:
                                                         min =          1
                                                         avg =       65.0
                                                         max =        216
```

```
Integration method: mvaghermite              Integration pts.  =          7

                                             Wald chi2(1)      =     133.67
Log likelihood = -17854.946                  Prob > chi2       =     0.0000
-----------------------------------------------------------------------------
        fail |     Coef.    Std. Err.     z    P>|z|    [95% Conf. Interval]
-------------+---------------------------------------------------------------
      1.male |   .2194354   .0189794   11.56   0.000    .1822365    .2566344
       _cons |  -1.982162   .0462231  -42.88   0.000   -2.072757   -1.891566
ln(semester) |          1  (exposure)
-------------+---------------------------------------------------------------
nschcode     |
   var(_cons)|   .2938222   .0400951                    .2248688    .3839194
-----------------------------------------------------------------------------
LR test vs. Poisson model: chibar2(01) = 1981.99       Prob >= chibar2 = 0.0000
```

本例结果输出为原始的对数值，结果显示男生考试不及格的次数更多（$\beta_1 = 0.2194354$，$p = 0.000$）。读者可以在模型设定时设定结果输出（Reporting）的格式，要求 STATA 直接输出 IRR 值。如果需要设定性别的斜率系数随机，则只需在模型随机部分的设定对话框中设定变量 male 的系数随机，即从 Factor variable for equation 下面的下拉框中选择变量 male。运行该随机斜率模型的结果主要输出如下。

```
mepoisson fail i.male, exposure(semester) || nschcode: male, covariance(unstructured) irr
Mixed-effects Poisson regression             Number of obs   =      10,991
Group variable:          nschcode            Number of groups =         169

                                             Obs per group:
                                                        min =           1
                                                        avg =        65.0
                                                        max =         216

Integration method: mvaghermite              Integration pts.  =          7

                                             Wald chi2(1)      =      66.87
Log likelihood = -17778.384                  Prob > chi2       =     0.0000
-----------------------------------------------------------------------------
        fail |      IRR    Std. Err.     z    P>|z|    [95% Conf. Interval]
-------------+---------------------------------------------------------------
      1.male |  1.363137   .0516403    8.18   0.000    1.26559    1.468202
       _cons |   .126648   .0070186  -37.29   0.000    .1136125    .1411792
ln(semester) |         1  (exposure)
-------------+---------------------------------------------------------------
nschcode     |
    var(male)|  .1486178   .0303218                    .0996332    .2216855
   var(_cons)|  .4076586   .0585881                    .3075835     .540294
-------------+---------------------------------------------------------------
nschcode     |
cov(male,_cons)| -.1510523  .0386696   -3.91   0.000   -.2268432   -.0752613
-----------------------------------------------------------------------------
Note: Estimates are transformed only in the first equation.
Note: _cons estimates baseline incidence rate (conditional on zero random
      effects).
LR test vs. Poisson model: chi2(3) = 2135.11           Prob > chi2 = 0.0000
```

结果显示男生考试不及格的次数比女生多（$\beta_1 = 1.363137$（IRR），$p = 0.000$），并且该作用在学校水平有显著的变异（$\sigma_{u1} = 0.1486$）。

通过菜单操作结果输出中自动生成的模型命令可看到，mepoisson 命令的格式和其他多水平命令的格式一样，命令中使用 ｜｜符号来定义数据结构，如果有三个以上的水平，则使用 ｜｜符号从最高水平到第二水平从左到右依次书写。使用者当然也可以使用 runmlwin 命令调用 MLwiN 来运行多水平泊松回归模型（Leckie & Charlton，2013）。使用 runmlwin 运行上述随机斜率模型的命令和输出格式如下。

```
runmlwin fail cons male, ///
        level2(nschcode: cons male) level1(nschcode) ///
        discrete(distribution(poisson) offset(Lnsemester)) rigls nopause

runmlwin fail cons male, ///
        level2(nschcode: cons male) level1(nschcode) ///
        discrete(distribution(poisson) offset(Lnsemester)pql2) initsprevious rigls nopause

Model fitted using initial values specified as parameter estimates from previous model

MLwiN 3.1 multilevel model                        Number of obs      =      10991
Poisson response model
Estimation algorithm: RIGLS, PQL2

------------------------------------------------------------------
                |    No. of         Observations per Group
Level Variable  |    Groups    Minimum    Average    Maximum

----------------+-------------------------------------------------
      nschcode  |     169         1         65.0        216
------------------------------------------------------------------

Run time (seconds)   =       1.31
Number of iterations =         10
------------------------------------------------------------------
    fail |     Coef.    Std. Err.      z    P>|z|    [95% Conf. Interval]
---------+--------------------------------------------------------
    cons | -2.057055    .0564577   -36.44   0.000    -2.167711   -1.9464
    male |  .3252677    .0381189     8.53   0.000     .250556   .3999794
------------------------------------------------------------------


------------------------------------------------------------------
Random-effects Parameters |  Estimate   Std. Err.    [95% Conf. Interval]
--------------------------+---------------------------------------
Level 2: nschcode         |
              var(cons)   |  .4448297   .0572676    .3325872    .5570721
          var(cons,male)  | -.1661646   .0320709   -.2290224   -.1033068
              var(male)   |  .137543    .0246916    .0891484    .1859377
------------------------------------------------------------------
```

STATA runmlwin 命令选项中的 distribution(poisson)指定因变量分布服从泊松分布,选项 offset(Lnsemester)指定平衡项 Lnsemester,选项 rigls 要求 MLwiN 使用 RIGLS 估计方法。其他命令格式和一般使用 STATA runmlwin 的命令格式基本一样。本书中使用 STATA 运行多水平泊松模型的命令已经保存成命令文件供读者调用使用,请读者自行练习。

8.4　使用 SPSS 构建泊松回归模型

使用 SPSS 菜单命令构建多水平泊松回归模型与构架其他多水平非线性回归模型的步骤基本一样。就本例来说,具体步骤如下。

(1)读入数据 schfail 后,运行 Analyze>Mixed Models>Generalized Linear...菜单(Heck et al.,2012)。在弹出的窗口设定模型的数据结构时,用鼠标选择学校变量 nschcode 并把它拖到窗口右侧即可。

(2)定义完数据结构后,我们进入 Fields & Effects 界面从 target 的下拉框中定义因变量 fail,对因变量的分布设定选择 Poisson 分布并且选择对数联接(log)。

(3)设定好模型中的因变量后,我们进入自变量设定界面。如果此时跳过该界面不选择任何自变量,则设定的模型为没有任何自变量的零模型。本模型包括性别自变量,我们就把变量 male 用鼠标拖到窗口的右侧。注意在数据中要把变量 male 设定为分类变量。

（4）设定完模型的自变量后，进入 Random Effects 界面设定模型的随机部分。此时我们希望运行一个随机截距模型，因此需要把 include intercept 选项选中并且从 Subject conbination 下面的下拉框中选择学校标识变量 nschcode。

（5）模型随机部分设定完成后，在 Build Options 界面选择稳健估计方法（robut covariance）并运行该模型。

下面是本例随机截距模型的输出结果。

Model Summary

Target		fail
Probability Distribution		Poisson
Link Function		Log
Information Criterion	Akaike Corrected	46269.063
	Bayesian	46276.367

Information criteria are based on the-2 log likelihood（46267.063）and are used to compare models. Models with smaller information criterion values fit better.

这是当前模型的数据拟合信息。

Fixed Coefficients[a]

Model Term	Coefficient	Std. Error	t	Sig.	95% Confidence Interval		Exp (Coefficient)	95% Confidence Interval for Exp(Coefficient)	
					Lower	Upper		Lower	Upper
Intercept	−0.080	0.0445	−1.788	0.074	−0.167	0.008	0.924	0.846	1.008
male=0	−0.216	0.0320	−6.746	0.000	−0.278	−0.153	0.806	0.757	0.858
male=1	0[b]	0.	0.	0.	0.	0.	0.	0.	0.

Probability distribution：Poisson.

Link function：Log.

a. Target：fail.

b. This coefficient is set to zero because it is redundant.

固定部分参数的结果显示女生比男生考试不及格的次数少（IRR＝0.806，$p=$0.000）。注意 SPSS 自动选择编码最小的类别为参照类。

Random Effect

Random Effect Covariance	Estimate	Std. Error	Z	Sig.	95% Confidence Interval	
					Lower	Upper
Var(Intercept)	0.301	0.040	7.545	0.000	0.232	0.390

Covariance Structure：Variance components.

Subject Specification：nschcode.

这是模型随机部分参数的估计结果，即考试不及格次数在学校水平上的变异 $\sigma_{\mu 0}=0.301$。

如果要设定变量 male 的系数随机，只需在当前模型的基础上修改模型的随机参数设定，在 random effect 页面进一步把变量 male 拖到 intercept 名字下面右侧即可。保持模型的其他设定不变，运行该模型得到的结果如下。

Model Summary

Target		fail
Probability Distribution		Poisson
Link Function		Log
Information Criterion	Akaike Corrected	46065.708
	Bayesian	46080.316

Information criteria are based on the-2 log likelihood(46061.707)and are used to compare models. Models with smaller information criterion values fit better.

这是模型的数据拟合信息，相对于前述的随机截距模型，当前模型的数据拟合好于前述模型(AIC＝46269.063)。

Fixed Coefficients[a]

Model Term	Coefficient	Std. Error	t	Sig.	95% Confidence Interval Lower	95% Confidence Interval Upper	Exp (Coefficient)	95% Confidence Interval for Exp(Coefficient) Lower	95% Confidence Interval for Exp(Coefficient) Upper
Intercept	−0.067	0.0452	−1.482	0.138	−0.155	0.022	0.935	0.856	1.022
male=0	−0.263	0.0359	−7.324	0.000	−0.333	−0.192	0.769	0.717	0.825
male=1	0[b]	0.	0.	0.	0.	0.	0.	0.	0.

Probability distribution：Poisson.

Link function：Log.

a. Target：fail.

b. This coefficient is set to zero because it is redundant.

Random Effect

Random Effect Covariance	Estimate	Std. Error	Z	Sig.	95% Confidence Interval Lower	95% Confidence Interval Upper
Var(Intercept)	0.279	0.041	6.796	0.000	0.209	0.372
Var(male)	0.057	0.012	4.620	0.000	0.037	0.087

Covariance Structure：Variance components.

Subject Specification：nschcode.

模型固定部分参数的结果显示女生有较少的考试不及格次数(IRR＝0.769)，并且该作用在学校水平上有显著的变异($\sigma_{\mu1}$＝0.057)。注意使用当前数据，如果我们同时拟合截距和斜率的协方差，即方差结构选择 Unstructured，则模型不能收敛，这可能是 SPSS 的数据估计方法和其他软件不同所致。运行本章所演示模型的 SPSS 命令已保存为 SPSS 命令文件，请读者自行调用练习。

8.5　使用 Mplus 构建泊松回归模型

使用 Mplus 运行多水平泊松模型的命令和运行普通多水平模型的命令基本一样，只是在变量定义中使用 count 来定义因变量为计数数据，Mplus 就自动运行泊松回归模型(Muthén & Muthén，2017)。下面是随机截距模型的命令和结果输出。

```
Data: File is C:\Users\yuhan\Google Drive\mlm_book2016\data\schfail.csv;
VARIABLE: NAMES ARE nschcode male gmmath gmgpa twoyear fail ses gmacadprocess
          gminstqual semester Lnsemester student cons;

    Count ARE fail;
    CLUSTER is nschcode;
    WITHIN =male LNSEMESTER;
    usevariables are fail male Lnsemester;
ANALYSIS: TYPE=TWOLEVEL;
MODEL:
    %Within%
    fail on male Lnsemester@1;
    !Lnsemester@1 slope was fixed to 1;
    %Between%
    fail;
```

命令中需使用@1符号把平衡项变量 Lnsemester 的斜率系数固定为1。使用选项 count 来指定因变量 fail 服从泊松分布。

```
MODEL RESULTS

                                              Two-Tailed
                 Estimate    S.E.    Est./S.E.    P-Value

Within Level

 FAIL      ON
    MALE          0.220     0.034      6.541       0.000
    LNSEMESTER    1.000     0.000    999.000     999.000

Between Level

 Means
    FAIL         -1.982     0.054    -36.622       0.000

 Variances
    FAIL          0.294     0.044      6.684       0.000
```

结果显示男生比女生考试不及格的次数多(β_1＝0.220，p＝0.000)，并且学生考试不及格的次数在不同学校间有显著的不同($\sigma_{\mu0}$＝0.294)。如果要运行随机斜率模型，则相关的命令如下。

```
Data: File is C:\Users\yuhan\Google Drive\mlm_book2016\data\schfail.csv;
VARIABLE: NAMES ARE nschcode male gmmath gmgpa twoyear fail ses gmacadprocess
          gminstqual semester Lnsemester student cons;

    Count ARE fail;
    CLUSTER is nschcode;
```

```
    WITHIN =male LNSEMESTER;
    usevariables are fail male Lnsemester;
ANALYSIS: TYPE=TWOLEVEL RANDOM;
MODEL:
    %Within%
 s | fail on male;
    fail on Lnsemester@1;
    !Lnsemester@1 slope was fixed to 1;
    %Between%
    FAIL*.29;
    S*.05;
    fail with s;
```

命令中需要 type＝random 选项。同时因为自变量中包括 male 和平衡项，因此在使用 | 符号定义 male 的随机斜率时需要把平衡项单独写成一行。并且当前版本的 Mplus 需要我们给方差协方差参数提供初始值，否则当前模型不能收敛。Mplus 中使用参数名后加 * 号来给该参数提供初始值，如 s＊0.1，表示参数的初始值是 0.1。初始值提供时最好参照近似模型的估计结果以加速模型收敛。建议研究者用不同的初始值运行模型，并验证模型的估计结果是否一致。

本例随机截距随机斜率模型的 Mplus 结果输出如下。

```
MODEL RESULTS

                                              Two-Tailed
                Estimate    S.E.   Est./S.E.  P-Value

Within Level

 FAIL       ON
    LNSEMESTER   1.000     0.000    999.000    999.000

Between Level

 FAIL      WITH
    S           -0.165     0.044     -3.734     0.000

 Means
    S            0.325     0.045      7.193     0.000
    FAIL        -2.057     0.062    -33.362     0.000

 Variances
    S            0.135     0.035      3.840     0.000
    FAIL         0.446     0.072      6.204     0.000
```

结果显示男生比女生考试不及格的次数多($\beta_1 = 0.325$，$p = 0.000$)，并且该作用在学校水平有显著的变异($\sigma_{\mu 1} = 0.446$)。同时考生考试不及格的次数在不同学校之间差异显著($\sigma_{\mu 0} = 0.135$)。

本章小结

多水平泊松模型是用来研究计数因变量的模型。模型拟合过程中需要根据研究问题和数据决定是否在模型中包括平衡项。当前不同软件之间使用同一数据运行同样的模型所得结果略有出入，建议研究者最好使用不同的软件交叉验证所拟合的多水平泊松模型，以保证所做的统计推断的正确性。最好使用 MCMC 算法的结果作为模型的最后结果。

第九章　多元多水平模型

实践中研究者通常在同一个研究中会有很多关联程度比较高的因变量(Leyland & Goldstein, 2001; Yang et al., 1999; Yang et al., 2002)。例如，教育研究中的学生有不同科目的考试成绩，心理学研究中的被试有不同种类的心理健康指标，健康卫生研究中的被试有很多生理生化指标等。研究者或许需要比较同一个自变量对不同因变量的影响作用大小，如果单独对每个因变量建立相应的分析模型，很显然就会增加同一个研究中的显著性检验的数量而导致多重比较问题，同时也无法有效地直接比较同一个自变量对不同因变量的作用大小。在有多个因变量的研究中，多数情况下不同因变量会有不同数量的缺失值，如果单独构建不同的模型，分析缺失值多的因变量的模型就会有相对较低的统计检验力，而且因为不同因变量模型所使用的分析样本不同，使得对不同因变量模型的分析结果进行比较也变得不现实。针对这样的研究情况，我们可以考虑把多个因变量在一个模型中同时进行分析，这样就能有效解决以上棘手问题。对多个因变量同时进行分析的模型就是本章要演示的多元多水平模型。注意这里的多元和普通统计教材中多元回归(multiple regression)的多元不同，多元回归中的多元是指多个自变量，这里的多元是指多个因变量。虽然汉语翻译一样，但其实英文原意是不同的单词。

9.1　多元多水平模型基础

软件 MLwiN 的演示数据 gcsemv1.ws 有如下变量。

```
use "http://www.bristol.ac.uk/cmm/media/runmlwin/gcsemv1.dta", clear
Contains data from http://www.bristol.ac.uk/cmm/media/runmlwin/gcsemv1.dta
  obs:          1,905
  vars:             7                           21 Oct 2011 12:19
  size:        34,290
-------------------------------------------------------------------
              storage    display
variable name   type     format           variable label
-------------------------------------------------------------------
school         float      %9.0g            学校编码
student        int        %9.0g            学生编号
female         byte       %9.0g            性别女生=1
agemths        int        %9.0g            年龄(月)
written        float      %9.0g            写作分数
cswork         float      %9.0g            课堂作业分数
cons           byte       %9.0g            常量1
-------------------------------------------------------------------
```

该数据很显然是一个教育研究资料，数据中的变量 written 和 cswork 是学生的成绩。如果我们要比较性别 female 对成绩的影响作用，就要考虑到本研究中所指的成绩有两类：写作 written 和课堂作业分数 csework。研究中既需要考察性别对写作分数的影响，也需要考察性别对课堂作业分数的影响。通过如下所示的部分数据，读者也可以看到部分学生只有一门成绩。

school	student	female	written	csework
20920	16	0	23.75	
20920	25	1		71.296
20920	27	1	39.375	76.852
20920	31	1	36.875	87.963
20920	42	0	16.875	44.444
20920	62	1	36.25	
20920	101	1	49.375	89.815
20920	113	0	25	17.593
20920	146	0		32.407
22520	1	1	48.75	84.259

　　数据中的学生来自不同的学校，因此这是一个两水平结构的数据。注意此时每个学生在数据结构中占据一行的位置，每个因变量在数据中分别占据一列的位置。如果要考察性别对写作或者课堂作业分数的影响作用，则通常需要针对每个因变量分别建立一个两水平的线性回归模型。请读者自行练习分别用写作和课堂作业分数为因变量，用性别做自变量构建两水平回归模型。如果我们把数据重新整理一下，则把每个学生的因变量堆在同一个数据列中并且创建多个两分类指标变量来指示每一行数据所指代的因变量。例如，下表对 20920 号学校第 27 号学生的数据处理。经过这样的整理，数据结构就变成了一个学生为第二水平，因变量为第一水平的多水平结构的数据。我们进而就可以使用前述章节演示过的多水平模型对数据中的所有因变量进行分析。

school	student	female	written	csework
20920	27	1	39.375	76.852

| school | student | female | outcome | intercept | | female | |
				written	csework	Written* female	Casework* female
20920	27	1	39.375	1	0	1	0
20920	27	1	76.852	0	1	0	1

如果暂且忽略数据中的学校水平，则根据转换后的数据可以写成如下的方程

$$y_{ij} = \beta_0 Z_{1ij} + \beta_1 Z_{2ij} + \beta_2 Z_{1ij} X_j + \beta_3 Z_{2ij} X_j + \mu_{0j} Z_{1ij} + \mu_{1j} Z_{2ij}$$

$$Z_{1ij} = \begin{cases} 1, & \text{if written} \\ 0, & \text{if csework} \end{cases}, \quad Z_{2ij} = 1 - Z_{1ij}, \quad X_j = \begin{cases} 1, & \text{if female} \\ 0, & \text{if male} \end{cases} \qquad 9.1$$

公式 9.1 中的 y_{ij} 是原始因变量堆在一起后的新数据列，i 是新数据中每个学生内部每个原始因变量的编号，为新数据结构中的第一水平单位。j 是新数据中每个学生的编号，为新数据结构中的第二水平单位。Z_{1ij}，Z_{2ij} 是所创建的新的自变量，并且 Z_{1ij} 和 Z_{2ij} 是每个因变量的指标变量。原始性别变量 female 需要和每个新创建的因变量指标变量相乘后被包括进方程。β_0 和 β_1 分别是写作和课堂作业分数的截距参数，β_2 和 β_3 分别是性别对写作和课堂作业分数的斜率系数。μ_{0j} 和 μ_{1j} 分别是每个学生的写作和课堂作业分数与各自总体平均分数的离差，其服从平均数为 0 的正态分布，并且方差分别为 $\text{var}(\mu_{0j}) = \sigma_{\mu0}^2$ 和 $\text{var}(\mu_{1j}) = \sigma_{\mu1}^2$，$\mu_{0j}$ 和 μ_{1j} 的协方差为 $\text{cov}(\mu_{0j}, \mu_{1j}) = \sigma_{\mu01}$。$\sigma_{\mu0}^2$ 和 $\sigma_{\mu1}^2$ 分别为写作和课堂作业分数的方差，$\sigma_{\mu01}$ 为写作和课堂作业分数的协方差。通过这样的数据变换，原来的单水平数据就变成了多水平数据，原来的多元问题就变成了一个可通过常见的单元（univariate）模型来解决的普通回归问题。

如果把各个原始变量名称带入到公式 9.1，则公式 9.1 可被写成公式 9.2。

$$y_{1j} = \beta_{0j} written_{ij} + \beta_2 written. \, female_{ij}$$
$$\beta_{0j} = \beta_0 + \mu_{0j}$$
$$y_{2j} = \beta_{1j} csework_{ij} + \beta_3 csework. \, female_{ij}$$
$$\beta_{0j} = \beta_1 + \mu_{1j}$$
$$\begin{bmatrix} \mu_{0j} \\ \mu_{1j} \end{bmatrix} \sim N(0, \Omega_\mu), \quad \Omega_\mu = \begin{bmatrix} \sigma_{\mu0}^2 & \\ \sigma_{\mu01} & \sigma_{\mu1}^2 \end{bmatrix}$$

9.2

公式 9.2 中的各参数含义和公式 9.1 一样。注意此时我们是通过数据变换把原来的单水平数据整理成了两水平的数据结构。新数据结构中第一水平并不是原始数据结构中的第一水平，因此可被称作伪水平（pseudo level）。原始数据中的学生水平变成了新数据结构中的第二水平，相应地，原始数据结构中的第二水单位学校就变成了新数据结构中的第三水平。如果我们也考虑数据结构中的学校水平单位，则公式 9.2 可被扩展成如下的多水平模型（公式 9.3）。

$$y_{1jk} = \beta_{0jk} written_{ijk} + \beta_2 written.\ female_{ijk}$$

$$\beta_{0jk} = \beta_0 + \nu_{0k} + \mu_{0jk}$$

$$y_{2jk} = \beta_{1j} csework_{ijk} + \beta_3 csework.\ female_{ijk}$$

$$\beta_{0jk} = \beta_1 + \nu_{1k} + \mu_{1jk}$$

$$\begin{bmatrix} \nu_{0k} \\ \nu_{1k} \end{bmatrix} \sim N(0,\ \Omega_\nu),\ \Omega_\nu = \begin{bmatrix} \sigma_{\nu0}^2 & \\ \sigma_{\nu01} & \sigma_{\nu1}^2 \end{bmatrix}$$

$$\begin{bmatrix} \mu_{0jk} \\ \mu_{1jk} \end{bmatrix} \sim N(0,\ \Omega_\mu),\ \Omega_\mu = \begin{bmatrix} \sigma_{\mu0}^2 & \\ \sigma_{\mu01} & \sigma_{\mu1}^2 \end{bmatrix}$$

9.3

公式 9.3 中的 k 是学校编号，ν_{0k} 和 ν_{1k} 是第 k 个学校的写作和课堂作业分数与总体平均分数的离差。其服从平均数为 0 的正态分布，并且方差分别为 $var(\nu_{0k}) = \sigma_{\nu0}^2$ 和 $var(\nu_{1k}) = \sigma_{\nu1}^2$，$\nu_{0k}$ 和 ν_{1k} 的协方差为 $cov(\nu_{0k},\ \nu_{1k}) = \sigma_{\nu01}$。$\sigma_{\nu0}^2$ 和 $\sigma_{\nu1}^2$ 分别为写作和课堂作业分数在学校水平上的方差，$\sigma_{\nu01}$ 为写作和课堂作业分数在学校水平上的协方差。其他参数的含义和公式 9.2 一样。

根据研究需要和数据结构，公式 9.3 可以很容易地被扩展成有更高水平结构的模型和包括更多因变量或自变量的模型。很多软件都能自动完成数据转换，研究者只需直接调用相应的多元多水平命令即可。

9.2　使用 MLwiN 构建拟合多元多水平模型

使用 MLwiN 软件能很方便地构建拟合多元多水平模型。打开数据后，只需点击菜单命令中的有关选项，MLwiN 就自动完成相应模型的构建。就本例来说，具体构建一个两水平二元模型的步骤如下。

(1)打开软件自带的数据 gcsemv1.ws 后，点击菜单 Model→Equations，在弹出的方程构建窗口下部点击 Responses 命令后，在新弹出的窗口里分别点击变量名 written 和 csework(图 9-2-1 左侧)并单击 OK 按钮，此时窗口中的方程自动更新为如图 9-2-1 右侧所示的样子。

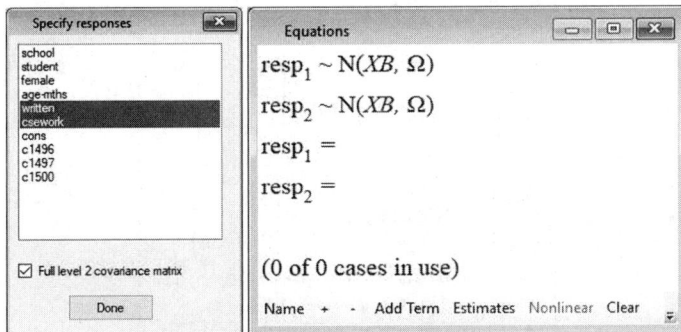

图 9-2-1　选择多个因变量

（2）单击窗口中任意一个 resp，新弹出的数据结构设定对话框中软件已经自动把第一水平设定好了（图 9-2-2）。研究者请注意此时的第一水平只是因变量编码，前面已经提到这个"第一水平"是个伪水平。但我们在随后的数据结构设定过程中就需要选择三水平并且把 school 选作第三水平单位，学生选作第二水平单位。

（3）通过这一步数据结构水平数设定的过程，MLwiN 软件就自动对所有因变量的数据水平进行同样的设定了。然后我们单击方程窗口下面的 Add Term 按钮选择常量 cons，并单击 add Separate coefficients 按钮，此时窗口中的方程就自动更新为如图 9-2-2 所示的样子。

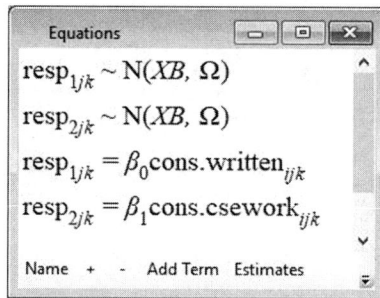

图 9-2-2　初步设定二元方程的因变量

（4）分别单击 cons. written 和 cons. csework 的位置，在新弹出的对话框中依次选中 k(school＿long) 和 j(student＿long)。然后连续单击方程窗口下面的＋号两次，则窗口中的方程就被扩展成如图 9-2-3 所示的公式。此时的模型中还没有包括除常量 1 外的其他任何自变量，因此当前模型可被称为零模型。

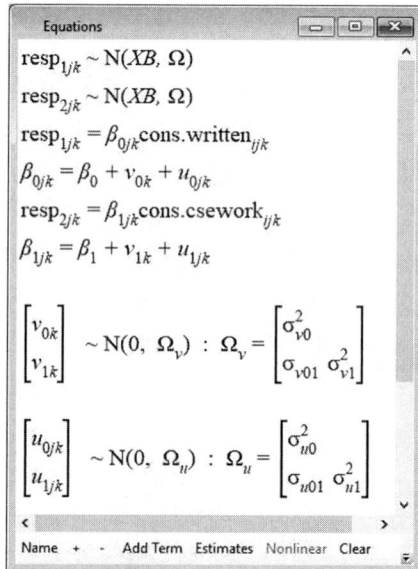

图 9-2-3　二元零模型

β_0 和 β_1 分别是写作（written）和课堂作业（cswork）分数的截距参数，Ω_v 和 Ω_u 分别是写作和课堂作业分数在学生水平和学校水平的方差协方差参数矩阵。运行该模型的结果输出如图 9-2-4 所示。

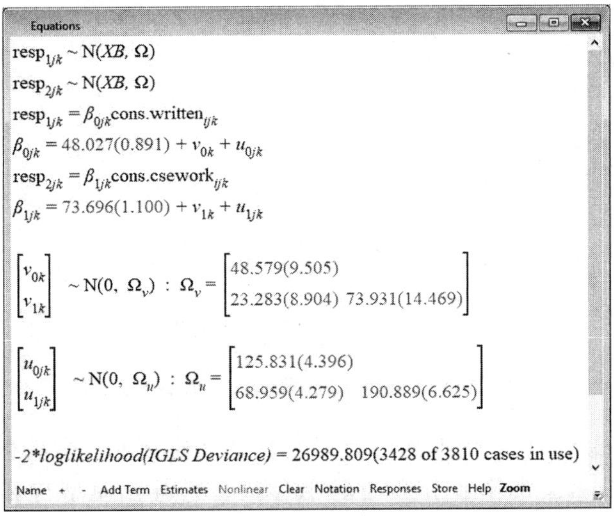

图 9-2-4　二元零模型结果输出

在模型中增加自变量，通过单击方程窗口下面的 Add Term 按钮来进行。单击 Add Term 按钮选择自变量 female，然后单击 add Separate coefficients 按钮把自变量分别包括进每个方程，此时的方程就是随机截距模型（图 9-2-5）。

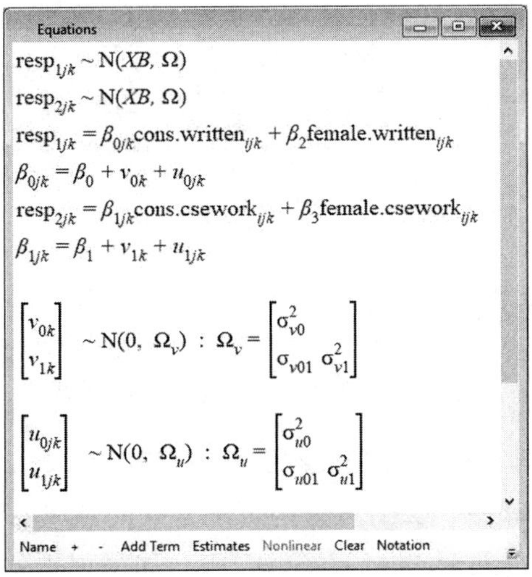

图 9-2-5　随机截距模型

研究者可运行该模型查看随机截距模型的参数估计值。我们进一步单击每个方程中的 female，在弹出的对话框中分别选择 k（school_long）选项设定自变量 female 的系数在学校水平随机（图 9-2-6）。

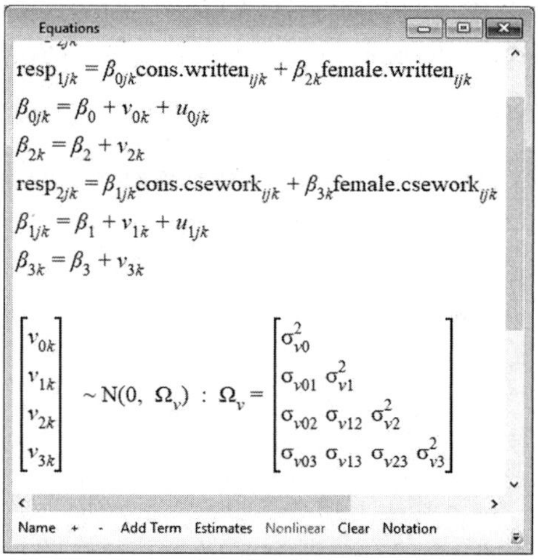

图 9-2-6　性别斜率在学校水平随机的模型

　　图 9-2-6 所示模型中的 β_0 和 β_1 分别是写作和课堂作业分数的截距参数，β_2 和 β_3 分别是性别对写作和课堂作业分数的斜率参数。运行该模型得到如下的输出结果（图 9-2-7）。

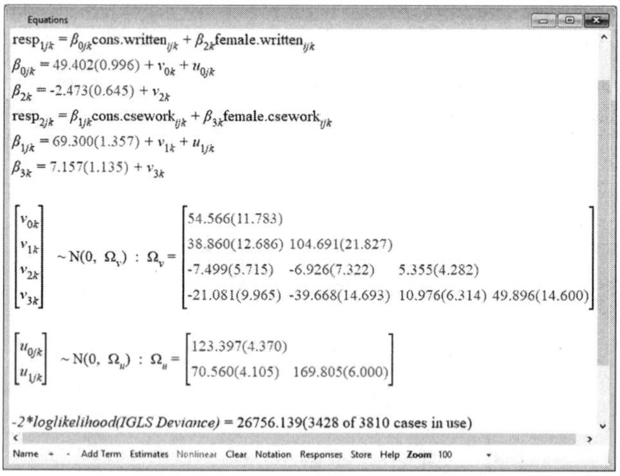

图 9-2-7　随机性别系数模型的结果

　　运行结果显示女生对写作的斜率参数是 $-2.473(0.645)$，其在学校水平上的离差 ν_{2k} 的方差 $\sigma_{v2}^2 = 5.355(4.282)$，女生对课堂作业分数的斜率参数是 $7.157(1.135)$，其在学校水平上的离差 ν_{3k} 方差 $\sigma_{v3}^2 = 49.896(14.6)$。如果根据研究需要，我们希望比较性别对写作和课堂作业分数影响作用的大小，则可通过菜单点击命令 Intervals and tests，在弹出的窗口中选择对固定部分参数进行检验（图 9-2-8），并且在 female. written 后面输入 1，在 female. csework 后面输入 -1，然后单击 Calc 按钮得到 $\chi^2 = 93.046(p = 0.000)$。本此检验中，MLwiN 虚无假设 $\beta_2 - \beta_3 = 0$，检验结果 $p = 0.000$，因此拒绝虚无假设 $\beta_2 - \beta_3 = 0$，即女生对写作和课堂作业分数的影响作用不同。注意 1

和－1 的输入顺序不影响检验结果，即对 $\beta_2 - \beta_3 = 0$ 的检验和对 $\beta_3 - \beta_2 = 0$ 的检验是一样的。

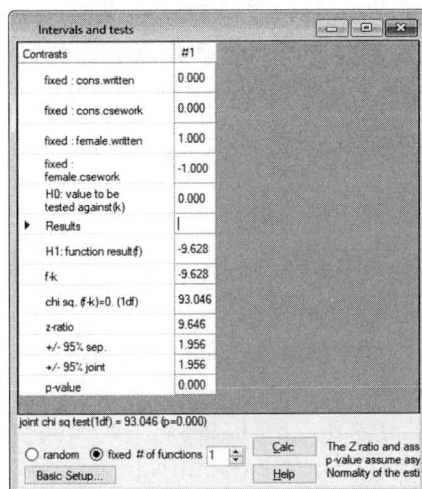

图 9-2-8 检验自变量斜率系数相同

使用 MLwiN 软件，我们还可以运行包括不同类别因变量的混合多元多水平模型。研究者只需在定义因变量的时候，针对不同的因变量分别选择相应的分布设定即可。其他对模型水平数的设定和自变量系数是否随机的设定和本例演示一样。基于演示的目的，下面我们就以当前数据为例，假定二分变量 female 是模型中的一个因变量来演示如何构架一个包含两个连续变量和一个二分变量的混合多元多水平模型。

打开数据后，单击模型构建窗口下面的 Responses，在弹出的窗口中选择 female、written 和 csework(图 9-2-9 左侧)。单击 Done 按钮后，继续单击 Add Term 把常量 cons 添加到模型中去完成多因变量模型设定(图 9-2-9 右侧)。

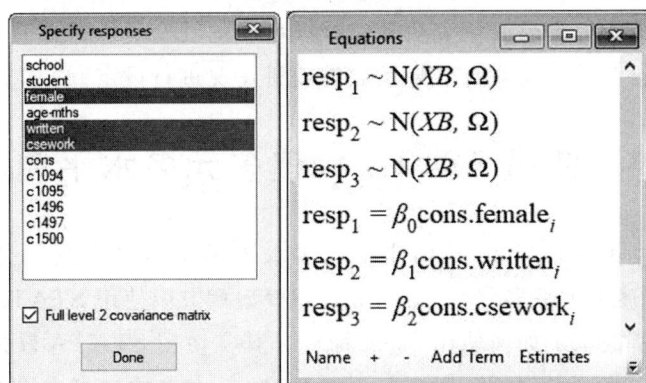

图 9-2-9 选择模型中的多个因变量

模型中的因变量选定后，模型就自动显示每个方程对应的因变量名字，此时可继续设定该模型的水平数为三。同时根据模型显示，我们可看到 resp1 是有关 female 的方程，因此我们继续点击模型中的第一个方程的分布。设定$resp_{1jk} \sim N(XB, \Omega)$，在弹出的窗口中选择 Binomial 和 logit，完成分布设定后继续点击$resp_{1jk} \sim$ Binomial (n_{ijk}, π_{1jk})中的n_{ijk}，选择常量 cons 为格子数，则模型自动更新成混合模型。点击各个方程中常量 cons 并把其在各个方程中的系数设定为在 school 和 student 水平随机，然后点击窗口下部的＋号展开方程，则该两水平三元混合模型方程如图 9-2-10 所示。

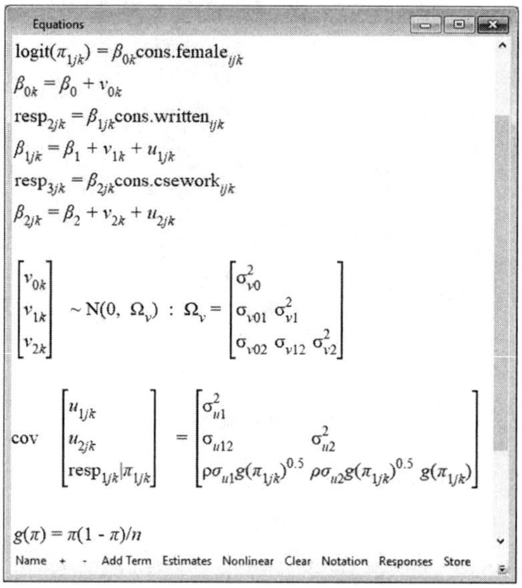

图 9-2-10　两水平三元混合模型

图 9-2-10 所示的混合模型中有一个二分变量 female，因此其方差就表达为$g(\pi_{1ij}) = \pi(1-\pi)/n$。协方差参数$\rho\sigma_{\mu 1}g(\pi_{1jk})^{0.5}$和$\rho\sigma_{\mu 2}g(\pi_{1jk})^{0.5}$中的$\rho$是待估计的两个因变量之间的相关系数。注意图 9-2-10 的模型仅仅是为了利用当前数据的信息演示如何构建包含二分因变量的多元混合模型，实际研究中几乎没有把性别作为因变量的例子。如有需要，请读者根据自己的研究实际选择模型中的因变量，并且通过 Add Term 按钮添加模型中的自变量以及对自变量系数的随机情况进行设定。

9.3　使用 STATA 构建多元多水平模型

使用当前版本的 STATA 15 构建多元多水平模型需要通过广义结构方程命令 gsem 来完成。前述多水平多分类 logistic 回归模型章节中使用 STATA 构建多水平模型时我们已经初步演示了如何使用 gsem 命令。其实使用 STATA 软件，除了常用的各种多水平命令和菜单界面外，用户还可以通过 gsem 来构建多水平模型。例如，使用本章演示数据拟合普通的二水平随机截距模型的命令如下。

```
use "http://www.bristol.ac.uk/cmm/media/runmlwin/gcsemvl.dta", clear
mixed csework i.female || school:
```

二水平随机截距随机斜率模型的命令如下。

```
mixed csework i.female || school:female, cov(un)
```

使用 gsem 命令，则相应的二水平随机截距模型的命令如下。

```
gsem (csework <- i.female M1[school])
```

相应的二水平随机截距随机斜率模型的命令如下。

```
gsem (csework <- i.female M1[school] 1.female#M2[school])
```

在普通多水平命令中，随机截距参数是通过 | | school：来设定，而 gsem 中随机截距参数是通过 M1[school]来设定。M 可以为任意大写字母，这是 STATA 软件的要求；普通多水平随机截距参数和随机斜率参数通过 | | school：female, cov(un)来设定，而 gsem 中多水平随机截距参数和随机斜率参数通过 M1[school]和 1. female♯M2[school]命令来设定。使用 gsem 也可以构建拟合其他种类的多水平模型。例如，下面是一个三水平的泊松模型（STATA，2017），第三、第二水平单位分别是 nation 和 region，因变量是死亡数 death，自变量是紫外线强度 uv，曝光量是变量 expected。

```
use http://www.stata-press.com/data/r15/gsem_melanoma, clear
```

普通多水平模型命令如下。

```
mepoisson deaths uv, exposure(expected) || nation:, || region:
```

gsem 多水平模型命令如下。

```
gsem (deaths <- uv M1[nation] M2[nation>region]), poisson exposure(expected)
```

定义数据结构时都是从高水平到低水平排列，在定义第二水平单位时，gsem 需要包括第三水平单位的信息，即 M2[nation>region]。

在拟合多元多水平模型时，使用 STATA 的 gsem 命令就是把多个单元多水平方程一起运行，熟悉结构方程的读者可看到，这其实就是多水平结构方程中的联合方程组。就本章演示的例子来说，如果不考虑数据结构，则使用 gsem 运行一个二元方程的命令如下。

```
gsem (csework <- i.female) (written <- i.female),
covariance(e.csework*e.written)
```

命令中的 covariance(e. csework * e. written)指定因变量 cscwork 和 written 的协方差；命令中的 e. 表示残差。

该联合方程的输出结果如下。

```
. gsem (csework <- i.female) (written <- i.female), covariance(e.csework*e.written)

Generalized structural equation model          Number of obs    =       1,905

Response    : csework                           Number of obs    =       1,725
Family      : Gaussian
Link        : identity
```

```
Response          : written              Number of obs      =        1,703
Family            : Gaussian
Link              : identity

Log likelihood = -13829.075

----------------------------------------------------------------------------------
              |      Coef.    Std. Err.       z     P>|z|    [95% Conf. Interval]
--------------+-------------------------------------------------------------------
csework       |
     1.female |    5.899078   .7772699      7.59    0.000     4.375657   7.422499
        _cons |    69.82882   .6000426    116.37    0.000     68.65276   71.00488
--------------+-------------------------------------------------------------------
written       |
     1.female |   -3.429628   .6444524     -5.32    0.000    -4.692731  -2.166524
        _cons |    48.79664   .493741      98.83    0.000     47.82893   49.76435
--------------+-------------------------------------------------------------------
 var(e.csework)|   257.1003   8.705894                        240.5909   274.7425
 var(e.written)|   176.1833   6.00705                         164.7945   188.3592
--------------+-------------------------------------------------------------------
 cov(e.csework,|
   e.written)|    107.6493   5.794823     18.58    0.000      96.29165   119.0069
----------------------------------------------------------------------------------
```

结果输出中的 var() 部分是方差，cov() 部分是协方差。运行二元两水平模型的命令和结果输出如下。

```
. gsem (csework <- i.female M1[school]) (written <- i.female M2[school]), cov(M1[sc
> hool]*M2[school]) covariance(e.csework*e.written)

Generalized structural equation model      Number of obs      =        1,905

Response          : csework              Number of obs      =        1,725
Family            : Gaussian
Link              : identity

Response          : written              Number of obs      =        1,703
Family            : Gaussian
Link              : identity

Log likelihood = -13400.244

 ( 1)  [csework]M1[school] = 1
 ( 2)  [written]M2[school] = 1
----------------------------------------------------------------------------------
              |      Coef.    Std. Err.       z     P>|z|    [95% Conf. Interval]
--------------+-------------------------------------------------------------------
csework       |
              |
     1.female |    6.751391   .6708415     10.06    0.000     5.436566   8.066216
              |
  M1[school] |           1  (constrained)
              |
        _cons |    69.67165   1.172328     59.43    0.000     67.37393   71.96938
--------------+-------------------------------------------------------------------
written       |
     1.female |   -2.502953   .5611579     -4.46    0.000    -3.602803  -1.403104
              |
  M2[school] |           1  (constrained)
              |
        _cons |    49.45213   .9341489     52.94    0.000     47.62123   51.28303
--------------+-------------------------------------------------------------------
 var(M1[school])|   75.16566   14.66912                       51.27449   110.1888
 var(M2[school])|   46.81143    9.393765                       31.58924   69.36887
--------------+-------------------------------------------------------------------
 cov(M1[school],|
   M2[school])|   24.87688    9.00404      2.76    0.006      7.229286   42.52447
--------------+-------------------------------------------------------------------
 var(e.csework)|   180.0982   6.251163                        168.2536   192.7766
 var(e.written)|   124.6344   4.343128                        116.4062   133.4442
```

```
---------------+----------------------------------------------------
    cov(e.csework,|
      e.written)|  73.00319   4.157616   17.56   0.000   64.85442   81.15197
---------------+----------------------------------------------------
```

结果输出中的 var(M)部分是学校水平方差，cov(M)部分是学校水平协方差，相应的 var(e. 和 cov(e. 是学生水平上的方差和协方差估计值。

使用当前版本的 STATA 还不能有效地拟合多个分类因变量之间的相关关系，因此如果要构建多元多水平混合模型或者多元多水平分类变量模型，则可通过 STATA 的 runmlwin 命令来进行。运行上述二元两水平模型的命令和结果输出如下。

```
runmlwin ///
        (written cons female, eq(1)) ///
        (csework cons female, eq(2)) ///
        level2(school: (cons, (1)) (cons, eq(2))) ///
        level1(student: (cons, (1)) (cons, eq(2))) ///
        nopause
MLwiN 3.1 multilevel model                    Number of obs     =      1905
Multivariate response model
Estimation algorithm: IGLS

------------------------------------------------------------------
               |   No. of        Observations per Group
Level Variable |   Groups    Minimum    Average    Maximum
---------------+--------------------------------------------------
       school  |      73        2         26.1        104
------------------------------------------------------------------

Run time (seconds)    =        3.61
Number of iterations =           4
Log likelihood       = -13400.244
Deviance             =  26800.489
------------------------------------------------------------------
               |    Coef.    Std. Err.     z    P>|z|   [95% Conf. Interval]
---------------+--------------------------------------------------
written        |
       cons_1  |  49.45213   .9338433   52.96   0.000   47.62183   51.28243
     female_1  |  -2.50295   .5607219   -4.46   0.000  -3.601945  -1.403955
---------------+--------------------------------------------------
csework        |
       cons_2  |  69.67166   1.171786   59.46   0.000    67.375   71.96831
     female_2  |  6.751393   .6706493   10.07   0.000   5.436944   8.065841
------------------------------------------------------------------

  Random-effects Parameters |   Estimate   Std. Err.   [95% Conf. Interval]
----------------------------+-------------------------------------
Level 2: school             |
              var(cons_1)   |  46.81298   9.18733    28.80615   64.81982
        cov(cons_1,cons_2)) |  24.87783   8.880358    7.47265   42.28301
              var(cons_2)   |  75.16623   14.56485   46.61965   103.7128
----------------------------+-------------------------------------
Level 1: student            |
              var(cons_1)   |  124.6343   4.349834   116.1088   133.1598
        cov(cons_1,cons_2)) |  73.00323   4.17829    64.81393   81.19252
              var(cons_2)   |  180.0982   6.245801   167.8566   192.3397
------------------------------------------------------------------
```

读者可对比 runmlwin 的输出和 gsem 的结果输出，二者的拟合结果是等同的。例如，模型有相同的拟合信息：Log likelihood＝－13400.244。

构建混合因变量模型时，我们只需根据因变量类别选择相应的方程即可。例如，我们使用 MLwiN 软件的数据考察来自不同学校的学生性别对连续变量 english 和两分类变量 behaviour 的影响作用。如果暂不考虑数据中的层次结构，则运行二元单水平模型的命令和结果输出如下。

```
use "http://www.bristol.ac.uk/cmm/media/runmlwin/jspmix1.dta", clear

. runmlwin ///
        (english cons sex, eq(1)) ///
        (behaviour cons sex, eq(2)), ///
        level1(id: (cons, eq(1))) ///
        discrete(distribution(normal binomial) link(logit) denom(cons cons)) n
osort nopause

MLwiN 3.1 multilevel model                      Number of obs      =      1119
Multivariate response model
Estimation algorithm: IGLS, MQL1

Run time (seconds)   =        2.14
Number of iterations =        5
------------------------------------------------------------------------------
              |      Coef.   Std. Err.      z    P>|z|     [95% Conf. Interval]
--------------+---------------------------------------------------------------
english       |
       cons_1 |   44.5972   .8919079    50.00   0.000     42.84909    46.34531
        sex_1 |  -6.376395   1.274514    -5.00   0.000    -8.874397   -3.878392
--------------+---------------------------------------------------------------
behaviour     |
       cons_2 |  1.586496   .1114402    14.24   0.000     1.368078    1.804915
        sex_2 |  -.6198399   .1468344    -4.22   0.000     -.90763    -.3320498
------------------------------------------------------------------------------


------------------------------------------------------------------------------
  Random-effects Parameters |   Estimate   Std. Err.     [95% Conf. Interval]
----------------------------+-------------------------------------------------
Level 1: id                 |
             var(cons_1)     |  454.2303   19.12951     416.7372    491.7235
      cov(cons_1,bcons_2)    |  6.363258   .6080599     5.171482    7.555033
             var(bcons_2)    |         1   4.69e-18            1           1
------------------------------------------------------------------------------
```

该命令同时拟合一个普通线性回归和普通 logistic 回归方程，并且在数据拟合中估计了两个因变量间的协方差。如果考虑了数据的层次结构，则使用一阶 MQL 算法的结果输出如下。

```
.        sort school id

    runmlwin ///

        (english cons sex, eq(1)) ///
        (behaviour cons sex, eq(2)) ///
        level2(school: (cons, eq(1)) (cons, eq(2))) ///
        level1(id: (cons, eq(1))) ///
    discrete(distribution(normal binomial) link(logit) denom(cons cons))  nopause

MLwiN 3.1 multilevel model                      Number of obs      =      1119
Multivariate response model
Estimation algorithm: IGLS, MQL1

-------------------------------------------------------------
                |  No. of       Observations per Group
 Level Variable |  Groups    Minimum    Average    Maximum
----------------+--------------------------------------------
       school   |     47         7        23.8         76
-------------------------------------------------------------

Run time (seconds)   =        2.02
Number of iterations =        6
------------------------------------------------------------------------------
              |      Coef.   Std. Err.      z    P>|z|     [95% Conf. Interval]
--------------+---------------------------------------------------------------
```

```
english    |
     cons_1 |    43.82186    1.502549    29.17   0.000    40.87692    46.7668
      sex_1 |   -5.710484    1.201415    -4.75   0.000   -8.065215   -3.355753
-----------+-----------------------------------------------------------------
behaviour  |
     cons_2 |    1.619121    .1314734    12.32   0.000    1.361438    1.876805
      sex_2 |   -.6421509    .1495453    -4.29   0.000   -.9352542   -.3490475
-----------+-----------------------------------------------------------------


------------------------------------------------------------------------------
  Random-effects Parameters |    Estimate   Std. Err.    [95% Conf. Interval]
-----------------------------+------------------------------------------------
Level 2: school             |
            var(cons_1) |    70.28671    18.36406     34.2938    106.2796
     cov(cons_1,cons_2) |    .9944463    .9524826    -.8723852    2.861278
            var(cons_2) |    .1837963    .090954      .0055298    .3620628
-----------------------------+------------------------------------------------
Level 1: id                 |
            var(cons_1) |     386.45     16.61517     353.8849    419.0151
     cov(cons_1,bcons_2) |    6.014814    .5713603     4.894968    7.134659
            var(bcons_2) |        1           0           1           1
------------------------------------------------------------------------------
```

该输出中包括了两个变量在学校水平的方差和协方差。读者在使用中可进一步要求模型输出二阶 PQL 的估计结果或者使用 MCMC 算法对模型参数进行估计。当前版本的 STATA 还没有类似 MLwiN 那样拟合多种不同 MVML 模型的功能，已经有应用统计人员自行开发出相应的宏命令改善当前版本 STATA 命令的不足之处（Crowther，2018），请感兴趣的读者自行查阅相关信息。

9.4　使用 Mplus 构建多元多水平模型

Mplus 软件在处理多元多水平模型时也是通过结构方程的联合方程组来进行的（Muthén & Muthén，2017）。就本章的例子来说，只需在同一个命令文件中按照普通多水平命令书写格式分别写出 written 和 csework 对自变量 female 的回归即可。但研究者必须指定要求模型估计各个因变量间的协方差，即 written with csework;。例如，本章前述的二元随机截距模型的命令和结果输出如下。

```
Title: MVML model
!using WITH specify covarianace at all level
Data: File is C:\Users\yuhan\Google Drive\mlm_book2016\data\gcsemv1.csv;
VARIABLE: NAMES ARE school student female agemths  written  casework cons;

    missing are all(-999);
    CLUSTER is school;
    WITHIN =female;
    usevariables are written csework female;
ANALYSIS: TYPE=TWOLEVEL;
MODEL:
    %Within%
    written on female;
    csework on female;
    written with csework;
    %Between%
written with csework;
```

下面是部分结果输出。

```
MODEL FIT INFORMATION
Loglikelihood

        H0 Value                        -13400.245
        H0 Scaling Correction Factor      1.8805
          for MLR
        H1 Value                        -13400.244
        H1 Scaling Correction Factor      1.8805
          for MLR

Information Criteria

        Akaike (AIC)                     26820.490
        Bayesian (BIC)                   26876.013
        Sample-Size Adjusted BIC         26844.243
          (n* = (n + 2) / 24)

Chi-Square Test of Model Fit

        Value                                0.002*
        Degrees of Freedom                   0
        P-Value                              0.0000
        Scaling Correction Factor            1.0000
          for MLR

MODEL RESULTS
                                                    Two-Tailed
                     Estimate    S.E.   Est./S.E.    P-Value

Within Level

  WRITTEN    ON
    FEMALE            -2.492     0.627    -3.976      0.000

  CSEWORK    ON
    FEMALE             6.735     1.083     6.218      0.000

  WRITTEN   WITH
    CSEWORK           73.001     6.705    10.888      0.000

  Residual Variances
    WRITTEN          124.632     5.285    23.584      0.000
    CSEWORK          180.099    15.026    11.986      0.000

Between Level

  WRITTEN   WITH
    CSEWORK           24.874     8.811     2.823      0.005

  Means
    WRITTEN           49.443     0.962    51.406      0.000
    CSEWORK           69.687     1.298    53.677      0.000

  Variances

WRITTEN               46.822     9.719     4.818      0.000
CSEWORK               75.157    11.855     6.340      0.000
```

输出结果显示，使用 Mplus 运行该模型得到了和使用 MLwiN 一样的似然值。H1 Value＝－13400.244。模型其他部分的输出结果和普通两水平回归模型一样，此处就不再具体解释每个参数的意义了。根据研究需要，读者可很容易地把模型扩展到更多因变量和更多自变量以及三水平情况。但对于包括分类变量的混合模型，当前版本的 Mplus 也不允许构建因变量间在第一水平的协方差。

9.5　使用 SPSS 构建多元多水平模型

使用当前版本的 SPSS 可以构建拟合多个连续因变量的模型（Heck et al.，2014）。通常每个个体的多个因变量的数据是放在同一行的，如果需要构建拟合多元模型，需要通过如本章开始所示的数据转化过程把各个因变量叠放起来。然后就可使用 SPSS 的菜单 mixed 命令构建多元多水平模型。就本章演示的例子来说，具体的转换数据步骤如下。

（1）读入原始的数据后，我们可以看到每个个体的两个因变量是放在同一行的，读入数据后运行菜单命令 Data＞Restructure...，在弹出的对话框中选择 Restructure selected variables into cases 选项并点击 Next 按钮。

（2）在弹出的新页面内，我们要指定新创建的因变量有几个。在本例模型中，我们需要把原来因变量 written 和 csework 叠放到一起成为一个新的因变量。因此，此处选择 one，并且继续点击 Next 按钮。

（3）在新界面的 Case Group Identification 下面的下拉框内选择变量 student 为变量组的标识符，即每个学生的所有因变量在新数据结构中都位于该学生之下。选择原来因变量 written 和 csework 为要转化的变量（Variables to be Transposed），并且给转换后的变量一个新名称。本例保持 SPSS 系统的名称 trans1（图 9-5-1）。

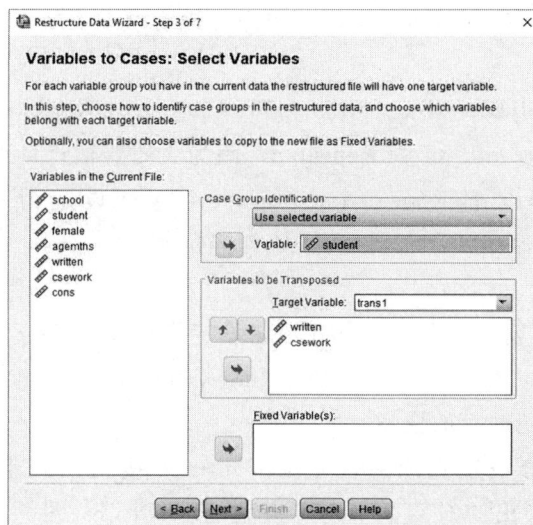

图 9-5-1　选择单位变量标识符

（4）完成图 9-5-1 所示的各项设定后，继续点击 Next 按钮进入下一个界面。在新弹出的页面中，SPSS 会询问并建议用户创建一个新变量 index1 来标识新数据中的每一行相应的是哪一个原始因变量。就本例来说，我们只需创建一个指标变量，因此选择 one 并点击 Next 按钮进入下一个页面具体设定指标变量信息。

(5)在数据结构转换过程中，SPSS 会自动创建一个新变量 index1 来标识新数据中的每一行相应的是哪一个原始因变量。用户可自行更改 index1 的变量名，也可以选择新建指标变量的值。此处我们使用 SPSS 缺省设置，用数字代表指代每个类别。在本例中 index1＝1 代表那一行数据是 written，index1＝2 代表那一行数据是 csework(图 9-5-2)。完成这些设定后，可以直接按 Finish 按钮完成数据转换，数据转换后每个学生有两行记录。

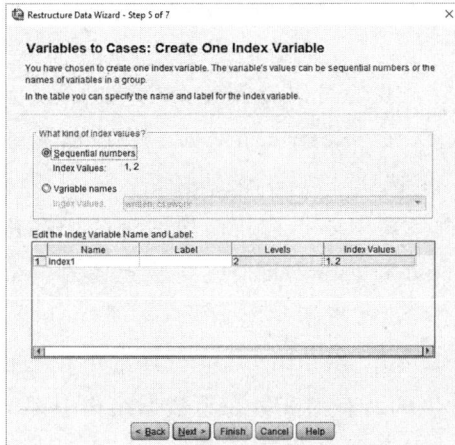

图 9-5-2 设定新数据中的原变量的标识变量

数据转换结束后，我们就可以运行菜单命令进行模型设定了。具体的模型建构命令如下。

(1)运行菜单 Analyze＞Mixed Models＞Linear...，在弹出的窗口中选择 school 和 student 为 Subjects，index1 为 Repeated，因为我们要估计两个因变量在学生水平上的方差协方差，因此把 Repeated Covariance Type 设定为 Unstructured。点击 Continue 按钮，在新弹出的窗口中选择新创建的变量 trans1 为因变量，index1 为 Factor(s)。

(2)点击模型构建窗口右侧的 Fixed 按钮设定模型固定部分参数信息，在弹出的窗口中选择 Index1 进入 model，同时把 Include intercept 前面的对号去掉，也就是说我们要构建的是不包括截距的模型。

(3)模型固定部分设定完成后，点击 Continue 按钮回到上一级菜单，并点击 Random 按钮，在新弹出的对话框中设定模型的随机部分(图 9-5-3)。在模型随机部分设定中，注意一定只选择 school 进入 Combinations 下面的窗口部分。同时把协方差结构设定成 Unstructured，选择 index1 进入 Model 下面的窗口区域(图 9-5-3)。

(4)随机参数设定完成后，点击 Continue 按钮回到上一级页面并点击 Estimation 按钮，在弹出的对话框中选择 Maximum Likelihood(ML)并回到上一级页面并点击 Statistics 按钮，在新弹出的对话框中选择 Parameter estimates 和 Tests for covariance parameters 两个选项。参数输出设定完成后，就可以直接运行该多元多水平零模型并

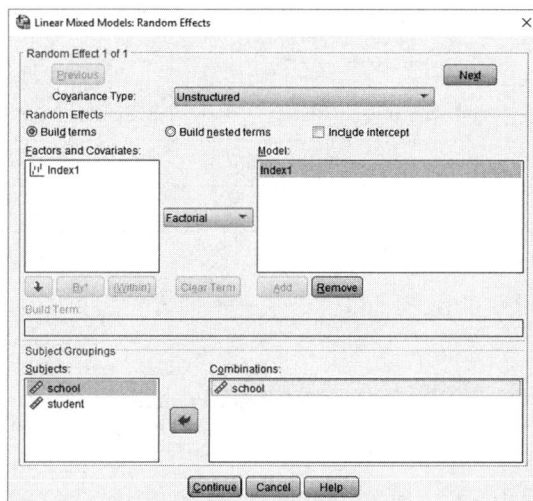

图 9-5-3　设定模型的随机部分

查看如下结果输出了。

　　该多元多水平模型的构建过程其实就是普通多水平模型的构建过程，因此结果的输出格式和普通多水平线性模型的输出格式一致。模型输出的第一部分就是模型的数据拟合和信息。我们可以看到当前零模型的－2LL 为 26989.809，和 runmlwin 结果输出中的 Deviance 结果一模一样，其 AIC 结果和 Mplus 输出的结果一模一样。

Information Criteria[a]

－2 Log Likelihood	26989.809
Akaike's Information Criterion(AIC)	27005.809
Hurvich and Tsai's Criterion(AICC)	27005.851
Bozdogan's Criterion(CAIC)	27062.927
Schwarz's Bayesian Criterion(BIC)	27054.927

The information criteria are displayed in smaller-is-better form.

a. Dependent Variable：trans1.

　　这一部分是回归结果信息。

Type III Tests of Fixed Effects[a]

Source	Numerator df	Denominator df	F	Sig.
Index1	2	68.726	2698.700	0.000

a. Dependent Variable：trans1.

　　下面一部分结果是每个原始因变量的截距参数的估计结果，和其他软件的估计结果一样。

Estimates of Fixed Effects[a]

Parameter	Estimate	Std. Error	df	t	Sig.	95% Confidence Interval	
						Lower Bound	Upper Bound
[Index1=1]	48.026987	0.890671	67.742	53.922	0.000	46.249557	49.804416
[Index1=2]	73.696462	1.100195	70.109	66.985	0.000	71.502253	75.890671

a. Dependent Variable：trans1.

下面一部分每个因变量在第一和第二水平上的方差协方差的估计结果，和其他软件的估计结果一样。

Estimates of Covariance Parameters[a]

Parameter		Estimate	Std. Error	Wald Z	Sig.	95% Confidence Interval	
						Lower Bound	Upper Bound
Repeated Measures	UN (1, 1)	125.831350	4.389139	28.669	0.000	117.516268	134.734782
	UN (2, 1)	68.959419	4.250497	16.224	0.000	60.628597	77.290240
	UN (2, 2)	190.888619	6.630763	28.788	0.000	178.325088	204.337287
Intercept+ standlrt [subject= school]	UN (1, 1)	48.577210	9.769010	4.973	0.000	32.753191	72.046273
	UN (2, 1)	23.281246	9.047416	2.573	0.010	5.548637	41.013856
	UN (2, 2)	73.930180	14.601417	5.063	0.000	50.200389	108.877074

a. Dependent Variable：trans1.

如果要进一步在模型中添加自变量，则需要在模型建构中把每个新增加的自变量和因变量标识变量 index1 相乘后再包括进模型。SPSS 有的菜单命令中有相应的设定，用户不用自己创建乘积项，只需调用相应的命令即可。例如，如果要在模型中包括性别自变量 female，则在前述零模型设定的基础上，在模型设定时再把 female 选择为模型中的分类协变量 factor(s)。在设定模型的固定部分参数时，选择 Build nested terms，然后通过以下步骤定义 female 和 index1 的乘积项。

(1)选择 index1，点击向下的箭头按钮，把 index1 选到 Build Term 下面的框中。

(2)点击 By* 按钮。

(3)选择 female，点击向下的箭头按钮，把 female 选到 Build Term 下面的框中。此时可看到 Build Term 下面的框中有 index1 * female(图 9-5-4)。

(4)点击 Add 按钮把乘积项包括进模型。保持模型其他设定不变，运行该模型并查看主要输出结果。

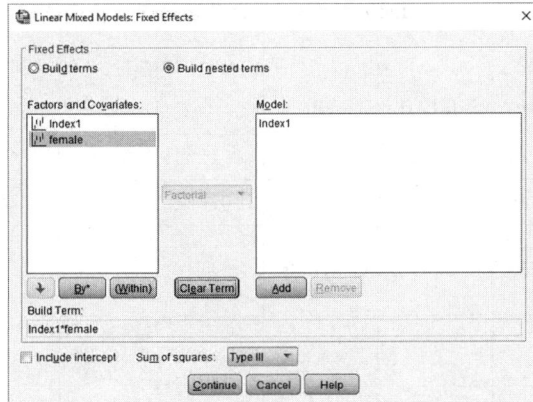

图 9-5-4 创建 female 和 index1 的乘积项

如果方程需要包括更多的自变量，则重复上述步骤分别为每个自变量创建一个乘积项并添加到方程中去。运行当前模型的主要输出结果如下。

Information Criteria[a]

一2 Log Likelihood	26800.488
Akaike's Information Criterion(AIC)	26820.488
Hurvich and Tsai's Criterion(AICC)	26820.553
Bozdogan's Criterion(CAIC)	26891.886
Schwarz's Bayesian Criterion(BIC)	26881.886

The information criteria are displayed in smaller-is-better form.

a. Dependent Variable：trans1.

这部分是模型的数据拟合信息。

Type III Tests of Fixed Effects[a]

Source	Numerator df	Denominator df	F	Sig.
Index1	2	69.810	2630.665	0.000
Index1 * female	2	1734.413	100.432	0.000

a. Dependent Variable：trans1.

这一部分是模型回归效果输出。该部分结果（Type III 平方和检验）也显示 female 的作用在不同因变量间显著不同（方差检验 $p=0.000$）。

Estimates of Fixed Effects[a]

Parameter	Estimate	Std. Error	df	t	Sig.	95% Confidence Interval	
						Lower Bound	Upper Bound
[Index1＝1]	46.949174	0.907298	78.499	51.746	0.000	45.143064	48.755284
[Index1＝2]	76.423046	1.137083	79.431	67.210	0.000	74.159929	78.686162
[Index1＝1] * [female＝0]	2.502953	0.560722	1737.888	4.464	0.000	1.403193	3.602714
[Index1＝1] * [female＝1]	0[b]	0	0.	0.	0.	0.	0.
[Index1＝2] * [female＝0]	−6.751391	0.670649	1739.243	−10.067	0.000	−8.066755	−5.436027
[Index1＝2] * [female＝1]	0[b]	0	0.	0.	0.	0.	0.

a. Dependent Variable：trans1.

b. This parameter is set to zero because it is redundant.

这一部分是模型中固定部分参数的估计结果和显著性检验结果。尽管数据 female 为 0/1 编码，并且 1 代表女生，分析中通常直接把 0 作参照类即可。但 SPSS 对分类变量的编码和其他软件不同，在分析中把 1 组作参照类，因此斜率系数的符号和其他软件的估计结果相反。并且因为 SPSS 的反向编码，此处的截距估计值是女生的平均数，因此该输出也和其他软件的输出不同。

Estimates of Covariance Parameters[a]

Parameter		Estimate	Std. Error	Wald Z	Sig.	95% Confidence Interval	
						Lower Bound	Upper Bound
Repeated Measures	UN (1, 1)	124.634397	4.343130	28.697	0.000	116.406204	133.444201
	UN (2, 1)	73.003232	4.157618	17.559	0.000	64.854451	81.152014
	UN (2, 2)	180.098228	6.251167	28.810	0.000	168.253627	192.776656
Index1 [subject＝ school]	UN (1, 1)	46.811447	9.393771	4.983	0.000	31.589250	69.368901
	UN (2, 1)	24.876883	9.004043	2.763	0.006	7.229283	42.524483
	UN (2, 2)	75.165654	14.669118	5.124	0.000	51.274488	110.188824

a. Dependent Variable：trans1.

这一部分是模型中随机部分参数的估计结果和显著性检验结果。Repeated

Measures 部分就是学生水平上的方差协方差估计值，Index1［subject＝school］部分就是学校水平上的方差协方差估计值。SPSS 有关随机参数的方差协方差输出结果和 MLwiN 的结果基本一模一样。

9.6 多水平路径分析模型

在考查多变量之间关系时，通常要用过路径分析来考查自变量 X 对因变量 Y 的影响是否通过中介变量 M 来进行（温忠麟，等，2012；Krull ＆ MacKinnon，1999；Bauer et al.，2006；Preacher et al.，2010；方杰，等，2018；方杰，等，2014），或者考察 X 对 Y 的影响是否被 M 调节。估计 M 的调节作用在模型构建中就是考察 M 和 X 的交互项斜率系数是否显著，分析方法上并没有额外的特殊之处，因此本节不再过多讨论如何在模型中估计调节效应。本节主要关注中介效应的估计方法。一般来说，如果不考虑数据的层析结构，则 X，M 和 Y 之间的关系通常可通过下述两个方程来分析。

$$M = \beta_{m0} + aX$$
$$Y = \beta_{y0} + bM + c'X \qquad\qquad 9.4$$

公式 9.4 中的 β_{m0} 和 β_{y0} 分别是每个方程的截距参数，a 和 b 分别是 X 和 M 在相应方程中的斜率参数。乘积项 ab 就是 M 的中介效应估计值。因为 M 和 Y 分别是每个方程的因变量，所以我们可以通过本章前述的多元模型同时对两个方程的所有参数进行估计（公式 9.5）。

$$M_{ij} = \beta_{0j}Z_{1j} + \beta_2 Z_{1j}X_{ij}$$
$$\beta_{0j} = \beta_0 + u_{0j}$$
$$Y_{ij} = \beta_{1j}Z_{2j} + \beta_3 Z_{2j}X_{ij} + \beta_4 Z_{2j}M'_{ij} \qquad\qquad 9.5$$
$$\beta_{1j} = \beta_1 + u_{1j}$$
$$\begin{bmatrix} u_{0j} \\ u_{1j} \end{bmatrix} \sim MVN(0,\ \Omega_u): \Omega_u = \begin{bmatrix} \sigma_{u0}^2 & \\ 0 & \sigma_{u1}^2 \end{bmatrix}$$

公式 9.5 中的 Z_{1j}，Z_{2j} 是两个指标变量。$Z_{1j} = \begin{cases} 1,\ \text{if } M \\ 0,\ \text{if } Y \end{cases}$，$Z_{2j} = 1 - Z_{1j}$，公式中 $i(i=1,\ 2)$ 是 M 和 Y 的编码，公式中的 j 是原始的个体水平编码。公式 9.5 中的 M'_{ij} 也是新变量，但 $M'_{ij} = M_{ij}$，此处仅为帮助理解公式所用。注意 M 和 Y 的残差 u_{0j} 和 u_{1j} 不相关，其协方差被固定为 0。这是因为 M 对 Y 的影响通过 Y 对 M 的回归来表达。公式 9.5 中的 β_2 是公式 9.4 中的 a，β_4 是公式 9.4 中的 b，β_3 是公式 9.4 中的 c'，β_{0j} 和 β_{1j} 分别是公式 9.4 中 M 和 Y 的截距。$\sigma_{u_0}^2$，$\sigma_{u_1}^2$ 分别是 M 和 Y 的残差 u_{0j} 和 u_{1j} 方差。

如果数据中有层次结构，则公式 9.5 可以很容易地被扩展成多水平模型，公式 9.6 就是一个两水平结构、所有斜率系数都随机的普通路径分析模型。

$$M_{ijk} = \beta_{0jk}Z_{1jk} + \beta_{2k}Z_{1jk}X_{ijk}$$

$$\beta_{0jk} = \beta_0 + \nu_{0k} + u_{0jk}$$

$$\beta_{2k} = \beta_2 + \nu_{2k}$$

$$Y_{ijk} = \beta_{1jk}Z_{2jk} + \beta_{3k}Z_{2jk}X_{ijk} + \beta_{4k}Z_{2jk}M'_{ijk} \qquad 9.6$$

$$\beta_{1jk} = \beta_1 + \nu_{1k} + u_{1jk}$$

$$\beta_{3k} = \beta_3 + \nu_{3k}$$

$$\beta_{4k} = \beta_4 + \nu_{4k}$$

如果假定模型中的所有斜率都显著,则模型中各个参数在不同水平的方差和协方差结构如下述的普通两水平二元随机截距随机斜率模型随机参数的方差协方差结构(公式 9.7)一样。唯一不同的就是在第一水平上 Y 和 M 的协方差参数必须固定为 0。

$$\begin{bmatrix} \nu_{0k} \\ \nu_{1k} \\ \nu_{2k} \\ \nu_{3k} \\ \nu_{4k} \end{bmatrix} \sim MVN(0, \Omega_v): \Omega_v = \begin{bmatrix} \sigma_{v0}^2 & & & & \\ \sigma_{v01} & \sigma_{v1}^2 & & & \\ \sigma_{v02} & \sigma_{v12} & \sigma_{v2}^2 & & \\ \sigma_{v03} & \sigma_{v13} & \sigma_{v23} & \sigma_{v3}^2 & \\ \sigma_{v04} & \sigma_{v14} & \sigma_{v24} & \sigma_{v34} & \sigma_{v4}^2 \end{bmatrix} \qquad 9.7$$

$$\begin{bmatrix} u_{0jk} \\ u_{1jk} \end{bmatrix} \sim MVN(0, \Omega_u): \Omega_u = \begin{bmatrix} \sigma_{u0}^2 & \\ 0 & \sigma_{u1}^2 \end{bmatrix}$$

公式 9.6 中的 k 是原来的第二水平单位编号,X 和 M'_{ijk} 的斜率参数在第二水平随机。固定参数 β_2 是 a,固定参数 β_4 是 b,固定参数 β_3 是 c'。固定参数 β_0 和 β_1 分别是 M 和 Y 的截距。在方差协方差矩阵中,对角线上的元素是有关截距参数和斜率参数在原第二水平上的方差,矩阵中对角线下的元素是相关参数的协方差。例如,σ_{v24} 就是斜率 a 和 b 的协方差。

通过多元多水平模型进行路径分析的好处是可以很方便地把模型扩展成更多水平的情形,或者是 Y 和 M 是不同类别的变量的混合模型。例如,下面的模型就是一个两水平二分变量 Y 连续变量 M 的模型(公式 9.8)。

$$M_{1jk} = \beta_{0jk}Z_{1jk} + \beta_{2k}Z_{1jk}X_{ijk}$$

$$\beta_{0jk} = \beta_0 + \nu_{0k} + u_{0jk}$$

$$\beta_{2k} = \beta_2 + \nu_{2k}$$

$$\text{Logit}(\pi_{2jk}) = \beta_{1jk}Z_{2jk} + \beta_{3k}Z_{2jk}X_{ijk} + \beta_{4k}Z_{2jk}M'_{ijk} \qquad 9.8$$

$$\beta_{1jk} = \beta_1 + \nu_{1k} + u_{1jk}$$

$$\beta_{3k} = \beta_3 + \nu_{3k}$$

$$\beta_{4k} = \beta_4 + \nu_{4k}$$

该模型的原第二水平的方差结构如公式 9.7 所示,该模型的原第一水平的方差结构如公式 9.9 所示。

$$\text{cov}\begin{bmatrix} u_{0jk} \\ Y_{2jk} \mid \pi_{2jk} \end{bmatrix} = \begin{bmatrix} \sigma_{u0}^2 & \\ 0 & \pi_{2jk}(1-\pi_{2jk}) \end{bmatrix} \qquad 9.9$$

使用多元多水平模型也可以很方便地构建多个 Y 和多个 M 情况下的路径分析模

型。基本的模型设定就是普通的多元多水平的模型设定。唯一的要求就是因变量 Y 和中介变量 M 在第一水平间的协方差必须被固定为 0。根据研究实际，不同因变量 Y 之间可以在第一水平相关，不同中介变量 M 之间也可以在第一水平之间相关。使用 MLwiN 和 STATA 都可以很好地构建多水平路径分析模型。使用当前版本的 Mplus 则只能构建最多 3 水平的模型，使用当前版本的 SPSS 尚不能构建混合变量的多水平路径分析模型。如果模型中有包括分类变量的多个 Y 变量，则目前只有 MLwiN 能够拟合离散变量 Y 之间以及分类变量 Y 和连续变量 Y 之间在第一水平上的关系。本章的 Mplus 命令中有一个是试图拟合二分变量 Y 和连续变量 M 在第一水平上的协方差，文件名为 MVML model for mixture outcome. inp，请读者尝试运行一下该程序并查看 Mplus 的错误警告。

如果要运行一个有两个因变量($Y1$、$Y2$)、一个自变量(X)、一个中介变量(M)所有系数都随机的两水平路径分析模型(图 9-6-1)。

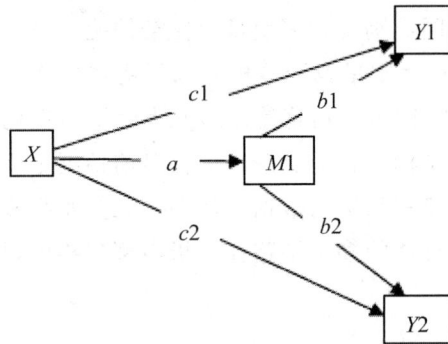

图 9-6-1 二水平双因变量随机系数路径分析示意图

相应的多元多水平模型构建如公式 9.10 所示。

$$\text{resp}_{1jk} \sim N(\text{XB}, \ \Omega); \ \text{resp}_{2jk} \sim N(\text{XB}, \ \Omega); \ \text{resp}_{3jk} \sim N(\text{XB}, \ \Omega)$$

$$\text{resp}_{1jk} = \beta_{0jk} \text{cons.} \ \text{y1}_{ijk} + \beta_{3k} \text{x.} \ \text{y1}_{ijk} + \beta_{6k} \text{m1.} \text{y1}_{ijk}$$

$$\beta_{0jk} = \beta_0 + \nu_{0k} + \mu_{0jk}$$

$$\beta_{3k} = \beta_3 + \nu_{3k}$$

$$\beta_{6k} = \beta_6 + \nu_{6k}$$

$$\text{resp}_{2jk} = \beta_{1jk} \text{cons.} \text{m1}_{ijk} + \beta_{4k} \text{x.} \text{m1}_{ijk}$$

$$\beta_{1jk} = \beta_1 + \nu_{1k} + \mu_{1jk}$$

$$\beta_{4k} = \beta_4 + \nu_{4k}$$

$$\text{resp}_{3jk} = \beta_{2jk} \text{cons.} \text{y2}_{ijk} + \beta_{5k} \text{x.} \text{y2}_{ijk} + \beta_{7k} \text{m1.} \text{y2}_{ijk}$$

$$\beta_{2jk} = \beta_2 + \nu_{2k} + \mu_{2jk}$$

$$\beta_{5k} = \beta_5 + \nu_{5k}$$

$$\beta_{7k} = \beta_7 + \nu_{7k}$$

$$
\begin{bmatrix} \nu_{0k} \\ \nu_{1k} \\ \nu_{2k} \\ \nu_{3k} \\ \nu_{4k} \\ \nu_{5k} \\ \nu_{6k} \\ \nu_{7k} \end{bmatrix} \sim N(0, \ \Omega_\nu): \ \Omega_\nu = \begin{bmatrix} \sigma_{\nu0}^2 & & & & & & & \\ \sigma_{\nu01} & \sigma_{\nu1}^2 & & & & & & \\ \sigma_{\nu02} & \sigma_{\nu12} & \sigma_{\nu2}^2 & & & & & \\ \sigma_{\nu03} & \sigma_{\nu13} & \sigma_{\nu23} & \sigma_{\nu3}^2 & & & & \\ \sigma_{\nu04} & \sigma_{\nu14} & \sigma_{\nu24} & \sigma_{\nu34} & \sigma_{\nu4}^2 & & & \\ \sigma_{\nu05} & \sigma_{\nu15} & \sigma_{\nu25} & \sigma_{\nu35} & \sigma_{\nu45} & \sigma_{\nu5}^2 & & \\ \sigma_{\nu06} & \sigma_{\nu16} & \sigma_{\nu26} & \sigma_{\nu36} & \sigma_{\nu46} & \sigma_{\nu56} & \sigma_{\nu6}^2 & \\ \sigma_{\nu07} & \sigma_{\nu17} & \sigma_{\nu27} & \sigma_{\nu37} & \sigma_{\nu47} & \sigma_{\nu57} & \sigma_{\nu67} & \sigma_{\nu7}^2 \end{bmatrix}
\qquad 9.10
$$

$$
\begin{bmatrix} \mu_{0jk} \\ \mu_{1jk} \\ \mu_{2jk} \end{bmatrix} \sim N(0, \ \Omega_\mu): \ \Omega_\mu = \begin{bmatrix} \sigma_{\mu0}^2 & & \\ 0 & \sigma_{\mu1}^2 & \\ \sigma_{\mu02} & 0 & \sigma_{\mu2}^2 \end{bmatrix}
$$

读者可根据模型参数估计结果修正模型或根据研究需要扩展到更多水平、更多因变量、更多中介变量、不同类别混合因变量等复杂情况。

具体使用 MLwiN 运行多水平路径分析时也不用在操作中额外创建变量 M'_{ijk}，一般只需直接调用原变量 M_{ijk} 即可。尽管使用多元多水平模型构建多因变量、多中介变量的路径分析模型时的模型构建相对复杂，但在目前情况下受制于软件限制而使用基于结构方程的技术只能构建三水平的数据。使用多元多水平模型则基本不受水平数的限制。使用不同软件进行具体的多水平路径分析模型建构的过程，请参考本章前面章节的介绍。

本章小结

多元多水平模型同时估计多水平数据中的多个因变量。多元多水平模型能充分利用数据中的信息增加模型参数估计的精度和统计检验力，使用多元多水平模型也可以进行多水平路径分析。但某些软件的当前版本在构建、拟合多元多水平模型方面还有待提高。

第十章　交叉分类和多身份模型

当研究中的数据有清晰的层次结构时，多水平模型在估计模型参数时能有效地考虑到数据中因为层次结构而导致的非独立性。这样的有清晰层次结构的数据在研究中几乎是随处可见，学生来自不同班级，居民来自不同社区，毕业生来自不同大学等。但研究实践中的数据结构往往更加复杂。例如，毕业于同一个小学的学生就读于不同的中学，在同一个中学就读的学生来自不同的小学；病人到不同的医院就医，来医院看病的也并非是同一批固定不变的病人；大型考试中阅卷老师流水作业阅卷等（Zhao et al.，2017）。这样的生活实际造成了所分析的研究数据中有明显的非独立性但又没有清晰的层次结构。前面已经提到忽视数据中的非独立性而使用传统的统计方法分析这样的数据很显然是不对的，但这样的数据又不能使用普通的多水平模型来分析。本章就演示如何使用交叉分类（cross classified）和多身份（multiple membership）模型分析这样的数据（Browne et al.，2001；Leckie & Baird，2011；Rasbash & Goldstein，1994）。

10.1　交叉分类模型基础和使用 MLwiN 构建拟合的步骤

为了帮助读者理解交叉分类模型，我们还是通过 MLwiN 软件自带的数据来演示其基本原理（Rasbash et al.，2016）。数据中是来自 19 所中学的 3435 名初中生的考试成绩，这些学生上初中前在 148 所小学读书。研究目的是要考查小学和中学对学生成绩的影响作用。数据中有关变量的信息如下。

```
Contains data from http://www.bristol.ac.uk/cmm/media/runmlwin/xc.dta
  obs:        3,435
  vars:          11                          21 Oct 2011 12:19
  size:      44,655
-----------------------------------------------------------------------
              storage   display    value
variable name   type    format     label      variable label
-----------------------------------------------------------------------
vrq             int     %9.0g                  Verbal reasoning score
attain          byte    %9.0g                  Age 16 attainment
pid             int     %9.0g                  Primary school ID
sex             byte    %9.0g                  Gender
sc              byte    %9.0g                  Social class
sid             byte    %9.0g                  Secondary school ID
fed             byte    %9.0g                  Father's education
choice          byte    %9.0g                  Number of secondary schools attended
med             byte    %9.0g                  Mother's education
cons            byte    %9.0g                  Constant
pupil           byte    %9.0g                  Pupil ID
-----------------------------------------------------------------------
```

通过对数据的查看，我们可以看到原来第一小学的 54 名学生去了三个初中。

```
. tab sid if pid==1
 Secondary |
 school ID |      Freq.      Percent        Cum.
-----------+-----------------------------------
         1 |          8        14.81       14.81
         9 |         45        83.33       98.15
        18 |          1         1.85      100.00
-----------+-----------------------------------
     Total |         54       100.00
```

目前在第一中学就读的 219 名学生来自 18 个小学。

```
. tab pid if sid==1
   Primary |
 school ID |      Freq.      Percent        Cum.
-----------+-----------------------------------
         1 |          8         3.65        3.65
         5 |         53        24.20       27.85
         6 |          1         0.46       28.31
         8 |          1         0.46       28.77
         9 |          1         0.46       29.22
        11 |         14         6.39       35.62
        21 |         37        16.89       52.51
        30 |          1         0.46       52.97
        36 |          5         2.28       55.25
        37 |         32        14.61       69.86
        40 |         46        21.00       90.87
        41 |          1         0.46       91.32
        43 |          1         0.46       91.78
        46 |          8         3.65       95.43
        50 |          1         0.46       95.89
        73 |          5         2.28       98.17
        77 |          3         1.37       99.54
       135 |          1         0.46      100.00
-----------+-----------------------------------
     Total |        219       100.00
```

这样看来学生和学校之间有清晰的隶属关系，但小学和中学之间则没有上下级的层次结构，小学和中学之间的关系是互相交叉的。如果暂且忽视数据中的层次结构，则学生的成绩 Y 可被表达公式 10.1 所示。

$$Y_{i(jk)} = \beta_0 + e_{i(jk)} \tag{10.1}$$

公式 10.1 中的 i 是学生编号，j 是小学编号，k 是中学编号。β_0 是学生成绩的总体平均数，$e_{i(jk)}$ 是从 j 小学考入 k 中学读书的第 i 个学生的成绩 $Y_{i(jk)}$ 和总体平均数 β_0 的差异。我们假定 $e_{i(jk)}$ 服从平均数为 0、方差为 σ_e^2 的正态分布，即 $e_{i(jk)} \sim N(0, \sigma_e^2)$。如果分别考虑到小学和中学对学生的影响，则公式 10.1 可被延伸为公式 10.2。

$$Y_{i(jk)} = \beta_0 + \mu_j + \mu_k + e_{i(jk)} \tag{10.2}$$

公式 10.2 中的 μ_j 和 μ_k 分别代表因为第 j 个小学和第 k 个中学所造成的与总体平均数的离差；公式 10.2 中其他符号的含义和公式 10.1 中各个符号的含义一样。我们进一步假定 μ_j 和 μ_k 服从平均数为 0，方差分别为 $\sigma_{\mu j}^2$ 和 $\sigma_{\mu k}^2$ 的正态分布，即 $u_j \sim N(0, \sigma_{uj}^2)$ 和 $u_k \sim N(0, \sigma_{uk}^2)$。同时继续假定公式 10.2 中 $e_{i(jk)} \sim N(0, \sigma_e^2)$。如果把成绩 $Y_{i(jk)}$ 的总方差进行分解，则各个有关成分为：

小学间相关 $= \dfrac{\sigma_{\mu j}^2}{(\sigma_{\mu j}^2 + \sigma_{\mu k}^2 + \sigma_e^2)}$，表示的是来自同一所小学但就读于不同中学的两个

学生成绩间的相关。

中学间相关 $=\dfrac{\sigma_{\mu k}^2}{(\sigma_{\mu j}^2+\sigma_{\mu k}^2+\sigma_e^2)}$，表示的是就读于同一个中学但来自不同小学的两个学生成绩间的相关。

交叉格子间相关 $=\dfrac{(\sigma_{\mu j}^2+\sigma_{\mu k}^2)}{(\sigma_{\mu j}^2+\sigma_{\mu k}^2+\sigma_e^2)}$，表示的是就读于同一个中学又来自同一小学的两个学生成绩间的相关。

使用 MLwiN 估计公式 10.2 中各个参数步骤如下。

(1)打开 MLwiN 自带数据 xc1.ws 后，点击菜单命令 Model 中的 Equations，在弹出的公式框点击其底部的 Notation 按钮，然后把 multiple subscripts 前面的对号去掉，此时公式中的 y 就自动会有一个下标 i，变成 y_i（图 10-1-1）。单击 Done 按钮回到上一级的公式对话框界面。

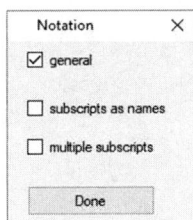

图 10-1-1　设定交叉分类模型方程

(2)点击公式中的 y_i 并选在变量 attain 为因变量。同时把数据结构定义为三水平，指定中学(sid)为第三水平，小学(pid)为第二水平，学生(pupil)为第一水平。

(3)因变量设定结束后，点击公式中的 x_0，在弹出的对话框中选择常量 cons，同时设定常量包括在模型的固定部分以及在学生个体、小学和中学水平上随机。

(4)常量设定完成后，点击 Start 按钮运行模型，在模型收敛后，点击 Estimation Control 按钮把估计方法换成 MCMC(Browne，2016)，然后依次点击 Model—>MCMC—>Classifications 菜单命令，在弹出的对话框 Classification Information 中选择 Treat levels as cross-classified。点击 Done 按钮回到上一级页面。

(5)继续点击 Start 按钮开始 MCMC 估计运行模型。估计结束后的结果应该如图 10-1-2 所示。

当前模型显示，学生成绩在中学和小学的方差估计值分别为 0.414(0.209)和1.152(0.214)。

如果要在模型中继续加入自变量言语推理分数 vrq，则需要首先把估计方法换回到 IGLS，点击 Add Term 按钮把 vrq 加入方程并运行方程，模型收敛后再把估计方法换成 MCMC 继续运行，模型收敛后的结果输出如图 10-1-3 所示。输出结果显示言语推理分数 vrq 对考试成绩有正向促进作用，$\beta_1=0.160(0.003)$。感兴趣的读者可通过菜单命令 Model—>MCMC—>Classifications 查验确认 Treat levels as cross-classified 选项还继续被选中。根据研究需要，读者可参照添加 vrq 的步骤在模型中增加更多的自变量或者进一步设定自变量的斜率为随机参数。

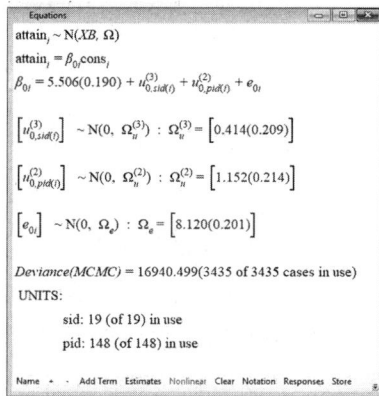

图 10-1-2　基本交叉分类模型的 MCMC 估计结果

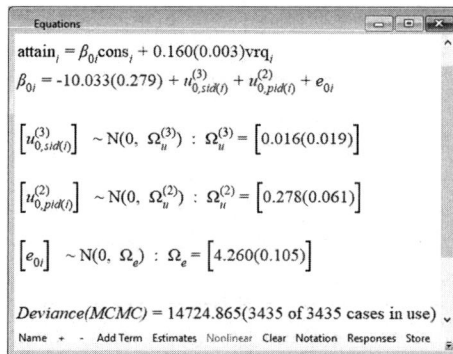

图 10-1-3　包括自变量的交叉分类模型 MCMC 估计结果

本章主要演示了如何用 MLwiN 中的 MCMC 算法估计交叉分类模型。其实使用 MLwiN 也能得到交叉分类模型的普通似然估计结果，但需要通过很复杂的编程才能完成。对于普通研究人员来说，使用 MCMC 算法估计交叉分类模型则显得很方便，同时对于更加复杂的交叉分类模型，则只能通过 MCMC 算法来对模型中的各个参数进行估计。对使用 MLwiN 编程感兴趣的读者请下载并参考其命令手册。

10.2　使用 STATA 构建交叉分类模型

使用当前版本的 STATA 构建交叉分类模型只能通过编程来进行（STATA，2017）。就本例来说，因为要建立的模型方程是 $attain_{i(jk)} = \beta_0 + \mu_j + \mu_k + e_{i(jk)}$，尽管模型中有两个高水平随机项 μ_j 和 μ_k，但这并不是一个三水平模型。因此我们不能用两个并列的符号 || sid：，|| pid：来定义模型。定义交叉分类模型的命令通过 || _all：R. sid || _all：R. pid 来进行，并且这两个单位标识符在命令中的位置不影响结果估计。下面是不包括任何自变量的基本交叉分类模型的命令和结果输出。

```
. mixed attain || _all: R.sid || _all: R.pid

Mixed-effects ML regression                    Number of obs     =       3,435
Group variable: _all                           Number of groups  =           1

                                               Obs per group:
                                                            min =       3,435
                                                            avg =     3,435.0
                                                            max =       3,435

                                               Wald chi2(0)      =           .
Log likelihood = -8574.5655                    Prob > chi2       =           .

------------------------------------------------------------------------------
      attain |      Coef.   Std. Err.      z    P>|z|     [95% Conf. Interval]
-------------+----------------------------------------------------------------
       _cons |   5.504009   .1749325    31.46   0.000     5.161148    5.846871
------------------------------------------------------------------------------

------------------------------------------------------------------------------
  Random-effects Parameters  |   Estimate   Std. Err.     [95% Conf. Interval]
-----------------------------+------------------------------------------------
_all: Identity               |
                 var(R.sid)  |   .3481667   .1618119      .1400193    .8657381
-----------------------------+------------------------------------------------
_all: Identity               |
                 var(R.pid)  |   1.124362   .2059384      .7852352     1.60995
-----------------------------+------------------------------------------------
              var(Residual)  |   8.111477   .2004789       7.72791    8.514081
------------------------------------------------------------------------------
LR test vs. linear model: chi2(2) = 278.13            Prob > chi2 = 0.0000
```

　　命令的主干就是一般多水平模型的命令格式，只是在定义数据结构时使用|| _all: R. sid || _all:R. pid 命令，表示中学和小学是交叉分类的单位标识符。当前运行结果显示因变量在中学水平和小学水平上的变异估计值分别为 0.3481667 和 1.124362。如果要在模型中包括自变量言语推理 vrq，则有关命令和结果输出如下。

```
. mixed attain vrq || _all: R.sid || _all: R.pid

Computing standard errors:

Mixed-effects ML regression                    Number of obs     =       3,435
Group variable: _all                           Number of groups  =           1

                                               Obs per group:
                                                            min =       3,435
                                                            avg =     3,435.0
                                                            max =       3,435

                                               Wald chi2(1)      =     3355.72
Log likelihood = -7422.7963                    Prob > chi2       =      0.0000

------------------------------------------------------------------------------
      attain |      Coef.   Std. Err.      z    P>|z|     [95% Conf. Interval]
-------------+----------------------------------------------------------------
         vrq |   .1601087   .0027639    57.93   0.000     .1546916    .1655258
       _cons |  -10.03116   .2777198   -36.12   0.000    -10.57548   -9.486835
------------------------------------------------------------------------------

------------------------------------------------------------------------------
  Random-effects Parameters  |   Estimate   Std. Err.     [95% Conf. Interval]
-----------------------------+------------------------------------------------
_all: Identity               |
                 var(R.sid)  |   .0109503   .0221763      .0002068    .5797774
```

```
-------------------------+--------------------------------------------------------
_all: Identity           |
            var(R.pid)   |   .2718996   .0608213      .1753894      .421516
-------------------------+--------------------------------------------------------
          var(Residual)  |   4.254198   .1049324      4.053426     4.464914
-------------------------+--------------------------------------------------------
LR test vs. linear model: chi2(2) = 86.96              Prob > chi2 = 0.0000
```

运行结果显示言语推理对因变量的作用为 0.1601087。

在使用 STATA 构建带有随机斜率的模型时，需要对上述命令进行改动。例如，我们要考查学生社会经济地位变量对其考试成绩的影响时，可以用上述的 || _all：R. pid || _all：R. sid 来定义模型的结构，也可以用 || _all：R. pid || sid 来设定模型结构。两种定义方式是等价的。因此下面两条命令的结果输出是完全相同的。

第一条命令：mixed attain sc || _all: R.pid || _all: R.sid

/*请作者自行运行命令查看完整结果输出*/

```
                                          Wald chi2(1)       =       137.98
Log likelihood = -8507.6193               Prob > chi2        =        0.0000


-------------------------+--------------------------------------------------------
Random-effects Parameters |   Estimate   Std. Err.     [95% Conf. Interval]
-------------------------+--------------------------------------------------------
_all: Identity           |
            var(R.pid)   |   .8915041   .1750796      .6066785     1.310051
-------------------------+--------------------------------------------------------
_all: Identity           |
            var(R.sid)   |   .2632683   .1289839      .1007782     .6877496
-------------------------+--------------------------------------------------------
          var(Residual)  |   7.849187   .194166       7.477707     8.239122
-------------------------+--------------------------------------------------------
LR test vs. linear model: chi2(2) = 193.02             Prob > chi2 = 0.0000
```

第二条命令：mixed attain sc || _all: R.pid || sid:

```
Mixed-effects ML regression               Number of obs      =        3,435

               |    No. of        Observations per Group
Group Variable |    Groups   Minimum    Average    Maximum
---------------+--------------------------------------------
          _all |        1      3,435    3,435.0      3,435
           sid |       19         92      180.8        290
---------------+--------------------------------------------

                                          Wald chi2(1)       =       137.98
Log likelihood = -8507.6193               Prob > chi2        =        0.0000


--------------+-------------------------------------------------------------------
       attain |    Coef.    Std. Err.      z     P>|z|     [95% Conf. Interval]
--------------+-------------------------------------------------------------------
           sc |  .0538462   .0045841    11.75    0.000     .0448616     .0628308
        _cons |  5.165943   .1581709    32.66    0.000     4.855934     5.475953
--------------+-------------------------------------------------------------------


-------------------------+--------------------------------------------------------
Random-effects Parameters |   Estimate   Std. Err.     [95% Conf. Interval]
-------------------------+--------------------------------------------------------
_all: Identity           |
            var(R.pid)   |   .8915041   .1750796      .6066785     1.310051
-------------------------+--------------------------------------------------------
sid: Identity            |
           var(_cons)    |   .2632683   .1289839      .1007782     .6877496
-------------------------+--------------------------------------------------------
          var(Residual)  |   7.849187   .194166       7.477707     8.239122
-------------------------+--------------------------------------------------------
LR test vs. linear model: chi2(2) = 193.02             Prob > chi2 = 0.0000
```

但使用第二条命令我们就可以设定自变量 sc 的斜率系数在中学水平上随机。

```
. mixed attain sc || _all: R.pid || sid: sc, cov(independent)

Mixed-effects ML regression                     Number of obs      =       3,435

------------------------------------------------------------------------
                 |    No. of      Observations per Group
Group Variable   |    Groups    Minimum    Average    Maximum
-----------------+------------------------------------------------------
          _all   |         1      3,435    3,435.0      3,435
           sid   |        19         92      180.8        290
------------------------------------------------------------------------

                                                 Wald chi2(1)       =       99.14
Log likelihood = -8507.1918                      Prob > chi2        =      0.0000

------------------------------------------------------------------------
      attain |      Coef.   Std. Err.      z    P>|z|    [95% Conf. Interval]
-------------+----------------------------------------------------------
          sc |   .0543349   .0054571     9.96   0.000    .0436392    .0650306
       _cons |   5.167896   .1586527    32.57   0.000    4.856943     5.47885
------------------------------------------------------------------------


------------------------------------------------------------------------
  Random-effects Parameters  |    Estimate   Std. Err.    [95% Conf. Interval]
-----------------------------+------------------------------------------
_all: Identity               |
                 var(R.pid)  |   .8996596   .1766566    .6122614    1.321964
-----------------------------+------------------------------------------
sid: Independent             |
                   var(sc)   |   .0001465   .0001958    .0000107    .002012
                var(_cons)   |   .2648546   .1306478    .1007224    .6964487
-----------------------------+------------------------------------------
              var(Residual)  |   7.830924   .1945512    7.458746    8.221674
------------------------------------------------------------------------
LR test vs. linear model: chi2(3) = 193.87             Prob > chi2 = 0.0000
```

尽管模型比较显示自变量 sc 的影响作用在中学水平上变异不显著，但此处仅供模型构建步骤演示所需，希望感兴趣并且有数据的研究者自行运行相关命令并查看结果。同时作者可能看到如果我们需要设定 sc 的斜率系数在中学和小学水平上都是随机参数，则可能需要的命令为 || pid: sc || sid: sc, cov(independent)。这样一来，该命令就是一个三水平模型的命令。目前笔者尚未清楚如何使用当前版本的 STATA 构建拟合同一自变量的斜率系数在两个交叉分类的单位上同时随机的命令。笔者书写本书的过程中曾咨询 STATA 技术支持，STATA 建议使用 gsem 命令，但同时也提到使用 gsem 命令运行交叉分类模型时会有模型收敛问题。请感兴趣的读者自行参考 gsem 命令帮助文件中的 cross 模型并练习使用。

当然有需要的用户可以使用 runmlwin 命令来分析数据（Leckie & Charlton, 2013）。就本例方差分解模型来说，运行 runmlwin 命令时首先运行一个三水平模型，使用该三水平模型的结果作模型参数的初始值，然后通过命令选项 mcmc(cc on) 再运行 MCMC 的交叉分类模型。本例方差分解模型的命令和结果如下。

```
runmlwin attain cons, ///
        level3(sid: cons) level2(pid: cons) ///
        level1(pupil: cons) ///
        nopause
```

```
.  runmlwin attain cons, ///
        level3(sid: cons) ///
        level2(pid: cons) ///
        level1(pupil: cons) ///
        mcmc(cc on) initsprevious nopause
```

```
MLwiN 3.1 multilevel model                    Number of obs      =      3435
Normal response model
Estimation algorithm: MCMC
```

Level Variable	No. of Groups	Observations per Group		
		Minimum	Average	Maximum
sid	19	92	180.8	290
pid	148	1	23.2	72

```
Burnin                        =         500
Chain                         =        5000
Thinning                      =           1
Run time (seconds)            =        4.09
Deviance (dbar)               =    16940.80
Deviance (thetabar)           =    16833.53
Effective no. of pars (pd)    =      107.26
Bayesian DIC                  =    17048.06
```

attain	Mean	Std. Dev.	ESS	P	[95% Cred. Interval]	
cons	5.508514	.1919313	206	0.000	5.110681	5.881994

Random-effects Parameters		Mean	Std. Dev.	ESS	[95% Cred. Int]	
Level 3: sid						
	var(cons)	.4200779	.2197727	1155	.1403941	.9762861
Level 2: pid						
	var(cons)	1.144871	.2109528	1225	.7822415	1.599638
Level 1: pupil						
	var(cons)	8.120436	.197473	3972	7.737964	8.519949

因变量 attain 在中学和小学水平上变异估计值分别为 0.4200779 和 1.144871。因为 MCMC 是随机的过程，读者在运行该命令时可能会得到稍微不同的数字。如果把自变量 vrq 加入方程，只需按照一般模型命令的书写格式把自变量的名字写在因变量名字的后面即可。运行包括自变量 vrq 的模型命令和结果输出如下。

```
runmlwin attain cons vrq, ///
    level3(sid: cons) level2(pid: cons) ///
    level1(pupil: cons) ///


        nopause
.  runmlwin attain cons vrq, ///
        level3(sid: cons) ///
        level2(pid: cons) ///
        level1(pupil: cons) ///
        mcmc(cc on) initsprevious nopause
```

```
MLwiN 3.1 multilevel model                    Number of obs      =      3435
Normal response model
Estimation algorithm: MCMC
```

```
------------------------------------------------------------
               |  No. of      Observations per Group
Level Variable |  Groups   Minimum    Average   Maximum
---------------+--------------------------------------------
           sid |     19        92       180.8       290
           pid |    148         1        23.2        72
------------------------------------------------------------

Burnin                       =        500
Chain                        =       5000
Thinning                     =          1
Run time (seconds)           =       5.11
Deviance (dbar)              =   14724.55
Deviance (thetabar)          =   14643.22
Effective no. of pars (pd)   =      81.33
Bayesian DIC                 =   14805.88
------------------------------------------------------------
     attain |    Mean    Std. Dev.    ESS     P    [95% Cred. Interval]
------------+-----------------------------------------------
       cons | -10.0293  .2849077    3206   0.000   -10.57939   -9.458705
        vrq |  .160045  .0028313    3540   0.000    .1544902    .1655503
------------------------------------------------------------


------------------------------------------------------------
  Random-effects Parameters |   Mean     Std. Dev.    ESS    [95% Cred. Int]
----------------------------+-------------------------------
Level 3: sid                |
                 var(cons)  | .0192835  .0217508     349   .0007935   .0788979
----------------------------+-------------------------------
Level 2: pid                |
                 var(cons)  | .2777144  .0628964     770   .1689811   .4163399
----------------------------+-------------------------------
Level 1: pupil              |
                 var(cons)  | 4.259644  .1034848    3993   4.058427   4.469845
------------------------------------------------------------
```

结果显示 vrq 的斜率系数估计值为 0.160045。如果需要设定连续自变量的斜率系数在某个水平上随机，则只需把该自变量名包括进定义该水平的方程即可。例如，如果模型中包括连续变量社会经济地位 sc，并且指定自变量 sc 的影响在中学水平随机，则有关的命令和结果输出如下。

```
runmlwin attain cons sc, ///
        level3(sid: cons sc, diagonal) level2(pid: cons) ///
        level1(pupil: cons) ///
        nopause

  runmlwin attain cons sc, ///
          level3(sid: cons sc, diagonal) ///
          level2(pid: cons) ///
          level1(pupil: cons) ///
          mcmc(cc on) initsprevious nopause

MLwiN 3.1 multilevel model                  Number of obs    =     3435
Normal response model
Estimation algorithm: MCMC


------------------------------------------------------------
               |  No. of      Observations per Group
Level Variable |  Groups   Minimum    Average   Maximum
---------------+--------------------------------------------
           sid |     19        92       180.8       290
           pid |    148         1        23.2        72
------------------------------------------------------------

Burnin                       =        500
Chain                        =       5000
```

```
Thinning                   =            1
Run time (seconds)         =         4.75
Deviance (dbar)            =     16814.84
Deviance (thetabar)        =     16701.74
Effective no. of pars (pd) =       113.10
Bayesian DIC               =     16927.95
```

attain	Mean	Std. Dev.	ESS	P	[95% Cred. Interval]	
cons	5.173818	.1818842	225	0.000	4.800023	5.51779
sc	.0551085	.0078799	909	0.000	.039527	.0710075

Random-effects Parameters		Mean	Std. Dev.	ESS	[95% Cred. Int]	
Level 3: sid						
	var(cons)	.3135961	.1836333	692	.08077	.7751123
	var(sc)	.0006742	.0003581	1589	.0002323	.0016066
Level 2: pid						
	var(cons)	.9341934	.1883564	1064	.6161191	1.349124
Level 1: pupil						
	var(cons)	7.828472	.1952325	4502	7.458886	8.220219

数据输出结果显示 sc 对因变量的影响作用（0.0551085）在学校水平上的变异估计值为 0.0006742，实际研究中基本上可以把该接近 0 值的变异忽略不计。

10.3 使用 Mplus 构建交叉分类模型

当前版本的 Mplus 有使用贝叶斯算法运行交叉分类模型的命令选项 ANALYSIS: TYPE＝CROSSCLASSIFIED。研究者只需在命令同时指定互相交叉的单位标识符，然后按照书写多水平模型的一般命令设定自变量和因变量即可（Muthén & Muthén，2017）。下面是本章例子中的方差分解模型 $attain_{i(jk)} = \beta_0 + \mu_j + \mu_k + e_{i(jk)}$ 的命令和结果输出。

```
TITLE:      this is an example cross classified data
            ! no x
DATA:       FILE = C:\Users\yuhan\Google Drive\mlm_book2016\data\xc.csv;
VARIABLE:   NAMES = vrq attain pid sex sc sid   fed     choice med cons pupil;
            CLUSTER = sid pid; ! 这里需要同时指定两个单位标识符
            USEVARIABLE ARE attain;
ANALYSIS:   TYPE = CROSSCLASSIFIED; ! 指定交叉分类模型
            ESTIMATOR = BAYES; ! 指定贝叶斯估计方法
MODEL:
            %WITHIN%
            attain; ! 在第一水平上定义因变量

            %BETWEEN sid% ! 用%BETWEEN ID%分别指定每个交叉分类的单位名称
            attain;
            %BETWEEN pid%
            attain;

MODEL FIT INFORMATION
```

```
Number of Free Parameters                               4

Bayesian Posterior Predictive Checking using Chi-Square

        95% Confidence Interval for the Difference Between
        the Observed and the Replicated Chi-Square Values

                        -4.898              9.989

        Posterior Predictive P-Value        0.409

Information Criteria

        Deviance (DIC)                  17051.970
        Estimated Number of Parameters (pD)   112.643
```

```
MODEL RESULTS

                    Posterior  One-Tailed        95% C.I.
            Estimate    S.D.     P-Value    Lower 2.5%  Upper 2.5%
Significance

Within Level

  Variances
    ATTAIN     8.117    0.206     0.000       7.683       8.505      *

Between PID Level

  Variances
    ATTAIN     1.234    0.234     0.000       0.807       1.698      *

Between SID Level

  Means
    ATTAIN     5.491    0.200     0.000       5.055       5.874      *

  Variances
    ATTAIN     0.468    0.241     0.000       0.194       1.151      *
```

输出结果显示因变量在中学和小学水平上的方差估计值分别为 0.468 和 1.234。如果在模型中包括自变量社会经济地位 sc，并且暂且设定其斜率系数是固定的，则有关命令和输出如下。

```
TITLE:      this is an example cross classified data
        ! with fixed effect sex
DATA:       FILE = C:\Users\yuhan\Google Drive\mlm_book2016\data\xc.csv;
VARIABLE:   NAMES = vrq attain pid sex sc sid   fed    choice med cons pupil;
            CLUSTER = sid pid;
            WITHIN = sc;  ! 指定性别为学生水平上变量
            USEVARIABLE ARE attain sc;
ANALYSIS:   TYPE = CROSSCLASSIFIED;
            ESTIMATOR = BAYES;
MODEL:
                %WITHIN%
            attain on sc;  ! 因变量对性别回归

            %BETWEEN sid%
            attain;
            %BETWEEN pid%
            attain;
```

```
Number of Free Parameters                               5

Bayesian Posterior Predictive Checking using Chi-Square
```

```
             95% Confidence Interval for the Difference Between
             the Observed and the Replicated Chi-Square Values

                              -4.068              11.697

             Posterior Predictive P-Value           0.500

Information Criteria

             Deviance (DIC)                      16925.563
             Estimated Number of Parameters (pD)   101.359
```

MODEL RESULTS

	Estimate	Posterior S.D.	One-Tailed P-Value	95% C.I. Lower 2.5%	Upper 2.5%	Significance
Within Level						
ATTAIN ON SC	0.054	0.005	0.000	0.044	0.062	*
Residual Variances ATTAIN	7.845	0.190	0.000	7.448	8.253	*
Between PID Level						
Variances ATTAIN	0.971	0.181	0.000	0.682	1.330	*
Between SID Level						
Means ATTAIN	5.160	0.173	0.000	4.799	5.508	*
Variances ATTAIN	0.363	0.238	0.000	0.105	0.930	*

输出结果显示社会经济地位对因变量有正向促进作用(0.054)。如果要设定 sc 的系数随机,则只需按照 Mplus 命令中指定随机斜率的格式书写命令即可。下面是设定自变量 sc 的斜率系数只在中学水平上随机的命令和结果输出。

```
TITLE:      this is an example cross classified data
       ! with random effect sc
DATA:       FILE = C:\Users\yuhan\Google Drive\mlm_book2016\data\xc.csv;
VARIABLE:   NAMES = vrq attain pid sex sc sid   fed    choice med cons pupil;
            CLUSTER = sid pid;
            WITHIN = sc;
            USEVARIABLE ARE attain sc;
ANALYSIS:   TYPE = CROSSCLASSIFIED RANDOM; ! 命令中包括 RANDOM
            ESTIMATOR = BAYES;
MODEL:
              %WITHIN%
            s | attain on sc; ! 符号 s | 指定 sc 的斜率在高水平单位上随机

            %BETWEEN sid%
            attain s;  ! 估计斜率和截距在中学水平上的方差
            %BETWEEN pid%
            attain;
            s@0; ! 固定斜率在小学水平上估计值为 0,如果不固定斜率在小学水平上的方差为 0,则
mplus 就认为 sc 的系数在小学水平上也随机
```

```
MODEL FIT INFORMATION

Number of Free Parameters                                6

Information Criteria

        Deviance (DIC)                           16932.269
        Estimated Number of Parameters (pD)        112.411
```

```
MODEL RESULTS

                            Posterior  One-Tailed        95% C.I.
                  Estimate      S.D.    P-Value   Lower 2.5%  Upper 2.5%
Significance
Within Level

 Residual Variances
   ATTAIN          7.852      0.194     0.000      7.488       8.250        *

Between PID Level

 Variances
   ATTAIN          0.968      0.199     0.000      0.659       1.422        *
   S               0.000      0.000     0.000      0.000       0.000

Between SID Level

 Means
   ATTAIN          5.182      0.187     0.000      4.753       5.499        *
   S               0.054      0.007     0.000      0.043       0.066        *

 Variances
   ATTAIN          0.377      0.210     0.000      0.156       0.939        *
S         0.000    0.000     0.000     0.000       0.001        *
```

输出结果显示 sc 的作用在中学水平上的方差估计值基本为 0。读者看到，在命令中，没有指定截距和斜率在中学水平上相关，Mplus 就自动估计两个参数在中学水平上的方差而不估计其协方差。

根据研究需要，用户可以在变量中包括更多自变量。具体的命令书写规则等同于一般的多水平模型命令书写规则。注意这里的高水平单位上的自变量也有两类。例如，中学水平上的自变量 Z 和小学水平上的自变量 W，在变量命名指令行中指定高水平单位的自变量时需要在每个自变量名称前加上其所在的单位标识符。所用的命令为

```
BETWEEN = (pid) W (sid) Z;
```

并且在书写高水平模型的命令行中，W 和 Z 只能被包括在各自所在单位水平的模型方程中。假定当前数据有中学校长的 IQ 测试 Z 和小学校长的 IQ 测试 W，我们希望同时考察性别和校长们的 IQ 对学生成绩的影响作用。则相应的交叉分类模型命令应该为

```
TITLE:      this is an example cross classified data
          ! with random effect sex, Z, W
  DATA:       FILE = C:\Users\yuhan\Google Drive\mlm_book2016\data\xc.csv;
  VARIABLE:   NAMES = vrq attain pid sex sc  sid fed choice med cons pupil Z W;
              CLUSTER = sid pid;
              WITHIN = sc;
```

```
                BETWEEN = (pid) W (sid) Z;！指定各个水平单位的变量
                USEVARIABLE ARE attain sc;
      ANALYSIS:   TYPE = CROSSCLASSIFIED RANDOM;

                ESTIMATOR = BAYES;
      MODEL:
                %WITHIN%
        s | attain on sc;

        %BETWEEN sid%
        attain on z;！只包括中学水平的自变量
        attain s;

        %BETWEEN pid%
        attain on w;！只包括小学水平的自变量
        s@0;！
```

本例数据 xc.csv 中没有相应的学校水平上的变量。请希望练习的读者使用自己的数据或者使用 Mplus 软件自带的数据。

10.4 使用 SPSS 构建交叉分类模型

使用 SPSS 构建交叉分类模型，可以通过菜单命令来完成（Heck et al.，2014）。就本例的方差分解模型 $attain_{i(jk)} = \beta_0 + \mu_j + \mu_k + e_{i(jk)}$ 来说，具体的模型构建命令如下。

（1）在读入数据后，运行菜单命令 Analyze>Mixed Models>Linear...，在弹出的模型设定对话框中把中学和小学的单位标识符同时选为 Subjects。

（2）在模型定义窗口选择 attain 为模型的因变量。模型的固定部分使用缺省设置即可，但建议用户最好检查一下 Include intercept 选项被选中。

（3）在模型的随机部分设定中首先小学单位标识符（pid）进入 Combinations 区域，选中 Include intercept 选项，并把协方差的类型设定为 Scale identity，即只要求 SPSS 估计因变量在小学水平上的方差。点击该页面顶部的 Next 按钮进入下一个页面。

（4）进入下一个页面后，把中学单位标识符（sid）选入到 Combinations 区域，选中 Include intercept 选项，并把协方差的类型设定为 Scale identity，即只要求 SPSS 估计因变量在中学水平上的方差参数。

（5）SPSS 的缺省估计方法是 REML，为了和本书其他软件的输出比较，我们把估计法改为 ML。结果输出设定上，我们只选择参数估计和协方差参数的检验。

上述设定完成后运行该模型得到的输出结果如下。

Information Criteria[a]

—2 Log Likelihood	17149.131
Akaike's Information Criterion（AIC）	17157.131
Hurvich and Tsai's Criterion（AICC）	17157.143
Bozdogan's Criterion（CAIC）	17185.698
Schwarz's Bayesian Criterion（BIC）	17181.698

The information criteria are displayed in smaller-is-better form.

a. Dependent Variable：Age 16 attainment.

这是模型的数据拟合信息，和前面 STATA 的方差分解模型的数据拟合结果（Log likelihood＝－8574.5655）一样。

Estimates of Fixed Effects[a]

Parameter	Estimate	Std. Error	df	t	Sig.	95% Confidence Interval	
						Lower Bound	Upper Bound
Intercept	5.504010	0.174932	24.257	31.464	0.000	5.143170	5.864849

a. Dependent Variable：Age 16 attainment.

这是总体平均数的估计值。

Estimates of Covariance Parameters[a]

Parameter	Estimate	Std. Error	Wald Z	Sig.	95% Confidence Interval	
					Lower Bound	Upper Bound
Residual	8.111478	0.200479	40.460	0.000	7.727912	8.514082
Intercept [subject＝pid] Variance	1.124358	0.205938	5.460	0.000	0.785232	1.609944
Intercept [subject＝sid] Variance	0.348163	0.161810	2.152	0.031	0.140018	0.865726

a. Dependent Variable：Age 16 attainment.

这是因变量在各个水平上的方差估计值。其中在中学和小学水平上的估计值分别为 0.348163 和 1.124358。读者可比较当前输出结果和前面的 STATA 方差分解模型的结果，结果基本是一模一样的。

如果要包括自变量社会经济地位 sc，则只需在方差分解模型的基础上，在变量选择时把 sc 变量包括进模型(covariate(s))，并且在模型固定参数部分(fixed effects)设定中，把自变量 sc 也包括进模型。保持其他模型设定不变并运行该模型，有关输出如下。

Information Criteria[a]

－2 Log Likelihood	17015.239
Akaike's Information Criterion(AIC)	17025.239
Hurvich and Tsai's Criterion(AICC)	17025.256
Bozdogan's Criterion(CAIC)	17060.947
Schwarz's Bayesian Criterion(BIC)	17055.947

The information criteria are displayed in smaller-is-better form.

a. Dependent Variable：Age 16 attainment.

这是模型的数据拟合信息。

Estimates of Fixed Effects[a]

Parameter	Estimate	Std. Error	df	t	Sig.	95% Confidence Interval	
						Lower Bound	Upper Bound
Intercept	5.165944	0.158170	25.117	32.661	0.000	4.840262	5.491625
sc	0.053846	0.004584	3408.483	11.746	0.000	0.044858	0.062834

a. Dependent Variable：Age 16 attainment.

上面部分是模型截距参数和自变量斜率的估计值及检验结果。注意 sc 的系数是 0.0538，并且统计显著。

Estimates of Covariance Parameters[a]

Parameter	Estimate	Std. Error	Wald Z	Sig.	95% Confidence Interval	
					Lower Bound	Upper Bound
Residual	7.849188	0.194166	40.425	0.000	7.477708	8.239123
Intercept [subject=pid] Variance	0.891501	0.175079	5.092	0.000	0.606677	1.310046
Intercept [subject=sid] Variance	0.263266	0.128981	2.041	0.041	0.100778	0.687737

a. Dependent Variable：Age 16 attainment.

这部分输出是在校正了学生社会经济地位因素后，因变量在不同学校水平上的变异估计值。如果需要在模型中设定社会经济地位的斜率系数在中学水平随机，因为该模型要同时估计截距参数的方差和自变量 sc 斜率参数的方差，但不估计二者之间的协方差，因此在前述模型设定的基础上，在模型随机参数设定的页面（random effect 2 of 2），把自变量 sc 包括进模型（model），并且把方差协方差结构设定为 Diagonal（图 10-4-1），保持模型的其他设定不变运行该模型即可查看结果。

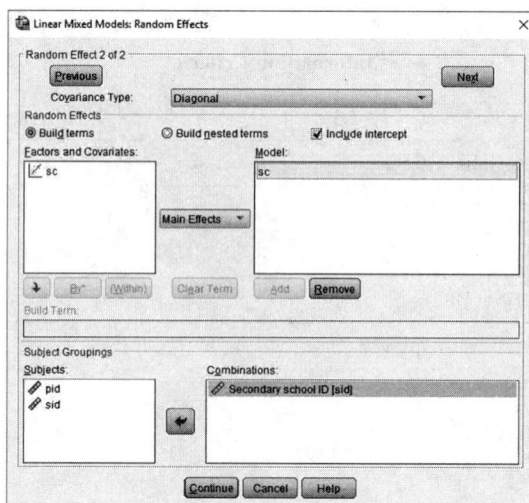

图 10-4-1　把自变量 sex 的系数设定为在中学水平随机

社会经济地位斜率在中学水平随机的模型主要输出如下。

Information Criteria[a]

—2 Log Likelihood	17014.384
Akaike's Information Criterion(AIC)	17026.384
Hurvich and Tsai's Criterion(AICC)	17026.408
Bozdogan's Criterion(CAIC)	17069.234
Schwarz's Bayesian Criterion(BIC)	17063.234

The information criteria are displayed in smaller-is-better form.

a. Dependent Variable：Age 16 attainment.

Estimates of Fixed Effects[a]

Parameter	Estimate	Std. Error	df	t	Sig.	95% Confidence Interval	
						Lower Bound	Upper Bound
Intercept	5.167897	0.158652	24.845	32.574	0.000	4.841045	5.494750
sc	0.054335	0.005457	13.450	9.957	0.000	0.042585	0.066084

a. Dependent Variable：Age 16 attainment.

Estimates of Covariance Parameters[a]

Parameter	Estimate	Std. Error	Wald Z	Sig.	95% Confidence Interval	
					Lower Bound	Upper Bound
Residual	7.830926	0.194551	40.251	0.000	7.458747	8.221675
Intercept [subject=pid] Variance	0.899653	0.176655	5.093	0.000	0.612256	1.321954
Intercept [subject=sid] Variance	0.264849	0.130645	2.027	0.043	0.100720	0.696434
sc [subject=sid] Variance	0.000146	0.000196	0.748	0.454	1.066507E−5	0.002012

a. Dependent Variable：Age 16 attainment.

输出结果显示社会经济地位的作用在中学水平上的变异几乎为 0(0.000146)，实际研究中可考虑把自变量 sc 的作用设定为固定参数。

10.5 多身份模型[①]

在前面演示的各种不同的多水平模型的数据结构中，低水平单位和同一类别高水平单位之间基本有一对一的关系。例如，学生隶属于一个中学，病人隶属于一个医院。就是交叉分类模型的数据结构中，每个学生也只属于每类高级单位中的一个单位。例如，本章的小学、中学交叉分类的例子，学生只属于某个中学以及只属于某个

---

① Leckie，G："Multiple Membership Multilevel Models"，LEMMA VLE Module 2013(13)，pp.1-61.（http://www.bristol.ac.uk/cmm/learning/course.html）

小学。比较容易理解的情况是现实中有很多学生因为各种原因而转学，因此初中三年念了几个中学；人力资源研究中的雇员不停地换工作单位等。对这样同一个个体隶属于不同高水平单位的数据结构，我们在分析数据也不能使用传统的多水平模型。因为此时的情况是不同低水平单位和多个同一层次的高水平单位有或多或少的联系。例如，学生在不同中学学习的时间长短不一，职员在不同的单位工作的时间也没有可能完全相同。这样数据结构中的高水平单位也不是交叉分类的关系，因此也不能使用本章前述的交叉分类模型来分析数据。针对这样的数据结构，我们就需要使用一种新的数据分析模型：多身份模型[①]。

下面我们还是通过一个具体的实例来演示多身份模型的结构和构建过程。在MLwiN自带的数据中，有个文件名为 wage1.ws。该数据中各个变量的信息如下。

```
Contains data from http://www.bristol.ac.uk/cmm/media/runmlwin/wage1.dta
  obs:        3,022
  vars:          21                          21 Oct 2011 12:19
  size:     169,232
-------------------------------------------------------------------------------
              storage    display     value
variable name   type     format   variable label
-------------------------------------------------------------------------------
id              int       %9.0g     数据中职员个体编号
company         int       %9.0g     过去 1 年工作过的第一个公司编号
company2        int       %9.0g     过去 1 年工作过的第二个公司编号，如果没有第二个公司，就编码为 0
company3        int       %9.0g     过去 1 年工作过的第三个公司编号，如果没有第三个公司，就编码为 0
company4        int       %9.0g     过去 1 年工作过的第四个公司编号，如果没有第四个公司，就编码为 0
age             byte      %9.0g     职员年龄
parttime        byte      %9.0g     是否零时工(0=全职，1=临时)
sex             byte      %9.0g     性别(0=男，1=女)
cons            byte      %9.0g     常量 1
earnings        float     %9.0g     工资收入
logearn         float     %9.0g     工资收入的对数值
numjobs         byte      %9.0g     过去 1 年工作过的单位个数
weight1         float     %9.0g     第一个公司的权重
weight2         float     %9.0g     第二个公司的权重
weight3         float     %9.0g     第三个公司的权重
weight4         float     %9.0g     第四个公司的权重
ew1             float     %9.0g
ew2             float     %9.0g
ew3             float     %9.0g
ew4             float     %9.0g
age_40          byte      %9.0g     以 40 岁为标准中心化的年龄
-------------------------------------------------------------------------------
```

该数据是有关 3022 名职员在过去 12 个月内就业的总收入和过去一年所工作过的所有单位的信息。通过数据可以看到有人去年在同一家公司上班，但也有人不停地跳槽。研究目的是希望考察影响职员收入的影响因素。初步分析显示职员的收入变量 earnings 正偏态，因此我们就对该变量进行对数转换得到新变量 logearn。本章就用对数转换过的 logearn 为因变量。如果暂不考虑自变量，则因变量 $y_i \sim N(XB, \Omega)$ 的平均数模型可以写成公式 10.3。

$$y_i = \beta_0 + \sum_{j \in job(i)} w_{j,i}^{(2)} \mu_j^{(2)} + e_i \qquad 10.3$$

公式 10.3 的数据结构分类类别的书写表达有别于普通多水平模型的数据结构分类类别的表达。此时分类中的员工为第一分类类别而被标记为 1，但公式中一般不注

[①] 北京教育考试院教授赵海燕博士在该方法研究领域做了大量的工作，她建议使用"多身份模型"的术语。

明；有随机效应的高水平分类类别被标记为 2 以上的数字。本例中我们只有公司，因此被标记为 2。公式中的上标(2)和下标(2)在公式中指明与类别 2 相关的随机参数。公式 10.3 中的 y_i 是第 i 个职员的年收入，β_0 是全体职员的平均数。$w_{j,i}^{(2)}$ 是职员 i 在第 j 个公司的工作对总收入贡献大小的相对权重，同时由于第 j 个公司的影响所造成的偏离总体平均水平的大小为 $\mu_j^{(2)}$。我们假定 $\mu_j^{(2)} \sim N(0, \sigma_{\mu(2)}^2)$，$e_i$ 是模型中的残差成分，并且有 $e_i \sim N(0, \sigma_e^2)$。公式 10.3 中，$\sum\limits_{j \in job(i)} w_{j,i}^{(2)} = 1$，即职员 i 的所有公司的权重总和为 1，符号 $j \in job(i)$ 表示 j 属于 $job(i)$。公式 10.3 中的 i 是职员编号并且 $i = (1, 2, \cdots, N)$，N 是数据中的职员总数，j 是公司编号。$job(i)$ 表示职员 i 曾经工作过的公司数目，并且有 $job(i) \subset \{1, 2, \cdots, j^{(2)}\}$，符号 $\subset$ 表示职员 i 所工作过的公司是数据中所有公司 $\{1, 2, \cdots, j^{(2)}\}$ 的一个子集，即职员 i 只在全体公司中的部分公司工作过。如图 10-5-1 所示，18 号职员只在公司 1 工作，19 号职员先后在公司 1、公司 2 和公司 3 上班，20 号职员在公司 1 和公司 2 上班。

	id	company	company2	company3	company4	earnings
13	13	1	0	0	0	17
14	14	1	0	0	0	15
15	15	1	0	0	0	17
16	16	1	0	0	0	12.8
17	17	1	0	0	0	30.2
18	18	1	0	0	0	22.1
19	19	1	5	61	0	33.9
20	20	1	6	0	0	32.7
21	21	1	11	0	0	13.8
22	22	1	12	0	0	15.6
23	23	1	12	0	0	17.7
24	24	1	16	69	0	11.8
25	25	1	22	0	0	14.7
26	26	1	28	70	0	14.3

图 10-5-1　部分职员公司信息

根据公式 10.3，因变量 y_i 的总方差可写为

$$\text{var}(y_i) = \text{var}\big(\beta_0 + \sum_{j \in job(i)} w_{j,i}^{(2)} \mu_j^{(2)} + e_i\big)$$
$$= \text{var}\big(\sum_{j \in job(i)} w_{j,i}^{(2)} \mu_j^{(2)} + e_i\big)$$
$$= \sigma_{\mu(2)}^2 \sum_{j \in job(i)} (w_{j,i}^{(2)})^2 + \sigma_e^2。$$

因此公司水平的方差占总方差的比例为

$$\frac{\sigma_{\mu(2)}^2 \sum\limits_{j \in job(i)} (w_{j,i}^{(2)})^2}{\sigma_{\mu(2)}^2 \sum\limits_{j \in job(i)} (w_{j,i}^{(2)})^2 + \sigma_e^2},$$

员工水平的方差占总方差的比例为

$$\frac{\sigma_e^2}{\sigma_{\mu(2)}^2 \sum\limits_{j \in job(i)} (w_{j,i}^{(2)})^2 + \sigma_e^2}。$$

如果要考查自变量 x 对因变量的影响，则只需在公式 10.3 中把自变量 x 包括进

方程即可（公式 10.4）。

$$y_i = \beta_0 + \beta_1 x_i + \sum_{j \in job(i)} w_{j,i}^{(2)} \mu_j^{(2)} + e_i \qquad 10.4$$

公式 10.4 中，β_1 就是自变量 x 对因变量的影响大小，其含义就是一般回归模型中的斜率系数。

10.5.1 使用 MLwiN 构建多身份模型

通过 MLwiN 的 MCMC 运算界面构建多身份模型对一般用户来说就是点击鼠标的过程。就本例员工收入的零模型来说，读入数据 wage1 后，按照以下步骤构建模型。

（1）运行菜单命令 Model→Equations，点击方程设定窗底部的 Notation 按钮，并且去掉 multiple subscripts 前面的对号。此时公式中的 y 就自动会有一个下标 i，变成 y_i，单击 Done 按钮。

（2）点击公式中的 y_i，并选择 logearn 为因变量，同时设定模型为两水平，把 company 选择为第二水平单位，id 设定为第一水平单位标识符。

（3）点击公式中的 x_0，选择常量 cons，并把 cons 包括进模型的固定部分和第一、二水平。

（4）运行该模型后，点击 Estimation method 按钮，把估计方法换成 MCMC。MCMC 的运行结果应该如图 10-5-2 所示（Browne，2016）。

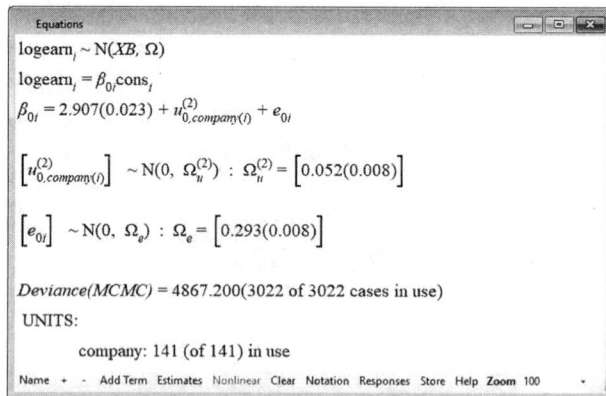

图 10-5-2　初步设定多身份模型

（5）运行菜单命令 Model→MCMC→Classifications，在弹出的对话框中选中 Multiple Classification Level 2 选项。把 Number of columns 后面设定为 4。因为这里的公司信息有 4 列。在 Weights start column 中选择 weight1（图 10-5-3）。设定完成后，单击 Done 按钮并继续运行该模型。注意在整理数据时一定把 4 列公司信息数据放到一起，然后把相应的权重数据放在一起。

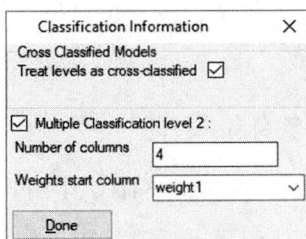

图 10-5-3　设定多身份信息

当前方差分解模型的结果输出如图 10-5-4 所示。

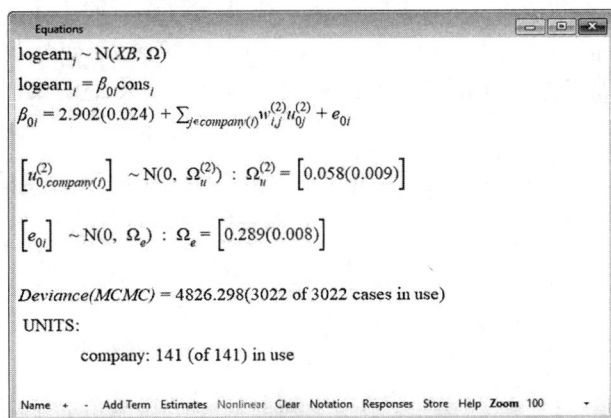

图 10-5-4　多身份方差分解模型的输出结果

从图 10-5-4 输出来看，公司水平上的方差估计值为 $0.058(0.009)$。因为 MCMC 是完全随机的过程，读者可能得到稍微不同的结果输出。

如果需要在模型中包括中心化过的 age 变量，则需要把当前方差分解模型的估计方法换回到 IGLS，点击 Add Term 按钮把 age-40 添加进方程，运行新模型后把估计方法换到 MCMC 继续估计模型，则新模型结果如图 10-5-5 所示。

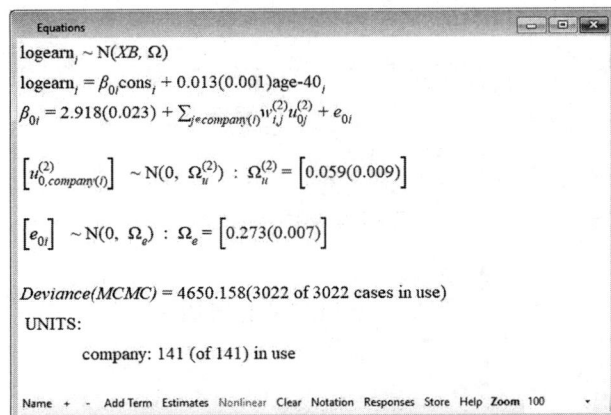

图 10-5-5　包括自变量年龄效应的多身份模型输出结果

使用 MLwiN 还可以构建更加复杂的多身份模型，请有需要的读者根据自己的研究实际选择适合自己设计的模型。

10.5.2 使用 STATA 构建多身份模型

当前版本的 STATA 还没有现成的菜单命令让用户通过菜单命令构建多身份模型。STATA 用户需要通过命令来构建拟合多身份模型。就本节演示的方差分解模型的例子来说，使用 STATA 构建模型 $logearn_i = \beta_0 + \sum_{j \in job(i)} w_{j,i}^{(2)} \mu_j^{(2)} + e_i$ 必须对数据稍做变换才行。针对不同职员所在各个公司的权重，我们需要计算出数据中的每一个公司 j 对每一个职员 i 的权重 job_ji。也就是说，针对本例数据的 141 个公司来说，我们要新建 141 个新变量：job_1，job_2，$\cdots$，job_141。每个变量的值为该公司对职员的权重，如果职员 i 没有公司 j 工作，则 job_$ji = 0$。然后构建如下的多水平模型（公式 10.5）。

$$logearn_{ij} = \beta_0 + job\_1_{ij}\mu_{1j} + job\_2_{ij}\mu_{2j} + \cdots + job\_141_{ij}\mu_{141j} + e_{ij}$$

$$\begin{bmatrix} \mu_{1j} \\ \mu_{2j} \\ \vdots \\ \mu_{141j} \end{bmatrix} \sim N \left\{ \begin{bmatrix} 0 \\ 0 \\ \vdots \\ 0 \end{bmatrix}, \begin{bmatrix} \sigma_\mu^2 & & & \\ 0 & \sigma_\mu^2 & & \\ \vdots & \vdots & \ddots & \\ 0 & 0 & 0 & \sigma_\mu^2 \end{bmatrix} \right\} \qquad 10.5$$

公式 10.5 中的 i 是职员编号，j 是为了帮助理解公式而书写的虚拟公司编号。因为我们没有也并不需要重新创建一个第二水平的新变量标识公司标号。β_0 是总体平均数，job_1ji，job_2ji，$\cdots$，job_141ji 是每个公司对职员 i 的权重，μ_{1j}，μ_{2j}，$\cdots$，μ_{141j} 是 141 个水平 2 的随机参数，该参数分别表示每个公司各自的作用；μ_{1j}，μ_{2j}，$\cdots$，μ_{141j} 服从平均数为 0、方差全部为 σ_μ^2 的多元正态分布。e_{ij} 是每个职员的残差并且 $e_{ij} \sim N(0, \sigma_e^2)$。

如果要构建拟合公式 10.5，首先需要使用循环语句新建 141 个公司权重变量 job_1，job_2，$\cdots$，job_141。

```
forvalues comp =1(1)141 {
          /*寻找每次所工作的同一个公司并创建该次该公司的权重*/
  gen weight1_`comp'=weight1 if company==`comp'
  gen weight2_`comp'=weight2 if company2==`comp'
  gen weight3_`comp'=weight3 if company3==`comp'
  gen weight4_`comp'=weight4 if company4==`comp'
          /*把每次工作的该公司的权重汇总为该公司的权重变量*/
  egen job_`comp'=rowtotal(weight*_`comp')
  capture drop weight*_`comp' /*及时删掉新建的 4 个变量*/

  }
```

然后构建公式 10.5 的 STATA 命令和结果输出如下。

```
mixed logearn || _all: job_*, nocons covariance(identity)
Mixed-effects ML regression                    Number of obs      =      3,022
Group variable: _all                           Number of groups   =          1

                                               Obs per group:
                                                            min =      3,022
                                                            avg =    3,022.0
                                                            max =      3,022

                                               Wald chi2(0)       =          .
Log likelihood = -2517.1002                    Prob > chi2        =          .

------------------------------------------------------------------------------
     logearn |    Coef.   Std. Err.      z    P>|z|    [95% Conf. Interval]
-------------+----------------------------------------------------------------
       _cons |  2.90014   .0230268   125.95   0.000    2.855008    2.945272
------------------------------------------------------------------------------


------------------------------------------------------------------------------
  Random-effects Parameters |   Estimate   Std. Err.    [95% Conf. Interval]
-----------------------------+------------------------------------------------
_all: Identity              |
     var(job_1..job_141)(1) |  .0563318   .0086897     .041634    .0762184
-----------------------------+------------------------------------------------
            var(Residual)   |  .2890106   .0076022    .2744882    .3043014
------------------------------------------------------------------------------
LR test vs. linear model: chibar2(01) = 325.46     Prob >= chibar2 = 0.0000
(1) job_1 job_2 （次数省去变量名）job_141
```

读者请注意我们在书写该多水平命令时，并没有具体指明水平二的变量名，而是用符号 || _all: 来完成模型中的数据结构设定。job_* 表示所有 141 个新建的公司权重变量。同时用 covariance(identity) 把这 141 个随机部分的方差被限定为相等并且互不相关，用 nocons 设定模型的随机部分没有截距方差。输出结果显示公司水平的变异估计值为 0.0563318。

如果需要在模型中增加自变量，我们只需在使用 STATA 构建方差分解模型的基础上，把有关自变量的名字按照普通多水平模型的命令格式增加到命令中即可。例如，如果要在模型中包括中心化的年龄变量 age_40，则相应的 STATA 命令和结果输出如下。

```
mixed logearn age_40 || _all: job_*, nocons covariance(identity)

Performing EM optimization:

Computing standard errors:

Mixed-effects ML regression                    Number of obs      =      3,022
Group variable: _all                           Number of groups   =          1

                                               Obs per group:
                                                            min =      3,022
                                                            avg =    3,022.0
                                                            max =      3,022

                                               Wald chi2(1)       =     174.65
Log likelihood = -2432.3082                    Prob > chi2        =     0.0000

------------------------------------------------------------------------------
     logearn |    Coef.   Std. Err.      z    P>|z|    [95% Conf. Interval]
-------------+----------------------------------------------------------------
      age_40 |  .0127892   .0009677    13.22   0.000    .0108925    .0146859
       _cons |  2.917411   .0230383   126.63   0.000    2.872257    2.962565
------------------------------------------------------------------------------


------------------------------------------------------------------------------
  Random-effects Parameters |   Estimate   Std. Err.    [95% Conf. Interval]
```

```
--------------------------+-------------------------------------------------
_all: Identity            |
       var(job_1..job_141)(1) |   .0571026   .0086657      .0424112    .0768833
--------------------------+-------------------------------------------------
              var(Residual) |   .272547    .0071692      .2588517    .2869669
--------------------------+-------------------------------------------------
LR test vs. linear model: chibar2(01) = 360.94        Prob >= chibar2 = 0.0000
```

结果显示年龄对收入有正向的促进作用(0.0127892)。从理论上来说，我们还可以在模型中设定自变量的斜率系数随机，但在当前版本的 STATA 中还不能实现。请有需要的读者考虑使用其他软件来构建更加复杂的多身份模型。例如，使用 runmlwin 来调用 MLwiN 构架拟合更加复杂的多身份模型。就本节演示的两个例子来说，我们已经在命令部分给出了构建每个模型的 runmlwin 命令，包括年龄自变量的模型命令和输出如下。

```
quietly runmlwin logearn cons age_40, ///
        level2(company: cons) ///
        level1(id: cons) ///
        nopause

runmlwin logearn cons age_40, ///
      level2(company: cons, mmids(company-company4) mmweights(weight1-weight4)) ///
      level1(id: cons) mcmc(on) initsprevious ///
        nopause
MLwiN 3.1 multilevel model                    Number of obs      =      3022
Normal response model
Estimation algorithm: MCMC

--------------------------------------------------------------
                    | No. of     Observations per Group
Level Variable      | Groups    Minimum  Average    Maximum
--------------------+-----------------------------------------
           company  |   141        2       21.4         49
--------------------------------------------------------------

Burnin                      =        500
Chain                       =       5000
Thinning                    =          1
Run time (seconds)          =       4.58
Deviance (dbar)             =    4649.99
Deviance (thetabar)         =    4540.43
Effective no. of pars (pd)  =     109.56
Bayesian DIC                =    4759.55

--------------------------------------------------------------------
   logearn |    Mean    Std. Dev.    ESS     P    [95% Cred. Interval]
-----------+--------------------------------------------------------
      cons |  2.91607   .0235816     442   0.000   2.869926   2.962094
    age_40 |  .0127928  .0009601    4995   0.000   .0108744   .0146679
--------------------------------------------------------------------


--------------------------------------------------------------------
   Random-effects Parameters |    Mean    Std. Dev.   ESS   [95% Cred. Int]
-----------------------------+--------------------------------------------
Level 2: company
                  var(cons)  |  .0586497  .0089582   2191   .043021   .0781551
-----------------------------+--------------------------------------------
Level 1: id                  |
                  var(cons)  |  .2730539  .0071464   4343   .2595377  .2873355
--------------------------------------------------------------------
```

命令中 mmids(company-company4)指明包含公司信息的四个变量；命令中 mmweights(weight1-weight4)指明包含公司权重的四个变量。如果 MCMC 命令选项中有 mmids()和 mmweights()，则软件就自动用 MCMC 算法构建多身份模型并输出结果。

尽管本书希望能演示用 4 种不同的软件来构建拟合多水平模型，但作者迄今还没有发现如何使用 Mplus 或 SPSS 构建拟合多身份模型。希望未来有机会能够有机会学习如何使用 Mplus 或 SPSS 构建拟合多身份模型。

本章小结

交叉分类模型和多身份模型是使用多水平模型分析技术来处理的数据统计模型。目前并不是使用每种软件都能构建这些模型。使用 MLwiN 软件可以让应用研究人员相对方便地构建拟合普通和比较复杂的交叉分类及多身份模型。实际应用中，研究者的数据结构中可能会有交叉分类、多身份以及多水平的混合结构，有需要的研究者请参见 MLwiN 开发组的工作或者北京考试院教授赵海燕博士团队的工作。

第十一章　多水平生存分析模型

本书在前面演示泊松回归模型时曾使用笔者参加的一个研究的数据为例，所用的因变量是临床试验中每个儿童在实验中结束时去看医生的次数。该研究的目的在于比较确诊实验组和对照组儿童可能的多动症症状所需的时间是否不同。因为研究的实际情况，每个儿童只能被观察 6 个月时间。因为确诊儿童多动症通常需要较长的时间，因此该研究的被试中有大约 1/3 的儿童在 6 个月的实验研究结束时还没有被确诊。这样我们比较的次数数值中有一部分数值是儿童多动症确诊前看医生的次数，另一部分则是实验期间没有得到确诊的看医生的次数。其中，另一部分的数值不符合我们对因变量的要求，显然不能算是我们研究所需要的数值，因此把这部分数值包括进模型进行两组比较实际上是不正确的。如果我们在分析中只包括那些多动症症状被确诊的儿童资料，那么就会有大约 1/3 的儿童资料不能被包括进分析中；丢掉那些没有确诊儿童资料的分析方法也不可取。实际研究中类似的例子还有很多。例如，在研究员工跳槽的影响因素时，有的员工在资料收集期间结束时也没有跳槽；在比较手术后肿瘤复发的影响因素时，有的病人在肿瘤复发前因工作调动而根本无法获得其任何信息。这样的研究中的因变量都有一个共同的特征，那就是该因变量被定义为直到某事件发生时所需要的时间。类似的研究例子还有社会学研究中从结婚到离婚的时间、职场研究中从入职到升职的时间、高教研究中青年教研人员从开始工作到发表第一篇科研文章的时间，体育比赛中从开场到进第一个球的时间等。对这样的数据进行分析的常用统计模型就是生存分析（survival analysis），或者叫事件史（event history，time-to-event）分析（杨树勤，1992；李晓松，2008）。

11.1　生存分析基础和使用 STATA 拟合普通生存分析模型

就刚提到的儿童多动症诊断研究来说（Hollis et al.，2018），我们还收集了儿童在其多动症确诊前看医生所需要的分钟数，即记录了儿童每次看医生的时间长短并把所有看医生的时间汇总起来。虽然每个儿童每次看医生的时间都被精确纪录，但直到实验结束还是有大约 1/3 的儿童没有一个明确的多动症诊断结果。很显然这些儿童需要更长的观察时间，但我们的实验结束了。因此这些儿童什么时候才能有一个明确的诊断结果，我们无从所知了。在生存分析中，这些没有事件发生的资料叫作截尾（censored）数据，生存分析模型的一个特别优点就是把包括截尾资料在内的所有儿童资料都一起进行分析。

该儿童多动症研究从多个临床医院收集资料,因此数据中有很明显的层次结果。为了展示生存分析模型的基本原理,我们暂且不考虑数据中的层次结构。假定针对本例儿童多动症确诊所需的分钟数 T 来说,我们可以通过如下的生存函数(survival function)(公式 11.1)来表达。

$$S(t) = P(T \geq t) \qquad\qquad 11.1$$

生存函数 $S(t)$ 表示的是个体还没有经历有关事件的概率(probability)和时间之间的关系。因为该方法多用于医疗研究中分析病人是否死亡的影响因素,因此被称作生存分析。为了帮助理解,我们此时暂且假定死亡是要研究的事件,公式 11.1 中的 $S(t)$ 就可以理解为个体活过某个时间点 t 的概率,公式中的 T 是死亡发生时个体所经历的非负数随机时间变量。在生存分析中,另一个重要概念是风险函数(hazard function)$h(t)$。$h(t)$ 和时间之间的关系可以写为公式 11.2。

$$h(t) = \lim_{\delta \to 0} \frac{P(t \leq T \leq t + \delta \mid T \geq t)}{\delta} \qquad\qquad 11.2$$

公式 11.2 中的 $\lim_{\delta \to 0}$ 表示当 δ 的值趋近于 0 时该公式的极限值。公式 11.2 表示个体在时间 t 时还活着,但他或者她马上死亡的瞬时死亡率(instantaneous failure rate)。注意这里的瞬时死亡率不是概率。概率在计算上是分子除以分母,并且其本身没有任何单位,概率的取值范围介于 0 和 1。率在计算上则是相对于另外一个变量而来,是有单位的。例如,单位时间内、单位面积内等的数量。率的取值范围介于 0 和 $+\infty$。在该儿童多动症的研究中,希望发生的事件是得到明确的 ADHD 诊断,因此本研究中的 $S(t)$ 是某个时间 t 还没有确诊 ADHD 的比例,$h(t)$ 表示儿童在时间 t 时还没有得到 ADHD 确诊,但该儿童能在下一刻马上得到确诊的即时确诊率。

在使用生存分析模型考察事件史变量时,通常首先绘制生存函数图,即统计学中的 Kaplan-Meier 生存函数图,也就是把不同时间点 t 的生存函数 $S(t)$ 沿着时间发展绘制出来,直观表达生存率和生存时间之间的关系。如果要对 A 组和 B 组生存分析结果进行比较,除了使用对数秩(Log-rank test)检验直接比较两组的差异外,还可以用两组间的风险率 $h(t)$ 比值来表示组间差异的程度。两组 $h(t)$ 的比值在生存分析中被称作风险比率(hazard ratio,HR),即 $HR = \dfrac{h(t)_A}{h(t)_B}$。除了完全基于描述性数据分析的非参数方法(non-parametric)的 Kaplan-Meier 生存函数图,常用的生存分析模型还有半参数(semi-parametric)的 Cox 生存分析模型和基于不同假定的参数(parametric)生存分析模型。就本书涉及的统计软件来说,STATA 和 SPSS 都有很好的数据整理和进行生存分析的功能。最近版本的 Mplus 也增加了进行生存分析的功能,但当前版本的 MLwiN 则没有现成的生存分析的菜单命令,需要通过运行相应的宏命令来运行生存分析模型(杨珉 & 李晓松,2007)。因杨珉、李晓松已经在书中详细讲解了如何使用 MLwiN 运行生存分析,本书就不再重复介绍了,请使用 MLwiN 软件的用户参考相关内容。

有关生存分析进一步的数理知识，本书就不再多加演示，感兴趣的读者请参阅普通的卫生统计教科书。下面我们就演示如何运行软件 STATA 常用的生存分析功能来分析事件史数据（Cleves et al.，2016）。针对本章所用的儿童多动症研究[①]，我们希望比较干预组和对照组儿童多动症症状确诊所需的时间（Hollis et al.，2018）。数据中包括以下变量信息。

```
use adhd, clear
des

Contains data from adhd.dta
  obs:           250                          confirm and order jul11-2016
  vars:            7                          23 Feb 2018 13:20
  size:        6,250
-------------------------------------------------------------------------------
              storage   display    value
variable name   type    format     label      variable label
-------------------------------------------------------------------------------
hospital       byte     %8.0g                 center 儿童就诊的医院编码
child          float    %8.0g                 Child 儿童编码
group          float    %9.0g      grp_lb     儿童的组别,0=A,1=B
adhd           float    %9.0g                 diag confirm:确诊 0=没确诊，1=确诊
appoint        float    %9.0g                 QB order:看医生的总次数
minute         float    %9.0g                 appoint minutes total 看医生的分钟总数
cons           float    %9.0g                 常量1
-------------------------------------------------------------------------------
```

尽管本研究旨在比较两组儿童的多动症症状确诊所需的时间，在 250 名被试中有80 名儿童到本研究结束也没有得到确诊。使用 STATA 的生存分析功能，我们需首先告诉 STATA 我们的数据是生存分析数据，具体的命令和命令输出如下。

```
stset minute, failure(adhd)

     failure event:  adhd != 0 & adhd < .
obs. time interval:  (0, minute]
 exit on or before:  failure

-------------------------------------------------------------------------------
     250   total observations
       0   exclusions
-------------------------------------------------------------------------------
     250   observations remaining, representing
     170   failures in single-record/single-failure data
39,402.5   total analysis time at risk and under observation
                             at risk from t =           0
                    earliest observed entry t =          0
                      last observed exit t =           490
```

命令中我们用 stset 指定变量 minute 为待分析的时间变量，用命令选项 failure(adhd)指定变量 adhd 为事件发生或截尾的指标变量。如果 adhd＝1，则说明事件发生，即该儿童的症状得到确诊；如果 adhd＝0，则说明在本实验中没有观察到事件发生。即直到实验结束时，该儿童的症状也没有得到确诊或者儿童在实验结束前已经离开该研究。使用命令 sts graph，by(group)，我们可以要求 STATA 输出每个实验组的 Kaplan-Meier 生存函数图（图 11-1-1）。

---

① 根据研究结果模拟的数据。

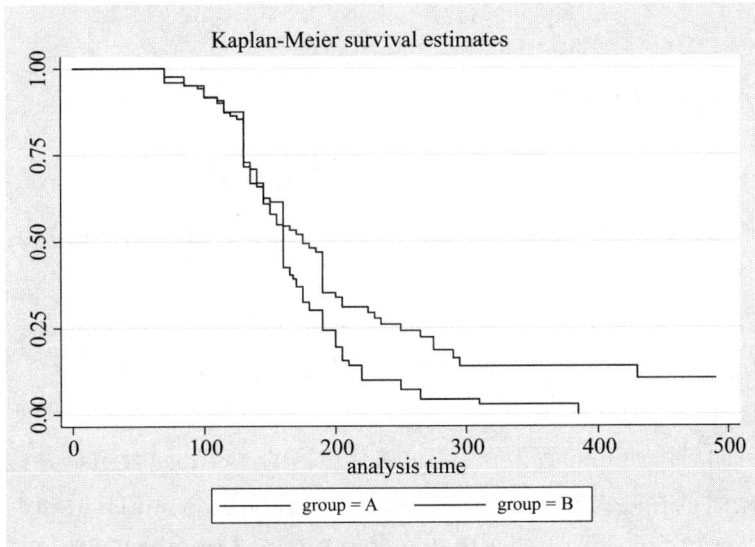

图 11-1-1　不同实验组儿童的 Kaplan-Meier 生存函数图

要绘制 Kaplan-Meier 生存函数图，需要计算每个时间点 t 的生存函数 $S(t)$，具体的步骤如下。

(1)在时间 $t=0$ 时，所有个体都没有经历事件而都活着，因此 $S(t_0)=1$；

(2)计算 p_1 为个体活过第一个时间点的概率；

(3)如果个体活过第一个时间点，计算 p_2 为其活过第二个时间点的概率；

(4)如果个体活过第二个时间点，计算 p_3 为其活过第三个时间点的概率；

(5)以此类推，以个体活过前一次的时间点为前提，计算个体活过当次时间点 t 的概率。例如，某时间点 t_k，以个体活过 $k-1$ 次时间点为前提，计算 p_k 为其活过第 k 个时间点的概率。

(6)每个时间点 t_k 的生存函数为 $S(t_k)=\prod_{t=1}^{k} p_t$，即从第一个时间点的概率联乘到第 k 个时间点的概率，直至最后一个时间点。符号 $\prod_{t=1}^{k}$ 表示从 1 联乘到 k。

计算个体活过 $k-1$ 时间点后在第 k 次时间点 t_k 存活的概率仅需要时间段$(k-1, k)$的数据信息。具体公式如下。

$$p_k = \frac{n_k - d_k}{n_k} \qquad\qquad 11.3$$

公式 11.4 中的 n_k 为活过时间点 $k-1$ 的个体数，即在时间段$(k-1, k)$开始还活着的个体。这部分个体在统计学中被称作有险人数（number at risk）。d_k 为在时间段$(k-1, k)$内死亡的个体数，那么活过时间段$(k-1, k)$的个体数就是 n_k-d_k。根据每个时间段的死亡数，我们也可以计算出直到时间点 t_k 的累积死亡函数 $H(t_k)$（公式 11.4）。

$$H(t_k) = \sum_{i=1}^{k} \frac{d_i}{n_i} \qquad\qquad 11.4$$

在生存分析中，$S(t)$ 和 $H(t)$ 的关系为 $S(t) = e^{-H(t)}$，而 $H(t) = \int_0^t h(t)\mathrm{d}t = \sum_{i=1}^{k-1} h_i(t_i - t_{i-1}) + h_k(t - t_{k-1})$，即从一个函数的估计值可以推断出另一个函数估计值。如果假定风险率是恒定的，这样生存函数 $S(t)$ 和风险函数 $h(t)$ 之间的关系可被写为 $S(t) = e^{-h(t) \times t}$。

使用 STATA 的 sts list 命令可以列出数据中的每个时间段 k 的 n_k、d_k、生存函数 $S(t_k)$ 以及生存函数 $S(t_k)$ 的标准误和 95% 置信间距。下面输出中的 Beg. Total 就是每个时间段开始时的在险人数 n_k，Fail 就是 d_k，Net lost 是在该事件内的截尾数量；如果某时间段内的 Fail 数为 0，则该事件段内的 Net lost 数值就是截尾数值。每个时间段开始时的在险人数等于前次时间段的在险人数减去 Fail 数和 Net lost 数的和，即前次时间段内事件发生的个体和截尾的个体都不被包括进本时间段的分析中。感兴趣的读者可根据输出自行计算 p_k 和 $S(t_k)$。

```
. sts list

        failure _d:  adhd
  analysis time _t:  minute

              Beg.            Net       Survivor      Std.
      Time    Total   Fail    Lost      Function      Error      [95% Conf. Int.]
      --------------------------------------------------------------------------------
        50     250      0       2        1.0000         .            .         .
        55     248      0       1        1.0000         .            .         .
        70     247      8       9        0.9676       0.0113      0.9363    0.9837
        85     230      4       0        0.9508       0.0139      0.9149    0.9718
        90     226      0       2        0.9508       0.0139      0.9149    0.9718
        95     224      1       0        0.9465       0.0144      0.9097    0.9686
       100     223      7       7        0.9168       0.0178      0.8740    0.9455
            (省去部分输出，读者可自行查看)
       115     204      7       4        0.8726       0.0218      0.8228    0.9092
       120     193      1       0        0.8681       0.0221      0.8176    0.9054
       125     192      1       2        0.8636       0.0225      0.8125    0.9016
       130     189     31       8        0.7219       0.0299      0.6584    0.7757
       135     150      7       3        0.6882       0.0311      0.6228    0.7447
            (省去部分输出，读者可自行查看)
       460       2      0       1        0.0459       0.0223      0.0150    0.1042
       490       1      0       1        0.0459       0.0223      0.0150    0.1042
      --------------------------------------------------------------------------------
```

检验两组儿童生存函数差异的 STATA 命令和输出如下。

```
. sts test  group

        failure _d:  adhd
  analysis time _t:  minute


Log-rank test for equality of survivor functions

         |   Events        Events
  group  |  observed      expected
  -------+-----------------------------
  A      |     76           92.54
  B      |     94           77.46
  -------+-----------------------------
  Total  |    170          170.00
```

```
        chi2(1) =        7.31
        Pr>chi2 =      0.0068
```

对数秩检验的输出结果显示两组儿童生存函数差异显著($\chi^2 = 7.31(1)$，$p = 0.0068$)。当然我们也可以通过命令查看具体的风险比率(HR)大小。

```
    stmh group

           failure _d:  adhd
     analysis time _t:  minute

Maximum likelihood estimate of the rate ratio
  comparing group==1 vs. group==0

RR estimate, and lower and upper 95% confidence limits

       ---------------------------------------------------
         RR       chi2      P>chi2     [95% Conf. Interval]
       ---------------------------------------------------
       1.366      4.12      0.0423       1.010      1.848
       ---------------------------------------------------
```

注意 STATA 的 stmh 输出中把风险比率(HR)称作 RR，即 Rate Ratio，这是因为生存分析数据可以用泊松模型进行分析。当前输出结果显示 group=1 的被试比 group=0 的被试有更高的风险率(RR=1.366，$p=0.0423$)，即 B 组被试更可能得到明确诊断。

对数秩检验仅仅用于考查一个分类自变量对生存结果的影响。对于多个自变量或者连续自变量，统计学中一般使用回归分析来考察自变量 x 对风险函数的影响作用(公式 11.5)。

$$h_i(t) = h_0(t) \times e^{\beta x_i} \qquad\qquad 11.5$$

公式 11.5 可被扩展成多个自变量的情形。公式中的 $h_i(t)$ 是个体 i 的风险函数，$h_0(t)$ 是基线风险率，其含义是个体所有的自变量都取 0 值时在时间点 t 的风险率，$h_0(t)$ 通常随时间变化。常用的统计分析对 $h_0(t)$ 的函数形式有两种假定，一种分析假定 $h_0(t)$ 为某种形式的函数，这类分析模型通常被称作参数模型(parametric model)，另一种模型对基线风险函数 $h_0(t)$ 的形状不做任何假定，这后一类分析模型就生存分析中的 Cox 回归模型。

就公式 11.5 $h_i(t) = h_0(t) \times e^{\beta x_i}$ 来说，如果有 0/1 编码的二分自变量 x，则当 $x=0$ 时，风险函数是 $h_0(t)$；当 $x=1$ 时，风险函数是 $h_0(t) \times e^{\beta}$，因此 Cox 回归模型中表达自变量 x 影响作用大小的统计量风险比率 HR 可被写为公式 11.6。

$$HR_t = \frac{h_0(t) \times e^{\beta x}}{h_0(t)} = e^{\beta x} \qquad\qquad 11.6$$

该模型假定在所有时间 t 上 HR_t 都一样，即 $HR_t = e^{\beta x}$，因此 Cox 回归模型也被称作比例风险模型(proportional hazard，PH)。使用 STATA 拟合本例 Cox 回归模型的命令和结果输出如下。

```
. stcox i.group

        failure _d: adhd
  analysis time _t: minute

Cox regression -- Breslow method for ties

No. of subjects =          250            Number of obs   =          250
No. of failures =          170
Time at risk    =      39402.5
                                           LR chi2(1)      =         6.62
Log likelihood  =   -777.27817            Prob > chi2     =       0.0101

------------------------------------------------------------------------------
        _t | Haz. Ratio   Std. Err.      z    P>|z|     [95% Conf. Interval]
-----------+------------------------------------------------------------------
     group |
        B  |   1.493201    .2336719     2.56   0.010     1.098786    2.029192
------------------------------------------------------------------------------
```

结果显示 B 组被试更有可能到明确的诊断(HR=1.493201,p=0.010)。

针对公式 11.5 $h(t)=h_0(t)\times e^{\beta x}$,我们可以看到公式 11.6 $\mathrm{HR}_t=\dfrac{h_0(t)\times e^{\beta x}}{h_0(t)}=e^{\beta x}$

在估计风险比率 HR 时并没有涉及基线风险率 $h_0(t)$,因为该参数在估计 HR 的过程中被销掉了。生存分析中检验自变量 x 对风险率影响的参数模型也需要比例风险(PH)假定,并且假定基线风险率有不同的函数形式。常见的基线风险率的函数形式包括 exponential、Weibull、Gompertz、lognormal、loglogistic 和 generalized gamma函数。研究人员使用 STATA 的 streg 命令拟合生存分析的参数模型时,只需在命令选项中通过指令 distribution 选择其中一个分布即可。例如,使用 exponential 假定的生存分析参数回归模型的命令和结果输出如下。

```
. streg i.group, distribution(exponential)
Exponential PH regression

No. of subjects =          250            Number of obs   =          250
No. of failures =          170
Time at risk    =      39402.5
                                           LR chi2(1)      =         4.12
Log likelihood  =   -241.29978            Prob > chi2     =       0.0424

------------------------------------------------------------------------------
        _t | Haz. Ratio   Std. Err.      z    P>|z|     [95% Conf. Interval]
-----------+------------------------------------------------------------------
     group |
        B  |   1.366158    .2107437     2.02   0.043     1.009705    1.848449
     _cons |   .003675     .0004216   -48.87   0.000      .0029351    .0046015
------------------------------------------------------------------------------
Note: _cons estimates baseline hazard.
```

结果显示 B 组被试更有可能到明确的诊断(HR=1.366158,p=0.043)。生存分析的回归模型除了基于风险函数的对数值的模型外,研究者也可以直接使用时间变量来构建模型。例如,研究者也可以使用参数模型命令 streg 中的选项 tratio 直接比较生存时间的大小(time ratio,时间比),这样的模型被称为加速失效时间模型(accelerated failure time,AFT)。AFT 和 PH 模型是对同一生存分析数据的不同数学表达方式。以下是 AFT exponential 模型命令输出。

```
. streg i.group, distribution(exponential)  tratio

        failure _d: adhd
  analysis time _t: minute

Exponential AFT regression

No. of subjects =          250               Number of obs    =          250
No. of failures =          170
Time at risk    =      39402.5
                                             LR chi2(1)       =         4.12
Log likelihood  =   -241.29978              Prob > chi2      =       0.0424

-------------------------------------------------------------------------------
       _t | Time Ratio   Std. Err.       z    P>|z|     [95% Conf. Interval]
----------+--------------------------------------------------------------------
    group |
        B |   .7319797   .1129153    -2.02    0.043     .5409942    .9903883
     _cons |   272.1053   31.21261    48.87    0.000     217.3189    340.7034
-------------------------------------------------------------------------------
Note: _cons estimates baseline time.
```

结果显示 B 组被试明确的诊断需要较短的时间(Time Ratio＝0.7319797，$p=$ 0.043)。

作为一种特定的统计方法，生存分析还有更多统计知识和要求，本节仅通过如何使用 STATA 软件演示如何拟合普通的生存分析模型。需要进一步深入研究使用该方法的读者请参阅相关的参考书(杨珉 & 李晓松，2007；Jenkins，2005；Royston & Lambert，2011)。

11.2 多水平生存分析模型

就本章第一节演示的生存分析模型来说，因为该研究是一个多中心临床试验，数据中有明显非独立性问题。传统的生存分析模型不能有效地处理数据中非独立性问题，我们只能借助多水平生存分析模型来处理数据。

11.2.1 使用 STATA 运行多水平生存分析模型

尽管使用当前版本的 STATA 能校正数据的非独立性而得到生存分析模型中有关参数的稳健标准误，但这并不是真正意义上的多水平模型。即使是使用 Cox 回归模型，当前版本的 STATA 也仅仅通过构建 frailty 模型来处理数据中的层次结构，也不是真正意义上的多水平 Cox 模型。使用当前版本的 STATA 只能构建拟合生存分析的多水平参数模型。

就本例来说，多水平生存分析的参数模型可被写为公式 11.7。

$$h(t_{ij})=h_0(t_{ij})\times e^{\beta x_{ij}+\mu_j} \qquad\qquad 11.7$$

公式 11.6 中的 j 是水平 2 单位编码，i 是个体编码，μ_j 是单位 j 在模型中的独特贡献，$\mu_j\sim N(0,\sigma_\mu^2)$。公式 11.7 可被扩展成多个水平和多个自变量的情况。

就本例研究来说，构建拟合两水平的 exponential 比例风险模型可通过 STATA 的菜单命令 Statistics ＞ Multilevel mixed-effects models ＞ Parametric survival regression 实现，在弹出的对话框中设定模型的自变量和随机参数。该对话框和前面演示的一般多水平模型设定的对话框基本一样，因此本书不再进一步详细演示具体的设定步骤。运行该模型的命令和结果输出如下。

```
mestreg i.group || hospital:, distribution(exponential)

        failure _d:  adhd
  analysis time _t:  minute


Mixed-effects exponential PH regression      Number of obs    =       250
Group variable:        hospital              Number of groups =        10

                                             Obs per group:
                                                          min =        11
                                                          avg =      25.0
                                                          max =        60

Integration method: mvaghermite              Integration pts. =         7

                                             Wald chi2(1)     =      3.61
Log likelihood = -1091.1398                  Prob > chi2      =    0.0574
------------------------------------------------------------------------------
         _t | Haz. Ratio   Std. Err.      z    P>|z|     [95% Conf. Interval]
------------+-----------------------------------------------------------------
      group |
          B |   1.342136    .207814     1.90   0.057     .9908275    1.818005
      _cons |   .0037956    .000578   -36.61   0.000     .0028162    .0051155
------------+-----------------------------------------------------------------
   hospital |
  var(_cons)|    .087312   .0696195                       .018296    .4166699
------------------------------------------------------------------------------
Note: Estimates are transformed only in the first equation.
Note: _cons estimates baseline hazard (conditional on zero random effects).
LR test vs. exponential model: chibar2(01) = 5.17     Prob >= chibar2 = 0.0115
```

模型的输出格式和一般两水平模型的输出格式一样。固定部分的参数显示 B 组被试更有可能得到确诊（HR＝1.342136，p＝0.057），但结果仅仅边际显著。随机部分参数估计结果显示不同医院间儿童得到确诊的时间有显著的不同 σ_μ^2＝0.087312。并且底部的似然值检验结果也显示相对于普通单水平模型，当前的多水平模型改善显著，Prob＞＝chibar2＝0.0115。

如果我们使用 Weibull 模型，则输出结果显示 B 组儿童得到确诊的可能性显著高于 A 组儿童（HR＝1.75874，p＝0.001）。以下是命令和结果输出。

```
. mestreg i.group || hospital:, distribution(weibull)

        failure _d:  adhd
  analysis time _t:  minute

Mixed-effects Weibull PH regression          Number of obs    =       250
Group variable:        hospital              Number of groups =        10

                                             Obs per group:
                                                          min =        11
                                                          avg =      25.0
                                                          max =        60

Integration method: mvaghermite              Integration pts. =         7

                                             Wald chi2(1)     =     11.23
Log likelihood = -953.42257                  Prob > chi2      =    0.0008
```

```
-----------------------------------------------------------------------
         _t | Haz. Ratio  Std. Err.        z    P>|z|   [95% Conf. Interval]
------------+----------------------------------------------------------
      group |
          B |   1.75874    .296312      3.35    0.001    1.264129   2.446875
       _cons |   3.84e-09   4.52e-09   -16.46    0.000    3.82e-10   3.86e-08
------------+----------------------------------------------------------
      /ln_p |   1.284658   .057171                       1.172605   1.396711
------------+----------------------------------------------------------
hospital    |
   var(_cons)|  1.102555   .5504528                       .4144154   2.933353
-----------------------------------------------------------------------
Note: Estimates are transformed only in the first equation.
Note: _cons estimates baseline hazard (conditional on zero random effects).
LR test vs. Weibull model: chibar2(01) = 87.51          Prob >= chibar2 = 0.0000
```

STATA 多水平生存分析命令是 mestreg，其基本命令格式和一般多水平模型的命令格式一样。例如，如果要检验分组的影响作用是否在不同医院之间变异显著，则只需在模型的随机部分设定中，把自变量 group 的斜率系数设定为在医院水平上随机即可。请感兴趣的读者自行运行命令 mestreg i. group || hospital：group，distribution (weibull)，并查看输出结果。一般来说，在生存分析中使用不同的模型得到的结果肯定会略有不同，这是不同的模型对基线风险率的假定不同所致。就本例来说，两种模型得到不同的结果也和样本量的大小有关，本书后面将会讲解统计分析中的样本量计算问题。

11.2.2 使用 Mplus 运行多水平生存分析模型

11.2.2.1 多水平 Cox 回归模型

Mplus 软件有专用的生存分析命令，使用当前版本的 Mplus 能够拟合构建多水平 Cox 回归模型和多水平参数回归模型（Asparouhov & Muthén，2018；Muthén & Masyn，2005）。就本例来说，运行普通单水平 Cox 回归模型的命令如下。

```
VARIABLE:  NAMES = hospital child group adhd appoint minute cons;
      SURVIVAL = minute;
      TIMECENSORED = adhd (1 = NOT 0 = RIGHT);
      usevariable are minute group;
MODEL:      minute ON group;
```

Mplus 生存分析命令中需要使用 SURVIVAL 选项指定 minute 为待分析的时间变量，使用 TIMECENSORED 选项指定 adhd 为标识截尾信息的变量并且注明截尾编码。这里的 RIGHT 选项说明当前数据中的所有截尾都是发生在实验开始之后，这是生存分析中最常见的一种截尾情况。命令中 SURVIVAL 选项必须和 TIMECENSORED 选项共同使用。命令选项 SURVIVAL 提供了模型分析中使用的基线风险率所需要的时间段个数和时间段长度的信息；Mplus 软件的 SURVIVAL 选项对于基线风险函数的估计有 5 种设定：缺省、非参数、半参数、参数以及恒定基线函数。选项 SURVIVAL＝minute 设定模型估计中使用缺省的基线风险函数设定。

Mplus 生存分析命令能拟合两种比例风险模型，非参数基线风险函数不对基线风险函数的形状做任何假定，这种模型就是 Cox 回归模型；另一种模型假定基线风险函数有一定的形状，这些模型就是 Mplus 命令中比例风险回归的参数估计模型。Mplus 使用阶梯函数（step function）来渐进（approximate）基线风险函数，具体通过命令选项为 SURVIVAL＝T(步数 * 步长) 实现。例如，SURVIVAL＝T(10 * 5 13) 就是在估计基线风险函数中假定有 10 个步长为 5 的时间段、1 个步长为 13 的时间段，以及从 10 * 5＋13＝63 以上的时间段。每个时间段内的基线风险函数被假定为恒定不变的。如果希望得到非参数基线风险函数，则需要设定尽可能多的步数和尽可能小的步长。Mplus 命令选项 SURVIVAL＝T(ALL) 能根据数据自动对阶梯函数进行设置而得到完全非参数基线风险函数。如果使用类似 SURVIVAL＝T(10) 选项或者 SURVIVAL＝T(50) 选项，即只有步数而没有步长设定，则 Mplus 会按照设定的步数根据数据而自动构建阶梯函数，这种设定被称作半参数设定。在多水平模型和需要蒙特卡罗积分的模型中，Mplus 生存分析的缺省设定为半参数基线风险函数。在单水平生存分析的 Cox 回归模型中，选项 SURVIVAL＝minute 的缺省设定为非参数的基线风险函数。下面是两水平 Cox 回归模型的命令。

```
DATA:  FILE = \adhd.csv;
VARIABLE:    NAMES = hospital child group adhd appoint minute cons;
      SURVIVAL = minute (all);
      TIMECENSORED = adhd (1 = NOT 0 = RIGHT);
      usevariable are minute group;
      CLUSTER =hospital;
      WITHIN =group;
ANALYSIS: TYPE = TWOLEVEL;
      BASEHAZARD = OFF;
MODEL:
      %WITHIN%
      minute ON group;
      %BETWEEN%
      minute;
```

该命令使用普通多水平命令选项 CLUSTER 指定了高水平单位标识变量，也同时使用选项 WITHIN 指明因变量 group 是第一水平变量。在要求软件使用非参数基线风险函数的多水平 Cox 回归模型中，使用 SURVIVAL＝minute(all) 命令选项。

在连续时间变量生存分析模型中，BASEHAZARD 选项指定模型估计时，选择非参数基线风险函数或参数基线风险函数。BASEHAZARD＝ON 选项指定选择参数基线风险函数，即把基线风险函数当作模型估计中的参数。BASEHAZARD＝OFF 说明仅仅把基线风险函数当作模型中的一个辅助参数（auxiliary parameters），在模型估计时使用非参数基线风险函数。下面是运行该两水平 Cox 回归模型的结果输出。

```
MODEL FIT INFORMATION

Number of Free Parameters              2

Loglikelihood

      H0 Value                    -866.770
      H0 Scaling Correction Factor  2.6994
       for MLR

Information Criteria

      Akaike (AIC)                1737.540
      Bayesian (BIC)              1744.583
      Sample-Size Adjusted BIC    1738.243
       (n* = (n + 2) / 24)
```

```
MODEL RESULTS
                                                 Two-Tailed
                    Estimate      S.E.   Est./S.E.  P-Value

Within Level

 MINUTE      ON
    GROUP        0.392      0.222    1.762      0.078

Between Level

 Variances
MINUTE         0.694      0.515    1.346      0.178
```

分析结果以对数值标识，如果换算成风险比率，则 $HR = \exp(0.392) = 1.4799377$。使用多水平 Cox 回归模型的结果显示各个医院的变异没有达到统计学上显著水平：$\sigma_\mu^2 = 0.694$，$p = 0.178$。

11. 2. 2. 2　多水平参数生存分析模型

使用 Mplus 运行单水平参数生存分析模型的基本命令如下。

```
VARIABLE:    NAMES = hospital child group adhd appoint minute cons;
     SURVIVAL = minute(490*1);!
     TIMECENSORED = adhd (1 = NOT 0 = RIGHT);
     usevariable are minute group;
ANALYSIS: BASEHAZARD = ON;
MODEL:
[minute#1-minute#491];
minute ON group;
```

因为数据中时间 minute 变量的最大值为 490，因此命令中的 SURVIVAL ＝ minute(490 * 1)选项指定基线风险函数有 490 个长度为 1 的时间段。BASEHAZARD＝ON 选项把基线风险函数指定为模型估计中的参数，模型中所有基线风险率参数的个数是时间段的个数加 1，本例中就是 490＋1＝491。基线风险函数的设定为在 Model 命令部分用[minute♯1－minute♯491]命令选项，具体每个基线风险函数参数的设定格式为：时间变量名♯数字。如果考虑数据的层次结构而运行一个两水平参数生存分析模型，则相应的命令如下。

```
DATA:  FILE = \adhd.csv;
VARIABLE:    NAMES = hospital child group adhd appoint minute cons;
     SURVIVAL = minute(490*1);
     TIMECENSORED = adhd (1 = NOT 0 = RIGHT);
     usevariable are minute group;
     CLUSTER =hospital;
     WITHIN =group;
ANALYSIS:  TYPE = TWOLEVEL;
         BASEHAZARD = ON;
MODEL:
     %WITHIN%
     minute ON group;
     %BETWEEN%
     [minute#1-minute#491];
     minute;
```

该命令使用普通多水平命令选项 CLUSTER 指定了高水平单位标识变量，同时也使用选项 WITHIN 指明因变量 group 是第一水平变量。注意指定基线风险函数的命令语句要放到第二水平中。因为该命令和上述的单水平参数生存分析模型命令设定了太多的参数个数，描述性统计显示前 70 分钟之前和 430 分钟之后没有任何事件发生，并且也不是每分钟都有事件发生，因此运行该命令的输出结果就显示模型中有很多基线风险函数无法估计。这样我们尝试对阶梯函数的设定时使用大步长，具体的命令和输出如下。

```
VARIABLE:    NAMES = hospital child group adhd appoint minute cons;
        SURVIVAL = minute (1*100 5*60);
        TIMECENSORED = adhd (1 = NOT 0 = RIGHT);
        usevariable are minute group;
        CLUSTER =hospital;
        WITHIN =group;
  ANALYSIS:  TYPE = TWOLEVEL;
        BASEHAZARD = ON;
  MODEL:
        %WITHIN%
        minute ON group;
        %BETWEEN%
        [minute#1-minute#7];
        minute;
```

MODEL FIT INFORMATION

Number of Free Parameters   9

Loglikelihood

        H0 Value   -969.401
        H0 Scaling Correction Factor   1.9461
          for MLR

Information Criteria

        Akaike (AIC)   1956.802
        Bayesian (BIC)   1988.495
        Sample-Size Adjusted BIC   1959.965
          (n* = (n + 2) / 24)

MODEL RESULTS

	Estimate	S.E.	Est./S.E.	Two-Tailed P-Value
Within Level				
MINUTE ON				
GROUP	0.400	0.213	1.881	0.060
Between Level				
Variances				
MINUTE	0.619	0.298	2.073	0.038
Base Hazard Parameters				
MINUTE#1	0.001	0.000	1.309	0.191
MINUTE#2	0.007	0.003	2.309	0.021
MINUTE#3	0.020	0.005	3.600	0.000
MINUTE#4	0.016	0.007	2.361	0.018
MINUTE#5	0.010	0.009	1.191	0.234
MINUTE#6	0.005	0.004	1.191	0.234
MINUTE#7	0.012	0.005	2.333	0.020

结果输出中提示当前模型设定还有进一步改善的需要。目前的输出结果显示，通过对系数 0.400 取反对数得到的风险比率 $HR=1.4918247$（$p=0.060$），$\sigma_\mu^2=0.619$（$p=0.038$）。当使用当前版本的 Mplus 运行连续时间变量的参数生存分析模型时，如何设定正确的基线风险函数参数的时间段信息，在方法学上还是一个有待进一步提

高的方面。期望并相信未来本版的 Mplus 会有更多的模型设定选项供使用者建构、修正模型使用。本书在命令中也提供了一个拟合半参数基线风险函数的多水平生存分析命令，请读者自行运行命令查看结果。

11.3　离散时间变量的生存分析模型

本章前面两节演示的生存分析模型都是假定时间变量为连续变量的模型。研究实践的时间变量并不都是有非常精确的测量单位。例如，本章儿童多动症研究中看医生的次数，尽管有第一、第二、第三等这样的次数记录，但每次之间的时间间隔可长可短；如果要研究儿童的辍学情况，我们只有儿童在辍学时就读的年级这样一个比较粗略的时间测量；在研究青少年第一次吸烟的时间时，我们也基本上很难记录他们第一次吸烟的具体时间，多数情况下只有一个粗略的年龄信息。这些例子中的时间变量应该被当作离散时间(discrete time)来分析，相应的生存分析模型被称作离散时间变量的生存分析 (Jenkins，2005；Rabe-Hesketh et al.，2004；Rabe-Hesketh & Skrondal，2012c)。

构建离散时间变量的步骤和运行普通生存分析模型的步骤不同。构建离散时间变量生存分析模型时需要首先对数据进行整理，根据数据中的时间信息和截尾信息把数据整理成一个适合用两分变量模型来分析的结构。然后运行相应的两分变量模型对有关参数进行估计。下面我们就以多动症研究的数据来演示构建离散时间变量生存分析模型的具体步骤。

11.3.1　使用 STATA 构建拟合多水平离散时间变量生存分析模型

在本章的多动症研究中，每个儿童在实验期间看医生次数 appoint 被记录下来。从下面的描述性统计可以看到，绝大多数儿童在 7 次之内都得到明确的诊断，但也有 80 个儿童在实验期间没有得到明确的诊断结论。有 13 个儿童在看了两次医生后就没有他们后续的信息了，有 3 个儿童在看了 6 次医生后还需要进一步来医院进行诊断。

```
. tab adhd appoint

   diag |                         QB order
confirm |     2      3      4      5      6      7 |   Total
--------+------------------------------------------+----------
      0 |    13     28     26     10      3      0 |      80
      1 |     7     48     92     20      2      1 |     170
--------+------------------------------------------+----------
  Total |    20     76    118     30      5      1 |     250
```

数据中前 10 个儿童具体的数据信息如下。

```
list hospital child appoint adhd in 1/10

     +------------------------------------+
     | hospital   child   appoint   adhd  |
     |------------------------------------|
 1.  |        1    1001         4      1  |
 2.  |        1    1002         3      0  |
 3.  |        1    1003         2      0  |
 4.  |        1    1004         4      1  |
 5.  |        1    1005         3      0  |
     |------------------------------------|
 6.  |        1    1006         4      1  |
 7.  |        1    1007         2      0  |
 8.  |        1    1008         2      0  |
 9.  |        1    1009         3      1  |
10.  |        1    1010         2      0  |
     +------------------------------------+
```

变量 appoint 记录的是每个儿童在本次实验中看医生的次数；变量 adhd 记录的是儿童的多动症症状是否得到明确诊断，编码 1 表示儿童在实验期间得到了明确诊断，0 表示没有。当前数据中每个儿童的信息被保存在同一数据行中。如果要进行离散时间变量的生存分析，我们需要根据儿童的时间变量 T_i 的大小对数据进行扩展，使得每个儿童有 T_i 行数据记录。同时也根据变量 adhd 的值创建一个新二分变量。如果某儿童 adhd＝0，则扩展后的数据中新创建的二分变量针对该儿童的所有行都取 0值。如果某儿童 adhd＝1，则扩展后的数据中新创建的二分变量针对该儿童的所有行中最后一行取值为 1，其他行都取 0 值。

具体扩展数据命令和步骤如下。

expand appoint/ * 根据变量 appoint 的大小把每个儿童的数据复制 appoint 值的次数 * /

bysort child：gen j＝ _ n/ * 在每个儿童内创建从 1 开始的顺序变量 j * /

bysort child：gen cfmd＝adhd＝＝1＆ _ n＝＝ _ N/ * 如果儿童的 adhd＝1，则该儿童新数据行中最后一行 cfmd＝1，其他行都等于 0 * /

经过这样的数据变换，我们可以看到前 3 个儿童的数据在新数据中的呈现形式如下。

```
. list child appoint j adhd cfmd if child<1004, sepby(child)

     +------------------------------------+
     | child   appoint   j   adhd   cfmd  |
     |------------------------------------|
 1.  |  1001         4   1      1      0  |
 2.  |  1001         4   2      1      0  |
 3.  |  1001         4   3      1      0  |
 4.  |  1001         4   4      1      1  |
     |------------------------------------|
 5.  |  1002         3   1      0      0  |
 6.  |  1002         3   2      0      0  |
 7.  |  1002         3   3      0      0  |
     |------------------------------------|
 8.  |  1003         2   1      0      0  |
 9.  |  1003         2   2      0      0  |
     +------------------------------------+
```

儿童 1001 看了四次医生得到了明确诊断，因此新数据结构中该儿童有四行数据并且最后一行的 cfmd＝1；儿童 1002 看了三次医生但没有明确诊断，因此新数据中该儿童有三行数据但所有行的 cfmd＝0；儿童 1003 看了两次医生没有确诊，因此其在新数据中有两行信息并且所有行的 cfmd＝0。新数据中每个人所经历的每个时间点都有记录，这样的数据被当成个人场景（personal episode）数据。

读者也可以使用 STATA 生存分析的命令 stsplit 把数据整理成所需要的格式。

```
stset appoint, failure(adhd) id(child)  /*设定数据为生存分析数据并包括个体信息标识符*/

stsplit j, every(1)   /*按每个时间单位分拆数据*/
```

分拆后前三个儿童的数据信息如下。

```
list child appoint adhd j _d if child<1004, sepby(child)

     +------------------------------------+
     | child   appoint   adhd    j    _d |
     |------------------------------------|
  1. | 1001        1       .     0     0 |
  2. | 1001        2       .     1     0 |
  3. | 1001        3       .     2     0 |
  4. | 1001        4       1     3     1 |
     |------------------------------------|
  5. | 1002        1       .     0     0 |
  6. | 1002        2       .     1     0 |
  7. | 1002        3       0     2     0 |
     |------------------------------------|
  8. | 1003        1       .     0     0 |
  9. | 1003        2       0     1     0 |
     +------------------------------------+
```

变量 _d 是 STATA 在生存分析数据设定时创建的系统用截尾变量。使用 expand 和 stsplit 得到一样的信息，读者可根据个人爱好任选其中一种方法。

在数据整理结束后，我们就可以使用传统的分析二分变量的 logit 模型或者互补重对数模型（complementary-log-log，c-log-log）模型对二分因变量 cfmd 进行分析了。使用 c-log-log 模型的回归系数的估计值和使用 Weibull 模型的回归系数的估计值基本一样。

本例中所建立的 c-log-log 的单水平模型可以写为

$$p_i(y_i=1 \mid x_i)=1-\exp(-\exp(\beta x_1+c(j))) \qquad 11.8$$

公式 11.8 中的 i 为个体编码，$c(j)$ 为定义基线风险函数的表达式。在把数据整理成个人场景格式后，并运行公式 11.8 所示模型之前，我们还需要决定基线风险率的函数形式。具体步骤为创建一些作为生存时间函数的随时间变化（time-varying）的协变量，并把这些协变量包括进公式 11.8。例如，我们可以创建 log（时间）、时间的平方项，或者干脆完全非参数，把时间变量以特定时段（duration-interval-specific）的哑变量形式包括进模型，即为每个时间间隔都创建一个标识变量，从而估计每个时间段的基线风险函数。例如，公式 11.8 中可假定 $c(j) = \sum_{d=1}^{k-1} \text{dummy time}_{di}$ 就是把 k 个类别的时间变量以哑变量形式包括进模型。软件 STATA、SPSS 和 MLwiN 都有使用 c-log-log 模型分析二分变量的功能。本书就用 STATA 演示本例多水平离散时间变量的结果输出。

在使用二分因变量模型进行离散时间变量的生存分析时，如果构建非参数的基线风险函数，即每个时间段的基线风险函数不同，则需要注意该事件段中是否完全没有事件发生或者所有在险人数都有事件发生了。因为此时间段内的事件发生概率为 0 或者 1。此时需要把没有事件发生或者全部发生事件的时间段和其他时间段合并，或者干脆不包括进分析模型中。如果要构建其他类型的基线风险函数，如对数或多项式等，则不存在这样的问题。本例研究中所有儿童在第一次时都没有得到诊断，只有一个儿童看医生的次数为 7，并且得到了诊断。因此，在构建模型时，我们把该儿童和看 6 次医生的儿童合并起来进行，而第一次的资料不包括进模型中。

数据扩展后，查看每次时间段的事件发生数的命令和输出如下。

```
. tab cfmd j

   0/1 adhd |
   discrete |                          visit
   survival |     1      2      3      4      5      6      7 |    Total
------------+-------------------------------------------------------+----------
          0 |   250    243    182     62     16      4      0 |      757
          1 |     0      7     48     92     20      2      1 |      170
------------+-------------------------------------------------------+----------
      Total |   250    250    230    154     36      6      1 |      927
```

通过创建哑变量的方式创建每次访问的 duration-interval-specific 变量，合并第 6、第 7 次数据后，把第 2～6 次 duration-interval-specific 变量包括进方程。

```
tab j, gen(vst)
replace vst6=1 if vst7 ==1
drop vst7 vst1

cloglog cfmd i.group vst* if j>1, noconstant eform

note: vst1 != 0 predicts failure perfectly
      vst1 dropped and 250 obs not used

Complementary log-log regression          Number of obs     =         677
                                          Zero outcomes     =         507
                                          Nonzero outcomes  =         170

                                          Wald chi2(6)      =      195.08
Log likelihood = -278.83117               Prob > chi2       =      0.0000

------------------------------------------------------------------------------
       cfmd |     exp(b)   Std. Err.      z    P>|z|     [95% Conf. Interval]
------------+-----------------------------------------------------------------
      group |
          B |   1.585851   .2526922     2.89   0.004     1.160461    2.167176
       vst2 |   .0220567   .0086035    -9.78   0.000     .0102688    .0473763
       vst3 |   .1810522   .0315987    -9.79   0.000     .1286013    .2548956
       vst4 |   .7340505   .099972     -2.27   0.023     .562081     .9586344
       vst5 |   .678346    .1632906    -1.61   0.107     .4232054    1.087305
       vst6 |   .4258324   .2533994    -1.43   0.151     .1326525    1.366979
------------------------------------------------------------------------------
```

单水平 c-log-log 模型的输出结果显示实验组儿童更可能得到症状确诊（HR ＝ 1.585851，p ＝0.004）。

如果考虑医院的作用，则构建一个两水平 c-log-log 模型的命令和结果输出如下。

```
mecloglog cfmd i.group vst* if j>1,noconstant || hospital:, eform

Mixed-effects cloglog regression          Number of obs     =         677
Group variable:        hospital           Number of groups  =          10

                                          Obs per group:
                                                          min =          21
                                                          avg =        67.7
                                                          max =         185

Integration method: mvaghermite           Integration pts.  =           7

                                          Wald chi2(6)      =      140.84
Log likelihood = -256.20906               Prob > chi2       =      0.0000
 ( 1)  [cfmd]_cons = 0
------------------------------------------------------------------------------
       cfmd |     exp(b)   Std. Err.      z    P>|z|     [95% Conf. Interval]
------------+-----------------------------------------------------------------
```

```
group |
       B |    1.444978    .2438603     2.18   0.029    1.038028    2.011469
    vst2 |    .018296    .0088766    -8.25   0.000    .0070694    .047351
    vst3 |   .2058943    .0667781    -4.87   0.000    .1090367    .3887908
    vst4 |   1.152994    .3518056     0.47   0.641    .6340239    2.09676
    vst5 |   1.032477    .3741062     0.09   0.930    .5075246    2.100407
    vst6 |   .4250239     .285464    -1.27   0.203    .1139489    1.585318
   _cons |          1   (omitted)
---------+----------------------------------------------------------------
hospital |
var(_cons)|  .6803038    .3505661                     .2477832    1.867815
-----------------------------------------------------------------------
Note: Estimates are transformed only in the first equation.
LR test vs. cloglog model: chibar2(01) = 45.24         Prob >= chibar2 = 0.0000
```

两水平 c-log-log 模型的输出结果显示实验组儿童更可能得到症状确诊（HR＝1.444978，$p＝0.029$）。高级用户可进一步使用该多水平模型对有关参数进行估计并绘制生存函数图（图 11-3-1）等，请参考本章的 STATA 命令自行练习。

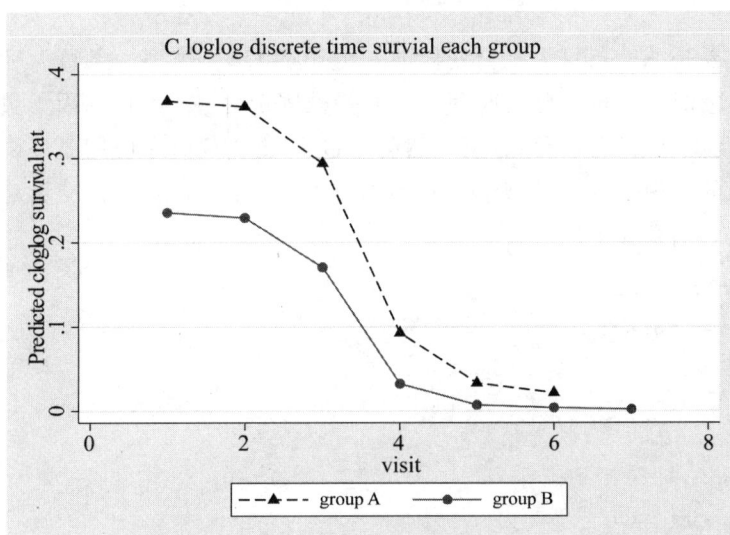

图 11-3-1　多水平离散时间变量的生存函数图

11.3.2　使用 Mplus 构建拟合多水平离散时间变量生存分析模型

尽管通过创建个人场景数据后，可以通过二分因变量模型拟合离散时间变量的生存分析模型，Mplus 软件还可以通过基于潜变量模型的方法来构建离散时间变量的生存分析模型。使用 Mplus 构建离散时间变量的生存分析模型时，不需要创建个人场景数据，但需要根据原始的时间变量创建多个标识每个时间段事件发生与否或者截尾的新变量。例如，本例中时间变量的最大取值为 7，我们就需要创建 7 个新变量从 v1 到 v7，依次标识每个时间段内的事件发生情况。如果时间段 ♯ 内发生了时间，则变量 v♯ 编码为 1；事件没有发生，则编码为 0；如果截尾，则编码为缺失值。因为模型参数的估计需要通过二分因变量 logit 模型来进行，因此如果某时间段内没有事件发生或者全部发生了事件，则该事件段的信息需要和其他时间段合并或者不能被包括进模型中。例如，本例分析的第 1 次和第 7 次信息。我们就把第一次信息不包括进模型，把第 7 次的信息合并到第 6 次中。拟合一个单水平离散时间变量生存分析模型的命令和输出如下。

```
DATA:  FILE = C:\Users\yuhan\Google Drive\mlm_book2016\data\adhd.csv;
 VARIABLE: NAMES = hospital child group adhd appoint minute cons;
            CATEGORICAL =  v1-v5 ;
            MISSING = ALL (-999);
            usevariable are group v1-v5;
 DEFINE:
            order=appoint-1; !remove time1
            IF (appoint eq 7) then order=5; ! merge time 7 to 6
            DO (1, 5) v# =0;
            DO (1, 5) IF (order EQ # AND adhd EQ 1) THEN  v# =1;
            DO (1, 5) IF (order LT # ) THEN  v# =_MISSING;


 ANALYSIS: ESTIMATOR = MLR;
 MODEL:
     f BY v1-v5@1;
     f ON group;
     f@0;
```

该命令主要是一个条目为二分变量的一因子的 CFA 模型。条目为标识每个时间段内事件发生情况的变量。分析时因子的方差被固定为 0，条目的因子负荷被固定为 1。命令中，我们直接读入原始数据，然后通过 DEFINE 命令使用循环语句创建 5 个事件发生情况的标识变量。模型中的回归部分 f ON group 表达自变量对风险函数的影响。模型输出结果如下。

```
MODEL FIT INFORMATION

Number of Free Parameters

Loglikelihood

          H0 Value                          -279.250
          H0 Scaling Correction Factor        0.9914
            for MLR

Information Criteria

          Akaike (AIC)                       570.500
          Bayesian (BIC)                     591.629
          Sample-Size Adjusted BIC           572.609
            (n* = (n + 2) / 24)
```

```
MODEL RESULTS

                                              Two-Tailed
                    Estimate    S.E.   Est./S.E.  P-Value

 F       BY
    V1               1.000     0.000    999.000   999.000
    V2               1.000     0.000    999.000   999.000
    V3               1.000     0.000    999.000   999.000
    V4               1.000     0.000    999.000   999.000
    V5               1.000     0.000    999.000   999.000

 F       ON
    GROUP            0.531     0.213      2.492     0.013

 Thresholds
    V1$1             3.842     0.409      9.390     0.000
    V2$1             1.617     0.223      7.247     0.000
    V3$1            -0.136     0.200     -0.680     0.497
    V4$1            -0.036     0.347     -0.103     0.918
    V5$1             0.266     0.816      0.326     0.745

 Residual Variances
 F                   0.000     0.000    999.000   999.000
```

输出结果显示风险比率的估计值为 $\exp(0.531) = 1.70 (p = 0.013)$。如果考虑了数据中的层次结构，则运行一个两水平模型的命令和结果输出如下。

```
DATA:   FILE = \adhd.csv;
 VARIABLE: NAMES = hospital child group adhd appoint minute cons;
          CATEGORICAL = v1-v5 ;
          MISSING = ALL (-999);
          usevariable are group v1-v5;
          cluster=hospital;
          WITHIN =group;
 DEFINE:
          order=appoint-1;
          IF (appoint eq 7) then order=5;
          DO (1, 5) v# =0;
          DO (1, 5) IF (order EQ # AND adhd EQ 1) THEN  v# =1;
          DO (1, 5) IF (order LT # ) THEN  v# =_MISSING;


 ANALYSIS: ESTIMATOR = MLR;
          TYPE = TWOLEVEL;
 MODEL:
     %WITHIN%
     fW BY v1-v5@1;
     fW ON group;
     fW@0;
     %BETWEEN%
     fb BY v1-v5@1;
```

该命令就是一个两水平的 CFA 模型命令。其他命令设定和普通多水平模型命令一样。结果输出如下。

```
MODEL RESULTS

                                              Two-Tailed
                   Estimate    S.E.   Est./S.E.  P-Value

Within Level

 FW      BY
    V1            1.000      0.000    999.000    999.000
    V2            1.000      0.000    999.000    999.000
    V3            1.000      0.000    999.000    999.000
    V4            1.000      0.000    999.000    999.000
    V5            1.000      0.000    999.000    999.000

 FW      ON
    GROUP         0.576      0.402      1.432      0.152

 Residual Variances
    FW            0.000      0.000    999.000    999.000

Between Level

 FB      BY
    V1            1.000      0.000    999.000    999.000
    V2            1.000      0.000    999.000    999.000
    V3            1.000      0.000    999.000    999.000
    V4            1.000      0.000    999.000    999.000
    V5            1.000      0.000    999.000    999.000

 Thresholds
    V1$1          4.541      1.343      3.382      0.001
    V2$1          1.452      0.865      1.680      0.093
    V3$1         -1.203      0.559     -2.152      0.031
    V4$1         -1.089      0.820     -1.327      0.184
    V5$1         -0.378      0.986     -0.383      0.702

 Variances
    FB            2.284      1.206      1.895      0.058
```

输出结果显示风险比率的估计值为 $\exp(0.576)=1.78(p=0.152)$，但 HR 的估计值统计不显著。造成这种使用同样数据运行同样模型得到不同结果的原因之一是 Mplus 软件对其所拟合模型参数的显著性检验和其他软件不同有关，但最重要的是 Mplus 对生存分析模型的拟合、估计方法与应用统计领域内常用的生存分析估计方法不同所致。应用中请读者进一步参考对不同估计方法进行评价比较的文章而做出取舍。

本章小结

生存分析是应用统计中的高级话题，多水平生存分析模型更是目前统计方法学研究中的前沿课题。就本书所涉及软件来说，因不同软件对生存分析数据的处理方法不同，使用软件的缺省设定分析同样的数据可能得到比较大的结果输出。建议应用研究者在实际应用中根据各自的研究实际选用相应的分析模型，并详细报告具体的数据处理过程以供其他研究者参考。就目前现状来说，能够构建拟合多水平生存分析模型的软件也基本上只有有限的几种功能，相信各种软件的未来版本会有更多的多水平生存分析能力供研究者选择。

第十二章 基于多水平模型的元分析

元分析是一种通过统计模型对既有的量化研究结果进行汇总再加工的研究方法 (Sterne et al.，2016；Deeks et al.，2008)。国际上有个叫科克伦合作 (Cochran collaboration) 的组织专门对医学研究的结果进行汇总供全世界的健康研究工作者参考 (Higgins & Green，2011)，国内也有部分医科大学成立了相应的团队汇总有关研究的结果。针对某研究进行汇总，一般通过如下步骤进行：提出研究问题并撰写研究方案、搜集所有该专题的研究结果、评价每个研究的质量、从每个研究中抽取相应的数据、对数据进行汇总、对结果进行解释以及根据结果做出相应的结论和建议。通过系统的方法对同一类研究结果进行汇总，可让读者清晰了解到结果汇总的过程和标准，可以减少因抽样误差而导致的对结果进行不同解释的问题，可对现有的全部研究结果进行汇总并考察研究结果的影响因素。这个汇总过程中最重要的一个步骤就是使用统计模型把各个原始研究的研究结果整合起来。这个整合各个原始研究结果的统计分析步骤就是本章所要演示的元分析。本章将根据本人近年做过的元分析工作系统地介绍元分析模型的基本原理和最近发展起来的一些高级模型 (Carter et al.，2018；Alldred et al.，2015a；Nan et al.，2012；Hodgkinson et al.，2011；Singhal et al.，2010；Silva et al.，2008；Takwoingi et al.，2008)。

12.1 元分析模型基础

针对某研究问题的所有 k 个研究，我们可把第 i 个研究的结果记作 θ_i，然后我们计算出各个研究结果的加权平均数 θ_{IV} (公式 12.1)，θ_{IV} 就是对各个研究结果进行汇总的结果 (Deeks et al.，2008)。

$$\theta_{IV} = \frac{\sum w_i \theta_i}{\sum w_i}$$

12.1

公式 12.1 中的 w_i 是每个研究的权重，且 $w_i = \dfrac{1}{se(\theta_i)^2}$，即每个研究结果 θ_i 方差的倒数 (inverse-variance，IV)。通常样本量大的研究能够得到较大的权重。根据权重，我们也可以计算出汇总结果 θ_{IV} 的标准误 $se(\theta_{IV}) = \dfrac{1}{\sqrt{\sum w_i}}$，然后再计算出 θ_{IV} 值的置信间距和对 θ_{IV} 显著性进行统计推断，同时也可计算出表达各个研究结果离散程

度的统计量 Q：$Q = \sum w_i (\theta_i - \theta_{IV})^2$，并假定统计量 Q 服从自由度为 $df = k - 1$ 的 χ^2 分布。如果检验显著，就说明不同研究的结果间有显著的变异。但当所包括原始研究数量较少时，该统计结果有比较低的统计检验力，因此通常取 $p = 0.1$ 为显著性标准。元分析领域通常使用 I^2 统计量来直观表达各个研究间变异程度的大小，$I^2 = 100\% \times (Q - df)/Q$。如果 I^2 值为负，则取 0 值；因此 I^2 的取值范围为 $0 \sim 100\%$，$I^2 = 25\%$、50%、75% 分别表达离散程度的低、中、高三个类别（Higgins & Thompson，2002）。

公式 12.1 中，假定 k 个研究中的每个研究结果 θ_i 是固定的，因此公式 12.1 也叫固定效应（fixed effect）的元分析模型。实践中，我们也可以假定 k 个研究中的每个研究结果 θ_i 是相对于一个总体平均结果 θ 的随机参数并且把 θ_i 在各个研究间的变异记作 τ^2（Harris et al.，2009；DerSimonian & Laird，1986），则计算 τ^2 的公式为（公式 12.2）。

$$\tau^2 = \text{Max}\left[0, \frac{Q - (k-1)}{\sum w_i - \left[\dfrac{\sum w_i^2}{\sum w_i}\right]}\right] \qquad 12.2$$

公式 12.2 中的 Q 和 w_i 为固定效应元分析模型中相应的统计量。此时汇总各个研究结果的加权平均公式为（12.3）。

$$\theta_{DL} = \frac{\sum w'_i \theta_i}{\sum w'_i} \qquad 12.3$$

公式 12.3 中每个原始研究结果的权重为 w_i，计算公式为公式 12.4。

$$w'_i = \frac{1}{\text{SE}(\theta_i)^2 + \tau^2} \qquad 12.4$$

注意公式 12.4 计算权重 w'_i 时考虑了研究结果间的方差 τ^2。这种对结果进行汇总的方法就是元分析中的随机效应模型（random effect）。随机效应元分析模型汇总结果估计值的标准误也是权重总和平方根的倒数，即 $\text{se}(\theta_{DL}) = \dfrac{1}{\sqrt{\sum w'_i}}$。根据标准误 $\text{se}(\theta_{DL})$ 的估计值，我们可以构建随机效应模型汇总结果的置信间距和对其进行显著性检验。元分析的固定效应模型和随机效应对有待汇总的参数给予不同的假定，但实际研究中是使用固定效应模型还是随机效应模型汇总数据，目前还没有一个统一的定论，但比较一致的看法是如果汇总分析结果显示不同原始研究结果间的变异显著，则尽可能呈现、解释造成研究结果不一致的可能原因。譬如把原始结果分类，分别对不同类别的结果进行汇总，也可以通过原回归（meta regression）模型考察不同原始研究的特征对研究结果的影响（Thompson & Sharp，1999；Sutton et al.，2000）。本书后面将会附带介绍一些元回归的内容。

通过前面的公式我们可以看到，针对需要汇总的每个原始演示研究的参数 θ_i，我们需要该参数相应的标准误 $se(\theta_i)$ 才能进行加权平均。也就是说，实际研究中进行元分析需要通过两个步骤来进行，第一步是从原始研究中提取待汇总的参数值 θ_i 及其标准误 $se(\theta_i)$，第二步再选择固定效应模型或者随机效应模型对参数 θ_i 进行汇总。各种形式原始研究中的参数一般包括平均数、平均数差、百分比率、相关系数等类别。但报告中并不都是同时报告参数 θ_i 及其标准误 $se(\theta_i)$ 的。因此研究者在提取待汇总的参数时需要同时提取计算该参数标准误的信息，同时有很多原始报告的参数值不能直接被用来进行加权平均，需要先进行转换才能进行加权汇总。就常见的比较两组结果的研究来说，如果研究结果是二分变量，则可以从每个原始研究中提取出每个研究组各自事件的发生和不发生数，如果研究结果是连续变量，则可以从每个原始研究中提取出各个研究组的平均数和标准差（表 12-1-1）。

表 12-1-1　普通研究数据的提取

Study i	连续变量		二分变量		各组样本量
	平均数	标准差	发生	不发生	
干预组	m_{1i}	SD_{1i}	a_i	b_i	n_{1i}
对照组	m_{2i}	SD_{2i}	c_i	d_i	n_{2i}

然后根据原始研究所报告的效应量参数形式，根据表 12-1-1 中所提取的信息，进一步计算出每个原始研究 i 相应的效应量参数 θ_i 及其标准误 $se(\theta_i)$。表 12-1-2 是常用的参数 θ_i 及其标准误 $se(\theta_i)$ 的计算信息（Hox，2010；Raudenbush & Bryk，2002；张雷，等，2005；郭伯良 & 张雷，2004；郭伯良 & 张雷，2003a；郭伯良 & 张雷，2003b；郭伯良 & 张雷，2003c）。

表 12-1-2　常用的第 i 个原始研究中效应量参数转化公式及其标准误

参数类型	转换公式	转换值标准误	备注
百分数 p_i	$logit = \dfrac{p_i}{1-p_i}$	$\dfrac{1}{n_i p_i (1-p_i)}$	n_i 是计算 p_i 值的分母
相关系数 r_i	Fisher $z_i = 0.5 \times \ln\left(\dfrac{1-r_i}{1+r_i}\right)$	$\dfrac{1}{(n_i-3)}$	n_i 是计算 r_i 值的样本量
信度系数 Cronbach α_i	$Z_i = \ln(1-\mid \alpha_i \mid)$	$\dfrac{k_i}{2(k_i-1)(n_i-2)}$	k_i 是条目数，n_i 是样本量
优势比（Odds Ratio）OR_i	$\ln\left(OR_i = \dfrac{a_i d_i}{b_i c_i}\right)$	$\sqrt{\dfrac{1}{a_i}+\dfrac{1}{b_i}+\dfrac{1}{c_i}+\dfrac{1}{d_i}}$	a_i，b_i，c_i，d_i 是计算 OR_i 值时的分母
率差（Risk Difference）RD_i	$RD_i = \dfrac{a_i}{n_{1i}} - \dfrac{c_i}{n_{2i}}$	$\sqrt{\dfrac{a_i b_i}{n_{1i}^3}+\dfrac{c_i d_i}{n_{2i}^3}}$	a_i，b_i，c_i，d_i 是计算 RD_i 值时的分母

续表

参数类型	转换公式	转换值标准误	备注
率比（Risk Ratio）RR_i	$\ln\left(RR_i = \dfrac{a_i/n_{1i}}{c_i/n_{2i}}\right)$	$\sqrt{\dfrac{1}{a_i} + \dfrac{1}{c_i} - \dfrac{1}{n_{1i}} - \dfrac{1}{n_{2i}}}$	a_i，c_i 是计算 RR_i 值时的分母
均数差（Difference in mean）MD_i	$MD_i = m_{1i} - m_{2i}$	$\sqrt{\dfrac{SD_{1i}^2}{n_{1i}} + \dfrac{SD_{2i}^2}{n_{2i}}}$	n_i 是各组样本量
Cohen's d_i	$d_i = \dfrac{m_{1i} - m_{2i}}{s_i}$	$\sqrt{\dfrac{N_i}{n_{1i}n_{2i}} + \dfrac{d_i^2}{2(N_i - 2)}}$	$s_i = \sqrt{\dfrac{(n_{1i}-1)SD_{1i}^2 + (n_{2i}-1)SD_{2i}^2}{N_i - 2}}$
Hedges' g_i	$g_i = \dfrac{m_{1i} - m_{2i}}{s_i}\left(1 - \dfrac{3}{4N_i - 9}\right)$	$\sqrt{\dfrac{N_i}{n_{1i}n_{2i}} + \dfrac{g_i^2}{2(N_i - 3.94)}}$	
Glass's Δ_i	$\Delta_i = \dfrac{m_{1i} - m_{2i}}{SD_{2i}}$	$\sqrt{\dfrac{N_i}{n_{1i}n_{2i}} + \dfrac{\Delta_i^2}{2(n_{2i} - 1)}}$	

注：$N_i = n_{1i} + n_{2i}$。

进行元分析的统计过程实际上就是一个计算加权平均的过程。数学背景的研究者自己可以不用软件对有关参数进行汇总。本书所涉及的几种软件，使用 Mplus 可通过结构方程模型技术进行元分析（Cheung & Chan，2005；Cheung & Chan，2008；Cheung，2008；Cheung，2003），使用 SPSS 则可调用有关研究者自己编写的宏命令或者购买其专用的元分析软件，但网上可下载的宏命令相当复杂。当前版本的 SPSS 和 Mplus 都只能进行普通的数据汇总，使用 MLwiN 可进一步拟合高级的元分析模型。STATA 则是当前应用统计领域内最受欢迎的进行元分析的统计软件，因此本章元分析模型的演示主要通过 STATA 来进行（Sterne et al.，2016；Harris et al.，2009）。

STATA 的元分析命令及时包括了几乎所有的元分析领域最新的方法学进展（Harris et al.，2009；Sterne et al.，2016）。最基本的元分析命令就是 metan，使用该命令可对很多类型的参数进行汇总（Harris et al.，2009），而且能够根据每个原始研究中的数据自动计算有关参数及其标准误，也就是说只要从每个原始研究中提取出表 12-1-1 所示的数据信息，metan 命令就能自动把表 12-1-2 中的相应参数计算出来并进一步进行汇总。下面我们就演示使用 STATA 的 metan 命令进行普通元分析的步骤。

如果你第一次使用 metan 命令，需要先通过 ssc install metan 命令安装 metan 软件包。安装结束后，就可以通过帮助文件查看有关 metan 命令的具体命令格式、例子和详细的功能等有用的信息。如果需要汇总某干预措施的效果，在数据提取阶段从每个原始研究提取了实验组（t）和对照组（c）各自的平均数（mean）、标准差（sd）以及被试人数（sample），metan 能自动计算出每个原始研究中的实验组和对照组的标准化差异值及其标准误，然后使用随机或固定效应模型进行汇总。

本例演示的数据为 metan 的自带数据。

usehttp://fmwww.bc.edu/repec/bocode/m/metan_example_data,clear

使用 metan 直接对数据信息进行元分析的命令和结果输出如下。

```
. metan tsample tmean tsd csample cmean csd, random

       Study  |     SMD    [95% Conf. Interval]      % Weight
--------------+----------------------------------------------
1             |   0.292      0.027      0.557          5.97
2             |  -0.078     -0.350      0.195          5.87
3             |   0.008     -0.361      0.376          4.64
4             |  -0.066     -0.396      0.264          5.10
5             |  -0.021     -0.402      0.360          4.50
6             |  -0.254     -0.531      0.022          5.82
7             |   0.203     -0.128      0.534          5.09
8             |  -0.136     -0.892      0.620          1.87
9             |   0.279     -0.028      0.587          5.40
10            |  -0.519     -0.728     -0.309          6.76
11            |   0.528     -0.088      1.144          2.53
12            |   0.048     -0.321      0.417          4.63
13            |   0.012     -0.394      0.419          4.21
14            |   0.285      0.052      0.518          6.43
15            |   0.091     -0.146      0.328          6.37
16            |  -0.330     -0.753      0.093          4.04
17            |   0.024     -0.227      0.275          6.17
18            |   0.106     -0.290      0.503          4.32
19            |   0.155     -0.116      0.426          5.89
20            |   0.011     -0.381      0.403          4.37
--------------+----------------------------------------------
D+L pooled SMD|   0.025     -0.092      0.141        100.00
--------------+----------------------------------------------

  Heterogeneity chi-squared =  49.73  (d.f. = 19 )  p = 0.000
  I-squared  (variation in SMD attributable to heterogeneity ) =  61.8%
  Estimate of between-study variance Tau-squared =  0.0409
  Test of SMD=0 : z=   0.41 p = 0.680
```

该结果输出为转化过的结果，SMD(standardised mean difference)就是每个原始研究的标准化组间差，D+L pooled SMD 为使用随机效应模型对所有原始研究结果进行汇总的结果(缺省的模型是固定效应模型)，输出结果的最下部是对研究结果离散程度进行检验的结果 $\chi^2=49.73$，$\mathrm{d}f=19$，$p=0.000$，$I^2=61.8\%$，显示不同原始研究结果间有较大程度的变异，且 $\tau^2=0.0409$。对汇总结果显著性的检验结果显示，实验组和对照组的差异不显著 $z=0.41$ $p=0.680$，即汇总的 SDM=0.009 和 0 值没有差异。metan 命令同时自动输出元分析报告中通常需要包括的丛林图(forest plot)(图 12-1-1)。

使用 metan 命令有关选项除了可以对不同研究数据进行直接汇总外，还可进行分组元分析和绘制更加复杂的丛林图。有兴趣的读者请参考 metan 命令的帮助文件中的实例。metan 命令在汇总各个原始研究的结果时，还把每个原始研究的效应量(_ES)及其标准误(_seES)保存到数据中了，有兴趣的读者请自行运行命令 metan _ES _seES 并查看输出结果。metan 命令的这个功能使研究者在使用 metan 命令进行元分析时通常不需要自己计算每个原始研究的参数 θ_i 及其标准误 $se(\theta_i)$。这样除了能够帮助研究者加快运算过程外，还能有效地减少计算过程中可能出现的人为错误以及使用这两个参数信息进一步进行其他运算。

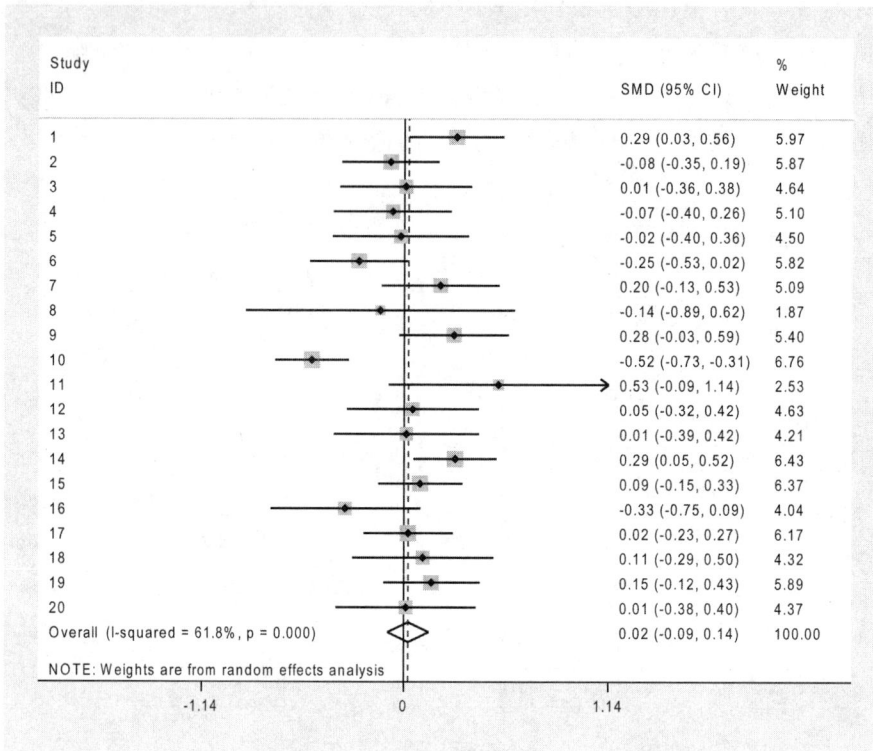

图 12-1-1 元分析的丛林图

12.2 基于多水平技术的元分析模型

元分析可以看作多水平分析的一个特例（Hox，2002；Raudenbush，2002），就元分析中所分析的各个原始研究结果的数据结构来看，元分析模型使用的数据可以被认为是一个多水平结构的数据，各研究中的被试被看作第一水平单位，各个研究可被看作第二水平单位。我们可以通过建立一个多水平模型来探讨水平二（各个研究）的特征对研究结果的影响。使用多水平分析技术，我们可以很方便地把各个研究的特征作为第二水平的自变量加入模型的方程中，从而探讨这些特征对因变量的影响及各研究结果变异的影响。

如果不考虑各研究特征对研究结果的影响，则基本的研究结果分析模型可以被写为（公式 12.5）。

$$\theta_j = \delta_j + e_j \qquad\qquad 12.5$$

公式 12.5 中的 θ_j 是第 j 个原始研究的研究结果，即第 j 个原始研究的效应量，δ_j 是该研究结果相应的总体参数值；e_j 是第 j 个原始研究的抽样误差，并且假定 e_j 服从方差是 σ_j^2 的正态分布。在这里我们假定各个研究的结果 δ_j 在各个研究之间是随机变异的，并且是各研究特征的函数，我们可以建立下面的方程（公式 12.6）。

$$\delta_j = \beta_0 + \beta_1 z_{1j} + \beta_2 z_{2j} + \cdots + \beta_p z_{pj} + \mu_j \qquad 12.6$$

公式 12.6 中的 Z 是各个原始研究的特征（第二水平的解释变量）；P 为水平二解释变量的个数；μ_j 是水平二的残差项，我们假定 μ_j 服从方差为 σ_μ^2 的正态分布。合并上述两个方程，我们得到下面的完整方程（公式 12.7）。

$$\theta_j = \beta_0 + \beta_1 z_{1j} + \beta_2 z_{2j} + \cdots + \beta_p z_{pj} + \mu_j + e_j \qquad 12.7$$

方程中各参数的解释意义与前面一样。如果方程中没有水平二的解释变量，则方程就还原为基本的截距模型（公式 12.8）。

$$\theta_j = \beta_0 + \mu_j + e_j \qquad 12.8$$

此时的 β_0 就是所有研究结果的平均数，μ_j 的方差 σ_μ^2 是各研究结果分布的方差，表明各研究结果的离散情况。这样，对各个研究结果同质性（homogeneous）的检验就等同于对误差项 μ_j 的方差 σ_μ^2 是否等于 0 的检验，即对 τ^2 值的显著性进行检验。如果 σ_μ^2 显著不为 0，则说明各研究结果间有较大程度的差异，各研究结果是异质（heterogeneous）的，我们就可以进一步把水平 2 的变量（各研究的特征）拟合到方程中探察它们对水平 2 变异的解释程度。通过多水平技术进行元分析还可以把模型扩展到多个水平的情况。

下面演示如何用 MLwiN 软件通过多水平模型进行元分析计算（Hox，2010；郭伯良 & 张雷，2003a；郭伯良 & 张雷，2003b；郭伯良 & 张雷，2003c；郭伯良 & 张雷，2004；Lambert & Abrams，1995）。使用第一节演示 metan 命令后的数据中的效应量 _ES 及其标准误 _seES，在 MLwiN 的方程建构窗口进行如下的模型设定。

（1）方程中的因变量为各个研究的效应量 _ES；

（2）模型为两水平模型，水平二的单位 标识符为各研究的编号；

（3）水平二的单位标识符为常量 CONS（数值为 1）；

（4）通过 Add Term 按钮添加常量 CONS 在方程中的固定部分并被设定为仅仅在水平二随机；

（5）通过 Add Term 按钮添加各个效应量的标准误变量 _seES 进入方程被设定为仅仅在水平一随机。

通过菜单 Model—>Constrain Parameters 命令把水平一的方差限定为 1（图 12-2-1 左侧），并点击图 12-2-1 界面下部的 attach random constraints 按钮。回到模型方程界面运行该模型得到的模型结果如图 12-2-1 右侧所示。

运行结果显示这 20 个研究的汇总平均数为 0.024(0.055)，各个研究结果间的变异(τ^2)估计值为 0.032(0.019)。请读者自行通过检验水平二方差的显著性。如果希望考察各个原始研究特征的影响作用，只需把这些特征变量添加进模型即可。具体步骤和构建普通多水平模型的步骤一样。例如，本例中的研究数不多，估计方法可选择 RIGLS。使用多水平技术进行元分析可以得到研究间方差的估计值和标准误，传统元分析方法模型则只能输出 τ^2 值一个参数。同时研究者还可以调用贝叶斯算法进行更加复杂的元分析等。就本书所介绍的软件来说，使用目前版本的 STATA 还不能通过

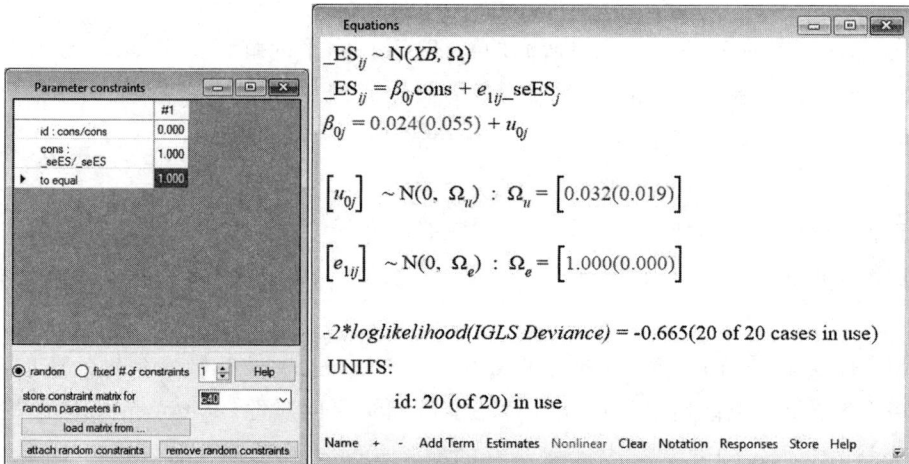

图 12-2-1　模型的第一水平残差被限制为 1 的设定和模型估计结果

多水平模型进行元分析。针对需要同时汇总多个效应量的多变量元分析（multivariate meta-analysis），使用 STATA 的 mvmeta 命令可对多个效应量进行汇总并且能考察研究水平上的变量对汇总结果的影响（White & Sterne，2009）。但该命令的当前版本也仅限于普通的元分析数据，如果所要汇总的数据有更多的水平数，则可通过 MLwiN 的多元多水平模型来进行（Hox，2010），具体的模型设定请参考 MVML 模型章节和本章限制第一水平方差参数的步骤。使用 STATA 的 runmlwin 命令则需通过 STATA 的 constraint 命令限制第一水平的方差参数为 1（Leckie & Charlton，2013）。

```
constraint define 1  [RP1]var (_seES ) = 1
```

命令中的[RP1]表示第一水平的方差参数。运行该命令的结果输出如下。

```
sort id cons
* Fit meta analysis model under MLM framework
runmlwin _ES cons, ///
  level2 (id: cons )  ///
  level1 (id: _seES )  ///
  constraints (1 )  ///
  nopause igls

 ( 1 )  [RP1]var (_seES ) = 1
MLwiN 3.2 multilevel model                    Number of obs    =        20
Normal response model
Estimation algorithm: IGLS

----------------------------------------------------------
             | No. of      Observations per Group
Level Variable |  Groups    Minimum   Average    Maximum
---------------+------------------------------------------
          id |    20           1        1.0          1
----------------------------------------------------------

Run time (seconds )   =      0.71
Number of iterations =        6
Log likelihood        = .33246551
Deviance              = -.66493103
----------------------------------------------------------
       _ES |   Coef.   Std. Err.     z    P>|z|    [95% Conf. Interval]
-----------+----------------------------------------------
```

```
      cons |   .0235299    .055386     0.42   0.671    -.0850247    .1320845
------------------------------------------------------------------------------


------------------------------------------------------------------------------
  Random-effects Parameters |   Estimate   Std. Err.    [95% Conf. Interval]
-----------------------------+------------------------------------------------
Level 2: id                  |
                 var (cons ) |   .0321103    .018643     -.0044292    .0686499
-----------------------------+------------------------------------------------
Level 1: id                  |
                 var (_seES) |         1          0             1           1
------------------------------------------------------------------------------
```

请读者自行练习使用 RIGLS 估计方法运行模型并查看输出结果。

12.3　用原始数据进行元分析

12.3.1　所有原始研究都有原始数据

随着计算机技术的发展和互联网的广泛应用，普通研究人员能够越来越方便地直接对原始研究的所有原始数据进行再分析汇总。这种对原始研究的数据直接进行汇总再分析的模型就是元分析领域内所说的个体数据（individual patient data，IPD）元分析的过程（Abo-Zaid et al.，2013；Riley et al.，2010；Jones et al.，2009；Riley et al.，2008）。通过前面章节的学习，我们可以很容易理解 IPD 元分析的数据结构就是一个典型的多水平的数据结构，每个原始的研究可以看作高水平的单位。如果原始研究是单水平模型，则 IPD 元分析中的每个原始研究就是一个第二水平的单位。如果原始研究是有 k 个水平的多水平模型，则 IPD 元分析中的每个原始研究就是一个 $k+1$ 水平的单位。目前 IPD 元分析的数据汇总方式有两种：两步法和一步法。两步法就是先对每个原始研究的数据分别进行分析得到各个原始研究的效应量估计值，然后再使用传统的加权平均方法对所有的效应量估计值进行汇总。这种方法其实就是先用原始数据分别重复每个原始研究的分析模型，然后再进一步汇总这些结果。因为这种方法在估计研究中的各个参数时忽略了 IPD 元分析数据中的层次结构，并且不能充分利用个体水平上的数据信息，因此本书就不再单独演示该方法。有兴趣的读者可自行练习使用 STATA 的 ipdmetan 命令并查看输出结果（Fisher，2015）。IPD 元分析的一步法是对所有数据在多水平模型框架下进行分析，但目前该分析方法还是方法学研究上的热门。如何在多水平框架下对 IPD 数据进行分析没有统一的定论。如果要汇总变量 x 对 y 的作用，常用的 IPD 元分析一步法模型为公式 12.9[①]（Riley et al.，2010）。

$$y_{ij} = \alpha_j + (\beta + \mu_j)x_{ij} \qquad\qquad 12.9$$

公式 12.9 中的 y_{ij} 是第 j 个原始研究中第 i 个个体的测量值，α_j 是第 j 个原始研究的截距项，β 是汇总的结果，μ_j 是第 j 个原始研究的效应量和汇总结果 β 的差值。

[①]　https://www.stata.com/meeting/uk13/abstracts/materials/uk13_fisher.pptx.

如果模型 12.9 中不包括 μ_j 项，则该元分析模型就是固定效应模型。对参数 α_j 的估计方法目前还有争论，有人认为应该把每个研究的编号包括进模型，即把研究编号变量当作分类协变量从而估计每个研究的截距参数，也有人建议使用随机截距模型对 α_j 进行估计，即估计平均截距及其在原始研究间的方差。本人参与的一项在该方面的研究显示在 IPD 元分析模型中使用多水平模型估计各个参数结果比较好（Abo-Zaid et al.，2013），因此本书建议使用多水平模型估计各个原始研究对因变量的特定作用。

公式 12.9 中并没有涉及残差成分，实际上对 IPD 元分析模型中的残差参数进行估计的方法也是一个热点研究问题。有研究者建议分别估计每个原始研究的残差（Riley et al.，2010），但也有研究者建议使用普通的多水平模型估计一个残差参数即可（杨珉 & 李晓松，2007；Burke et al.，2017）。研究中分别估计各个原始研究残差的模型为公式 12.10。

$$y_{ij} = \alpha_j + (\beta + \mu_j)x_{ij} + e_{ij}$$
$$e_{ij} \sim N(0,\ \sigma_j^2)$$

12.10

公式 12.10 中的参数含义和公式 12.9 中一样。公式中的 e_{ij} 是模型中 j 个原始研究中第 i 个个体残差，σ_j^2 是第 j 个原始研究中个体残差 e_{ij} 的方差。这一点和普通多水平模型假定中的残差恒定不同。当然公式 12.10 中的残差 e_{ij} 的方差也可以被假定为在各个原始研究间恒定，即 $e_{ij} \sim N(0,\ \sigma^2)$。具体应用中，应该选用哪种假定目前尚未有一致的结论。研究者在实际研究中可根据研究的对象和数据拟合情况做出取舍。本人建议比较不同模型的估计结果以比较根据不同结果所得统计推断的稳健性。

下面使用 MLwiN 自带数据中的例子演示如何使用 STATA 和 MLwiN 运行一步法 IPD 元分析模型（Rasbash et al.，2016）。假定要汇总儿童性别对学习成绩的影响作用，我们得到了 30 个包括学生性别（girl）和学习成绩（normexam）信息的原始研究数据（MLwiN 软件 tutorial 数据中的 school 编码 1～30），数据文件名为 ipd30。因为部分学校是男校或者是女校，如果使用两部法的 IPD 元分析，则无法得到每个男校或者女校数据中的性别回归参数。因此，如果使用两步法 IPD 汇总数据，则只有 17 所学校的数据被包括进分析之中。ipdmetan 命令会自动选择这 17 学校的数据进行两步法汇总并输出丛林图。

```
ipdmetan, study (school ) :reg normexam i.girl
-----------------------------------------------------------------
School ID         | Effect   [95% Conf. Interval]   % Weight
------------------+----------------------------------------------
1                 |  0.401   -0.121     0.923         3.81
3                 |  0.113   -0.416     0.642         3.71
                        (请读者自行查看输出结果 )
26                |  0.284   -0.112     0.681         6.58
28                |  0.279   -0.038     0.597        10.28
------------------+----------------------------------------------
Overall effect    |  0.291    0.189     0.392       100.00
-----------------------------------------------------------------

Test of overall effect = 0:  z =   5.594  p = 0.000

Heterogeneity Measures
-----------------------------------------------------------------
```

```
                        |    Value     df       p-value
--------------------+--------------------------------------------
Cochran's Q         |    13.39      16       0.644
I² (% )             |            0.0%

Modified H²         |    0.000
tau²                |    0.0000
--------------------+--------------------------------------------

I² = between-study variance  (tau² )  as a percentage of total variance
Modified H² = ratio of tau² to typical within-study variance
```

注意这里只有 17 所学校的数据被包括进分析之中。男校或者女校的数据不能被包括进模型中。因为从这些学校各自的数据中无法得到男女比较的结果。例如，school2 是女校，对该校数据的回归分析结果显示性别的作用无法估计。

```
. reg normexam i.girl if school==2
note: 1.girl omitted because of collinearity

      Source |       SS           df      MS        Number of obs  =        55
-------------+----------------------------------    F (0, 54)      =      0.00
       Model |          0            0      .        Prob > F       =        .
    Residual |  89.0946975          54  1.64990181   R-squared      =    0.0000
-------------+----------------------------------    Adj R-squared  =    0.0000
       Total |  89.0946975          54  1.64990181   Root MSE       =    1.2845

-----------------------------------------------------------------------------
    normexam |     Coef.   Std. Err.      t    P>|t|     [95% Conf. Interval]
-------------+---------------------------------------------------------------
      1.girl |         0  (omitted )
       _cons |  .7831021   .1731999     4.52   0.000     .4358571    1.130347
-----------------------------------------------------------------------------
```

在本章的 STATA 命令中，作者已经创建了 17 所学校各自数据中性别作用的汇总数据（文件名：ADresults），运行命令 metan ES se_ES, nograph 得到的结果输出和上述

$$\text{ipdmetan, study (school) :reg normexam i.girl}$$

的结果输出完全一致。如果使用一步法模型，则本节所述的基于不同假定的模型数据拟合结果输出如下。

```
estimates stats *aj*
--------------------------------------------------------------------------------
      Model |   Obs   ll (null )   ll (model )     df       AIC         BIC
------------+-------------------------------------------------------------------
 faj_sme_fef |  2, 131  -3030.893    -2809.31       31     5680.62    5856.215
 faj_sme_ref |  2, 131      .         -2809.31       33     5684.62    5871.544
 faj_dfe_fef |  2, 131      .         -2757.689      61     5637.377   5982.902
 raj_sme_fef |  2, 131      .         -2865.95        4     5739.901   5762.558
 raj_sme_ref |  2, 131      .         -2865.95        5     5741.901   5770.223
 raj_dfe_fef |  2, 131      .         -2814.985      33     5695.971   5882.894
 raj_dfe_ref |  2, 131      .         -2814.985      33     5695.971   5882.894
--------------------------------------------------------------------------------
Note: N=Obs used in calculating BIC; see [R] BIC note.
```

拟合结果输出中的 Model 一栏 faj 表示每个学校的截距 α_j 是模型中的固定参数，raj 表示每个学校的截距 α_j 是模型中的随机参数（random α_j），sme 表示每个学校的残差 e_{ij} 的方差等同（same error），dfe 表示每个学校的残差 e_{ij} 有自己的方差（difference error），fef 表示固定效应模型，ref 表示随机效应模型。输出结果也显示使用一步法模型，全部 30 所学校的数据都被包括进分析之中。具体各个模型的估计结果如下。

```
+----------------------------------+
|     model      girl    Se_girl |
|----------------------------------|
1. | faj_sme_fef   .2919772   .0540025 |
2. | faj_dfe_fef   .2914203   .0514391 |
3. | faj_sme_ref   .2919772   .0536082 |
4. | raj_sme_fef   .2879896   .0528511 |
   |                                  |
5. | raj_sme_ref   .2879896   .0528511 |
6. | raj_dfe_fef   .2881113   .0508253 |
7. | raj_dfe_ref   .2881114   .0508253 |
+----------------------------------+
```

如果查看每个模型的原始输出结果，可以看到性别的作用在不同学校的变异几乎为 0。下面是随机截距、固定效应、学校特定残差模型的结果输出。

```
. mixed normexam i.girl || school:, residuals (independent, by (school )  )

Mixed-effects ML regression              Number of obs     =     2, 131
Group variable: school                   Number of groups  =         30

                                         Obs per group:
                                                      min =         28
                                                      avg =       71.0
                                                      max =        198

                                         Wald chi2 (1 )     =      32.13
Log likelihood = -2814.9853              Prob > chi2       =     0.0000

-----------------------------------------------------------------------
   normexam |    Coef.   Std. Err.      z    P>|z|   [95% Conf. Interval]
------------+----------------------------------------------------------
     1.girl |  .2881113   .0508253    5.67   0.000   .1884957    .387727
      _cons | -.1461895   .0880256   -1.66   0.097  -.3187166   .0263376
-----------------------------------------------------------------------


-----------------------------------------------------------------------
Random-effects Parameters  |  Estimate   Std. Err.    [95% Conf. Interval]
---------------------------+-------------------------------------------
school: Identity           |
               var (_cons ) |  .1892023   .0528244    .1094649   .3270227
---------------------------+-------------------------------------------
Residual: Independent,     |
   by school               |
             1: var (e ) |  1.210065   .2017745    .8727169   1.677814
             2: var (e ) |  1.653576   .3188064    1.13322    2.412872
             3: var (e ) |  .9268209   .1843708    .6275781   1.368749
                 省略部分输出，请读者自行练习查看
            28: var (e ) |  .365081    .0691027    .2519262   .5290602
            29: var (e ) |  .5550815   .0888454    .4056159   .7596238
            30: var (e ) |  1.721442   .3789291    1.11821    2.650095
-----------------------------------------------------------------------
LR test vs. linear model: chi2 (30 ) = 404.06         Prob > chi2 = 0.0000
```

因为一步法模型就是普通的多水平模型，因此本章就不再演示更多的例子了，请读者自行运行本章的有关命令并且查看输出结果。根据研究需要和研究实际，研究者可把一步法模型进一步扩展到更多水平、包括更多变量诸如多个自变量、不同因变量等情况的模型。有关模型构建的步骤就是一般的多水平模型的进一步扩展，请读者参考本书前面章节中的内容。

因为一步法模型就是普通的多水平模型，因此如何使用 MLwiN 拟合上述各种模型的步骤，本书不再过多演示。只是演示如何设置残差方差在不同学校间不同的步骤。打开数据后把学校编码变量 school 设置为分类变量，并建立一个以学校为第二水平单位的两水平模型，设置常量 cons 的系数在学校和学生水平上随机，自变量 girl

的系数为固定效应，然后把学校作为自变量添加到模型中去(图 12-3-1)。

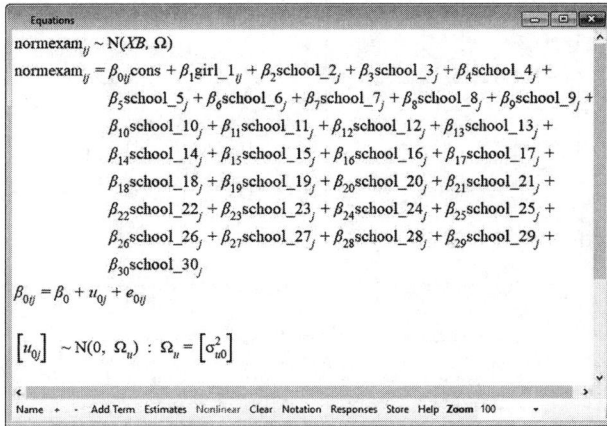

图 12-3-1　包括学校在两水平模型中

在如图 12-3-1 所示的模型设定中用鼠标单击方程中的 β_2 school $\_2_j$，在弹出的对话框(图 12-3-2)中设定其系数不被包括在模型的固定部分但在第一水平随机。然后按此步骤把所有学校的指标变量设置成只包括在模型的第一水平。

每个学校残差方差不同的模型设定完成后的方程应该为图 12-3-2 所示。

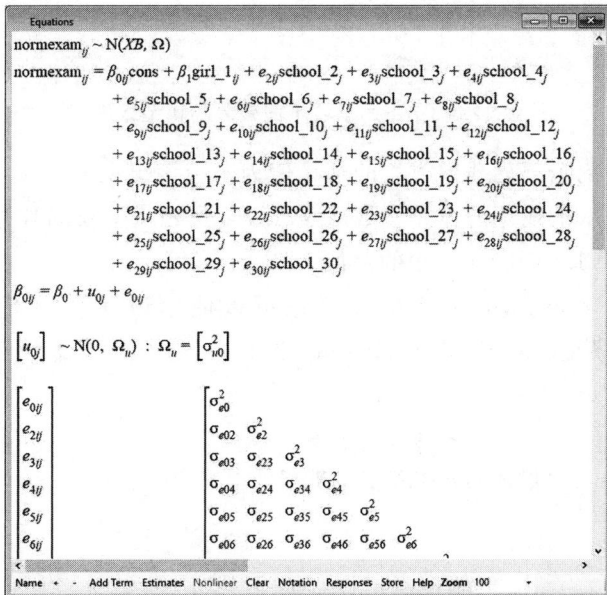

图 12-3-2　设定学校残差方差不同的模型

图 12-3-2 所示的残差方差协方差矩阵中的所有协方差参数应该被限制为 0，用鼠标点击 σ_{e02}^2，在弹出的对话框中选择 yes 按钮后，参数 σ_{e02}^2 就变为 0。重复此步骤把模型水平一残差协方差矩阵中所有协方差参数设定为 0。残差方差协方差矩阵中的所有协方差参数设定为 0 后如公式 12.11 所示。

$$
\begin{bmatrix} e_{0ij} \\ e_{2ij} \\ e_{3ij} \\ \vdots \\ e_{29ij} \\ e_{30ij} \end{bmatrix} \sim \mathrm{N}(0,\ \Omega_e): \Omega_e = \begin{bmatrix} \sigma_{e0}^2 & & & & & \\ 0 & \sigma_{e2}^2 & & & & \\ 0 & 0 & \sigma_{e3}^2 & & & \\ \vdots & \vdots & \vdots & \ddots & & \\ 0 & 0 & 0 & 0 & \sigma_{e29}^2 & \\ 0 & 0 & 0 & 0 & 0 & \sigma_{e30}^2 \end{bmatrix}
$$

12.11

运行该模型的结果输出如图 12-3-3 所示。

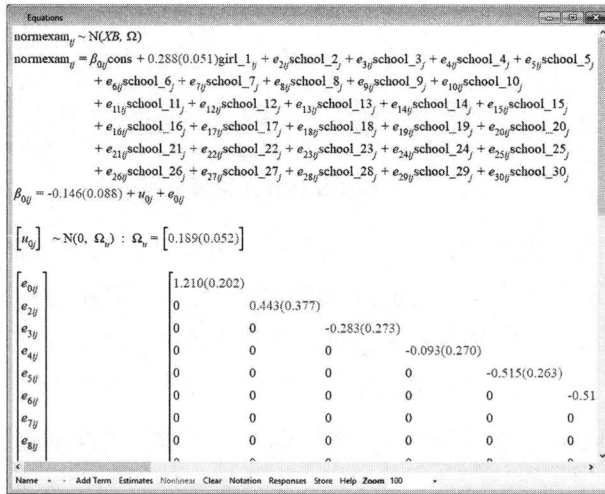

图 12-3-3 不同学校不同残差的模型输出

读者可能注意到了部分残差方差的估计值为不应该出现的负值，实际上当前模型结果输出中的第一水平残差的方差参数从 σ_{e2}^2 到 σ_{e30}^2 是相应学校的残差方差和第一所学校的残差方差（$\sigma_{e0}^2 = 1.210(0.052)$）的差值。

熟悉 STATA runmlwin 命令的读者也可以使用该命令从 STATA 内部调用 MLwiN 运行有关模型（Leckie & Charlton，2013）。运行如下命令可得到图 12-3-5 所示的结果。

```
. tab school, gen (sch_ )    /*创建学校ID指示变量*/
. set matsize 10000 /*增加STATA缺省的能够处理的变量个数*/
. set emptycells drop

. runmlwin normexam cons girl , ///
       level2 (school: cons ) level1 (student: cons sch_2-sch_30, diagonal )   nopause

MLwiN 3.2 multilevel model                        Number of obs      =      2131
Normal response model
Estimation algorithm: IGLS


-----------------------------------------------------------
               |   No. of       Observations per Group
Level Variable |   Groups    Minimum    Average    Maximum
---------------+-------------------------------------------
        school |       30         28       71.0        198
-----------------------------------------------------------
```

```
Run time   (seconds )   =       2.82
Number of iterations =      5
Log likelihood     = -2814.9853
Deviance       =   5629.9706
---------------------------------------------------------------------
   normexam |    Coef.    Std. Err.     z     P>|z|    [95% Conf. Interval]
------------+--------------------------------------------------------
      cons |  -.1461895   .0880254   -1.66   0.097   -.3187162   .0263372
      girl |   .2881113   .0508253    5.67   0.000    .1884956   .3877269


---------------------------------------------------------------------
   Random-effects Parameters |   Estimate   Std. Err.    [95% Conf. Interval]
------------------------------+--------------------------------------
Level 2: school              |
               var (cons)    |   .1892011   .0524869     .0863287   .2920736
------------------------------+--------------------------------------
Level 1: student             |
               var (cons)    |   1.210083   .2016719    .8148136   1.605353
               var (sch_2 )  |   .4434928   .3767085   -.2948422   1.181828
               var (sch_3 )  |  -.283262    .2726802   -.8177052   .2511813
               var (sch_4 )  |  -.093335    .2695305   -.6216051   .4349352
                           此处省略部分结果输出
               var (sch_29 ) |  -.655002    .22039     -1.086958  -.2230455
               var (sch_30 ) |   .5113569   .4302476   -.3319129   1.354627
---------------------------------------------------------------------
```

与直接使用 MLwiN 软件相比，命令中的 diagonal 选项自动设定水平一的方差协方差矩阵中的协方差元素为 0。其他模型的各项设定请读者参考前述章节的内容自行练习。

12.3.2　部分原始研究有原始数据

尽管当今从事元分析研究的研究者能够得到越来越多的原始研究数据，但实际上那些发表得比较早的研究的原始数据因为各种原因是无法得到的。这样针对某一个元分析专题，从事元分析研究的研究人员就只能有部分可用的 IPD 数据和部分汇总（aggregated data，AD）的数据。如何把这两种数据整合起来是 IPD 元分析一步法中的另一种对数据进行汇总的模型。

就本章演示的性别对成绩的影响作用的 30 个学校的数据来说，如果其中的 5 所学校没有原始数据，只有性别作用的估计值和有关学校水平上的变量，则分析中需要在同一模型中从 IPD 数据中估计出性别的作用，然后和只有性别作用的学校数据（AD）汇总得到一个总体平均的性别作用的估计值。在具体的原始数据中，y_{ij} 是原始数据中第 j 个学校第 i 个学生的考试成绩 normexam$_{ij}$，性别变量 girl（女生＝1，男生＝0）就是数据中第 j 个学校第 i 个学生的性别标识变量，变量名为 student，当然原始数据中的其他变量也被包括在数据中。模型需要估计性别对考试成绩的影响作用 θ_j。在汇总数据中，我们只有每个学校的性别对考试成绩的影响作用 θ_j 和其标准误 se_θ_j，以及学校水平上的有关变量信息。分析这样混合类型的数据需要对数据首先进行整理并且合并在一个数据中，具体步骤如下。

（1）假定汇总（AD）数据是只有一个学生的学校原始数据，这样就把汇总数据中性别作用变量重命名为 normexam，即 IPD 数据中的因变量名称。同时创建学生标识变量 student＝1、学生性别变量 girl＝1。然后把整理后的汇总数据和其他 25 个学校的原始数据合并到一个数据。

（2）在合并后的数据中，新创建两个标识数据类型的变量 z_{ipd} 和 z_{ad}，具体每个变量的赋值为 $z_{ipd} = \begin{cases} 1, & \text{if IPD} \\ 0, & \text{if AD} \end{cases}$，$z_{ad} = \begin{cases} 0, & \text{if IPD} \\ 1, & \text{if AD} \end{cases}$。

（3）把汇总数据标识变量 z_{ad} 和 se_θ_j 相乘创建一个新变量 se_Z_{ad}。因为 IPD 数据中没有 se_θ_j 变量信息，因此 se_Z_{ad} 在所有的 IPD 数据行均为缺失值。把这些缺失值全部替换为 0。

（4）如果同类型数据，特别是 IPD 类别数据有其他自变量需要包括进模型，则需要把该自变量和数据类型标识变量相乘后的乘积项添加到方程中去。例如，学生各自的阅读成绩需要和 z_{ipd} 相乘后才能添加到模型中去。但学校水平上的变量不需要通过任何变换可直接被包括进模型，因为这种变量是每种数据类型共有的变量。

转换后的数据信息（文件名：ipd25＿5AD）如下。

```
     +------------------------------------------------------------------+
     |  school   student   normexam    SE_zad   girl   z_ipd   z_ad |
     |------------------------------------------------------------------|
  1. |     1        1      .2613245       0       1      1       0  |
  2. |     1        2      .1340668       0       1      1       0  |
 74. |     2        1      1.57922        0       1      1       0  |
 75. |     2        2      1.240533       0       1      1       0  |
                          此处省略部分输出
1573. |    24        1      .2613245       0       0      1       0  |
1574. |    24        2      1.900335       0       0      1       0  |
1610. |    25        1     -.8526701       0       1      1       0  |
1611. |    25        2     -.3388416       0       1      1       0  |
1683. |    27        1      1.310142       0       0      1       0  |
     |------------------------------------------------------------------|
1684. |    27        2      .0043218       0       0      1       0  |
1722. |    29        1      .5443409       0       1      1       0  |
1723. |    29        2     -.6230507       0       1      1       0  |
1801. |    30        1      .1340668       0       1      1       0  |
1802. |    30        2      .3280722       0       1      1       0  |
     |------------------------------------------------------------------|
1843. |    20      20020     .0491699    .2778015   1      0       1  |
1844. |    22      22022     .2281964    .1886268   1      0       1  |
1845. |    23      23023    -.2426844    .4306769   1      0       1  |
1846. |    26      26026     .284384     .2024081   1      0       1  |
1847. |    28      28028     .2792352    .1619997   1      0       1  |
     +------------------------------------------------------------------+
```

数据中最后 5 行记录是只有汇总结果研究的数据信息。这样我们就可以建立一个普通的多水平模型来汇总性别对考试成绩的影响。该模型对 IPD 数据采用普通的多水平回归对性别作用进行估计，对汇总数据采用多水平框架下的元分析步骤对性别的作用参数进行整合，然后把来自这两种数据的结果进行进一步汇总以得到一个总体的性别作用参数。具体的模型构建步骤如下。

（1）设定学校和学生分别为模型的第二、第一水平单位，考试成绩 normexam 为因变量；

（2）添加 z＿ipd 变量进入模型的固定部分并设定其系数在学校水平和学生水平随机；

（3）添加性别变量 girl 进入模型并且设定系数为固定效应（固定效应元分析模型）；

（4）添加 SE＿zad 变量进入模型，但仅仅设定其系数仅仅在个体学生水平随机；同时通过本章第 12.2 节所示的步骤把该参数在第一水平的方差限定为 1。点击

Model—>Constrain Parameters 命令，在弹出的对话框中把水平一的方差参数 student：SE_zad/SE_zad 限定为 1。把该参数限制保存在任意一个空白列并点击 attach random constrain 按钮完成方差限制设定。同时把第一水平的协方差设定为 0。完成上述步骤后的模型方程如图 12-3-4 所示。

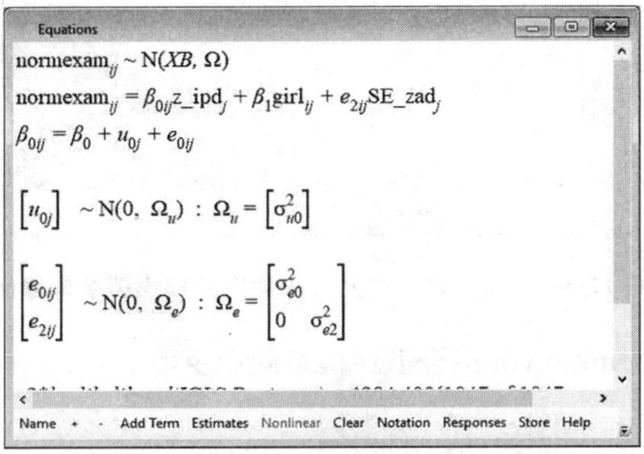

图 12-3-4　混合数据的元分析固定效应模型

在图 12-3-4 所示的模型方程中，我们可以整合方程为公式 12.12。

$$\text{normexam}_{ij} = z\_ipd_j \times (\beta_0 + \mu_{0j} + e_{0ij}) + \beta_1 \text{girl} + e_{2ij} \times \text{SE}\_zad_j \qquad 12.12$$

当 IPD 数据标识变量 $z\_ipd_j = 0$ 时，公式 12.11 就变成

$$\text{normexam}_{ij} = \beta_1 \text{girl} + e_{2ij} \times \text{SE}\_zad_j$$

注意这里只有汇总数据，并且性别效应量已经在数据整理中被重命名为 normexam。此时的模型就是一个基于多水平模型的汇总数据元分析模型。当 IPD 数据标识变量 $z\_ipd_j = 1$ 时，$\text{SE}\_zad_j = 0$，公式 12.12 就变成了

$$\text{normexam}_{ij} = \beta_0 + \beta_1 \text{girl} + \mu_{0j} + e_{0ij}$$

这就是一个全部数据都是 IPD 数据的一步法模型。

通过数据变换，公式 12.12 很巧妙地把基于全部 IPD 数据的模型和基于汇总数据的模型结合起来了。固定效应参数 β_1 是待汇总的性别作用效应量的总体平均参数。当前模型中，β_1 是固定效应参数，因此当前模型是元分析的固定效应模型。研究者可设性别的斜率参数 β_1 在研究水平上随机从而运行随机效应模型。当前模型中的 σ_{e0}^2 是 IPD 数据在学生水平上的残差，σ_{e2}^2 是各个原始汇总数据中效应量的残差方差。通过 $\sigma_{e2}^2 = 1$ 的参数限制，使得每个汇总数据中的效应量 θ_j 的残差方差等于其标准误的平方。β_0 是模型 IPD 数据部分的截距参数。运行该模型的结果输出如图 12-3-5 所示。结果显示对所有数据汇总的性别作用估计值为 0.284（se=0.051），即女生的成绩高于男生。

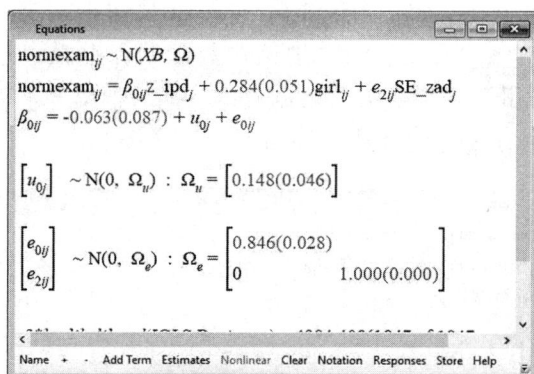

图 12-3-5 混合数据的元分析固定效应模型结果输出

使用 STATA 的 runmlwin 拟合上述模型的命令如下。

```
* Constrain level-1 variance to equal 1
constraint define 1 [RP1]var (SE_zad ) = 1
sort school student
* Fit meta analysis model under MLM framework with RIGLS
*combining x efefct
runmlwin normexam  z_ipd girl , ///
  level2 (school: z_ipd )  ///
  level1 (student: z_ipd SE_zad )  ///
  constraints (1 )  ///
  nopause igls
```

公式 12.12 演示的模型是要汇总模型中一个协变量的作用，在本例中就是需要汇总性别变量 girl 的系数。如果研究的目的是要对因变量直接汇总，例如，我们要汇总 30 所学校学生的考试成绩，数据 ipd25_5AD 中有 5 所学校只有其学校平均成绩（基于演示的目的，原数据中的每个学校的性别作用估计值被当成该校的平均考试成绩）。对于只有平均考试成绩的 5 所学校来说，我们按照基于多水平技术的元分析模型汇总这 5 所学校的平均考试成绩。

$$\text{normexam}_{ij} = \beta_1 + \mu_{1j} + e_{2ij} \times \text{SE\_zad}_j$$

对于有学生个体考试成绩的 25 所学校来说，我们建立一个普通多水平模型得到这 25 所学校的平均考试成绩。

$$\text{normexam}_{ij} = \beta_0 + \mu_{0j} + e_{0ij}$$

然后把两个模型分别乘各自的数据类型标识变量后合并到一个模型中得到公式 12.13。

$$\text{normexam}_{ij} = z\_\text{ipd}_j \times (\beta_0 + \mu_{0j} + e_{0ij}) + z\_ad_j \times$$
$$(\beta_1 + \mu_{1j} + e_{2ij} \times \text{SE\_zad}_j) \quad\quad 12.13$$

公式 12.13 根据数据类型的取值分别计算个体数据和汇总数据的平均值，但公式 12.13 并没有把个体数据的结果和汇总数据的结果进一步汇总成一个代表总体平均成绩的参数，因此我们需要在模型中包括一个代表总体平均成绩的参数 β_0，并设定其在学校水平随机（公式 12.14）。公式 12.14 中的随机项 μ_{0j} 就包括了公式 12.13 中的参数

z ＿ ad$_j \mu_{1j}$。

$$normexam_{ij} = \beta_{0j} + e_{1ij} z\_ipd_j + e_{2ij} SE\_zad_j$$

$$\beta_{0j} = \beta_0 + \mu_{0j}$$

$$\mu_{0j} \sim N(0, \ \sigma^2_{\mu 0}) \hspace{3cm} 12.14$$

$$\begin{bmatrix} e_{1ij} \\ e_{2ij} \end{bmatrix} \sim N(0, \ \Omega_e) : \begin{bmatrix} \sigma^2_{e1} & \\ 0 & \sigma^2_{e2} \end{bmatrix}$$

公式 12.14 中的 β_0 就是所有 30 所学校考试成绩的总平均数，$\sigma^2_{\mu 0}$ 是学生成绩在学校水平上的变异。σ^2_{e2} 和 σ^2_{e3} 是根据学生个体数据计算出学生成绩在学生水平上的变异以及根据汇总数据计算出来的残差方差，σ^2_{e3} 在模型估计中被固定为 1。具体的模型设定步骤如下。

（1）设定学校和学生分别为模型的第二、第一水平单位，考试成绩 normexam 为因变量；

（2）添加常量 cons 变量进入模型固定部分并设定其系数只在学校水平随机；

（3）添加 z＿ipd 变量进入模型并设定其系数只在个体学生水平随机；

（4）添加 SE＿zad 变量进入模型，但仅仅设定其系数仅仅在个体学生水平随机。同时通过本章第 2 节所示的步骤把该参数在第一水平的方差限定为 1。点击 Model—> Constrain Parameters 命令，在弹出的对话框中把水平 1 的方差参数 student：SE_zad/SE_zad 限定为 1（图 12-3-6）。把该参数限制保存在任意一个空白列并点击 attach random constrain 按钮完成方差限制设定。同时把第一水平的协方差设定为 0。

运行该模型得到如下的结果输出如图 12-3-6 所示。

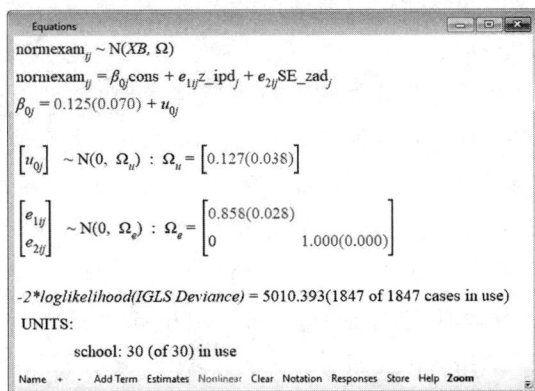

图 12-3-6　混合数据的元分析随机效应模型结果输出

因为我们在模型中设定学生的平均成绩在学校水平上随机，因此当前输出结果是随机效应模型的结果输出 $\beta_0 = 0.125$（se＝0.070），$\sigma^2_{\mu 0} = 0.127$（se＝0.038）。运行如公式 12.14 所示模型的 STATA runmlwin 的命令如下。

```
constraint define 1 [RP1]var (SE_zad )  = 1
sort school student
runmlwin normexam  cons , ///
  level2 (school: cons )  ///
  level1 (student: z_ipd SE_zad, diag )  ///
  constraints (1 )  ///
  nopause igls
```

公式 12.12 和公式 12.14 都可以延伸到有更高水平、包括更多协变量的情况。只是不同类型数据特别是 IPD 数据中的第一水平所独有的协变量在进入模型时要乘相应的数据类型标识变量后再被包括进模型方程中去。其他有关模型的构建、拟合步骤及原则，请参考对普通多水平模型的基本要求和建议。

本节简要演示了 IPD 数据元分析的基本模型，IPD 数据元分析模型在方法学上是一个快速发展但尚有很多未定论的领域。参与分析的数据、所研究的问题类别、对模型的假定、数据拟合结果、研究问题中的关注点等都会影响模型的取舍。基于篇幅和本书的目的，有关 IPD 元分析的其他模型本书就不再演示，请感兴趣的读者及时关注该领域内最新的方法学进展并在自己的研究中加以运用。

12.4　诊断检验准确性的元分析

医学和心理卫生领域根据不同的检验结果诊断病情。例如，通过磁共振、CT 影像诊断肿瘤、使用某认知神经心理测试诊断智力低下、通过某激素检查诊断心脏病等。实践中有很多研究是关于某个诊断检验准确性（diagnostic test accuracy，DTA）的报告，对来自不同报告的诊断检验准确性结果的汇总就是当今元分析方法学中另一个热点问题（Deeks，1999）。

实践中的检验结果可能是两分类的，也可能是多分类的，甚至是连续的测量值，但诊断的结果往往是有病或无病两种状态。因为医学领域大量使用检验结果来对病人进行诊断，并且有很多 DTA 元分析的研究（Alldred et al.，2015a；Takwoingi et al.，2015；Takwoingi et al.，2013）。因此本章随后的描述中就以医学术语来进行，把根据检验结果做出的诊断分为有病和无病两种状态。例如，就作者本人在 2007 至 2010 年间参与了一个对唐氏综合征（Down Syndrome）筛查检验准确性的元分析（Alldred et al.，2012；Alldred et al.，2015a；Alldred et al.，2015b）来说，研究的目的是汇总不同筛查结果的准确性及其影响因素。唐氏综合征是一种先天的、由于染色体异常而造成的智力低下，是一种很常见的但迄今为止无法治愈的出生缺陷。具体的筛查方法就是通过测试孕妇血浆、尿液中相关元素的含量来判断胎儿是否是唐氏综合征胎儿。近年来高级的筛查方法也包括用超声照相查看胎儿的骨骼情况，以及通过羊水穿刺直接检验胎儿染色体是否异常。检验胎儿染色体异常的方法是迄今为止最准确的方法，即所谓标准（gold standard）。当然判断儿童是否为唐氏综合征的另一个金标准是儿童出生后的染色体检查或其他客观诊断。因为羊水穿刺方法是有创伤性的检验，因此临床实践中常用的筛查胎儿是否染色体异常的方法是其他诸如验血、验尿等无创伤性的检验方法。显然根据这些无创方法的结果得到诊断结果不能像染色体检验一样百分百准确，这样就需要对这些无创法诊断检验的准确性进行研究以供妇幼保健人员在实践中使用。

诊断检验的结果是否准确，通常把根据检验结果（通常用阳性或阴性表示）做出的有病或无病的诊断结果和金标准结果进行对照。也就是有说，同一组病人有两种诊断结果：一种是根据金标准得到的真实的有病或无病状态。例如，DNA 检测是否真正有染色体异常。另一种是根据通常的检验结果得到的诊断。例如，血浆中的相关激素水平异常（阳性：用＋号表示）或正常（阴性：用－号表示）。这两种诊断结果可用如图12-4-1 所示的四格表来展现。

<table>
<tr><td></td><td></td><td colspan="2">金标准</td><td></td></tr>
<tr><td></td><td></td><td>病 (D+)</td><td>无病 (D-)</td><td></td></tr>
<tr><td rowspan="2">检验结果</td><td>阳性 (T+)</td><td>真阳性
a (TP)</td><td>假阳性
b (FP)</td><td>检验阳性总数</td></tr>
<tr><td>阴性 (T-)</td><td>假阴性
c (FN)</td><td>真阴性
d (TN)</td><td>检验阴性总数</td></tr>
<tr><td></td><td></td><td>有病
总数</td><td>无病
总数</td><td></td></tr>
</table>

图 12-4-1　诊断结果

该四格表中的每格数字代表每种诊断结果组合的人数。检验结果的准确性可通过如下不同种类的指标来（表 12-4-1）表达（Dinnes et al.，2005）。

表 12-4-1　诊断检验准确性的常用指标

准确性指标	含义	计算公式
敏感性 sensitivity(sens)	有病人群中检验结果阳性的比例	$\dfrac{TP}{TP+FN}$
特异性 specificity(spec)	无病人群中检验结果阴性的比例	$\dfrac{TN}{FP+TN}$
阳性预测值 Positive predictive value(PPV)	检验结果阳性的人群中真正发病的人员比例	$\dfrac{TP}{TP+FP}$
阴性预测值 Negative predictive value(NPV)	检验结果阴性的人群中真正无病的人员比例	$\dfrac{TB}{FN+TN}$
阳性似然比(LR＋ve)Positive likelihood ratio	与无病人群相比，有病人群得到阳性结果的可能性是多大	$\dfrac{sens}{1\mid spec}$
阴性似然比(LR－ve)Negative likelihood ratio	与无病人群相比，有病人群得到阴性结果的可能性是多大	$1\mid sens$
诊断优势比(DOR)Diagnostic odds ratio	有病人群中检验结果阳性的比率(odds)和无病人群中检验结果阳性的比率(odds)之比值	$\dfrac{TP\times TN}{FP\times FN}$

这些诊断检验准确性的指标都是从上述的四格表中的数值得到，其中 DOR 是一个单独的描述诊断检验准确性的指标。临床实践中常用的诊断检验准确性的指标是敏感性和特异性，但临床检验实践中划分检验结果是否正常的阈值直接影响诊断检验准确指标敏感性和特异性。如图 12-4-2 所示的病人和非病人检验结果分布中，同样的检验结果使用不同的阈值很显然得到不同的诊断分类结果。图 12-4-1 中两组检验结果之间的差异就是诊断优势比 DOR 的对数值，即差异越大，DOR 就越大，检验的准确程度也越高。但对应于不同的阈值，则有不同的特异性和敏感性结果（Deeks et al.，2005）。

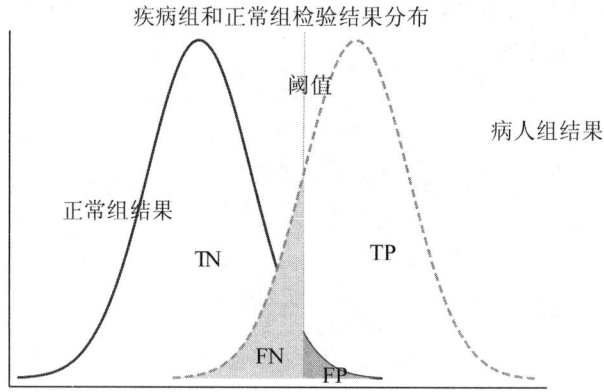

图 12-4-2　阈值和检验结果间的关系

在给定 DOR 值的情况下，DOR 和特异性、敏感性间的关系为公式 12.15。

$$sens = \frac{1}{1 + \dfrac{1}{\mathrm{DOR} \times \left(\dfrac{1-spec}{spec}\right)}} \qquad 12.15$$

把根据公式 12.15 得到的每一对敏感性和特异性结果的散点图连起来就可以得到如图 12-4-3 所示的诊断结果的汇总 ROC 曲线（summary receiver operating characteristics curve，SROC）。

进行诊断检验准确性的元分析时，一般从各个原始研究的报告中提取前述四格表中的内容，然后通过对所有研究的四格表数据进行分析来汇总某诊断检验的准确性。研究者可通过本章第一节演示的如何汇总百分比（proportion）、比值（ratio）和优势比（OR）的方法对表 12-4-1 中指标进行元分析汇总。对于 DOR，有研究者（Walter，2002；Moses et al.，1993）建议通过下述的线性回归方程来汇总不同原始研究结果的 DOR（公式 12.16）。

$$D = a + bS + e \qquad 12.16$$

公式 12.16 中的 D 是 DOR 的对数值，即 $D = \ln(\mathrm{DOR}) = \mathrm{logit}(sens) + \mathrm{logit}(1-spec)$；$e$ 是方程的残差，$S = \mathrm{logit}(sens) + \mathrm{logit}(1-spec)$。根据公式 12.16 估计出来的 a 和 b 的值，可进一步以推导出某诊断检验在不同特异性水平上的敏感性的大小

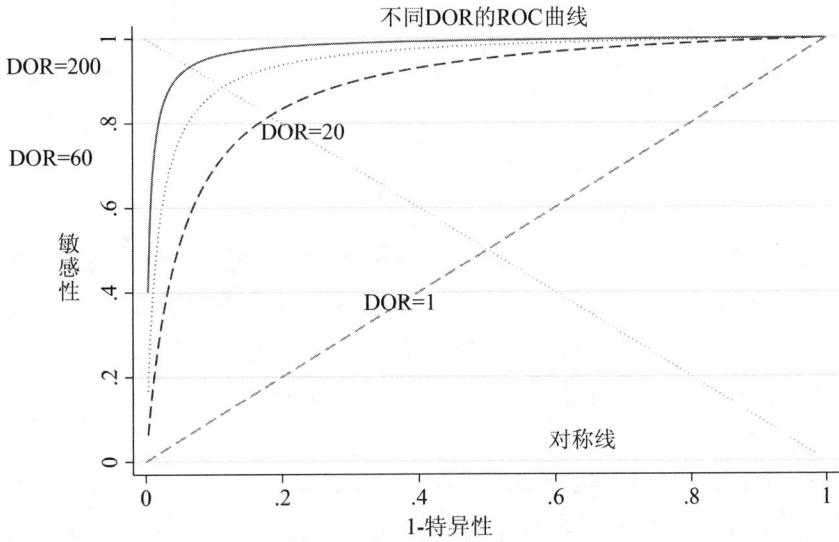

图 12-4-3　用 ROC 曲线图示阈值、DOR 和敏感性、特异性的关系

（公式 12.17）。

$$sens = \cfrac{1}{1 + \cfrac{1}{e^{a/(1-b)} \times \left(\cfrac{1-spec}{spec}\right)^{(1+b)/(1-b)}}}$$

12.17

公式 12.16 中的 S 随病人总体和非病人群体中检验阳性结果的增加而增加，因此 S 可被认为是检验阈值大小的替代指标（proxy for test threshold）。当 $b=0$ 时，DOR 不受不同原始研究中阈值的影响，此时模型的 D 估计结果就是使用普通元分析中的加权平均方法得到的汇总值。根据此总平均 D 值而来的 SROC 就是沿图 12-4-3 中对称线对称的 ROC 曲线。如果 $b \neq 0$，则得到的 SROC 曲线就是不对称的。

本节目前所谈到的对不同指标进行汇总的方法中都有一定的缺陷，分别对敏感性和特异性指标进行汇总的方法忽视了敏感性和特异性在研究水平上的相关，因此常用的汇总敏感性和特异性的方法是二元多水平 logistic 回归模型（Reitsma et al.，2005）。使用 SROC 法可以得到一个平均的 DOR 值，但临床实践中常用的敏感性和特异性的平均结果则推导不出来，并且 SROC 法也没有考虑到不同研究间的变异对参数估计的影响作用。因此研究者推荐使用多层 SROC（Hierarchical SROC，HSROC）方法（Rutter & Gatsonis，2001）。

就考虑了不同研究对参数估计影响的二元多水平 logistic 模型来说，如果敏感性和特异性分别为参数 p^+ 和 p^-，则可通过如公式 12.18 所示的二元模型来汇总数据。

$$\ln\left(\frac{p^+}{1-p^+}\right)_j = \beta^{p+} + \mu_j^{p+}$$

$$\ln\left(\frac{p^-}{1-p^-}\right)_j = \beta^{p-} + \mu_j^{p-} \qquad 12.18$$

$$\begin{bmatrix} \mu_j^{p+} \\ \mu_j^{p-} \end{bmatrix} \sim N\begin{bmatrix} 0 \\ 0 \end{bmatrix}, \ \Omega\right), \ \Omega = \begin{bmatrix} \sigma_+^2 & \\ \sigma_{+-} & \sigma_-^2 \end{bmatrix}$$

公式 12.18 中的 j 是原始研究编号，β^{p+} 和 β^{p-} 分别是平均的敏感性和特异性的 logit 值，σ_+^2 是敏感性的 logit 值在研究间的变异，σ_-^2 是特异性的 logit 值在研究间的变异，σ_{+-} 是敏感性和特异性的 logit 值在研究水平上的协变异。因为每个原始研究只有四格表中汇总数据，因此公式 12.18 在拟合时要使用基于二项分布的 logistic 回归模型。

在多层 SROC(HSROC) 模型中(Rutter & Gatsonis, 2001)，记 p_{ij} 为第 j 个原始研究中的检验阳性结果概率。当 $i=1$ 时，p_{ij} 表示原始研究中的病人组检验结果阳性的概率；当 $i=2$ 时，p_{ij} 表示原始研究中的正常人组检验结果阳性的概率，i 是当前模型中第一水平单位的编号。这样阳性结果的发生可用公式 12.19 的模型来表达。

$$\ln\left(\frac{p_{ij}}{1-p_{ij}}\right) = (\theta_j + \alpha_j \mathrm{dis}_{ij}) \times e^{(-\beta \mathrm{dis}_{ij})}$$

$$\theta_j \sim N(\Theta, \ \sigma_\theta^2) \qquad 12.19$$

$$\alpha_j \sim N(\Lambda, \ \sigma_\theta^2)$$

公式 12.19 中的 dis_{ij} 是疾病状态标识变量，在没病组的样本编码为 -0.5，在有病组的样本编码为 0.5。θ_j 是第 j 个原始研究中阈值的替代指标；α_j 是第 j 个原始研究中的 DOR 的对数值；参数 β 是提供 SROC 曲线对称信息的统计量，并且该参数在模型估计中通常是固定参数。当 $\beta=0$ 时，每个原始研究的 DOR 不受该研究中的阈值信息 θ_j 影响，此时 α_j 就是第 j 个原始研究 DOR 的对数值。当 $\beta \neq 0$ 时，每个原始研究的 DOR 随该研究中的阈值信息 θ_j 变化而变化。θ_j 和 α_j 分别在原始研究水平随机并且相应的方差参数分别为 σ_θ^2 和 σ_α^2，其各自的平均值参数分别为 Θ 和 Λ。根据公式 12.19 中的参数估计结果，研究者可通过公式 12.20 得到在不同特异性水平上的平均敏感性估计值。

$$\mathrm{sens} = 1/(1 + e^{(-(\Lambda \times e^{-0.5\beta} + \mathrm{logit}(1-\mathrm{spec}) \times e^{(-\beta)}))}) \qquad 12.20$$

公式 12.18 的多水平二元 logistic 模型以及公式 12.19 所示的 HSROC 模型都可以进一步包括协变量以考察协变量对检验诊断准确程度的影响。并且研究显示在没有协变量的情况下，这两种模型的参数是可以互相推导的(Harbord et al., 2007)。

实际应用中，研究者可使用任何能构建多元多水平模型的软件估计多水平二元 logistic 回归模型，但迄今为止直接运行 HSROC 模型则需要使用 SAS 或贝叶斯专用软件 WinBUGS 才行(Macaskill, 2004；Rutter & Gatsonis, 2001)。好在研究者开发出了两个 STATA 程序：metandi(Harbord et al., 2009) 和 midas(Dwamena, 2007；

Dwamena，2009），普通用户可直接下载使用。实践中研究者从每个原始研究中提取出四格表中的内容 TP、FP、FN 、TN，然后运行相应的命令即可。

使用 midas 命令的演示数据，我们运行 metandi 的结果如下。

```
.   metandi tp fp fn tn, plot

Meta-analysis of diagnostic accuracy

Log likelihood   = -177.39514                  Number of studies =        39
----------------------------------------------------------------------------
             |    Coef.    Std. Err.     z    P>|z|    [95% Conf. Interval]
-------------+--------------------------------------------------------------
Bivariate    |
  E (logitSe )|   .9742963   .2254476                   .5324272    1.416165
  E (logitSp )|   3.061121   .2826364                   2.507164    3.615079
 Var (logitSe )|  1.502153   .4824462                   .8004498    2.818996
 Var (logitSp )|  1.309314   .5275768                   .5943735    2.884218
 Corr (logits )| -.3364962   .2214353                  -.6855751    .1383924
-------------+--------------------------------------------------------------
HSROC        |
      Lambda |   4.109493   .3694174                   3.385448    4.833538
       Theta |  -1.113348   .2696081                  -1.64177    -.5849261
        beta |  -.0686982   .2538602   -0.27   0.787   -.566255    .4288586
      s2alpha |  1.861026   .7668894                   .8298323    4.173636
      s2theta |   .9371665   .2973459                   .5032062    1.74537
-------------+--------------------------------------------------------------
Summary pt.  |
          Se |   .725975    .0448495                   .630049     .8047366
          Sp |   .9552602   .0120793                   .9246425    .9737906
         DOR |   56.56655   18.29223                   30.01249    106.6147
         LR+ |   16.22662   4.289165                   9.665647    27.24114
         LR- |   .286859    .0463422                   .2090049    .3937137
       1/LR- |   3.486033   .5631705                   2.539917    4.784578
----------------------------------------------------------------------------
Covariance between estimates of E (logitSe ) & E (logitSp )   -.0130692
```

该结果输出中的 Bivariate 部分是二元 logistics 回归模型的结果。E(logitSe)和 E(logitSp)是公式 12.18 中的 β^{p+} 和 β^{p-}，是敏感性和特异性参数的平均 logit 值；Var(logitSe)是公式 12.18 中的 σ_+^2，是敏感性的 logit 值在研究间的变异参数估计值；Var(logitSp)是公式 12.18 中的 σ_-^2，是特异性的 logit 值在研究间的变异。Corr(logits)是公式 12.18 中的，σ_{+-} 是敏感性和特异性的 logit 值在研究水平上的相关估计值。

该结果输出中的 HSROC 部分是 HSROC 模型的结果。Lambda 和 Theta 是公式 12.19 中的 Λ 和 Θ，是阈值参数 θ_i 和 DOR 对数值 α_i 的平均数；s2alpha 和 s2theta 是公式 12.19 中的 Λ 和 Θ 在研究间的方差参数估计值，beta 是公式 12.19 反映 SROC 对称性的参数 β，该输出结果显示 $\beta=0$，因此 SROC 曲线应该对称。该结果输出中的 Summary pt. 部分是汇总的诊断检验指标。该分析结果显示平均敏感性为 72.6%（95%CI：63.0%，80.5% ），平均特异性为 95.5%（95%CI：92.5%，97.4% ）。因命令中包括了选项，因此当前命令也直接输出汇总结果的 SROC 曲线（图 12-4-4）。

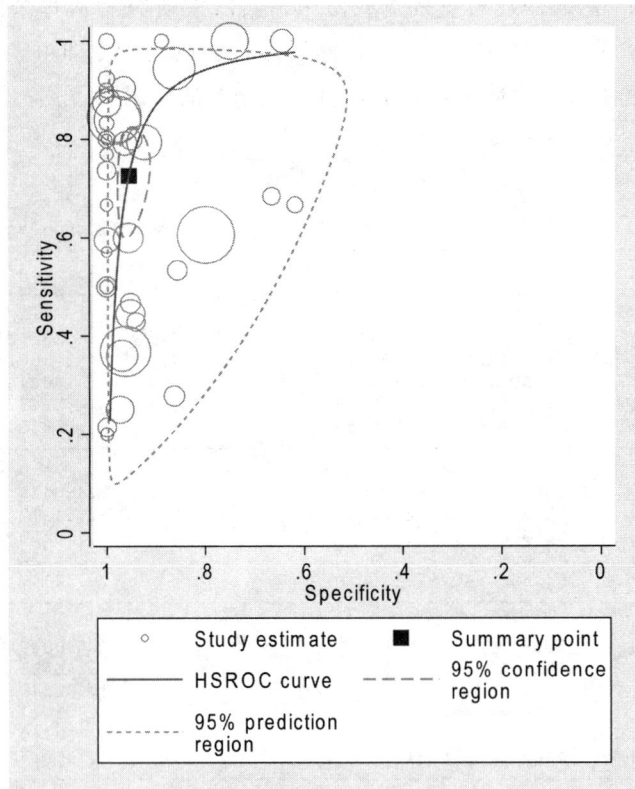

图 12-4-4　汇总结果的 SROC 曲线

运行下面 midas 命令

midas tp fp fn tn，results(all)sroc(both)

能得到和 metandi 等同的汇总结果输出和 SROC 曲线。运行 midas 的结果输出中
包括了对原始研究间变异程度的估计和检验结果，并且 midas 命令也可以帮助检查出
版偏倚(publication bias)。基于本书的目的，建议读者查看 midas 命令的使用说明自
行练习。尽管使用 metandi 和 midas 可以得到汇总的检验准确性结果，但二者目前版
本的命令都不能进一步考察协变量对诊断检验准确结果的影响。有研究需要的读者请
参考 SAS 软件的宏命令 metadas(Takwoingi et al.，2015；Takwoingi et al.，2008)。

本章小结

元分析模型是多水平模型的一个特例，是目前比较前沿的方法研究领域。本章仅
仅演示了基于多水平模型的普通元分析模型、IPD 元分析模型和诊断检验准确性元分
析模型。本章介绍的模型也仅仅局限于如何对数据进行汇总，针对元分析研究还有很
多特定的统计应用要求。建议读者参考科克伦合作出版的有关手册和如何报告元分析
结果的指南(Stewart et al.，2015；McGrath et al.，2017)。

第十三章　多水平数据中的缺失值的多重插补

实际研究中的缺失值是一个很常见但长期以来并没有得到有效解决的问题。最近的方法学发展尤其是计算机技术的发展，使得研究者能在一定前提假定的条件下通过统计技术从包含缺失值的数据得到有效的统计推断。多重插补就是当前统计领域处理最常见的缺失值处理方法（Carpenter ＆ Kenward，2013）。本章将演示如何使用多重插补方法处理多水平数据中的缺失值问题。

13.1　多重插补基础

通常研究的基本过程就是收集数据、使用有关模型分析数据并根据模型的分析结果进行统计推断。但因为各种原因，研究者通常不可能搜集到每个被试的所有数据，总是有一些人一些变量的信息无法收集。在这种情况下，研究者通常首先考察数据中缺失值的数量、呈现方式等信息，然后在此基础上对数据的缺失机制（missing mechanism）进行必要的假定，进而在相应假定的基础上使用数学模型对数据中的缺失值进行处理，最后在对缺失值进行处理过的数据上运行相应的统计分析模型并做出相应的统计推断。数据中缺失值的缺失机制是无法进行验证并且通常可被分为如下三类（Bartlett et al.，2014；Carpenter et al.，2011；Carpenter ＆ Kenward，2013）。

完全随机缺失（missing completely at random，MCAR）：这是一种最理想的假定，数据中某变量的缺失值和数据中的任何变量都没有关系。例如，研究中使用问卷收集资料，但部分问卷因为暖气片漏水而损坏从而无法录入。

随机缺失（missing at random，MAR）：这是说数据中另外的变量和能够预测某变量是否有缺失值。例如，男生比女生较容易拒绝回答一些问题，即数据中的性别变量和某变量的缺失值间有显著的关联关系。

非随机缺失（missing not at random，MNAR）：这是说某变量的缺失值既不是完全随机缺失也不是随机缺失；即该变量缺失值的产生和无法收集到的该变量自身的数值有关系。例如，高收入的人通常不愿意回答有关收入水平的问题。

如果忽略数据中的缺失值而对现有数据直接进行分析，则往往不能得到有效的统计推断。如果数据的缺失机制是完全随机缺失，对现有数据直接进行分析得到的统计参数可为总体参数的无偏估计，但因为数据量变小，使得该参数的标准误估计值增大，从而影响其检验的显著性；如果数据缺失的机制是随机缺失，对现有数据直接进行分析得到的统计参数就不再是总体参数的无偏估计了；如果数据缺失的机制是非随机缺失，对现有数据直接进行分析得到的统计参数和总体参数就会有较大的偏差（图 13-1-1）。

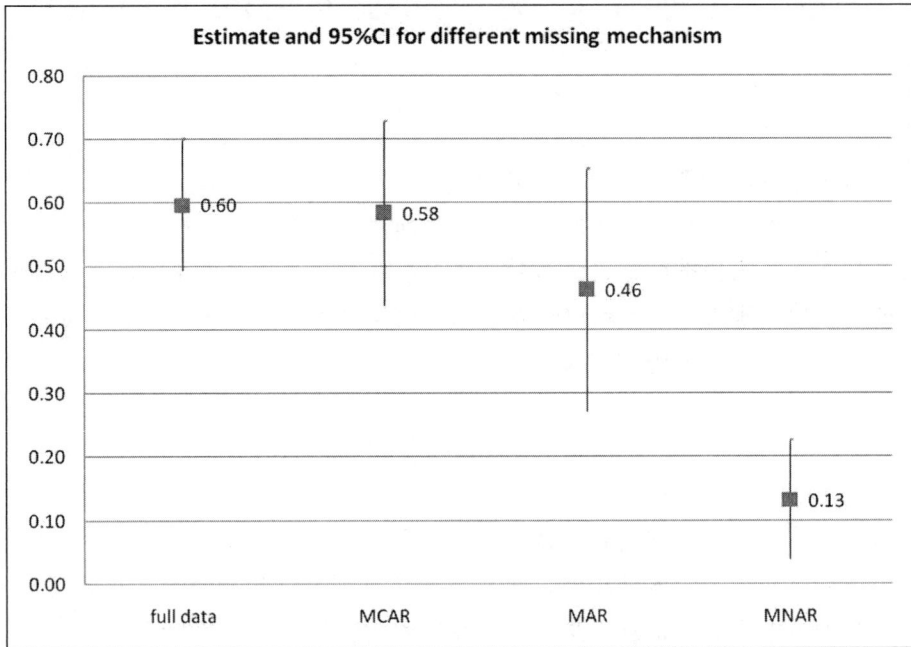

图 13-1-1　不同缺失值机制时数学成绩对科学成绩回归参数的估计结果示例

过去常用的处理缺失值的方法诸如均数替代（mean replacement）、回归值替代（regression predicated value replacement）以及重复测量数据中使用最后一次的观测值替代（last observation carry forward）等方法均为有缺陷的处理缺失值的方法。目前应用统计实践中常用的处理缺失值的方法是多重插补。在缺失值是随机缺失或完全随机缺失的前提假定下，使用多重插补方法，研究者可从当前有缺失值的数据信息中重复出完整数据中的方差协方差矩阵，从而进行有效的统计推断。缺失值的多重插补过程包括如下三个步骤。

（1）数据中的缺失值被统计模型的估计值代替而成为完整数据集。该步骤重复 m 次从而有 m 个完整数据集。

（2）对 m 个完整数据集中的每一个数据运行同样的模型，从而得到 m 个统计结果参数 $\hat{\theta}_1$，$\hat{\theta}_2$，$\cdots$，$\hat{\theta}_m$ 以及该参数的抽样方差 $\hat{\sigma}_1^2$，$\hat{\sigma}_2^2$，$\cdots$，$\hat{\sigma}_m^2$。

（3）把 m 个统计结果参数按照鲁宾规则（Rubin's rules）合并汇总（Rubin，1987；Marshall et al.，2009），根据汇总的统计参数 $\hat{\theta}_{MI}$ 进行统计推断。汇总的公式如公式 13.1 所示。

$$\hat{\theta}_{MI} = \frac{1}{m}\sum_{m=1}^{m}\hat{\theta}_m \qquad\qquad 13.1$$

同时我们也定义两种方差参数：插补内方差 $\hat{\sigma}_w^2$ 和插补间方差 $\hat{\sigma}_b^2$，其计算公式为公式 13.2。

$$\hat{\sigma}_w^2 = \frac{1}{m} \sum_{m=1}^{m} \hat{\sigma}_m^2$$

$$\hat{\sigma}_b^2 = \frac{1}{m-1} \sum_{m=1}^{m} (\hat{\theta}_m - \hat{\theta}_{MI})^2 \qquad 13.2$$

然后定义汇总了参数 $\hat{\theta}_{MI}$ 的抽样方差为公式 13.3。

$$\hat{\theta}_{MI}{}^2 = \left(1 + \frac{1}{m}\right)\hat{\sigma}_b^2 + \hat{\sigma}_w^2 \qquad 13.3$$

对 $\hat{\theta}_{MI}$ 相对于 θ_0 值的显著性进行检验时，我们有 $\dfrac{\hat{\theta}_{MI} - \theta_0}{\hat{\sigma}_{MI}}$ 服从自由度为 ν 的 t 分布，其中

$$\nu = (m-1)\left[1 + \frac{\hat{\sigma}_w^2}{(1+\frac{1}{m})\hat{\sigma}_b^2}\right]^2 \qquad 13.4$$

相应地，$\hat{\theta}_{MI}$ 的 95％ 置信间距就是 $(\hat{\theta}_{MI} - \hat{\sigma}_{MI}t_{v,0.975},\ \hat{\theta}_{MI} + \hat{\sigma}_{MI}t_{v,0.975})$。

本书所介绍的几种软件都有缺失值的多重插补功能。因为本章的重点在于多水平数据中缺失值的多重插补，目前 STATA、MLwiN 和 Mplus 才有这样的功能（Carpenter et al.，2011；Goldstein et al.，2009；Spratt et al.，2010）。因此本章就用 STATA 演示多重插补过程的基本步骤及有关结果输出。演示用的数据是 STATA 软件自带的数据例子，假定要进行的研究是考察几种因素对心脏病发病的影响作用。数据中的信息如下。

```
. webuse mheart5
 (Fictional heart attack data)

. des

Contains data from http://www.stata-press.com/data/r15/mheart5.dta
 obs:           154                       Fictional heart attack data
 vars:            6                       19 Jun 2016 10:50
 size:        1,848
-------------------------------------------------------------------------------
              storage   display    value
variable name   type    format     label      variable label
-------------------------------------------------------------------------------
attack          byte    %9.0g                 Outcome   (heart attack)
smokes          byte    %9.0g                 Current smoker
age             float   %9.0g                 Age, in years
bmi             float   %9.0g                 Body Mass Index, kg/m^2
female          byte    %9.0g                 Gender
hsgrad          byte    %9.0g                 High school graduate
-------------------------------------------------------------------------------
```

数据中的因变量 attack 是个二分变量，使用命令可查看数据中变量的缺失值信息。

```
mdesc attack smokes age bmi hsgrad female  /*查看变量缺失值信息*/

     Variable  |   Missing       Total     Percent Missing
----------------+---------------------------------------------
       attack  |        0          154        0.00
       smokes  |        0          154        0.00
```

```
      age |        12             154            7.79
      bmi |        28             154           18.18
   hsgrad |         0             154            0.00
   female |         0             154            0.00
----------------+-------------------------------------------------
```

结果显示变量 BMI 和 age 有缺失值。具体的多重插补过程包括如下步骤。

```
    mi set mlong /*设定插补后的数据格式*/

    mi register imputed age bmi /*登记需要对缺失值进行插补的变量*/
    (28 m=0 obs. now marked as incomplete)

    mi impute mvn age bmi = attack smokes hsgrad female, add (10)rseed (888)/*缺失值插补模型
    */

Performing EM optimization:
note: 12 observations omitted from EM estimation because of all imputation variables
      missing
   observed log likelihood = -651.75868 at iteration 7

Performing MCMC data augmentation ...

Multivariate imputation                    Imputations =          10
Multivariate normal regression                   added =          10
Imputed: m=1 through m=10                       updated =           0

Prior: uniform                             Iterations =        1000
                                              burn-in =         100
                                              between =         100


------------------------------------------------------------------
                     |          Observations per m
                     |--------------------------------------------
             Variable |  Complete   Incomplete   Imputed |   Total
----------------------+-------------------------------------+---------
                  age |      142          12        12 |     154
                  bmi |      126          28        28 |     154
------------------------------------------------------------------

    (complete + incomplete = total; imputed is the minimum across m
of the number of filled-in observations.)
```

STATA 的多重插补模型命令有很多选项，本例使用多元正态分布的回归模型对变量 age 和 BMI 中的缺失值进行插补并使用选项 add(10)要求输出 10 个数据集。有关详细的多重插补模型命令请参看 STATA 的帮助文件。下面是基于插补后的数据运行 logistic 回归模型得到的结果。

```
    mi estimate: logistic attack smokes age bmi hsgrad female /*分析插补数据的结果*/

Multiple-imputation estimates              Imputations     =          10
Logistic regression                        Number of obs   =         154
                                           Average RVI     =      0.0691
                                           Largest FMI     =      0.2009
DF adjustment:     Large sample            DF:      min     =      238.60
                                                    avg     =   44,817.95
                                                    max     =  114,203.90
Model F test:      Equal FMI               F ( 5, 6918.8)   =        3.35
Within VCE type:         OIM               Prob > F         =      0.0050


------------------------------------------------------------------
   attack |     Coef.   Std. Err.      t    P>|t|    [95% Conf. Interval]
----------+-------------------------------------------------------------
   smokes | 1.162703   .3563107      3.26   0.001    .4643392    1.861066
      age | .0314932   .0169825      1.85   0.065   -.0019617    .0649481
      bmi | .1061221   .0477306      2.22   0.027    .0123851     .199859
   hsgrad | .1488091   .4036267      0.37   0.712   -.6422945    .9399127
   female | -.0700819  .4150539     -0.17   0.866   -.8835902    .7434263
    _cons | -5.247593  1.726262     -3.04   0.003   -8.642499   -1.852687
------------------------------------------------------------------
```

从结果输出可以看到，当前结果是对 10 个数集结果的汇总。模型参数部分的输出就是所运行的分析模型的结果输出。例如，年龄对心脏病发作的影响作用为 0.028 并且不显著。模型输出的右上部分是有关多重插补模型诊断的基本信息。如果我们继

续运行命令 mi estimate, vartable dftable，便可得到除上述结果输出外的更详细的多重插补模型的信息。

```
Multiple-imputation estimates                Imputations      =        10
Logistic regression

Variance information
-----------------------------------------------------------------------------
             |        Imputation variance                      Relative
             |   Within   Between    Total       RVI       FMI  efficiency
-------------+---------------------------------------------------------------
      smokes |  .12583    .001025   .126957   .008957   .008895    .999111
         age |  .000232   .000051   .000288   .241028   .200887    .980307
         bmi |  .002001   .000252   .002278   .138591   .124599    .987693
      hsgrad |  .161347   .001425   .162914   .009713   .00964     .999037
      female |  .17009    .001981   .17227    .012813   .012686    .998733
       _cons | 2.50711    .429883  2.97998    .188612   .163351    .983927
-----------------------------------------------------------------------------
```

这里的结果输出包括了所运行的模型中每个参数的汇总估计值在缺失值插补后的 m 个数据中估计结果间的变异大小，即插补内方差 $\hat{\sigma}_w^2$ 和插补间方差 $\hat{\sigma}_b^2$，以及依据这些变异估计值得到的有关插补模型的其他统计指标。例如，就变量 age 来说，插补内方差 $\hat{\sigma}_w^2 = 0.00232$，插补间方差 $\hat{\sigma}_b^2 = 0.00051$。结果输出中的 RVI(relative increase in variance)是因为缺失值的缘故而导致的参数估计方差的增量，计算公式为 $\mathrm{RVI} = (\hat{\sigma}_w^2 + \hat{\sigma}_b^2/m)/\hat{\sigma}_w^2$。结果输出中的 FMI(fraction of missing information)和 RVI 直接关联，其是指因缺失值而造成的变异在该参数的总抽样方差中所占的比例。其计算公式

为 $\mathrm{FMI} = \dfrac{\hat{\sigma}_b^2 + \dfrac{\hat{\sigma}_b^2}{m}}{\hat{\sigma}_b^2 + \hat{\sigma}_w^2 + \dfrac{\hat{\sigma}_b^2}{m}}$，其中 $\hat{\sigma}_b^2 + \hat{\sigma}_w^2 + \dfrac{\hat{\sigma}_b^2}{m}$ 为抽样总方差(Total)的计算公式。插补数据

集的个数增加时 FMI 的估计精度就逐渐变稳。实践中通常把 FMI 的值乘 100 当成是所需要的插补数据集的个数(White et al.，2011b)。输出中的 Relative Efficiency (RE)结果表示相对于数据中的缺失值数量和插补的数据集个数，模型中的参数被很好地估计的程度。RE 和 FMI 以及 m 的关系为 $\mathrm{RE} = 1/(1 + \mathrm{FMI}/m)$。本节演示的显示插补模型信息可用于修正插补模型过程。例如，根据 FMI 重新设定插补数据集的个数，STATA 的多重插补命令还提供其他对插补结果进行诊断的选项，具体命令选项请参阅 STATA 的帮助文件。当前版本的 SPSS 24 的多重插补功能有限，因此本章将不再介绍 SPSS 的多重插补功能了。Mplus 软件的多重插补命令将在本章最后部分演示。

13.2　使用 REALCOM-Impute 软件
插补二水平数据中的缺失值

多水平数据中缺失值的多重插补技术是目前缺失值统计法研究中的高级话题。其基本思路是通过 MCMC 多元多水平模型来插补多水平数据中的缺失值（Carpenter et al.，2011；Goldstein et al.，2009）。如果数据是两水平的数据，则可使用基于 STATA 和 MLwiN 的软件 REALCOM-Impute 来进行（Carpenter et al.，2011；Goldstein，2011b）。研究者需要到 MLwiN 开发组的网站上下载免费的 REALCOM-Impute 软件，安装后从 STATA 内运行命令 realcomImpute 准备好数据供 REALCOM-Impute 软件调用，使用 REALCOM-Impute 软件插补数据中的缺失值，然后再回到 STATA 中运行所需要的模型。本节就以笔者从事的一个临床试验的数据分析过程来演示如何使用 REALCOM-Impute 软件来插补两水平数据中的缺失值。

该研究是一个临床试验工作的延伸（Morriss et al.，2016），参与原临床试验的 187 个被试在 18 个月实验结束时被继续追踪到两年和三年时间。实验的主结果（primary outcome）变量是有 17 个条目的汉密尔顿抑郁量表（Hamilton Depression Rating Sale，HDRS17）分数。每个被试的汉密尔顿结果测试包括基线测试、6、12、18、24、36 个月的测试，研究目的是希望比较实验组和对照组在每个月的汉密尔顿测试结果是否有差。基于演示的目的，本节所用的数据为模拟的数据，数据中变量的信息如下。

```
. des
Contains data from C:\Users\yuhan\Google Drive\mlm_book2016\data\mood_study2017.dta
  obs:          935                        Mood study made up data 36month
  vars:          16                        8 Aug 2017 16:57
  size:      50,490
-------------------------------------------------------------------------------
              storage   display    value
variable name  type    format    label       variable label
-------------------------------------------------------------------------------
ID            double   %10.0g                被试编码
time          byte     %9.0g                 追踪时间 6,12,18,24,36
group         double   %10.0g    GroupBaHam  分组编码 0=对照 (TAU)、1=实验 (Ix)
                                             Randomised Sample
bsham         float    %9.0g                 基线汉密尔顿测试
tm6           byte     %8.0g                 time== 6.0000 追踪时间哑变量
tm12          byte     %8.0g                 time== 12.0000
tm18          byte     %8.0g                 time== 18.0000
tm24          byte     %8.0g                 time== 24.0000
tm36          byte     %8.0g                 time== 36.0000
gtm6          float    %9.0g                 追踪时间哑变量和分组变量交互项
gtm12         float    %9.0g
gtm24         float    %9.0g
gtm36         float    %9.0g
level1        float    %9.0g                 第一水平单位标识符
cons          float    %9.0g                 常量 1
chgham        float    %9.0g                 因变量汉密尔顿分数和基线值之差
-------------------------------------------------------------------------------
Sorted by:
```

数据前两被试的有关变量信息如下。

```
. list ID group time level1 chgham cons if ID<3, sepby (ID)

     +----------------------------------------------+
     | ID   group   time   level1   chgham   cons |
     |----------------------------------------------|
 1.  |  1     Ix      6       1       -17      1 |
 2.  |  1     Ix     12       2         1      1 |
 3.  |  1     Ix     18       3        -8      1 |
 4.  |  1     Ix     24       4        -9      1 |
 5.  |  1     Ix     36       5    -4.037      1 |
     |----------------------------------------------|
 6.  |  2     TAU     6       6        -4      1 |
 7.  |  2     TAU    12       7        -1      1 |
 8.  |  2     TAU    18       8        -5      1 |
 9.  |  2     TAU    24       9    -1.4532     1 |
10.  |  2     TAU    36      10    -1.4532     1 |
     +----------------------------------------------+
```

从前面分析追踪数据的模型来看，当前数据有一个典型的二水平结构，第一水平是每次测试，第二水平单位是每个被试。数据检查显示因变量 chgham 中有 15.61% 的缺失值。描述性统计结果显示实验组(Ix)的抑郁分数下降得快，但从第 6 个月开始就有部分被试没有记录了。到第 36 个月，实验组中就只有 73 个被试的信息了。

```
. tab group time, sum (chgham) nostandard /*exploring data*/

                Means and Frequencies of chgham

Randomised |                     time
Sample     |    6        12        18        24        36 |   Total
-----------+--------------------------------------------------+---------
       TAU | -3.889456 -4.950371 -5.8594262 -6.0201092 -4.06131|-4.9293717
           |    84        77        81        74        81 |    397
-----------+--------------------------------------------------+---------
        Ix |-4.6498924 -8.0263867 -9.3721672 -7.4498674 -6.8247267|-7.268834
           |    79        83        77        80        73 |    392
-----------+--------------------------------------------------+---------
     Total | -4.258011 -6.5460542 -7.5713317 -6.7628407 -5.3712413|-6.0916901
           |   163       160       158       154       154 |    789
```

如果直接对现有数据进行分析，则有关的多水平模型和结果输出如下。

```
. mixed chgham bsham i.group##ib18.time || ID:, nolog

Mixed-effects ML regression              Number of obs    =     789
Group variable: ID                       Number of groups =     187

                                         Obs per group:
                                                      min =       2
                                                      avg =     4.2
                                                      max =       5

                                         Wald chi2 (10)   =   64.12
Log likelihood = -2563.9229              Prob > chi2      =  0.0000

------------------------------------------------------------------------
     chgham |     Coef.   Std. Err.      z    P>|z|   [95% Conf. Interval]
------------+-----------------------------------------------------------
      bsham | -.3086253  .0822891    -3.75   0.000   -.469909   -.1473416
            |
      group |
         Ix |  -3.26866  1.130235    -2.89   0.004  -5.483879  -1.053441
            |
       time |
          6 |  2.219569  .8100166     2.74   0.006   .6319658   3.807173
         12 |  1.724813  .8297713     2.08   0.038   .0984914   3.351135
         24 |  -.01905   .8394153    -0.02   0.982  -1.664274   1.626174
         36 |  1.557267  .8191137     1.90   0.057  -.0481667     3.1627
            |
 group#time |
      Ix# 6 |  2.198885  1.16176      1.89   0.058  -.0781231   4.475894
      Ix#12 |  -.46784   1.170418    -0.40   0.689  -2.761816   1.826136
      Ix#24 |  1.450092  1.182273     1.23   0.220  -.8671197   3.767304
      Ix#36 |  .3989479  1.184533     0.34   0.736  -1.922694    2.72059
            |
      _cons |  1.071006  2.062204     0.52   0.604   -2.97084   5.112851
------------------------------------------------------------------------
```

```
-----------------------------------------------------------------------
Random-effects Parameters |   Estimate   Std. Err.    [95% Conf. Interval]
-----------------------------+-----------------------------------------
ID: Identity                 |
                var (_cons)  |   27.01448   3.509291    20.94219    34.84747
-----------------------------+-----------------------------------------
              var (Residual) |   26.24816   1.516195    23.43852     29.3946
-----------------------------------------------------------------------
LR test vs. linear model: chibar2 (01) = 236.34      Prob >= chibar2 = 0.0000
```

该输出是一个二水平模型的输出，命令中 i. group＃＃ib18. time 表示模型中包括变量 group 和 time 各自的主效应和交互效应，符号 i. 说明该变量是分类变量，符号 ib18. 说明该变量是分类变量并且指定创建该变量的哑变量时用 time＝18 为其参照类。模型结束后，我们进一步运行如下命令得到每组被试在每个追踪时间点的抑郁分数变化的估计值和组间比较结果。

```
. margin group#time /*如下是每组被试在每次时间点的抑郁变化分数*/

Predictive margins                        Number of obs    =       789

Expression  : Linear prediction, fixed portion, predict ()

-----------------------------------------------------------------------
              |             Delta-method
              |    Margin   Std. Err.      z    P>|z|    [95% Conf. Interval]
--------------+--------------------------------------------------------
group#time    |
    TAU# 6    | -3.683418   .7813348    -4.71   0.000    -5.214806    -2.15203
    TAU#12    | -4.178174   .8032832    -5.20   0.000    -5.75258    -2.603768
    TAU#18    | -5.902987   .790155     -7.47   0.000    -7.451662   -4.354312
    TAU#24    | -5.922037   .8137375    -7.28   0.000    -7.516933   -4.327141
    TAU#36    | -4.34572    .7898366    -5.50   0.000    -5.893772   -2.797669
    Ix# 6     | -4.753193   .7980937    -5.96   0.000    -6.317428   -3.188958
    Ix#12     | -7.914674   .7856117   -10.07   0.000    -9.454444   -6.374903
    Ix#18     | -9.171647   .8052091   -11.39   0.000    -10.74983   -7.593466
    Ix#24     | -7.740605   .7949136    -9.74   0.000    -9.298607   -6.182603
    Ix#36     | -7.215433   .8190577    -8.81   0.000    -8.820756   -5.610109
-----------------------------------------------------------------------
```

```
. contrast group@time,effects /*如下是每组被试在每次时间点的抑郁变化分数比较结果*/

Contrasts of marginal linear predictions

Margins     : asbalanced

------------------------------------------
              |    df    chi2    P>chi2
--------------+---------------------------
chgham        |
  group@time  |
           6  |     1     0.91    0.3392
          12  |     1    11.02    0.0009
          18  |     1     8.36    0.0038
          24  |     1     2.55    0.1105
          36  |     1     6.34    0.0118
       Joint  |     5    15.94    0.0070
------------------------------------------


-----------------------------------------------------------------------
              |   Contrast   Std. Err.      z    P>|z|    [95% Conf. Interval]
--------------+--------------------------------------------------------
chgham        |
  group@time  |
(Ix vs base)  6  | -1.069775   1.119207    -0.96   0.339    -3.26338    1.123831
(Ix vs base) 12  |  -3.7365    1.12571     -3.32   0.001    -5.942852   -1.530148
(Ix vs base) 18  |  -3.26866   1.130235    -2.89   0.004    -5.483879   -1.053441
(Ix vs base) 24  | -1.818568   1.139241    -1.60   0.110    -4.051851    .4147148
(Ix vs base) 36  | -2.869712   1.139602    -2.52   0.012    -5.103292   -.6361327
-----------------------------------------------------------------------
```

结果显示实验组被试(Ix)的抑郁分数在第 12、18、36 月比对照组被试（base）的抑郁分数减少得更多并且统计显著。

因为因变量中有 15% 的缺失值，分析中需要对该重复测量数据中的缺失值进行插补，然后再对数据进行分析并做出统计推断，具体的分析步骤如下。

（1）使用 STATA 构建一个两水平模型并输出模型信息。

因为 REALCOM-Impute 软件不能自动对分类变量进行编码，我们在准备输出的模型信息时需要先对分类变量进行编码并且做好模型中的交互项。就本例来说，要运行的 STATA 命令如下。

mixedchgham bsham group tm6 tm12 tm24 tm36 gtm6 gtm12 gtm24 gtm36 ‖ ID：, nolog

运行该命令会得到和命令 mixed chgham bsham i. group ♯ ♯ ib18. time ‖ ID：, nolog 一样的输出。因此在输出模型信息时，我们所用的命令如下。

```
cd " data\mi"/*指定保存插补数据的路径，建议使用当前工作路径*/
realcomImpute  chgham bsham group tm6 tm12 tm24 tm36 gtm6 gtm12 gtm24 gtm36 using
realcomInput.dat, numresponses (1) level2id (ID) cons (cons) replace /* 输出模型信息*/
```

STATA 的 realcomImpute 命令可用于输出二水平的线性、非线性以及单元和多元多水平的模型信息，有需要的读者请参考 realcomImpute 命令的说明文件。运行 realcomImpute 命令后所产生的两个文件被保存在所指定的工作路径。

（2）运行 REALCOM-Impute 软件，在弹出的窗口中点击 Open data file 按钮（图 13-2-1）。

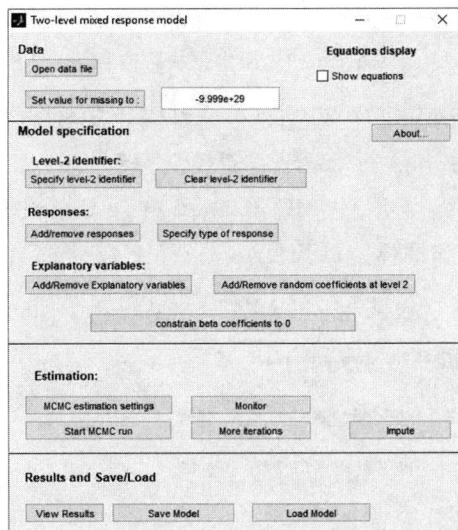

图 13-2-1 从 REALCOM-Impute 中打开文件

（3）在选择文件对话框中找到 STATA 输出的文件（图 13-2-2），并选中名字为 realcomInput. dat 的文件。

调入文件 realcomInput. dat 后，在图 13-2-1 界面的右上角选中 Show equations 选项，则弹出的窗口中显示的就是 STATA 输出的两水平模型方程（图 13-2-3）。

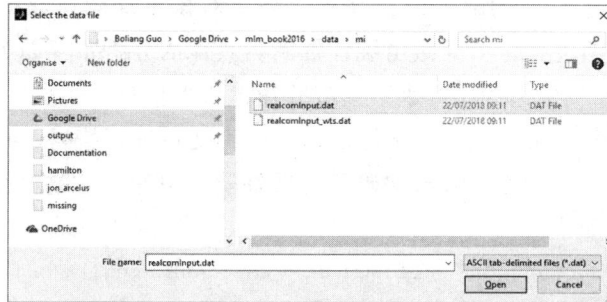

图 13-2-2　选中从 STATA 输出的模型信息文件 realcomInput. dat

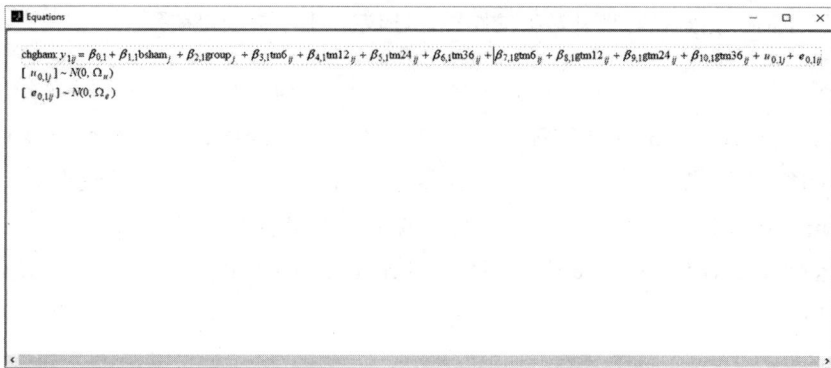

图 13-2-3　两水平模型方程

研究者可再次检查所要运行的模型是否就是刚才从 STATA 里面输出的模型。然后可通过去掉 Show equations 选项取消查看模型方程。

（4）在图 13-2-1 的界面点击 MCMC estimation settings 按钮，在弹出的对话框中设定 MCMC 的预烧长度和抽样链的长度（图 13-2-4），研究者可根据自己的数据拟合情况修正该数字。

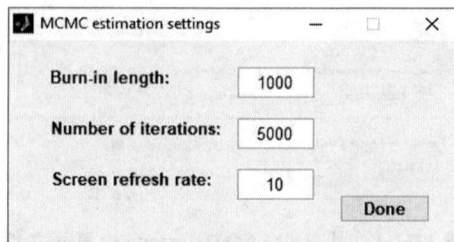

图 13-2-4　MCMC 过程参数设定

MCMC 参数设定完成后，点击图 13-2-1 的界面中部右侧的 Impute 按钮，在弹出的对话框（图 13-2-5）中设定保存插补数据的文件路径以及保存全部抽样链中某一次的数据为最后分析的数据。

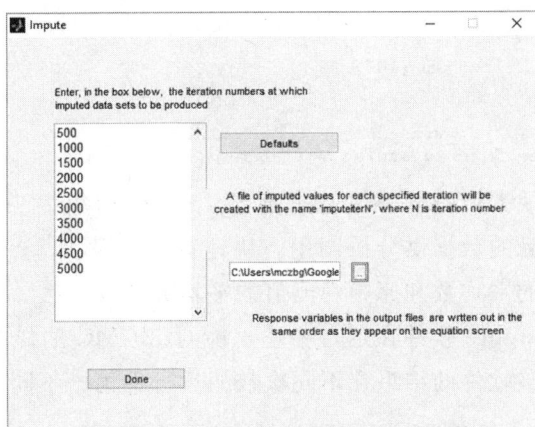

图 13-2-5　设定插补数据保存路径

图 13-2-5 左侧的数据列是软件自动设定的从 5000 个抽样中保存的 10 个抽样数据为将要分析的数据，读者可根据研究需要自行更改所需要的插补数据集的个数和选择保存某一次抽样的数据集为插补数据。图 13-2-5 右侧的对话框中设定保存插补数据的路径。设定完成后单击 Done 按钮回到图 13-2-1 界面并点击 Start MCMC run 按钮。随后弹出的窗口显示 MCMC 运行的步骤信息。MCMC 过程结束时的窗口显示如图 13-2-6 所示。

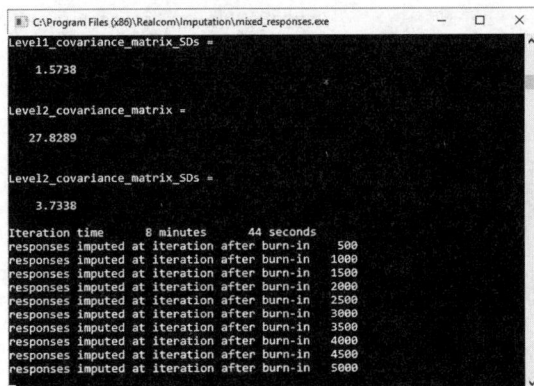

图 13-2-6　REALCOM-Impute 软件 MCMC 过程结束显示窗

（5）点击图 13-2-6 所示窗口右上角的叉号关闭退出 REALCOM-Impute 软件，然后回到 STATA 并运行 realcomImputeLoad 命令，此时的输出就显示刚运行的多重插补信息。

```
.        realcomImputeLoad

10 multiple imputations successfully loaded

  Style:  wide
          last mi update 22jul2018 10:06:13, 0 seconds ago

  Obs.:   complete          789
          incomplete        146   (M = 10 imputations)
          ---------------------
```

```
        total                935

Vars.:  imputed:  1; chgham (146)
        passive:  0
        regular:  0
        system:   1; _mi_miss
        (there are 15 unregistered variables)
```

数据中的 146 个缺失值被插补并且创建了 10 个数据集。STATA 也自动把数据文件更新为多重插补后的数据供分析调用。快速查看一下第 36 个月的因变量描述性统计可看到插补数据的平均数和原始观测值的平均数基本一致。读者请注意因为当前版本的 REALCOM-Impute 软件在运行中还不能对 MCMC 抽样中的随机数码生成器进行设定，因此运行该软件的结果在不同次数的运行中稍微不同。

```
tabstat chgham if time==36, by (group) stat (mean median)

Summary for variables: chgham
    by categories of: group  (Randomised Sample)

    group |      mean        p50
----------+---------------------
      TAU |  -4.06131         -4
       Ix |  -6.824727   -7.0325
----------+---------------------
    Total |  -5.371241   -5.1389
----------------------------------
```

原始观测值的平均数分别为 −4.06 和 −6.82。

```
mi estimate: mean chgham if time==36&group==0 /*对照组插补后数据平均数*/

Multiple-imputation estimates    Imputations    =        10
Mean estimation                  Number of obs  =        94
                                 Average RVI    =    0.0621
                                 Largest FMI    =    0.0608
                                 Complete DF    =        93
DF adjustment:    Small sample   DF:     min    =     83.04
                                         avg    =     83.04
Within VCE type:     Analytic            max    =     83.04

-------------------------------------------------------------------
         |     Mean    Std. Err.    [95% Conf. Interval]
---------+---------------------------------------------------------
  chgham | -4.586699   .8042145   -6.186239   -2.98716
-------------------------------------------------------------------
```

```
mi estimate: mean chgham if time==36&group==1 /*实验组插补后数据平均数*/

Multiple-imputation estimates    Imputations    =        10
Mean estimation                  Number of obs  =        93
                                 Average RVI    =    0.0938
                                 Largest FMI    =    0.0894
                                 Complete DF    =        92
DF adjustment:    Small sample   DF:     min    =     77.14
                                         avg    =     77.14
Within VCE type:     Analytic            max    =     77.14

-------------------------------------------------------------------
         |     Mean    Std. Err.    [95% Conf. Interval]
---------+---------------------------------------------------------
  chgham | -6.97963    .915968    -8.803501   -5.155758
-------------------------------------------------------------------
```

插补后的平均数分别是 −4.58 和 −6.99，两种结果基本一致。基于插补数据的分析结果输出如下。

```
. mi estimate: mixed chgham bsham i.group##ib18.time || ID:, reml var nolog

Multiple-imputation estimates                  Imputations      =          10
Mixed-effects REML regression                  Number of obs    =         935

Group variable: ID                             Number of groups =         187
                                               Obs per group:
                                                            min =           5
                                                            avg =         5.0
                                                            max =           5
                                               Average RVI      =      0.1819
                                               Largest FMI      =      0.3712
DF adjustment:   Large sample                  DF:         min =       71.83
                                                           avg =    8,252.92
                                                           max =   81,803.57
Model F test:          Equal FMI               F (  10, 2743.9) =        5.78
                                               Prob > F         =      0.0000
```

chgham	Coef.	Std. Err.	t	P>|t|	[95% Conf. Interval]	
bsham	-.310477	.08137	-3.82	0.000	-.4699618	-.1509923
group						
Ix	-3.271771	1.160878	-2.82	0.005	-5.552608	-.9909337
time						
6	2.055971	.8320799	2.47	0.014	.4187349	3.693207
12	1.571948	.8122443	1.94	0.053	-.0236107	3.167508
24	-.1024568	.8874382	-0.12	0.908	-1.859104	1.65419
36	1.469111	.832047	1.77	0.078	-.1680558	3.106277
group#time						
Ix# 6	2.298717	1.24262	1.85	0.066	-.157749	4.755182
Ix#12	-.3753397	1.166904	-0.32	0.748	-2.669536	1.918856
Ix#24	1.566913	1.337096	1.17	0.245	-1.098646	4.232472
Ix#36	.5089105	1.198001	0.42	0.671	-1.851226	2.869047
_cons	1.144615	2.047459	0.56	0.576	-2.868596	5.157825

Random-effects Parameters	Estimate	Std. Err.	[95% Conf. Interval]	
ID: Identity				
sd (_cons)	5.203715	.3343225	4.587866	5.902232
sd (Residual)	5.19534	.1473442	4.913487	5.493361

这是基于当前插补数据运行后模型的结果，研究者可看到 FMI 数值较大，说明 15％的缺失值对估计结果有不小的影响。可考虑增加插补数据集的个数并重新运行模型。运行基于插补数据的模型后，需要运行 mimrgns 命令来进一步估计每个组在每次测试时间点的抑郁分数变化值以及组件比较结果。

```
. mimrgns group#time /*插补后各组在每时间点的抑郁分数变化值*/

Multiple-imputation estimates                  Imputations      =          10
Predictive margins                             Number of obs    =         935
                                               Average RVI      =      0.2118
                                               Largest FMI      =      0.2734
DF adjustment:   Large sample                  DF:         min =      130.71
                                                           avg =    4,001.75
```

```
Within VCE type: Delta-method                    max        =  28,936.60

Expression    : Linear prediction, fixed portion, predict (xb)

-----------------------------------------------------------------------
            |     Margin   Std. Err.      t    P>|t|    [95% Conf. Interval]
------------+----------------------------------------------------------
  group#time |
     TAU# 6 |  -3.815863   .7942464   -4.80   0.000    -5.374046   -2.257681
     TAU#12 |  -4.299886   .7803713   -5.51   0.000     -5.82993   -2.769842
     TAU#18 |  -5.871834   .8073994   -7.27   0.000    -7.457072   -4.286597
     TAU#24 |  -5.974291   .8849725   -6.75   0.000    -7.725014   -4.223568
     TAU#36 |  -4.402724   .7844375   -5.61   0.000    -5.940968   -2.864479
     Ix# 6  |  -4.788917   .8134258   -5.89   0.000    -6.386169   -3.191665
     Ix#12  |  -7.946996   .7709641  -10.31   0.000    -9.458121   -6.435871
     Ix#18  |  -9.143605    .802354  -11.40   0.000    -10.71802   -7.569189
     Ix#24  |  -7.679149   .8106142   -9.47   0.000    -9.270579   -6.087719
     Ix#36  |  -7.165584   .8092488   -8.85   0.000    -8.754192   -5.576976
-----------------------------------------------------------------------
```

. mimrgns group@time, contrast /*插补后各组在每时间点的抑郁分数变化值的比较*/

```
Multiple-imputation estimates                 Imputations      =         10
Contrasts of predictive margins               Number of obs    =        935
                                              Average RVI      =     0.2908
                                              Largest FMI      =     0.2610
DF adjustment:   Large sample                 DF:      min      =     143.16
                                                       avg      =   1,534.61
Within VCE type: Delta-method                          max      =   5,736.16

Expression    : Linear prediction, fixed portion, predict (xb)

-------------------------------------------------------------------
                 |   Contrast   Std. Err.    [95% Conf. Interval]
-----------------+-------------------------------------------------
      group@time |
 (Ix vs base)  6 |  -.9730541   1.159228    -3.250449    1.304341
 (Ix vs base) 12 |   -3.64711   1.101962    -5.807372   -1.486849
 (Ix vs base) 18 |  -3.271771   1.160878    -5.552608   -.9909337
 (Ix vs base) 24 |  -1.704858   1.247591    -4.170938    .7612231
 (Ix vs base) 36 |   -2.76286   1.142973    -5.006519   -.5192012
-------------------------------------------------------------------
```

. mimrgns group@time, contrast (pveffects) /*插补后各组在每时间点的抑郁分数变化值比较的显著性水平*/

```
Multiple-imputation estimates                 Imputations      =         10
Contrasts of predictive margins               Number of obs    =        935
                                              Average RVI      =     0.2908
                                              Largest FMI      =     0.2610
DF adjustment:   Large sample                 DF:      min      =     143.16
                                                       avg      =   1,534.61
Within VCE type: Delta-method                          max      =   5,736.16

Expression    : Linear prediction, fixed portion, predict (xb)

-----------------------------------------------------------------------
                 |   Contrast   Std. Err.      t    P>|t|
-----------------+-----------------------------------------------------
      group@time |
 (Ix vs base)  6 |  -.9730541   1.159228   -0.84   0.402
 (Ix vs base) 12 |   -3.64711   1.101962   -3.31   0.001
 (Ix vs base) 18 |  -3.271771   1.160878   -2.82   0.005
 (Ix vs base) 24 |  -1.704858   1.247591   -1.37   0.174
 (Ix vs base) 36 |   -2.76286   1.142973   -2.42   0.016
-----------------------------------------------------------------------
.
end of do-file
```

根据插补数据的估计结果，我们可以看到被试的抑郁分数随时间而逐步减少，但实验组的被试减少的程度更大(图 13-2-7)。

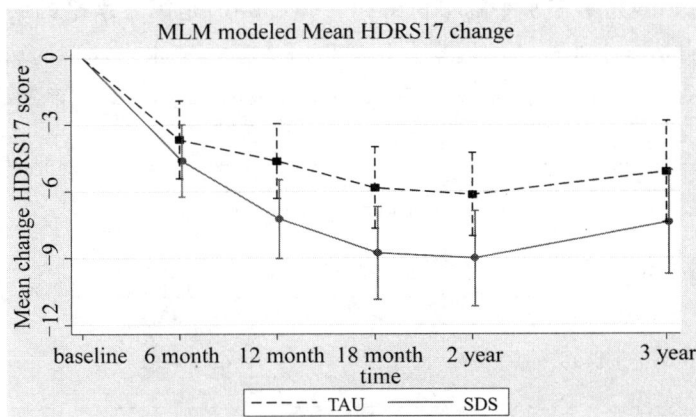

图 13-2-7　基于插补数据的抑郁分数变化值

　　本节演示所用的软件 REALCOM-Impute 仅仅能处理具有两水平结构的数据中的缺失值,但能够插补第二水平变量的缺失值。具体该软件的详细应用请参考其手册。目前该版本的软件还不能有效地从 STATA 或者 MLwiN 内部调用使用,这对熟悉编程的用户而言是一个有待改进的地方。期待着未来版本的 REALCOM-Impute 能有类似于 runmlwin 之类的命令供研究者使用。

13.3　基于多元多水平模型的多重插补

　　现阶段最有效的多水平数据中缺失值的多重插补模型是基于 MCMC 算法的多元多水平模型(Goldstein et al.,2009)。本节以 STATA 的自带数据演示如何使用运行 runmlwin 命令调用运行 MCMC 多元多水平模型对三水平数据中的缺失值进行插补(Browne,2016;Leckie & Charlton,2013)。

　　运行 STATA 自带的演示三水平模型的输出如下。

```
webuse productivity
Contains data from http://www.stata-press.com/data/r15/productivity.dta
  obs:           816                          Public Capital Productivity
  vars:           11                          29 Mar 2016 10:57
  size:        29,376                          (_dta has notes)
-------------------------------------------------------------------------------
              storage   display    value
variable name   type    format     label        variable label
-------------------------------------------------------------------------------
state          byte    %9.0g                    states 1-48
region         byte    %9.0g                    regions 1-9
year           int     %9.0g                    years 1970-1986
public         float   %9.0g                    public capital stock
hwy            float   %9.0g                    log (highway component of public)
water          float   %9.0g                    log (water component of public)
other          float   %9.0g                    log (bldg/other component of public)
private        float   %9.0g                    log (private capital stock)
gsp            float   %9.0g                    log (gross state product)
emp            float   %9.0g                    log (non-agriculture payrolls)
unemp          float   %9.0g                    state unemployment rate
-------------------------------------------------------------------------------
```

该数据是美国 9 个地区 48 个州历年来私有企业的产值，以变量名 gsp 表示。数据中的地区（region）是第三水平的单位编码，州（state）是第二水平的编码。分析的目的在于考察影响私有企业产值的因素。用 STATA 运行三水平模型的输出如下。

```
mixed gsp private emp hwy water other unemp || region: || state:, nolog
Mixed-effects ML regression                      Number of obs    =      816

-------------------------------------------------------------------------
              |    No. of        Observations per Group
Group Variable |   Groups   Minimum    Average    Maximum
--------------+----------------------------------------------------------
       region |        9        51       90.7        136
        state |       48        17       17.0         17

                                                 Wald chi2 (6)    =   18829.06
Log likelihood =  1430.5017                       Prob > chi2      =     0.0000

-------------------------------------------------------------------------
         gsp |     Coef.   Std. Err.      z    P>|z|    [95% Conf. Interval]
--------------+----------------------------------------------------------

     private |  .2671484   .0212591    12.57   0.000    .2254814    .3088154
         emp |   .754072   .0261868    28.80   0.000    .7027468    .8053973
         hwy |  .0709767    .023041     3.08   0.002    .0258172    .1161363
       water |  .0761187   .0139248     5.47   0.000    .0488266    .1034109
       other | -.0999955   .0169366    -5.90   0.000   -.1331906   -.0668004
       unemp | -.0058983   .0009031    -6.53   0.000   -.0076684   -.0041282
        _cons |  2.128823   .1543854    13.79   0.000    1.826233    2.431413
-------------------------------------------------------------------------


-------------------------------------------------------------------------
Random-effects Parameters  |   Estimate   Std. Err.    [95% Conf. Interval]
--------------------------+----------------------------------------------
region: Identity          |
               var (_cons) |   .0014506   .0012995     .0002506    .0083957
--------------------------+----------------------------------------------
state: Identity           |
               var (_cons) |   .0062757   .0014871     .0039442    .0099855
--------------------------+----------------------------------------------
              var (Residual) |  .0013461   .0000689     .0012176    .0014882
-------------------------------------------------------------------------
LR test vs. linear model: chi2 (2) = 1154.73      Prob > chi2 = 0.0000
```

该数据中没有缺失值，为了演示所用，我们在变量 gsp 和 water 中创建 8% 的缺失值。然后对这两个变量中的缺失值进行插补并运行上述的三水平模型。

```
set seed 16888 /*保证产生同样的随机数字*/
gen ms_gsp=gsp
replace ms_gsp=. if runiform ()<=0.08 /*产生8%缺失gsp*/
```

因为要使用 MLwiN 软件，因此我们需要在数据中包括第一水平单位编码变量和常量 cons，并且把数据按照地区、州和第一水平单位排序。因为要运行 MCMC 模型，所以首先用现有数据运行一个三水平模型。该三水平模型的估计参数被用作 MCMC 模型的初始值。因为要对两个变量进行插补，因此在缺失值插补阶段我们就把有缺失值的变量都当作因变量而运行一个二元三水平模型。

```
gen ms_wat=water
replace ms_wat=. if runiform ()<=0.09 /*产生8%缺失water */
gen level1=_n /*generate level 1 ID*/
gen cons=1
sort region  state level1
```

* 使用现有数据运行的二元三水平模型

```
runmlwin ///
        (ms_gsp cons private emp hwy other unemp, eq (1)) ///
        (ms_wat cons private emp hwy other unemp, eq (2)), ///
            level3 (region: (cons, eq (1)) (cons, eq (2))) ///
    level2 (state: (cons, eq (1)) (cons, eq (2))) ///
    level1 (level: (cons, eq (1)) (cons, eq (2)) nopause
```

　　在根据现有数据运行模型的基础上，进一步运行 MCMC 模型并增加保存抽样数据的命令选项 mcmc(imputeiterations(1000 2000 3000 4000 5000))。研究者可自行设定选择保存哪次抽样的数据以及保存多少个数据，只需在 imputeiterations()命令选项的()里面写上要保存抽样的迭代次数即可。例如，如果要保存 6 个数据，则研究者可抽样链中随机选择 1001 2001 3001 4001 4081 4099 或其他任意 6 个数字。下面是运行上述命令的输出。该命令结束后，STATA 自动把数据更新为插补的数据格式。

```
runmlwin ///
        (ms_gsp cons private emp hwy other unemp, eq (1)) ///
        (ms_wat cons private emp hwy other unemp, eq (2)), ///
            level3 (region: (cons, eq (1)) (cons, eq (2))) ///
    level2 (state: (cons, eq (1)) (cons, eq (2))) ///
    level1 (level: (cons, eq (1)) (cons, eq (2)) nopause ///
mcmc (imputeiterations (1000 2000 3000 4000 5000)) initsprevious
MLwiN 3.2 multilevel model                  Number of obs    =        809
Multivariate response model
Estimation algorithm: MCMC
```

```
------------------------------------------------------------
                 | No. of    Observations per Group
 Level Variable  | Groups   Minimum   Average   Maximum
-----------------+------------------------------------------
         region  |     9        51       89.9       135
          state  |    48        16       16.9        17
------------------------------------------------------------
```

```
Burnin                   =        500
Chain                    =       5000
Thinning                 =          1
Run time (seconds)       =       8.58
Deviance (dbar)          =   -4732.06
Deviance (thetabar)      =   -4985.20
Effective no. of pars (pd) =    253.14
Bayesian DIC             =   -4478.92
```

	Mean	Std. Dev.	ESS	P	[95% Cred. Interval]
ms_gsp						
cons_1	2.023383	.1412931	62	0.000	1.760586	2.305864
private_1	.3059021	.0206741	86	0.000	.2636943	.3464664
emp_1	.7810876	.0257988	125	0.000	.7313632	.8323263
hwy_1	.064851	.0230775	70	0.002	.0190754	.107578
other_1	-.0842049	.0180411	219	0.000	-.1189714	-.0473036
unemp_1	-.0053825	.0009285	359	0.000	-.007204	-.0035418
ms_wat						
cons_2	-1.901143	.4817123	44	0.000	-2.788087	-.8632777
private_2	.623974	.062496	47	0.000	.5057981	.7700702
emp_2	.2532397	.0752389	61	0.000	.097779	.4023972
hwy_2	-.0601995	.0683802	52	0.201	-.1920315	.0694127
other_2	.1880766	.044058	215	0.000	.1019408	.2754744
unemp_2	.0067181	.0024429	151	0.004	.0020079	.0116027

```
     Random-effects Parameters |    Mean    Std. Dev.     ESS      [95% Cred. Int]
---------------------------------+----------------------------------------------------
Level 3: region                  |
                 var (cons_1)    | .0024611    .0017795     176    .0005874    .0070348
         cov (cons_1,cons_2)     | -.0006105    .003897      48   -.0091537    .0069801
                 var (cons_2)    | .0204161    .0152994     126    .0050445    .0597687
---------------------------------+----------------------------------------------------
Level 2: state                   |
                 var (cons_1)    | .0075781    .0018232     577    .0047741    .0118318
         cov (cons_1,cons_2)     | .0064665    .0050316     195   -.0023974    .0172762
                 var (cons_2)    | .1024864    .0262057     127    .0625731    .1654215
---------------------------------+----------------------------------------------------
Level 1: level1                  |
                 var (cons_1)    | .0013627    .0000738    3267    .0012227    .0015148
         cov (cons_1,cons_2)     | .0005654     .000135    2592    .0003128     .00084
                 var (cons_2)    | .0078992    .0004237    3132    .0071087    .0087715
---------------------------------+----------------------------------------------------
```

尽管我们使用二元三水平模型插补数据中的缺失值，但研究中要分析的模型实际上是一个普通的三水平线性模型。运行插补的数据得到的所要分析的普通三水平模型的结果输出如下。

```
mi estimate:mixed ms_gsp private emp hwy ms_wat other unemp || region: || state:,
nolog

Multiple-imputation estimates              Imputations     =          5
Mixed-effects ML regression                Number of obs   =        816

----------------------------------------------------------------
               |   No. of         Observations per Group
Group Variable |   Groups    Minimum    Average    Maximum
---------------+------------------------------------------------
        region |       9          51        90.7        136
         state |      48          17        17.0         17
----------------------------------------------------------------

                                           Average RVI     =     0.0769
                                           Largest FMI     =     0.1813
DF adjustment:    Large sample             DF:       min   =     138.99
                                                     avg   =  29,972.07
                                                     max   = 202,592.44
Model F test:     Equal FMI                F (  6, 1724.9) =    2877.99
                                           Prob > F        =     0.0000


----------------------------------------------------------------------
       ms_gsp |    Coef.    Std. Err.      t     P>|t|    [95% Conf. Interval]
--------------+-------------------------------------------------------
      private |  .2706795   .0218087    12.41    0.000    .2278971    .313462
          emp |  .7581853   .0263623    28.76    0.000    .7064897   .8098809
          hwy |  .0650769   .0235273     2.77    0.006    .0189235   .1112303
       ms_wat |  .0698113   .0152008     4.59    0.000    .0397565    .099866
        other | -.0966537   .0171951    -5.62    0.000   -.1303746   -.0629327
        unemp |  -.005988   .0009401    -6.37    0.000   -.0078364   -.0041397
        _cons |  2.134018   .1581768    13.49    0.000    1.823721   2.444314
----------------------------------------------------------------------


----------------------------------------------------------------------
  Random-effects Parameters |   Estimate   Std. Err.     [95% Conf. Interval]
------------------------------+---------------------------------------------
region: Identity              |
               sd (_cons)     |   .0369249   .0172333     .0147927   .0921704
------------------------------+---------------------------------------------
state: Identity               |
               sd (_cons)     |   .0801384   .0094915     .0635368   .1010779
------------------------------+---------------------------------------------
               sd (Residual)  |   .0361982   .0009686     .0343447   .0381516
----------------------------------------------------------------------
```

研究者可根据模型输出的信息进一步调整插补模型的设定。当前分析显示，基于多重插补的数据结果显示变量 water（ms_wat）的斜率系数是（0.0698，95% CI：

0.0325,0.0884),而使用完全数据分析的结果为(0.0645,95%CI:0.0280,0.1010)。两种结果基本一致。

　　本例演示的两个变量有缺失的例子可以扩展到更多有缺失值的变量、更多水平数的情况。注意尽管插补的模型通常要和最后分析的模型一致，但多水平情况下的插补模型尚需有更多的灵活性。如果模型中只有一个变量有缺失值，则仍需运行一个多元多水平模型才能激活 imputeiterations()命令选项保存抽样的数据。

　　本节演示的是如何使用 STATA 的 runmlwin 命令来对多水平数据中的缺失值进行插补。如果只使用 MLwiN 软件，研究者也可以在多元多水平的 MCMC 设定界面选择数据插补功能(Browne，2016；Rasbash et al.，2016)，请感兴趣的读者自行参考 MLwiN 软件的 MCMC 手册里面的内容。

13.4　使用 Mplus 的多重插补功能处理多水平数据中的缺失值

　　当前版本的 Mplus 有很好地处理缺失值的多重插补功能(Muthén & Muthén，2017；Asparouhov & Muthén，2010)。研究者只需在命令中调入相应的多重插补命令即可。就两水平的数据来说，Mplus 可把缺失值插补和插补数据分析两个步骤合并到一个命令中去。就 13.3 节演示用的三水平数据来说，如果我们忽视第三水平的结构而构建一个两水平的模型，则相应的 Mplus 命令和输出如下。

```
DATA: FILE = C:\Users\yuhan\Google Drive\mlm_book2016\data\MI_produc_mplus.csv;

VARIABLE:
NAMES = state region year public hwy water other private gsp emp unemp ms_gsp
ms_wat;
        CLUSTER =   state;
        MISSING = ALL   (-999);

        usevariable are ms_gsp ms_wat private emp hwy  other unemp;
        WITHIN = private emp hwy ms_wat other unemp;
 DATA IMPUTATION:
     IMPUTE = ms_gsp ms_wat;
     NDATASETS = 10;
  ANALYSIS:
        TYPE=TWOLEVEL;
  MODEL:
        %WITHIN%
     ms_gsp on private emp hwy ms_wat other unemp;
     %BETWEEN% !level2
     [ms_gsp];
```

该命令就是在普通两水平模型命令行中增加多重插补的命令选项。

```
DATA IMPUTATION:
        IMPUTE = ms_gsp ms_wat;
        NDATASETS = 10;
```

该选项指定变量 ms_gsp 和 ms_wat 需要插补同时要求产生 10 个插补数据集。运行该命令的主要输出结果如下。

```
NOTE:   These are average results over 10 data sets.

MODEL RESULTS
```

	Estimate	S.E.	Est./S.E.	Two-Tailed P-Value	Rate of Missing
Within Level					
MS_GSP ON					
PRIVATE	0.285	0.043	6.644	0.000	0.051
EMP	0.747	0.061	12.221	0.000	0.041
HWY	0.065	0.051	1.264	0.206	0.037
MS_WAT	0.050	0.019	2.638	0.008	0.140
OTHER	−0.084	0.051	−1.651	0.099	0.011
UNEMP	−0.006	0.002	−2.827	0.005	0.073
Residual Variances					
MS_GSP	0.002	0.000	7.898	0.000	0.195
Between Level					
Means					
MS_GSP	2.103	0.195	10.787	0.000	0.047
Variances					
MS_GSP	0.008	0.002	4.080	0.000	0.015

模型结果输出和一般两水平模型的结果输出基本一样，只是在该部分的最后一列报告每个参数估计值的"Rate of missing"，这实际上是 STATA 多重插补数据中的 FMI 结果。

对于三水平模型来说，因为当前版本软件需要使用 ESTIMATOR＝BAYES 命令选项来对三水平模型中的缺失值进行插补，并且也无法把缺失值插补和分析模型在同一个命令中进行。因此需要先对缺失值进行插补并保存插补数据，然后再重新对插补数据进行分析。同时在使用 ESTIMATOR＝BAYES 命令选项插补缺失值时，插补模型中的自变量不能有缺失值，并且所有因变量都有缺失值的个体也不能被包括进分析中。因此就 13.3 节演示的模型来说，我们在插补变量 ms＿gsp 和 ms＿wat 中的缺失值时需要通过多元多水平模型来进行。并且因数据中有 7 个被试同时在变量 ms＿gsp 和 ms＿wat 上有缺失值，因此需要在插补模型中增加一个没有缺失值的因变量。本演示中我们选择没有缺失值的变量 hwy 为第三个因变量。如下是该三水平模型缺失值插补的 Mplus 命令。

```
DATA: FILE = C:\Users\yuhan\Google Drive\mlm_book2016\data\MI_produc_mplus.csv;

VARIABLE:
    NAMES = state region year public hwy water other private gsp emp unemp ms_gsp
ms_wat;
        CLUSTER =  region state;
        MISSING = ALL  (-999);
        AUXILIARY= year public water gsp;
        usevariable are ms_gsp private emp hwy other unemp ms_wat;
        WITHIN = private emp  other unemp ms_wat;

DATA IMPUTATION:
        IMPUTE = ms_gsp ms_wat;
        NDATASETS = 10;
        SAVE = C:\Users\yuhan\Google Drive\mlm_book2016\data\mi\MImis*.dat;

    ANALYSIS:
        TYPE = threelevel;
        ESTIMATOR = BAYES;
```

```
DEL:
    %WITHIN%
  ms_gsp on private emp other unemp hwy;
  ms_wat on private emp other unemp hwy;
    hwy on private emp other unemp;

  ms_gsp with ms_wat;

  %BETWEEN state% !level2

  %BETWEEN region% !level 3
  [ms_gsp ms_gsp hwy];
```

命令的主干就是一个三元三水平模型。命令中有关插补的选项如下。

```
DATA IMPUTATION:
        IMPUTE = ms_gsp ms_wat;
        NDATASETS = 10;
        SAVE = C:\Users\yuhan\Google Drive\mlm_book2016\data\mi\MImis*.dat;
```

该选项指定需要插补的变量为 ms_gsp 和 ms_wat，要求输出 10 个数据集并使用 SAVE＝选项把数据保存到指定路径，保存的文件名设定为 MImis*.dat，Mplus 就自动保存 MImis1.dat、MImis2.dat…MImis10.dat 这 10 个数据集。请注意我们在 VARIABLE：设定中使用了选项 AUXILIARY＝year public water gsp；。这是因为运行插补模型时使用的数据中包括了没被用于插补模型的变量 year、public、water 和 gsp。我们希望在保存的数据中也包括这四个变量。使用 AUXILIARY＝选项就可以把这 4 个变量包括进要保存的数据中去，但这 4 个变量在插补的数据结构中被保存在插补模型的变量之后。同时在多水平数据的插补模型中，不同水平的单位标识变量按照从高水平到低水平的顺序被保存在数据结构中的最后位置。因此就本例来说，插补后的数据中各个变量在数据结构中的位置顺序为：ms_gsp private emp hwy other unemp ms_wat year public water gsp region state。使用当前版本的 Mplus 在运行插补模型时，一定要注意插补数据中的变量的位置。缺失值插补过程结束后，重新运行分析插补数据的命令和结果输出如下。

```
DATA: FILE is C:\Users\yuhan\Google Drive\mlm_book2016\data\mi\MImislist.dat;
      TYPE = IMPUTATION;
VARIABLE:
NAMES = ms_gsp private emp hwy other unemp ms_wat
          year public water gsp region state;
        CLUSTER =   region state;
        MISSING = ALL   (-999);

        usevariable are ms_gsp ms_wat private emp hwy other unemp;
        WITHIN = private emp hwy other unemp ms_wat;

  ANALYSIS:
        TYPE = threelevel;
  MODEL:
    %WITHIN%
    ms_gsp on private emp hwy other ms_wat unemp;

    %BETWEEN state% !level2

    %BETWEEN region% !level 3
    [ms_gsp];
```

该命令的关键部分就是如何读入刚刚插补的 10 个数据集。

```
DATA: FILE is C:\Users\yuhan\Google Drive\mlm_book2016\data\mi\MImislist.dat;
      TYPE = IMPUTATION;
```

该 DATA 命令中的 file＝MImislist. dat 指定 Mplus 从指定路径读取 10 个插补数据，同时 TYPE＝IMPUTATION 选项告诉 Mplus 所读入的数据为插补的数据。下面的 VARIABLE：命令行中的变量顺序就是新输出的插补数据集中的变量顺序。

```
VARIABLE:
NAMES = ms_gsp private emp hwy other unemp ms_wat
        year public water gsp region state;
```

该命令的其他部分就是普通三水平模型的命令，结果输出中的关键信息如下。

```
NOTE:  These are average results over 10 data sets.
MODEL RESULTS
```

	Estimate	S.E.	Est./S.E.	Two-Tailed P-Value	Rate of Missing
Within Level					
MS_GSP ON					
PRIVATE	0.124	0.053	2.331	0.020	0.072
EMP	0.081	0.018	4.486	0.000	0.299
HWY	0.213	0.041	5.245	0.000	0.139
OTHER	0.794	0.075	10.644	0.000	0.083
MS_WAT	-0.004	0.003	-1.380	0.167	0.110
UNEMP	-0.137	0.063	-2.193	0.028	0.028
Residual Variances					
MS_GSP	0.002	0.000	8.139	0.000	0.231
Between STATE Level					
Variances					
MS_GSP	0.007	0.002	4.777	0.000	0.074
Between REGION Level					
Means					
MS_GSP	2.220	0.266	8.329	0.000	0.148
Variances					
MS_GSP	0.002	0.001	2.239	0.025	0.040

该结果输出和基于完全数据分析结果基本一致。

Mplus 软件还有其他处理缺失值的统计方法，基于本书的目的就不再演示。请读者自行参考 Mplus 手册学习使用有关缺失值处理方法。

本章小结

缺失值的多重插补是目前应用统计领域中广泛应用的处理数据中缺失值的统计模型方法。该方法假定数据的缺失机制是随机缺失或完全随机缺失。当今统计分析的实践中对多水平数据中的缺失值进行多重插补需要借助专用的软件和采用相对复杂的步骤。本章仅仅演示了基本的多重插补步骤和概念，有关多重插补的其他知识。例如，如何选择、构建插补模型，如何对非随机缺失的数据进行插补，请读者参考有关资料和方法学方面的进展(Sterne et al.，2009；White et al.，2007；White et al.，2009；White et al.，2011)。

第十四章 多水平研究中的样本量计算

量化科学研究是一个从样本信息对总体参数进行推断的过程，实际研究中需要抽取多少样本，对任何一个研究来说都是一个非常重要的问题，样本量的大小直接决定研究所需的费用及实验安排，也同时有科学伦理方面的考虑。以医学研究中的临床试验为例，如果样本量过大，就可能会有更多的人接受实际上无效的治疗；如果样本量过小，则实际上有效的治疗就不能及时被发现从而让更多患者受惠。普通社科调查研究中也有样本量问题，太大的样本量将会产生不必要的费用，太小的样本量则不能得到精确的参数推断估计。一般来说，在研究的设计阶段，研究者就需要对所需的样本量进行估计。样本量的估算与研究的类型、统计检验力（power：$1-\beta$）的大小、显著性水平（α）的高低、效应量的大小、研究中因变量的变异程度以及所要分析的统计模型等因素有关（Pocock，1983；Chow et al.，2008）。本书前面泊松回归中所演示的例子就是因为样本量的计算不是使用泊松模型来进行的（Hall et al.，2014；Hollis，et al.，2018）从而未能发现两组差异不显著。针对包括多水平数据研究（简称多水平研究）的样本量进行估算也是当今应用统计学方法领域中的一个前沿性和热点（Hox，2010；Maas & Hox，2005）。本章将简要介绍目前科研实践中设计多水平研究时是如何对样本量进行估算的一些步骤。

14.1 ICC 在多水平数据研究样本量估计中的作用

通常在比较 A 和 B 组被试某测试结果的平均数 m_A 和 m_B 的研究设计中，假定两组间测试的差异为 $\delta = m_A - m_B$，并且两组测试结果分布的标准差为 σ。如果希望用 90％的可能性（power＝$1-\beta$＝90％）在双侧检验 α＝0.05 的水平上检测到两组之差 δ，研究设计中两组被试的人数相等，则每组需要的样本量为公式 14.1。

$$n = \frac{2\sigma^2 (Z_{1-\beta} + Z_{1-\alpha/2})^2}{(m_B - m_A)^2} = \frac{2\sigma^2 (Z_{1-\beta} + Z_{1-\alpha/2})^2}{\delta^2} \qquad 14.1$$

$Z_{1-\beta}$ 和 $Z_{1-\alpha/2}$ 分别为标准正态分布中第 $1-\beta$ 和 $1-\alpha/2$ 百分等级的 z 值。例如，当双侧检验的显著性水平 α＝0.05 时，$Z_{1-\alpha/2}$＝1.96 ；当双侧检验的显著性水平 α＝0.01 时，$Z_{1-\alpha/2}$＝2.58。相应地，常用的 80％的统计检验力对应的 $Z_{1-\beta}$＝0.84，90％的统计检验力对应的 $Z_{1-\beta}$＝1.28。如果两组的人数不等并且 $n_A = r \times n_B$，$r < 1$，则第 B 组所需的人数就为公式 14.2。

$$n_B = \frac{2\sigma^2 (Z_{1-\beta} + Z_{1-\alpha/2})^2}{(m_B - m_A)^2} \times \frac{r}{r+1} \qquad 14.2$$

如果两组测试结果的方差分别为 σ_A^2 和 σ_B^2，则公式 14.1 和 14.2 中的标准差估计值 σ 应该为 $\sigma = \sqrt{\frac{\sigma_A^2}{n} + \frac{\sigma_B^2}{n}}$。如果测试结果是百分比并且希望用 90％的可能性（power＝$1-\beta$＝90％）在双侧检验 α＝0.05 的水平上检测到两组百分比 p_A 和 p_B 之差，研究设计中两组的被试人数相等，则每组需要的样本量为公式 14.3。

$$n = \frac{P_A \times (1-P_A) + P_B \times (1-P_B)}{(P_B - P_A)^2} \times (Z_{1-\beta} + Z_{1-\alpha/2})^2 \times 100 \qquad 14.3$$

不同的实验设计有不同的样本量计算公式，科研实践中研究者可使用计算样本量的软件来估计其研究中所需要的样本量。常用的样本量计算的软件有免费的 G-power、STATA 软件的样本量计算命令以及独立于 SPSS 的基本系统的样本量计算包。STATA 15 提供了针对很多科研设计所需样本量的计算功能，感兴趣的读者请参考其使用说明。使用 Mplus 估算样本量的步骤将在本节后面演示。

对不同被试组进行比较并且包括两水平数据结构的研究在计算其样本量时需要考虑因变量在第二水平上的变异对样本量的影响。实践中这类的实验设计一般有两类：一类是以第二水平单位为分组单位。例如，临床试验中的整群随机实验（cluster randomised trial，CRT）。在整群随机实验的研究中，因变量为第一水平单位上的测试数据，自变量分组变量是第二水平单位上的数据。另一类实验是以第一水平单位为 分组单位，但数据来自不同的第二水平单位。例如，医学研究中的多中心临床试验（multi centre randomised controlled trial）。在多中心临床试验的研究中，因变量和自变量都是第一水平单位的测试数据。在计算整群随机实验所需的样本量时，目前常用的步骤是首先按照单水平研究设计计算出所需的样本量 N_0。然后根据所掌握的 ICC 信息，计算出体现第二水平单位变异对因变量影响作用的设计效应（design effect，DE）。然后再计算出最后所需的样本量 $N = N_0 \times DE$。其中 DE 的计算公式为（公式 14.4）。

$$DE = 1 + (m-1) \times ICC \qquad 14.4$$

公式 14.4 中的 m 是要从每个第二水平单位抽样的人数的平均数。目前 STATA 的样本量计算界面在计算整群随机实验所需的样本量时就是使用 DE 来校正根据普通实验设计而计算出的样本量估计值。如果是多中心临床试验并且假定分组变量在各个中心间的效应是一样的，即普通两水平模型中分组变量的斜率系数是固定的。这种设计的样本量计算一般也是首先忽视研究中的数据结构而计算出普通研究设计所需要的样本量 N_0，然后把 N_0 乘校正因子（1-ICC）得到所需实验设计的样本量（Kingslake et al.，2017；Patel et al.，2016；Morriss et al.，2018）。如果多中心实验中的分组变量的作用在不同中心不同，即要分析的模型是普通两水平模型中的随机斜率模型。则其计算公式相当复杂，一般研究者需要借助专用的软件才能计算出所需的样本量（Raudenbush & Liu，2000）。本章后面的章节将演示如何使用有关软件估算多水平研究中所需要的样本量。

14.2　使用 MLPowSim 软件估算多水平研究所需的样本量

估算多水平研究样本量的软件 MLPowSim 是一个由 MLwiN 研发团队开发的免费软件，该软件能估算因变量为连续变量、二分变量和计数变量的两水平或三水平研究所需要的样本量(Browne et al.，2009)。该软件也能估算交叉分类模型所需要的样本量。普通用户可从其网站上下载安装文件，运行软件后生成 MLwiN 宏命令或者 R 程序。用户在 MLwiN 里面或者 R 软件里面运行相应的宏程序即可。目前该软件的下载地址如下。

http://www.bristol.ac.uk/cmm/software/mlpowsim/

用户在下载该程序的执行文件时，请把其使用手册和演示数据文件也一并下载供参考使用。该软件从 2009 年推出试用版第一版之后就没有进一步更新，目前用户还需要使用其经典的 DOS 界面(图 14-2-1)根据提示一步一步输入所需要的参数。

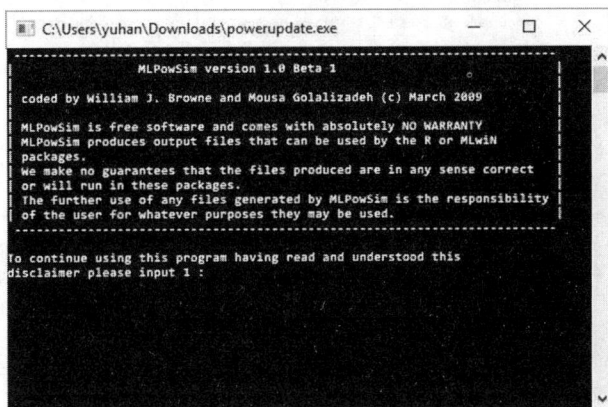

图 14-2-1　MLPowSim 的初始界面

下面我们以一个假设的研究设计来演示如何使用 MLPowSim 软件估算多水平研究所需要的样本量。假定该研究要考查中考成绩对初中生毕业成绩的影响，计划从某市的多个学校收集学生的中考成绩、中学会考成绩和学生性别信息。因学生来自不同的学校，这样的研究就是一个典型的两水平数据结构的研究，未来考查学生中考成绩作用的模型应该是一个两水平线性模型，学校为模型第二水平的单位，学生的性别和中考成绩为第一水平的变量。在进行研究设计中通常要进行预实验或者参照类似研究的结果来对新研究中的各个参数信息进行估计，然后根据这些参数的估计值进一步计算出新研究所需的样本量。就本研究来说，文献综述显示伦敦的一个类似研究中所建立的模型如图 14-2-2 所示，模型中各个参数的估计结果如图 14-2-3 所示。

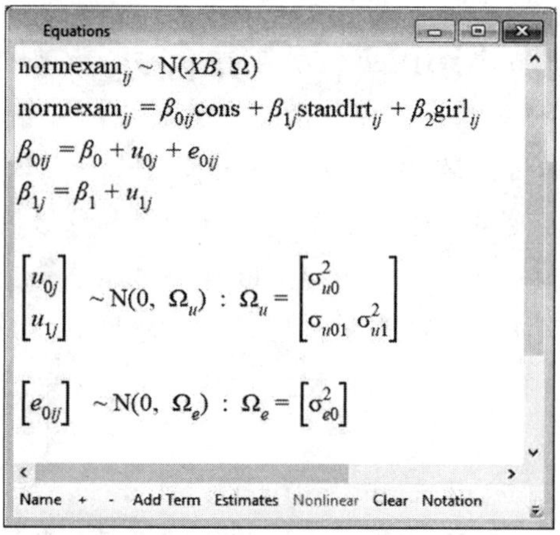

图 14-2-2　伦敦中学生会考成绩研究分析

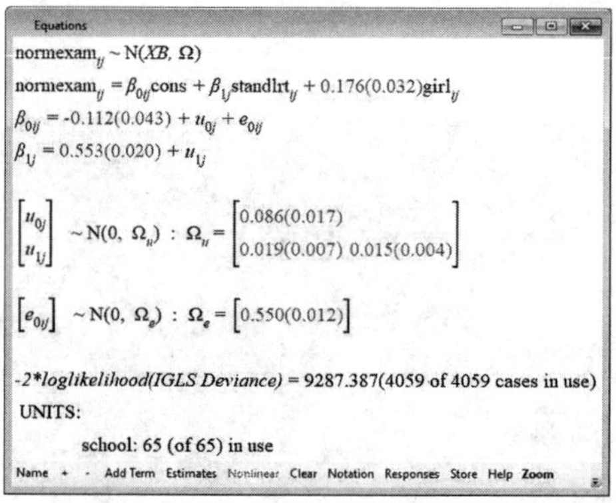

图 14-2-3　伦敦中学生会考成绩研究结果

该研究中学生的考试成绩的残差方差 σ_e^2 估计值为 0.55，考试成绩的总平均数 β_0 为 -0.112，在学校水平上的变异估计值 σ_{u0}^2 是 0.086；中考成绩对会考成绩的影响作用 β_1 为 0.553，并且影响作用在不同学校间不同，其变异程度 σ_{u1}^2 估计值为 0.015；学校会考均值 β_{0j} 和学生中考成绩对会考成绩的影响作用 β_{1j} 有正向关联关系，二者在学校水平上的协方差 σ_{u01}^2 估计值为 0.019；女生会考成绩高于男生，其斜率系数 β_2 估计值为 0.176，并且文献报道显示女生所占的比例为 60%。课题研究者通过参考其他文献和我国教育的实际情况，认为在未来的研究中可假定会考成绩的平均数为 0.1，残差方差为 0.8，考试成绩在学校水平上的方差为 0.09；校际会考均数和中考成绩间正向关联的协方差 σ_{u01}^2 为 0.02。中考成绩对会考成绩的平均影响作用为 0.15，并且该影响作用的校际变异较大，其变异的估计值为 0.02；女生对会考成绩的影响为 0.1，并且该市人口资料显示女生在学生中所占的比例为 0.55。未来的分析模型将会是如图 14-2-2 所示的两水平随机截距随机斜率模型。如果把相关参数代入方程，则未来要分析的模型方程应如下所示。

$$y = \beta_{0ij}cons + \beta_{1j}x + \beta_2(0.1)girl_{ij}$$

$$\beta_{0ij} = \beta_0(0.1) + \mu_{0j} + e_{ij}, \quad \beta_{1j} = \beta_1(0.15) + \mu_{1j}$$

$$\begin{bmatrix} \mu_{0j} \\ \mu_{1j} \end{bmatrix} \sim N(0, \Omega_\mu) \colon \Omega_\mu = \begin{bmatrix} \sigma_{\mu0}^2(0.09) & \\ \sigma_{\mu01}(0.02) & \sigma_{\mu1}^2(0.02) \end{bmatrix}$$

$$[e_{ij}] \sim N(0, \Omega_e) \colon \Omega_e = [\sigma_e^2(0.8)]$$

模型方程中的 i 是学生编号，j 是学校编号。同时也假定中考成绩为均数为 0、方差为 0.91 的标准正态分布，并且在学校水平上的方差为 0.09。使用 MLPowSim 软件估算该研究所需样本量的步骤如下。

运行 MLPowSim 的可执行文件，初始化窗口中首先显示的信息是该软件的当前版本还是测试版，请使用者应用时谨慎使用并且自负责任。如果用户明白并且愿意继续使用，请输入数字 1 并按回车键。随后用户就按照界面（图 14-2-4）的提示针对当前研究所假定的信息输入相应的参数并按回车键即可。

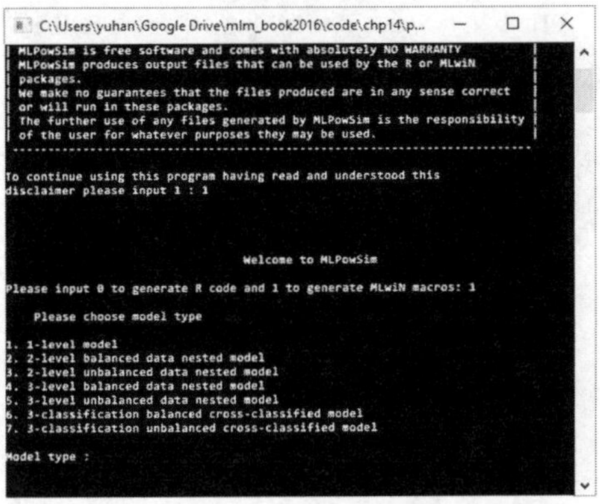

图 14-2-4　MLPowSim 模型设定选项

就本例来说随后每一步的设定如表 14-2-1 所示。

表 14-2-1

MLPowSim 步骤	说明
Welcome to MLPowSim Please input 0 to generate R code or 1 to generate MLwiN macros：1	输入 1 输出 MLwiN 宏命令
Please choose model type 1. 1-level model 2. 2-level balanced data nested model 3. 2-level unbalanced data nested model 4. 3-level balanced data nested model 5. 3-level unbalanced data nested model 6. 3-classification balanced cross-classified model 7. 3-classification unbalanced cross-classified model Model type：**2**	根据研究需要输入不同的数字，本例输入 2。希望从每个学校抽取同样数量的学生

MLPowSim 步骤	说明
Please input the random number seed：**888** Please input the significance level for testing the parameters：**0.025** Please input number of simulations per setting：**1000**	双侧检验 $\alpha=0.05$ 因此这里是 $\alpha/2=0.025$

Model setup
Please input response type [0-Normal，1-Bernouilli，2-Poisson]：**0**
Please enter estimation method [0-RIGLS，1-IGLS，2-MCMC]：**1**
Do you want to include the fixed intercept in your model(1＝YES 0＝NO)? **1**
Do you want to have a random intercept in your model(1＝YES 0＝NO)? **1**
 	
Do you want to include any explanatory variables in your model(1＝YES 0＝NO)? **1**
How many explanatory variables do you want to include in your model? **2**
Please choose a type for the predictor x1(1＝Binary 2＝Continuous 3＝all MVN)：**2**
 	
Assuming normality，please input its parameters here：
    The mean of the predictor x1：**0**
    The variance of the predictor x1 at level 1：**0.91**
    The variance of the predictor x1 at level 2：**0.09**
 	
Please choose a type for the predictor x2(1＝Binary 2＝Continuous)：**1**
Please input probability of a 1 for x2：**0.55**
 	
Do you want the coefficient associated with explanatory variable x1 to be random(1＝YES 0＝NO)? **1**
Do you want the coefficient associated with explanatory variable x2 to be random(1＝YES 0＝NO)? **0**
	正态分布因变量，使用 IGLS 估计方法，随机截距模型。两个自变量，一个连续自变量 $X1$(均数为0、方差为1的正态分布)，一个二分自变量 $X2$(girl%＝0.55)，$X1$ 斜率随机

Sample size set up Please input the smallest number of units for the second level：**20** Please input the largest number of units for the second level：**40** Please input the step size for the second level：**2** Please input the smallest number of units for the first level per second level：**20** Please input the largest number of units for the first level per second level：**30** Please input the step size for the first level per second level：2	设定水平二单位以及水平一单位个数的最大、最小值

续表

MLPowSim 步骤	说明
Parameter estimates Please input estimate of beta _ 0：**0.1** Please input estimate of beta _ 1：**0.15** Please input estimate of beta _ 2：**0.1** There is more than one random effect in your model and so you need to enter variance/covariance matrix. Please input lower triangular entries(3 elements)： entry(1，1)is：**0.09** entry(2，1)is：**0.02** entry(2，2)is：**0.02** Please input estimate of sigma^2 _ e：**0.8**	参考模型方程中的参数名称输入相应的参数值。随机系数的方差协方差矩阵各元素从上往下、从左到右排列编码
Files to perform power analysis for the 2 level nested model with the following sample criterion have been created Sample size in the first level starts at 25 and finishes at 40 with the step size 1 Sample size in the second level starts at 20 and finishes at 100 with the step size 5 1000 simulations for each sample size combination will be performed Press any key to continue…	简要说明第一和第二水平单位的样本量信息。按任意键继续。按键后程序关闭

MLPowSim 程序自动把生成的几个文件保存在其程序可执行文件存放的目录内（图 14-2-5）。

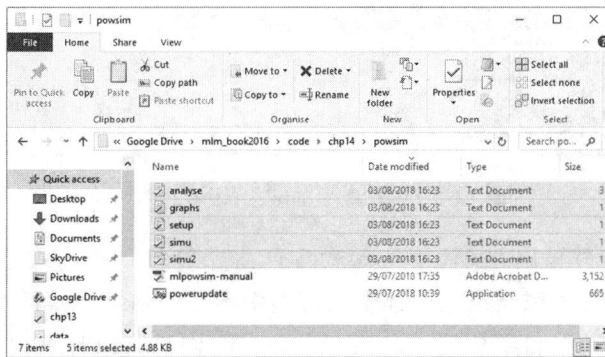

图 14-2-5 MLPowSim 生成文件和程序可执行文件存放在同一目录内

下面用户需要运行 MLwiN 软件，首先需要把 MLwiN 软件的工作目录更改为存放 MLPowSim 程序自动生成文件的目录。点击菜单 Options，在弹出的窗口中更改缺省的工作目录（图 14-2-6）。

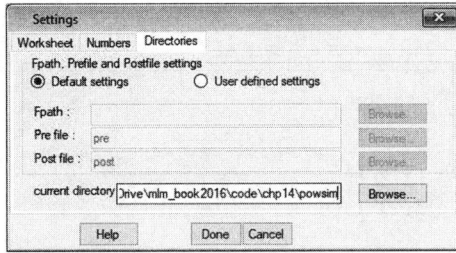

图 14-2-6　更改工作目录

通过菜单 File→open Macro 命令打开文件 simu. txt，并在命令行 SEED 888 的前面增加一行命令 mark 0。这是因为当前版本的 MLPowSim 软件输出的 MLwiN 命令是针对老版本 MLwiN 的，需要增加这一行命令才能在最新版本的 MLwiN 软件上使用。增加新命令行后的宏命令窗口显示如图 14-2-7 所示。

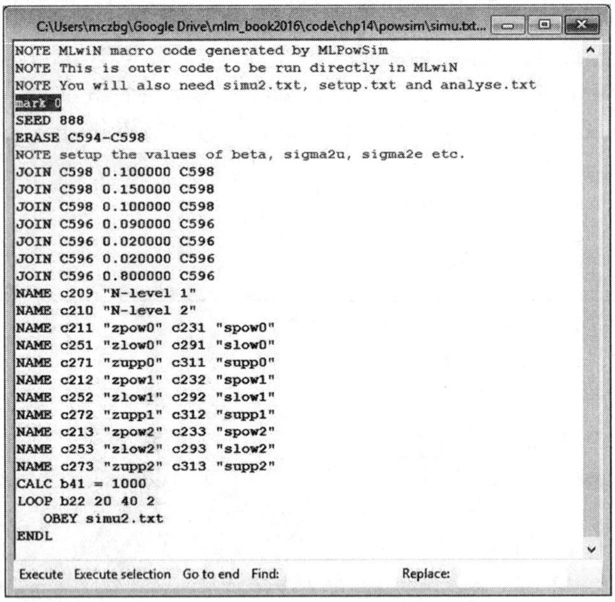

图 14-2-7　宏命令 simu. txt 中的内容

MLPowSim 软件输出的 MLwiN 宏命令产生两种统计检验力信息，一种是简单的计数结果。即每次模拟结果我们都得到模型中参数的估计及其标准误，本例中的模型参数是截距项和两个斜率参数。对每个参数，我们都可以计算出相应的置信间距。如果该置信间距不包括 0，我们就拒绝针对该参数等于 0 的虚无假设，而把计数结果记为 1；如果该置信间距包括 0，我们就不能拒绝针对该参数等于 0 的虚无假设，而把计数结果记为 0；在全部模拟结果中记为 1 的百分比就是针对该参数的统计检验力。该方法被称作 0/1 法，并且在输出结果中用 zpow♯ 来表示，♯ 是参数编号，即模型中各个 β 的下标。另一种估计统计检验力的方法是标准误法，但该方法对包含非正态分布因变量的模型模拟结果不好；标准误法的输出结果用 spow♯ 来表示。根据运行图 14-2-7 中的宏命令，我们可看到有关结果将被保存到名字为 N-level 1、N-level 2、zpow0～zpow3、spow0～spow3 的数据列。研究者可使用 MLwiN 的菜单调用数据管理界面查看这些变量的输出值，也可把数据保存为其他类型的文件再通过其他软件查看。

```
list N* zpow* spow* if zpow1>0.774 &zpow1<0.85

     +------------------------------------------------------------------------------------+
     | N-leve~1   N-leve~2   zpow0   zpow1   zpow2      spow0       spow1       spow2 |
     |------------------------------------------------------------------------------------|
 3.  |    24         20      .223    .777    .241    .2002834    .8198105    .2197997 |
 4.  |    20         20      .221    .779    .166    .1896292    .7729209    .1929544 |
 5.  |    26         20      .217    .803    .256    .2090434     .839506    .2323462 |
 6.  |    22         22      .219     .81    .226    .2087352    .8295348    .2227623 |
 7.  |    20         24      .238    .832    .207    .2151899    .8418102    .2222336 |
     |------------------------------------------------------------------------------------|
 8.  |    22         24      .25     .833    .218    .2245249    .8673995    .2405565 |
 9.  |    24         22      .215    .834    .263    .2182386    .8489178    .2382179 |
10.  |    28         20      .21     .845    .267    .212416     .8665662    .2538555 |
11.  |    30         20      .231    .849    .279    .2189188    .8763358    .2687136 |
     +------------------------------------------------------------------------------------+
```

当前输出结果（zpow1）显示如果从 20 个学校中每个学校选取 26 个人，则可以有 80.3% 的可能性在双侧 0.05 的显著性水平上检测到假定的 X1 对会考成绩的影响作用。如果查看标准误法的输出结果，则显示从 22 个学校中的每个学校选取 20 人就能达到 80% 的统计检验力。

```
. list N* zpow* spow* if spow1>0.774 &spow1<0.85

     +------------------------------------------------------------------------------------+
     | N-leve~1   N-leve~2   zpow0   zpow1   zpow2      spow0       spow1       spow2 |
     |------------------------------------------------------------------------------------|
 2.  |    22         20      .198    .774    .216    .1950787    .7979188    .2072077 |
 3.  |    20         22      .208    .766    .194    .2042289    .8115299    .2069678 |
 4.  |    24         20      .223    .777    .241    .2002834    .8198105    .2197997 |
 5.  |    22         22      .219     .81    .226    .2087352    .8295348    .2227623 |
 6.  |    26         20      .217    .803    .256    .2090434     .839506    .2323462 |
     |------------------------------------------------------------------------------------|
 7.  |    20         24      .238    .832    .207    .2151899    .8418102    .2222336 |
 8.  |    24         22      .215    .834    .263    .2182386    .8489178    .2382179 |
     +------------------------------------------------------------------------------------+
```

从上面的输出结果看，zpow1 和 spow1 的输出结果相对比较一致。实际研究设计中请研究者根据经费等实际情况做出取舍。

本节所演示的步骤可供设计普通多中心、两组比较并且有基线和一次追踪测试结果试验的样本量计算时进行参考。研究者可把所演示模型中的 X1 当作基线测试，把两分类性别变量 girl 当作分组变量。通常随机临床试验中各个实验组的人数相等，因此在运行 MLPowSim 模拟过程中可设定性别变量在第一水平单位上的发生率是 0.5。研究者可根据研究实际设定分组变量的作用在第二水平上变异是否显著等。如果要进行的研究是两水平整群随机、两组比较并且有基线和一次追踪测试的研究，则分组变量就是一个第二水平的变量，分组变量在模型中的作用就只能被设定为固定效应。因篇幅关系，针对其他类型多水平研究的样本量计算就不再进一步演示，请有需要的读者自行参考 MLPowSim 软件的使用手册。

当前供研究者使用的 MLPowSim 软件还是测试版，相信未来会有更新的版本供研究者使用。在多水平研究的实验设计中，当总样本量固定时，会有不同的第一、第二水平单位数的组合。例如，就总数为 600 人的设计来说，可以从 20 个水平二的单位中的每个单位抽取 30 个第一水平的单位，也可以是 30 个水平二的单位并且每个单位有 20 个第一水平单位的情况，还可以是 40×15、15×40、10×60 等不同的组合。在这种情况下，通常是第二水平单位数多的设计有相对较高的统计检验力（Mok，1995）。科研实践中，因 MLPowSim 软件使用模拟方法来估算样本量，研究者最好使用几个不用的随机数码生成器的种子值（seeds）来对同样的模型进行模拟并比较使用不同种子值的结果，以查看是否不同的种子值对模拟结果有不同的影响。当前版本的 MLPowSim 软件有待改进的地方，除了其经典的人机对话黑窗口外，我国的研究者也只能按照其英文提示命令输入相应的参数，尚未有中文版本的软件供研究者使用。这对英文基础薄弱的研究者是一个挑战。

14.3　使用 Mplus 软件估算多水平研究所需的样本量

熟悉 Mplus 软件的研究者也可以使用 Mplus 的模拟功能来估计 Mplus 软件所能运行的所有模型所需要的样本量（Jones，2013；Muthén & Muthén，2002）。就 14.2 节演示所用的研究设计来说，因其数据分析模型就是一个两水平、随机截距和随机斜率的模型，研究者只需调用 Mplus 软件的 montecarlo 命令并对该模型进行模拟，即可根据模型输出估算运行该模型所需的样本量。使用 Mplus 模拟本章第二节中研究设计的模型命令（power example 2-level random. inp）如下。

```
TITLE: ! (课题名称)

montecarlo:                                    ! 调用模拟命令
          names are y x girl;                  ! 模型中所有的变量名
          nobservations = 600;                 ! 运行当前模型的样本量
          ncsizes = 1; ! 设定第二水平样本量分布的种类，此处假定每个第二水平有相同的第一水平
样本
          csizes = 40 (15) ! 指定从 40 个第二水平单位中的每个单位抽样 15 个人
       seed = 16888; ! 随机数码生成器种子值
       CUTPOINTS = girl(-.12566135); !z=invnormal(0.45)
       ! 把标准正态分布的 Z 值分为 0/1 两类，分界点为-0.12566，以保证分类中 1 的发生率为 56%
          nreps = 1000; ! 模拟的次数
          within = x girl; ! 指定自变量的属性

ANALYSIS:  TYPE = TWOLEVEL RANDOM;

model population: ! 输入待分析模型的 Mplus 命令以及模型中所有参数的总体参数值

          %within%
          x@1; !var(x)=0.91+0.09
          [x@0]; !mean x=1
          girl@1; [girl@0]; ! normal z score for cutpoint

          s | y on x; ! random slope x
           y on girl*0.18;
          y*0.8; ! var(e)=0.8

          %between%
          [ y*.1 s*.15]; !B0 B1
          y*.09; s*.02; ! sgm_u0^2,sgm_u1^2,
          y with s*.02; !cov(u0 u1)
```

```
model: !重复model population 中的模型命令
          %within%

          s | y on x;
             y on girl*0.18;
          y*0.8;

          %between%

       [ y*.1 s*.15];
       y*.09; s*.02;
       y with s*.02;
```

运行该模型的结果输出中，有关模型的参数估计部分如下。

```
MODEL RESULTS
```

	Population	ESTIMATES Average	Std. Dev.	S. E. Average	M. S. E.	95% Cover	% Sig Coeff
Within Level							
Y ON							
GIRL	0.180	0.1861	0.0753	0.0748	0.0057	0.942	0.707
Residual Variances							
Y	0.800	0.7972	0.0482	0.0489	0.0023	0.941	0.999
Between Level							
Y WITH							
S	0.020	0.0190	0.0167	0.0169	0.0003	0.942	0.180
Means							
Y	0.100	0.0964	0.0724	0.0720	0.0053	0.945	0.281
S	0.150	0.1494	0.0440	0.0438	0.0019	0.942	0.921
Variances							
Y	0.090	0.0863	0.0315	0.0304	0.0010	0.896	0.911
S	0.020	0.0216	0.0159	0.0200	0.0003	0.984	0.143

　　模拟模型的结果输出格式和从数据中直接运行该模型的输出格式基本一致。但模拟的结果输出的第一列（Population）是模型中所有参数的总体值，第二列（ESTIMATES Average）是所有1000次模拟结果中各个参数的平均数，第一列和第二列的数据之差除以第一列，就是相应各个参数的估计偏倚（bias）。第三列（Std. Dev.）是所有1000次模拟结果中各个参数的标准差，第四列（S. E. Average）是所有1000次模拟结果中各个参数标准误的平均值，第四列和第三列的数据之差除以第三列，就是相应各个参数标准误的估计偏倚。第六列（95% Cover）是数据模拟中的覆盖（coverage）结果，就是在所有1000次模拟结果中每个参数的95%置信间距包括总体值的次数所占比例。第七列（% Sig Coeff）就是在所有1000次模拟结果，相应参数的虚无假设在双尾 $\alpha=0.05$ 的显著性水平上被拒绝的次数所占的比例。如果该参数的总体参数值不为0，则该结果就是统计检验力结果 $1-\beta$，即当虚无假设为假的时候被拒绝的概率。如果该参数的总体参数值为0，则该结果就是检验的显著性水平 α，即当虚无假设为真的时候被拒绝的概率。

　　通过模拟方法决定待分析模型所需的样本量时需要参考模拟结果的如下指标：首先是模型中所有参数及其标准误的估计偏倚不能超过10%，其次是研究所感兴趣的模型参数及其标准误的估计偏倚不能超过5%，最后是每个参数的覆盖结果应介于

0.91 和 0.98。科研实践中使用 Mplus 估算所分析模型的样本量时，需要查看不同样本量设定（nobservations＝）情况下的模拟结果。研究者需查看所有样本量设定情况下的输出结果，在满足上述 3 个指标的情况下选择统计检验力刚刚超过 80％时模型设定的样本量为未来研究所需的样本量。

上述 Mplus 模拟命令和输出结果演示的主要目的是介绍 Mplus 的模拟功能以及根据输出结果估算给定样本量情况下的统计检验力。因进行样本量估算时需要研究者从很多不同样本量设定的模型中找出符合条件的模型，这就需要循环运行上述命令才行。目前 Mplus 软件自身还没有循环运行整个命令的功能，研究者可借助其他软件调用 Mplus 的模拟命令来估算相应研究所需的样本量。下面我们就演示如何使用 STATA 的 runmplus 命令调用 Mplus 的模拟命令来估算样本量。

STATA 的 runmplus 命令就是从 STATA 中运行 Mplus 命令并把结果显示到 STATA 的输出床后中。就本节刚刚所运行的 mplus 命令来说，使用 STATA 的 runmplus 命令（文件：example runmplus. inp）如下。

```
clear
runmplus , ///
montecarlo( ///
    names are y x girl; ///
        nobservations = 600; ///
        ncsizes = 1; ///
        csizes = 40 (15)  ///
        CUTPOINTS = girl(-.12566135);  ///
        nreps = 1000; ///
        seed=168; ///
        within = x girl; ) ///
analysis(type = twolevel random;) ///
population( ///   这里是
        %within%   ///
        x@1; !var(x)=0.91+0.09  ///
    [x@0]; ///
    girl@1; [girl@0]; ///
        s | y on x;  ///
        y on girl*0.18; ///
        y*0.8;  ///
        %between% ///
        [ y*.1 s*.15]; ///
        y*.09; s*.02;  ///
    y with s*.02; )  ///
model( /// RNJ made lowercase
        %within%  ///
        s | y on x; ///
        y on girl*0.18; ///
        y*0.8; ///
        %between% ///
        [ y*.1 s*.15]; ///
    y*.09; s*.02; ///
    y with s*.02;)
```

运行该命令可得到和直接运行 Mplus 命令同样的结果输出。实际上我们就是从 STATA 内部调用 Mplus 重新运行一遍上述的 Mplus 命令，并把结果在 STATA 输出窗口显示。从上述命令格式，读者肯定也看到了 runmplus 命令主要就是 Mplus 自身的命令，只不过在命令行开始加上前缀"runmplus,"并在 STATA 内运行，当然读者在计算机上要安装有 Mplus 软件。运行 runmplus 命令的结果也被 STATA 保存起来供进一步调用，就本章样本量估计来说，我们可以使用 STATA 的循环语句调用

runmplus 命令来查看不同样本量设定下的模型统计检验力，从而选择出最优的样本量估计结果。下面是使用 STATA 的循环语句通过设定不同的样本量使用 runmplus 命令的关键命令行和输出结果。本书所附的完整命令（文件：power loop runmplus. inp）中也把每次循环的结果自动保存成一个数据文件，研究者可进一步调用输出的结果文件，从而对各种样本量情况下的模拟结果进行比较和检查，进而找到符合条件的最佳样本量估计结果。

```
clear
local j=1
foreach N2 in 20 40 {
    forvalues N1=16(2)20 {
    local N = `N2'*`N1'
quietly {
runmplus , ///
montecarlo( ///
    names are y x girl; ///
        nobservations = `N'; ///
        ncsizes = 1; ///
        csizes = `N2' (`N1') ;  ///
    CUTPOINTS = girl(-.12566135);  ///
        nreps = 1000; ///
        seed=168; ///
```

＊＊＊以下内容就是上述命令中同样的内容，请读者参考命令文件＊＊＊
```
        }
```

＊＊＊命令文件中以下内容就是保存每次模拟结果的命令，使用了几个矩阵管理命令，请读者参考具体的命令文件＊＊＊

本演示命令设定了两种第二水平单位数（20、40）、三种第一水平单位数（16、18、20）。运行该命令的结果输出如下。

```
. matrix list resut_T
```

	population	average	sd	N2	N1	N	Comb
y_on_girl	.18	.1784	.1017	20	16	320	1
residual_v~y	.8	.791	.0637	20	16	320	1
y_with_s	.02	.018	.0216	20	16	320	1
means_y	.1	.0978	.0987	20	16	320	1
means_s	.15	.1518	.0624	20	16	320	1
variances_y	.09	.0838	.0437	20	16	320	1
variances_s	.02	.0215	.0189	20	16	320	1
y_on_girl	.18	.1816	.098	20	18	360	2
residual_v~y	.8	.7914	.0601	20	18	360	2
y_with_s	.02	.017	.0207	20	18	360	2
means_y	.1	.0991	.101	20	18	360	2
means_s	.15	.1502	.0593	20	18	360	2
variances_y	.09	.0845	.0432	20	18	360	2
variances_s	.02	.0213	.0173	20	18	360	2

<基于演示需要，此处省略部分输出结果>

y_on_girl	.18	.1806	.0635	40	20	800	6
residual_v~y	.8	.7965	.0423	40	20	800	6
y_with_s	.02	.0187	.0148	40	20	800	6
means_y	.1	.1005	.068	40	20	800	6
means_s	.15	.1505	.0406	40	20	800	6
variances_y	.09	.0858	.0286	40	20	800	6
variances_s	.02	.0192	.012	40	20	800	6

```
 *save results as dataset
. svmat resut_T, names(col)
```

上述结果输出也可同时被保存成数据文件，研究者可进一步检查、比较不同第一水平、第二水平组合的情况下的统计检验力以及各个参数的估计偏倚结果。

使用 Mplus 的模拟功能还可以对该软件所能处理的其他所有统计模型所需的样

本量进行估算，其所需要的步骤和本节演示的步骤一样，唯一的不同就是具体模型的设定不同。实际上一般研究者可根据自己的研究情况参考、修改 Mplus 自带的不同模型的蒙特卡罗命令而无须亲自撰写复杂的 Mplus 命令。研究者也可以通过循环语句来测试不同参数值情况下所需的样本量，实际工作中只需对本节所演示的命令稍加修改就可以了。因为样本量估算是一个从未知开始的过程，在估算多水平模型所需样本量时，建议研究者在实践中先运行一个普通单水平模型，然后以此单水平模型所需的样本量为出发点再逐步找到多水平模型所需的样本量。同时也建议研究者先写好 Mplus 命令并先在 Mplus 里面运行有关命令，然后再使用 STATA 的 runmplus 命令把不同参数信息通过循环语句传递给 Mplus，从而得到不同参数信息情况下的样本量估算结果。就作者本人的经验来说，使用 Mplus 对该软件能运行的所有模型进行模拟时，研究者只需写出待分析的模型拟合命令并提供模型中各个参数的总体值即可，Mplus 软件则自动完成随后的模拟过程。如果使用其他软件，诸如 STATA（Feiveson，2002）、SPSS 等，就是模拟一个简单的回归模型，也需要研究者有比较高的数理统计基础和编程技能才行。当然，研究者在实际研究设计中也需要设定不同随机数码生成器的种子值以检查估算结果的稳定性。

本章小结

对多水平研究中所需样本量的估算是目前统计方法研究中的热点，研究者可使用 Mplus 的模拟功能以及 MLPowSim 软件来估算常用的两水平、三水平模型的研究所需的样本量。使用当前版本 Mplus 的模拟功能进行样本量的估算时，最好和其他软件结合使用以提高估算的效率。MLPowSim 软件的人机交互界面在未来的版本中应该也会有进一步的改进。

参考文献

杜屏，杨中超．(2010)．对学校效能增值评价的回顾与反思．2010 年中国教育经济学学术年会．

杜屏，杨中超．(2011)．农村初级中学学校效能的增值性评价——基于我国西部五省调研数据的实证分析．北京师范大学学报（社会科学版)(6)，91-97．

杜屏，杨中超．(2012)．学校效能综合模型在我国的运用．教育与经济(2)，45-50．

方杰，温忠麟，吴艳．(2018)．基于结构方程模型的多层调节效应．心理科学进展，26(5)，781-788．

方杰，温忠麟，张敏强，任皓．(2014)．基于结构方程模型的多层中介效应分析．心理科学进展，22(3)，530-539．

郭伯良，张雷．(2003a)．儿童攻击和同伴关系的相关：20 年研究的元分析．心理科学，26(5)，843-846．

郭伯良，张雷．(2003b)．儿童攻击和自我感知的关系．心理科学进展，11(5)，529-533．

郭伯良，张雷．(2003c)．近 20 年儿童亲社会与同伴关系相关研究结果的元分析．中国临床心理学杂志，11(2)，86-88＋85．

郭伯良，张雷．(2004)．儿童退缩和同伴关系的相关．中国临床心理学杂志，12(2)，137-139＋141．

李晓松．(2008)．医学统计学（2 版)．北京：高等教育出版社．

刘红云，张雷．(2005)．追踪数据分析方法及其应用．北京：教育科学出版社．

马晓强，彭文蓉，萨丽·托马斯．(2006)．学校效能的增值评价——对河北省保定市普通高中学校的实证研究．教育研究(10)，77-84．

任春荣．(2007)．增值测量法——公平利用考试成绩评价学校效能的科学途径．中国考试(研究版)(4)，12-16．

王济川，郭志刚．(2001)．Logistic 回归模型——方法与应用．北京：高等教育出版社．

王济川，谢海义，姜宝法．(2008)．多层统计分析模型——方法与应用．北京：高等教育出版社．

温忠麟．(2016)．心理与教育统计（2 版)．广州：广东高等教育出版社．

温忠麟，刘红云，侯杰泰．(2012)．调节效应和中介效应分析．北京：教育科学出版社.

杨珉，李晓松. (2007). 医学和公共卫生研究常用多水平统计模型. 北京：北京大学
　医学出版社.

杨树勤. (1992). 卫生统计学（3 版）. 北京：人民卫生出版社.

张雷，雷雳，郭伯良. (2005). 多层线性模型应用（2 版）. 北京：教育科学出版社.

张煜，孟鸿伟. (1995). 教育研究中的多层分析方法. 教育研究(2)，42-47.

Abo-Zaid Ghada, Guo Boliang, Deeks Jonathan J, Debray Thomas P A, Steyerberg
　Ewout W, Moons Karel G M, Riley Richard David. (2013). Individual participant
　data meta-analyses should not ignore clustering. Journal of Clinical Epidemiology, 66
　(8), 865-873. e864. doi: http://dx. doi. org/10. 1016/j. jclinepi. 2012. 12. 017.

Adams, Clive E, Wells Nicola Clark, Clifton Andrew, Jones Hannah, Simpson Jayne,
　Tosh Graeme, … Aggarwal Vishal R. (2018). Monitoring oral health of people in
　Early Intervention for Psychosis (EIP) teams: The extended Three Shires
　randomised trial. International Journal of Nursing Studies, 77(Supplement C), 106-
　114. doi: https://doi. org/10. 1016/j. ijnurstu. 2017. 10. 005.

Akaike Hirotugu. (1987). Factor analysis and AIC. Psychometrika, 52(3), 317-332.
　doi: 10. 1007/bf02294359.

Alldred S Kate, Deeks Jonathan J, Guo Boliang, Neilson James P, Alfirevic Zarko.
　(2012). Second trimester serum tests for Down's Syndrome screening. Cochrane Database
　Syst Rev, 6, CD009925. doi: 10. 1002/14651858. CD009925.

Alldred S Kate, Guo Boliang, Takwoingi Yemisi, Pennant Mary, Wisniewski Susanna,
　Deeks Jonathan J, … Alfirevic Zarko. (2015a). Urine tests for Down's syndrome
　screening. Cochrane Database Syst Rev, 12, CD011984. doi: 10. 1002/
　14651858. CD011984.

Alldred S Kate, Takwoingi Yemisi, Guo Boliang, Pennant Mary, Deeks Jonathan J,
　Neilson James P, Alfirevic Zarko. (2015b). First trimester serum tests for Down's
　syndrome screening. Cochrane Database Syst Rev, 11, CD011975. doi: 10. 1002/
　14651858. CD011975.

Allen Rebecca, Burgess Simon. (2011). Can School League Tables Help Parents
　Choose Schools?*. Fiscal Studies, 32(2), 245-261. doi: 10. 1111/j. 1475-5890. 2011.
　00135. x.

Amrein-Beardsley Audrey, Collins Clarin, Polasky Sarah A, Sloat Edward F. (2013).
　Value-Added Model (VAM) research for educational policy: Framing the issue.
　2013, 21. doi: 10. 14507/epaa. v21n4. 2013.

Asparouhov Tihomir, Muthén Bengt. (2010). Multiple Imputation with Mplus.

Asparouhov Tihomir, Muthén Bengt. (2018). Continuous-Time Survival Analysis in

Mplus. https://www. statmodel. com/download/Survival. pdf.

Bartlett Jonathan W, Seaman Shaun R, White Ian R, Carpenter James R, Initiative * for the Alzheimer's Disease Neuroimaging. (2014). Multiple imputation of covariates by fully conditional specification: Accommodating the substantive model. Statistical Methods in Medical Research. doi:10. 1177/0962280214521348.

Bauer Daniel J, Preacher Kristopher J, Gil Karen M. (2006). Conceptualizing and testing random indirect effects and moderated mediation in multilevel models: New pocedures and recommendations. Psychological Methods,11(2),142-163.

Beck A T, Ward C H, Mendelson M, Mock J E, Erbaugh J K. (1961). An inventory for measuring depression. Arch Gen Psychiatry, 4, 561-571. doi: 10. 1001/archpsyc. 1961. 01710120031004.

Bland Martin J, Altman Douglas G. (2011a). Comparisons against baseline within randomised groups are often used and can be highly misleading. Trials,12(1),264.

Bland Martin J, Altman Douglas G. (2011b). Comparisons within randomised groups can be very misleading. BMJ,342. doi:10. 1136/bmj. d561.

Brooks Stephen P, Gelman Andrew. (1998). General Methods for Monitoring Convergence of Iterative Simulations. Journal of Computational and Graphical Statistics,7(4),434-455.

Browne William J, Golalizadeh Mousa, Parker Richard M A. (2009). A Guide to Sample Size Calculations for Random Effect Models via Simulation and the MLPowSim Software Package.

Browne William J. (2016). MCMC estimation in MLwiN (2. 36 ed.). Bristol: Center for multilevel modelling, University of Bristol.

Browne William J, Draper David. (2006). A comparison of Bayesian and likelihood-based methods for fitting multilevel models. Bayesian Analysis,1(3),473-514.

Browne William J, Goldstein Harvey, Rasbash Jon. (2001). Multiple membership multiple classification (MMMC) models. Statistical Modelling,1(2),103-124. doi: 10. 1177/1471082x0100100202.

Burke Danielle L, Ensor Joie, Riley Richard D. (2017). Meta-analysis using individual participant data: One-stage and two-stage approaches, and why they may differ. Statistics in Medicine,36(5),855-875. doi:10. 1002/sim. 7141.

Campbell M K, Piaggio G, Elbourne D R, Altman D G. (2012). Consort 2010 statement: Extension to cluster randomised trials. BMJ,345. doi:10. 1136/bmj. e5661.

Carpenter James, Goldstein Harvey, Kenward Michael G. (2011). REALCOM-IMPUTE software for multilevel multiple imputation with mixed response types. Journal of Statistical Software 5,1-14.

Carpenter James, Kenward Michael G. (2013). Multiple Imputation and its Application. The Atrium, Southern Gate, Chichester, West Sussex, PO19 8SQ, United Kingdom: John Wiley & Sons, Ltd.

Carter Tim, Bastounis Anastasios, Guo Boliang, Jane Morrell C. (2018). The effectiveness of exercise-based interventions for preventing or treating postpartum depression: A systematic review and meta-analysis. Archives of Women's Mental Health. doi:10. 1007/s00737-018-0869-3.

Carter Tim, Guo Boliang, Turner David, Morres Ioannis, Khalil Elizabeth, Brighton Emily, … Callaghan Patrick. (2015). Preferred intensity exercise for adolescents receiving treatment for depression: A pragmatic randomised controlled trial. BMC Psychiatry, 15(247), 12.

Cheung Mike W L. (2003). MetaAnalysisCorr: An SAS/IML Program to Synthesize Correlation Matrices with Hunter and Schmidt, Hedges and Olkin, and Generalized Least Squares Approaches. Applied Psychological Measurement, 27(3), 234-235.

Cheung Mike W L. (2008). A model for integrating fixed-, random-, and mixed-effects meta-analyses into structural equation modeling. Psychological Methods, 13(3), 182-202.

Cheung Mike W L, Chan Wai. (2005). Meta-analytic structural equation modeling: A two-stage approach. Psychological Methods, 10(1), 40-64.

Cheung Mike W L, Chan Wai. (2008). A two-stage approach to synthesizing covariance matrices in meta-analytic structural equation modeling. Structural Equation Modeling.

Chow Shein-Chung, Shao Jun, Wang Hansheng. (2008). Sample Size Calculations in Clinical Research (2nd ed.). New York: Chapman & Hall/CRC, Taylor Francis Group.

Cleves Mario, Gould William W, Marchenko Yulia V. (2016). An Introduction to Survival Analysis Using Stata (3rd ed.). College Station, Texas: Stata Press.

Crowther Michael. (2018). Merlin-a unified modelling framework for data analysis and methods development in Stata.

Deeks Jonathan J. (1999). Using evaluations of diagnostic tests: Understanding their limitations and making the most of available evidence. Annals of Oncology, 10(7), 761-768.

Deeks Jonathan J. Higgins Julian P T, Altman Douglas G, Green Sally. (2008). Analysing data and undertaking meta-analysis. In Cochrane handbook for systematic reviews of interventions (pp. 243-296). Chichester, West Sussex: John Wiley & Sons Inc.

Deeks Jonathan J, Macaskill Petra, Irwig Les. (2005). The performance of tests of publication bias and other sample size effects in systematic reviews of diagnostic test accuracy was assessed. Journal of Clinical Epidemiology, 58 (9), 882-893. doi: http://dx. doi. org/10. 1016/j. jclinepi. 2005. 01. 016.

Demetrashvili Nino, van den Heuvel Edwin R. (2015). Confidence intervals for intraclass correlation coefficients in a nonlinear dose-response meta-analysis. Biometrics, 71(2), 548-555. doi: 10. 1111/biom. 12275.

Demetrashvili Nino, Wit Ernst C, van den Heuvel Edwin R. (2014). Confidence intervals for intraclass correlation coefficients in variance components models. Statistical Methods in Medical Research. doi: 10. 1177/0962280214522787.

DerSimonian Rebecca, Laird Nan. (1986). Meta-analysis in clinical trials. Controlled Clinical Trials, 7(3), 177-188.

Dinnes Jacqueline, Deeks Jonathan J, Kirby J, Roderick P. (2005). A methodological review of how heterogeneity has been examed in systematic reviews of diagnostic test accuracy. Health Technology Assessment, 9(12).

Dwamena Ben. (2007). Midas: Computational and graphical routines for meta-analytical integration of diagnostic accuracy studies in Stata. Division of Nuclear Medicine, Department of Radiology, University of Michigan Medical School, Ann Arbor, Michigan.

Dwamena Ben. (2009). MIDAS: Stata module for meta-analytical integration of diagnostic test accuracy studies. Statistical Software Components, S456880.

Enders Craig K, Tofighi Davood. (2007). Centering predictor variables in cross-sectional multilevel models: A new look at an old issue. Psychological Methods, 12 (2), 121-138. doi: 10. 1037/1082-989X. 12. 2. 121.

European Medicines Agency. (2013). Guideline on adjustment for baseline covariates. London, UK: European Medicines Agency.

European Medicines Agency. (2014). Guideline on the investigation of subgroups in confirmatory clinical trials. 7 Westferry Circus, Canary Whard, London E14 4HB: European Medicines Agency.

Feiveson Alan H. (2002). Power by simulation. The Stata Journal, 2(2), 107-124.

Fisher David J. (2015). Two-stage individual participant data meta-analysis and generalized forest plots. Stata Journal, 15(2), 369-396.

Flay B R, Miller T Q, Hedeker D, Siddiqui O, Britton C F, Brannon B R, … Dent C. (1995). The Television, School, and Family Smoking Prevention and Cessation Project. Preventive Medicine, 24(1), 29-40. doi: http://dx. doi. org/10. 1006/pmed. 1995. 1005.

Frison Lars, Pocock Stuart J. (1992). Repeated measures in clinical trials: Analysis using mean summary statistics and its implications for design. Statistics in Medicine, 11(13), 1685-1704. doi: 10. 1002/sim. 4780111304.

Frison L J, Pocock S J. (1997). Linearly divergent treatment effects in clinical trials with repeated measures: Efficient analysis using summary statistics. Stat Med, 16, 2855-2872.

Gelman Andrew, Carlin John B, Stern Hal S, Rubin Donald B. (2004). Bayesian Data Analysis (2nd ed.). Boca Raton, Florida: Chapman & Hall/CRC.

Gelman Andrew, Hill Jennifer. (2007). Data Analysis Using Regression and Multilevel/Hierarchical Models. New York, NY, USA: Cambridge University Press.

Glazebrook Cris, Batty Martin J, Mullan Nivette, McDonald Ian, Nathan Dilip, Sayal Kapil, … Hollis Chris. (2011). Evaluating the effectiveness of a schools-based programme to promote exercise self-efficacy in children and young people with risk factors for obesity: Steps to active kids (STAK). BMC Public Health, 11(1), 830.

Glymour M Maria, Weuve Jennifer, Berkman Lisa F, Kawachi Ichiro Robins James M. (2005). When is baseline adjustment useful in analyses of change? An example with education and cognitive change. American Journal of Epidemiology, 162(3), 267-278. doi: 10. 1093/aje/kwi187.

Goldstein Harvey. (2011a). Multilevel Statistical Models (4th ed.). The Atrium, Southern Gate, Chichester, West Sussex, PO19 8SQ, United Kingdom: John Wiley & Sons Ltd.

Goldstein Harvey. (2011b). REALCOM-IMPUTE: Multiple imputation using MLwiN. http://www. bristol. ac. uk/cmm/software/realcom/imputation. pdf.

Goldstein Harvey. (2014). Using League Table Rankings in Public Policy Formation: Statistical Issues. Annual Review of Statistics and Its Application, 1, 385-399.

Goldstein Harvey, Carpenter James, Kenward Michael G, Levin Kate A. (2009). Multilevel models with multivariate mixed response types. Statistical Modelling, 9(3), 173-197.

Goldstein Harvey, Leckie George. (2008). School league tables: What can they really tell us? Significance, 5(2), 67-69. doi: 10. 1111/j. 1740-9713. 2008. 00289. x.

Goldstein Harvey, Leckie George. (2016). Trends in examination performance and exposure to standardised tests in England and Wales. British Educational Research Journal, 42(3), 367-375. doi: 10. 1002/berj. 3220.

Goldstein Harvey, Woodhouse Geoff. (2001). Modelling repeated measurements. In Alastair H. Leyland & Harvey Goldstein (Eds.), Multilevel Modelling of Health

Statistics (pp. 13-26). Baffins Lane, Chichester, West Sussex, PO19 1UD, England: John Wiley & Son, Ltd.

Hall Charlotte L, Walker Gemma M, Valentine Althea Z, Guo Boliang, Kaylor-Hughes Catherine, James Marilyn, … Hollis Chris. (2014). Protocol investigating the clinical utility of an objective measure of activity and attention (QbTest) on diagnostic and treatment decision-making in children and young people with ADHD—'Assessing QbTest Utility in ADHD'(AQUA): A randomised controlled trial. BMJ Open, 4 (12). doi:10. 1136/bmjopen-2014-006838.

Hall, Charlotte L, Selby Kim, Guo Boliang, Valentine Althea Z, Walker Gemma M, Hollis Chris. (2016). Innovations in Practice: An objective measure of attention, impulsivity and activity reduces time to confirm attention deficit/hyperactivity disorder diagnosis in children-a completed audit cycle. Child and Adolescent Mental Health, n/a-n/a. doi:10. 1111/camh. 12140.

Harbord Roger M, Deeks Jonathan J, Egger Matthias, Whiting Penny, Sterne Jonathan A. (2007). A unification of models for meta-analysis of diagnostic accuracy studies. Biostatistics, 8(2), 239-251.

Harbord Roger M, Whiting Penny, Sterne Jonathan A C. (2009). Metandi: Meta-analysis of diagnostic accuracy using hierarchical logistic regression. In Meta-analysis in Stata: An updated collection from the Stata journal (pp. 181-199): Stata Press.

Hardin James W, Hilbe Joseph M. (2012). Generalized Linear Models and Extensions. Stat Corp LP, College Station, Texas: A Stata Press Publication.

Hare Duke, Laurie, Furtado, Vivek, Guo Boliang, Völlm, Birgit Angela. (2018). Long-stay in forensic-psychiatric care in the UK. Social Psychiatry and Psychiatric Epidemiology. doi:10. 1007/s00127-017-1473-y.

Harris Ross J, Bradburn Michael J, Deeks Jonathan J, Harbord Roger M, Altman Douglas G, Sterne Jonathan A C. (2009). Metan: Fixed-and random-effects meta-analysis. In Meta-analysis in Stata: An updated collection from the Stata journal (pp. 29-54): Stata Press.

Heck Ronald H, Thomas Scott L, Tabata Lynn N. (2012). Multilevel Modelling of Categorical Outcomes Using IBM SPSS. 711 Third Avenue, New York, NY 10017: Routledge.

Heck Ronald H, Thomas Scott L, Tabata Lynn N. (2014). Multilevel and Longitudinal Modeling with IBM SPSS (2nd ed.). 711 Third Avenue, New York, NY 10017: Routledge.

Hedeker Donald, Gibbons Robert D, Flay Brian R. (1994). Random-effects regression models for clustered data with an example from smoking prevention research. Journal of Consulting and Clinical Psychology,62(4),757-765. doi:10. 1037/0022-006X. 62. 4. 757.

Higgins Julian P T,Green Sally. (2011). Cochrane Handbook for Systematic Reviews of Interventions Version 5. 1. 0. In. Retrieved from www. cochrane-handbook. org.

Higgins Julian P T,Thompson Simon G. (2002). Quantifying heterogeneity in a meta-analysis. Statistics in Medicine,21(11),1539-1558.

Hodgkinson James Mant J,Martin U,Guo Boliang,Hobbs F D R,Deeks J J, … McManus R J. (2011). Relative effectiveness of clinic and home blood pressure monitoring compared with ambulatory blood pressure monitoring in diagnosis of hypertension：systematic review. BMJ,342. doi:10. 1136/bmj. d3621.

Hofmann David A,Gavin Mark B. (1998). Centering decisions in hierarchical linear models：Implications for research in organizations. Journal of Management,24(5), 623-641. doi:10. 1177/014920639802400504.

Hollis Chris,Hall Charlotte L,Guo Boliang,James Marilyn,Boadu Janet,Groom Madeleine J, … Williams Adrian. (2018). The impact of a computerised test of attention and activity (QbTest) on diagnostic decision-making in children and young people with suspected attention deficit hyperactivity disorder：Single-blind randomised controlled trial. Journal of Child Psychology and Psychiatry,0(0). doi：doi:10. 1111/jcpp. 12921.

Hox Joop J. (2010). Multilevel Analysis Techniques and Applications (2nd ed.). 27 Church Road,Hove,East Sussex BN3 2FA,UK：Rotledge.

Jenkins Stephen P. (2005). Survival Analysis. Institute for Social and Economic Research,University of Essex. Colchester,UK. Retrieved from https://www. iser. essex. ac. uk/files/teaching/stephenj/ec968/pdfs/ec968lnotesv6. pdf.

Johnson William,Balakrishna Nagalla,Griffiths Paula L. (2013). Modeling physical growth using mixed effects models. American journal of physical anthropology,150 (1),58-67. doi:10. 1002/ajpa. 22128.

Jones Ashley P,Riley Richard D,Williamson Paula R,Whitehead Anne. (2009). Meta-analysis of individual patient data versus aggregate data from longitudinal clinical trials. Clinical Trials,6,16-27.

Jones Richard. (2013). RUNMPLUS：Stata module to run Mplus from Stata. Statistical Software Components,S457154.

Kingslake Jonathan,Dias Rebecca,Dawson Gerard R,Simon Judit,Goodwin Guy M, Harmer Catherine J, … Browning, Michael. (2017). The effects of using the PReDicT Test to guide the antidepressant treatment of depressed patients：study protocol for a randomised controlled trial. Trials, 18(1), 558. doi: 10. 1186/s13063-017-2247-2.

Kirkwood Betty R, Sterne Jonathan A C. (2003). Medical Statistics (Second ed.). Oxford: : Blackwell Science Ltd.

Kraemer Helena C, Blasey Christine M. (2004). Centring in regression analyses: A strategy to prevent errors in statistical inference. International Journal of Methods in Psychiatric Research, 13(3), 141-151. doi: 10. 1002/mpr. 170.

Krull Jennifer L, MacKinnon David P. (1999). Multilevel Mediation Modeling in Group-Based Intervention Studies. Evaluation Review, 23(4), 418-444.

Lambert Paul C, Abrams Keith R. (1995). Meta-analysis using multilevel models. Multilevel Modelling Newsletter, 7, 17-19.

Leckie George, Baird Jo-Anne. (2011). Rater Effects on Essay Scoring: A Multilevel Analysis of Severity Drift, Central Tendency, and Rater Experience. Journal of Educational Measurement, 48(4), 399-418. doi: doi: 10. 1111/j. 1745-3984. 2011. 00152. x.

Leckie George, Charlton Chris. (2013). Runmlwin: A program to run the MLwiN multilevel modeling software from within Stata. Journal of Statistical Software, 52 (11), 1-40.

Leckie George, Goldstein Harvey. (2009). The limitations of using school league tables to inform school choice. Journal of the Royal Statistical Society: Series A (Statistics in Society), 172(4), 835-851. doi: 10. 1111/j. 1467-985X. 2009. 00597. x.

Leckie George, Goldstein Harvey. (2011). Understanding Uncertainty in School League Tables *. Fiscal Studies, 32(2), 207-224. doi: 10. 1111/j. 1475-5890. 2011. 00133. x.

Leyland Alastair H, Goldstein Harvey. (2001). Multilevel Modelling of Health Statistics. Baffins Lane, Chichster, West Sussex PO19 1UD, England: John Wily & Sons, Ltd.

Long J Scott, Freese Jeremy. (2005). Regression Models for Categorical Dependent Variables Using Stata (2nd Ed.). 4905 Lakeway Drive, College Stattion, Texas 77845, US: Stata Press.

Lunn David, Jackson Christopher, Best Nicky, Thomas Andrew, Spiegelhalter David. (2013). The BUGS Book A Practical Introduction to Bayesian Analysis. 6000 Broken Sound Parkway NW, Suite 300, Boca Raton, FL 33487-2742: CRC Press, Taylor & Francis Group.

Maas Cora J M, Hox Joop J. (2005). Sufficient Sample Sizes for Multilevel Modeling. Methodology: European Journal of Research Methods for the Behavioral and Social

Sciences,1(3),85-91.

Macaskill Petra. (2004). Empirical Bayes estimates generated in a hierarchical summary ROC analysis agreed closely with those of a full Bayesian analysis. Journal of Clinical Epidemiology,57(9),925-932.

Marsh Herbert W, Hau Kit-Tai. (2003). Big-Fish—Little-Pond effect on academic self-concept: A cross-cultural (26-country) test of the negative effects of academically selective schools. American Psychologist,58(5),364-376. doi:10. 1037/ 0003-066X. 58. 5. 364.

Marshall Andrea, Altman Douglas G, Holder Roger L, Royston Patrick. (2009). Combining estimates of interest in prognostic modelling studies after multiple imputation: Current practice and guidelines. BMC Medical Research Methodology, 9,57-57. doi:10. 1186/1471-2288-9-57.

Marshall E Clare, Spiegelhalter David. (2001). Institutional Performance. In Alastair H. Leyland & Harvey Goldstein (Eds.),Multilevel Modelling of Health Statistics (pp. 127-142). Chichester, West Sussex, PO19 1UD, England: John Wiley & Sons,Ltd.

McGrath Trevor A, Alabousi Mostafa, Skidmore Becky, Korevaar Daniël A, Bossuyt Patrick M M, Moher David, … McInnes Matthew D F. (2017). Recommendations for reporting of systematic reviews and meta-analyses of diagnostic test accuracy: A systematic review. Systematic Reviews,6,194. doi:10. 1186/s13643-017-0590-8.

Merlo Juan, Chaix Basile, Yang Min, Lynch John, Råstam Lennart. (2005). A brief conceptual tutorial of multilevel analysis in social epidemiology: Linking the statistical concept of clustering to the idea of contextual phenomenon. Journal of Epidemiology and Community Health, 59 (6), 443-449. doi: 10. 1136/jech. 2004. 023473.

Mok Mo Ching Magdalena. (1995). Sample Size Requirements for 2-Level Designs in Educational Research. Multilevel Modelling Newsletters,7(2),11-15.

Morriss Richard, Garland Anne, Nixon Neil, Guo Boliang, James Marilyn, Kaylor-Hughes Catherine, … Dalgleish Tim. (2016). Efficacy and cost-effectiveness of a specialist depression service versus usual specialist mental health care to manage persistent depression: A randomised controlled trial. The Lancet Psychiatry,3(9), 821-831. doi:10. 1016/S2215-0366(16)30143-2.

Morriss Richard, Guo Boliang, Patel Shireen, Kaylor-Hughes Catherine, Malins Samuel. (2018). Helping Urgent Care Users Cope with Distress about Physical Complaints: A randomized Controlled Trial Statistical Analysis Plan.

Moses Lincoln E,Shapiro David,Littenberg Benjamin. (1993). Combining independent studies of a diagnostic test into a summary roc curve: Data-analytic approaches and some additional considerations. Statistics in Medicine,12(14),1293-1316.

Muthén Bengt O, Muthén Linda K. (2017). Mplus user's guide. In. Retrieved from www. statmodel. com.

Muthén Bengt O, Masyn K. (2005). Discrete-time survival mixture analysis. Journal of Educational and Behavioral Statistics,30(1),27-58.

Muthén Linda K, Muthén Bengt O. (2002). How to use a Monte Carlo study to decide on sample size and determine power. Structural Equation Modeling,9(4),599-620. doi:10. 1207/S15328007SEM0904_8.

Nan Cassandra, Guo Boliang, Warner Claire, Fowler Tom, Barrett Timothy, Boomsma Dorret, ⋯ Zeegers Maurice. (2012). Heritability of body mass index in pre-adolescence, young adulthood and late adulthood. European Journal of Epidemiology,27(4),247-253. doi:10. 1007/s10654-012-9678-6.

Paccagnella Omar. (2006). Centering or not centering in multilevel models? The role of the group mean and the assessment of group effects. Evaluation Review,30(1), 66-85. doi:10. 1177/0193841x05275649.

Patel Shireen, Kai Joe, Atha Christopher, Avery Anthony, Guo Boliang, James Marilyn, ⋯ Morriss Richard. (2015). Clinical characteristics of persistent frequent attenders in primary care: Case-control study. Family Practice,32(6),624-630. doi: 10. 1093/fampra/cmv076.

Patel Shireen, Malins Sam, Guo Boliang, James Marilyn, Kai Joe, Kaylor-Hughes Catherine, ⋯ Morriss Richard. (2016). Protocol investigating the clinical outcomes and cost-effectiveness of cognitive-behavioural therapy delivered remotely for unscheduled care users with health anxiety: Randomised controlled trial. British Journal of Psychiatry Open,2(1),81-87. doi:10. 1192/bjpo. bp. 115. 002220.

Pocock S J. (1983). Clinical trials: A practical approach. Chichester: Wiley.

Pocock Stuart J, Travison Thomas G, Wruck Lisa M. (2008). How to interpret figures in reports of clinical trials (Vol. 336).

Preacher Kristopher J, Zyphur Michael J, Zhang Zhen. (2010). A general multilevel SEM framework for assessing multilevel mediation. Psychological Methods,15,209-233. doi:10. 1037/a0020141.

Rabe-Hesketh S, Skrondal A. (2012a). Multilevel and Longitudinal Modelling Using Stata (2nd ed.). College Station, Tx, USA: Stata Press.

Rabe-Hesketh Sophia, Skrondal Anders. (2012b). Multilevel and Longitudinal Modelling Using Stata Volume I: Continuous Responses. College Station, TX, USA: Stata Press.

Rabe-Hesketh Sophia, Skrondal Anders. (2012c). Multilevel and Longitudinal Modelling Using Stata Volume II: Categorical Responses, Counts, and Survival. College Station, TX, USA: Stata Press.

Rabe-Hesketh Sophia, Skrondal Anders, Pickles Andrew. (2004). GLLAMM Manual. Berkeley, USA: Graduate School of Education and Graduate Group in Biostatistics, UC Berkeley.

Rasbash Jon, Goldstein Harvey. (1994). Efficient Analysis of Mixed Hierarchical and Cross-Classified Random Structures Using a Multilevel Model. Journal of Educational and Behavioral Statistics, 19(4), 337-350. doi:10.2307/1165397.

Rasbash Jon, Steele Fiona, Browne William J, Goldstein Harvey. (2016). A user's guide to MLwiN (2.36 ed.). Bristol: Center for Multilevel Modelling, University of Bristol.

Raudenbush Stephen W. (1989). "Centering" predictors in multilevel analysis: Choices and consequences. Multilevel Modelling Newsletter, 1(2), 10-12.

Raudenbush Stephen W, Bryk A S. (2002). Hierarchical linear models: Applications and data analysis methods. London: Sage.

Raudenbush Stephen W, Liu Xiaofeng. (2000). Statistical power and optimal design for multisite randomized trials. Psychological Methods, 5, 199-213. doi:10.1037/1082-989X.5.2.199.

Reitsma Johannes B, Glas Afina S, Rutjes Anne W S, Scholten Rob J. Bossuyt P M, Zwinderman Aeilko H. (2005). Bivariate analysis of sensitivity and specificity produces informative summary measures in diagnostic reviews. Journal of Clinical Epidemiology, 58(10), 982-990.

Riley Richard D, Lambert Paul C, Abo-Zaid Ghada. (2010). Meta-analysis of individual participant data: Rationale, conduct, and reporting. British Medical Journal, 340. doi:10.1136/bmj.c221.

Riley Richard D, Lambert Paul C, Staessen Jan A, Wang Jiguang, Gueyffier Francois, Thijs Lutgarde, Boutitie Florent. (2008). Meta-analysis of continuous outcomes combining individual patient data and aggregate data. Statistics in Medicine, 27(11), 1870-1893.

Royston Patric, Lambert Paul C. (2011). Flexible Parametric Survival Analysis Using Stata: Beyond the Cox Model. College Station, Texas: Stata Press.

Royston Patrick, Altman Douglas G. (1994). Regression using fractional polynomials of continuous covariates: Parsimonious parametric modelling. Journal of the Royal Statistical Society. Series C (Applied Statistics), 43(3), 429-467. doi:10.2307/2986270.

Rubin Donald B. (1987). Multiple Imputation for Nonresponse in Surveys. New York: John Wiley & Sons.

Rutter C M, Gatsonis C A. (2001). A hierarchical regression approach to meta-analysis of diagnostic test accuracy evaluations. Stat Med, 20, 2865-2884.

Savin N E, White K J. (1977). The Durbin-Watson Test for Serial Correlation with Extreme Sample Sizes or Many Regressors. Econometrica, 45(8), 1989-1996. doi: 10. 2307/1914122.

Sayal Kapil, Daley David, James Marilyn, Yang Min, Batty Martin J, Taylor John A, ... Hollis Chris. (2012). Protocol evaluating the effectiveness of a school-based group programme for parents of children at risk of ADHD: the 'PArents, Teachers and CHildren WORKing Together (PATCHWORK)' cluster RCT protocol. BMJ Open, 2(5). doi: 10. 1136/bmjopen-2012-001783.

Sayal Kapil, Taylor John A, Valentine Althea, Guo Boliang, Sampson Christopher J, Sellman E, ... Daley David. (2016). Effectiveness and cost-effectiveness of a brief school-based group programme for parents of children at risk of ADHD: A cluster randomised controlled trial. Child: Care, Health and Development, 42(4), 521-533. doi: 10. 1111/cch. 12349.

Schwarz Gideon (1978). Estimating the dimension of a model. Annals of Statistics, 6 (2), 461-464. doi: 10. 1214/aos/1176344136.

Senn Stephen. (2006). Change from baseline and analysis of covariance revisited. Statistics in Medicine, 25(24), 4334-4344. doi: 10. 1002/sim. 2682.

Siddiqui Ohidul, Hedeker Donald, Flay Brian R, Hu Frank B. (1996). Intraclass Correlation estimates in a school-based smoking prevention study: Outcome and mediating variables, by sex and ethnicity. American Journal of Epidemiology, 144 (4), 425-433.

Silva Michael A, Hegab Bassem, Hyde Christopher J, Guo Boliang, Buckels John A C, Mirza Darius F. (2008). Needle track seeding following biopsy of liver lesions in the diagnosis of hepatocellular cancer: A systematic review and meta-analysis. Gut, 57, 1592-1596.

Singhal R, Bryant C, Kitchen M, Khan K S, Deeks Jon, Guo Boliang, Super P. (2010). Band slippage and erosion post laparoscopic gastric banding: A meta-analysis. Surg Endos, 24(12), 2980-2986. doi: 10. 1007/s00464-010-1250-4.

Spiegelhalter David. (2003). Ranking institutions. The Journal of Thoracic and Cardiovascular Surgery, 125(5), 1171-1117a.

Spiegelhalter David, Thomas Andrew, Best Nicky, Lunn Dave. (2003). WinBUGS User Manual. Institute of Public Health, Cambridge CB2 2SR, UK: MRC Biostatistics

Unit.

Spratt Michael, Carpenter James, Sterne Jonathan A C, Carlin John B, Heron Jon, Henderson John, Tilling Kate. (2010). Strategies for Multiple Imputation in Longitudinal Studies. American Journal of Epidemiology, 172(4), 478-487. doi: 10. 1093/aje/kwq137.

STATA. (2017). Statistical Software. College Station, Texas 77845: Stata Press.

Sterne Jonathan A C, Harris Ross J, Harbord Roger M, Steichen Thomas J. (2016). Meta-analysis in Stata: An updated collection from the Stata journal (2nd ed.). College Station, TX, USA: Stata.

Sterne Jonathan A C, White Ian R, Carlin John B, Spratt Michael, Royston Patrick, Kenward Michael G, ⋯ Carpenter James R. (2009). Multiple imputation for missing data in epidemiological and clinical research: Potential and pitfalls. BMJ, 339(jun29_ 1), 157-160.

Stewart L A, Clarke M, Rovers M, et al. (2015). Preferred reporting items for a systematic review and meta-analysis of individual participant data: The prisma-ipd statement. JAMA, 313(16), 1657-1665. doi: 10. 1001/jama. 2015. 3656.

Sutton Alex J, Abrams Keith R, Jones David R, Sheldon Trevor A, Song Fujian. (2000). Methods for meta-analysis in medical research. Chichester: Jonh Wiley & Sons, LTD.

Takwoingi Yemisi, Guo Boliang, Deeks Jonathan J, Glasziou Paul, Irwig Les. (2008). MetaDAS: A SAS macro for meta-analysis of diagnostic accuracy studies. In Methods for Evaluating Medical Tests Symposium (pp. 24-24). Birmingham: University of Birmingham.

Takwoingi Yemisi, Guo Boliang, Riley Richard D, Deeks Jonathan J. (2015). Performance of methods for meta-analysis of diagnostic test accuracy with few studies orsparse data. Statistical Methods in Medical Research. doi: 10. 1177/0962280215592269.

Takwoingi Yemisi, Leeflang Mariska M G, Deeks Joh J. (2013). Empirical evidence of the importance of comparative studies of diagnostic test accuracy. Annals of Internal Medicine, 158(7), 544-554. doi: 10. 7326/0003-4819-158-7-201304020-00006.

Thompson John. (2012). Bayesian Analysis with Stata. StataCorp LP, College Station, Texas: Stata Press.

Thompson S G, Sharp S J. (1999). Explaining heterogeneity in meta-analysis: A comparison of methods. Statistics in Medicine, 18(20), 2693-2708.

Tizard B, Blatchford P, Burke J, Farquhar C. (1988). Young children at school in the inner city. Hove, Sussex: Lawrence Erlbaum.

Tu Y-K,Blance A,Clerehugh V,Gilthorpe M S. (2005). Statistical power for analyses of changes in randomized controlled trials. Journal of Dental Research,84(3),283-287. doi:10. 1177/154405910508400315.

Tyrer Peter,Cooper Sylvia,Salkovskis Paul,Tyrer Helen,Crawford Michael,Byford Sarah, … Barrett Barbara. (2014). Clinical and cost-effectiveness of cognitive behaviour therapy for health anxiety in medical patients: A multicentre randomised controlled trial. Lancet,383. doi:10. 1016/s0140-6736(13)61905-4.

Tyrer Peter,Tyrer Helen,Cooper Sylvia,Barrett Barbara,Kings Stephanie,Lazarevic Valentina, … Crawford Mike. (2015). Cognitive behaviour therapy for non-cardiac pain in the chest (COPIC): A multicentre randomized controlled trial with economic evaluation. BMC Psychology,3(1),1-7. doi:10. 1186/s40359-015-0099-7.

Vickers Andrew J,Altman Douglas G. (2001). Analysing controlled trials with baseline and follow up measurements. BMJ,323(7321),1123-1124. doi:10. 1136/bmj. 323. 7321. 1123.

Walter S D. (2002). Properties of the summary receiver operating characteristic (SROC) curve for diagnostic test data. Statistics in Medicine,21(9),1237-1256.

Wan Miaojian,Hu Rong,Xie Xiaoyuan,Gong Zijian,Yi Jinling,Chen Haiyan, … Lai Wei. (2017). Skin Erythema,Pigmentation and Hydration Kinetics after Ultraviolet Radiation-induced Photodamage in Southern Chinese Women. Photochemistry and Photobiology,93(5),1276-1281. doi:10. 1111/php. 12752.

White Ian R,Carpenter James,Evans Stephen,Schroter Sara. (2007). Eliciting and using expert opinions about dropout bias in randomized controlled trials. Clinical Trials,4(2),125-139. doi:10. 1177/1740774507077849.

White Ian R,Horton Nicholas,Carpenter James. (2009). Complete-cases analysis is appropriate for randomised trials with pre-test-post-test designs. Psychiatry Research,168(3),268. doi:http://dx. doi. org/10. 1016/j. psychres. 2009. 01. 003.

White Ian R,Horton Nicholas J,Carpenter James,Pocock Stuart J. (2011). Strategy for intention to treat analysis in randomised trials with missing outcome data. BMJ,342. doi:10. 1136/bmj. d40.

White Ian R,Royston Patrick,Wood Angela M. (2011). Multiple imputation using chained equations: Issues and guidance for practice. Statistics in Medicine,30(4),377-399. doi:doi:10. 1002/sim. 4067.

White Ian,Sterne Jonathan A C. (2009). Multivariate random-effects meta-analysis. In Meta-Analysis in Stata: An updated collection from the Stata journal (pp. 231-247): Stata Press.

Wilson Deborah, Piebalga Anete. (2008). Performance measures,ranking and rarental choice：An analysis of the English school league tables. International Public Management Journal,11(3),344-366.

Yang Min. (2001). Multinomial Regression. In Alastair H Leyland,Harvey Goldstein (Eds.),Multilevel Modelling of Health Statistics (pp. 107-126). Chichester,West Sussex,PO19 1UD,England：John Wiley & Sons,Ltd.

Yang Min,Guo Boliang,Olver Mark E,Polaschek Devon L L,Wong Stephen C P. (2017). Assessing associations between changes in risk and subsequent reoffending. Criminal Justice and Behavior,44(1),59-84. doi:10. 1177/0093854816678648.

Yang Min,Coid J W,Pan H. (2005). Multilevel generalized linear models for modelling age-related gender difference in violent behaviour and associated factors in the general household population. International Journal of Methods in Psychiatric Research,14(3),130-145.

Yang Min, Goldstein Harvey, Browne William, Woodhouse Geoffrey. (2002). Multivariate Multilevel Analyses of Examination Results. Journal of the Royal Statistical Society：Series A (Statistics in Society),165(1),137-153. doi：Article.

Yang Min,Goldstein Harvey,Rath Terry,Hill Nigel. (1999). The Use of Assessment Data for School Improvement Purposes. Oxford Review of Education, 25 (4), 469-483.

Yang Min,Goldstein Harvey,Heath A. (2000). Multilevel models for repeated binary outcomes：Attitudes and voting over the electoral cycle. Journal of the Royal Statistical Society：Series A (Statistics in Society),163(1),49-62. doi：Article.

Zhao Haiyan,Andersson Björn,Guo Boliang,Xin Tao. (2017). Sequential Effects in Essay Ratings：Evidence of Assimilation Effects Using Cross-Classified Models. Frontiers in Psychology,8(933). doi:10. 3389/fpsyg. 2017. 00933.